Peter Bringewat
Die Bildung der Gesamtstrafe

Die Bildung der Gesamtstrafe

von

Peter Bringewat

1987

Walter de Gruyter · Berlin · New York

Dr. jur. Peter Bringewat
Professor für Strafrecht, Strafprozeßrecht,
Jugendstrafrecht und Strafvollzug,
Lüneburg

CIP-Kurztitelaufnahme der Deutschen Bibliothek

Bringewat, Peter:
Die Bildung der Gesamtstrafe / von Peter Bringewat. – Berlin ; New York : de Gruyter, 1987.
ISBN 3-11-010331-1

Printed in Germany.
Satz: Arthur Collignon GmbH, Berlin 30
Druck: Druckerei Gerike, Berlin 61
Bindearbeiten: Dieter Mikolai, Berlin 10

Vorwort

Die Bildung einer Gesamtstrafe gehört zu den alltäglichen strafgerichtlichen Entscheidungsvorgängen. Prozessual haftet ihr nichts Außergewöhnliches an. Dennoch wird sie zunehmend (?) als Problem, und zwar als ein Problem aufgefaßt, dem man sich ungern, häufig sogar nur widerwillig nähert und widmet.

Die tatsächlichen oder auch nur vermeintlichen Schwierigkeiten bei der Bildung einer Gesamtstrafe sind gleichmäßig verteilt. Sie betreffen den die Anklageschrift erarbeitenden Staatsanwalt ebenso wie den Sitzungsvertreter der Staatsanwaltschaft etwa bei der Abfassung des in der Hauptverhandlung zu stellenden Strafantrags. Sie betreffen den Angeklagten und seinen Strafverteidiger nicht zuletzt im Blick auf die Frage, ob und in welchem Umfang ein Rechtsmittel einzulegen ist; und sie betreffen das zur Entscheidung berufene Gericht, das sich vor allem mit der erforderlichen Gesamtstrafzumessung häufig schwer tut. Entsprechende justizpraktische Erfahrungen während meiner früheren beruflichen Tätigkeit als Strafrichter am Amtsgericht und Landgericht Bielefeld, zahlreiche Diskussionen und Gespräche mit Strafverteidigern, Staatsanwälten und Richtern über Fragen der Gesamtstrafenbildung und das eigene rechtswissenschaftliche Interesse an den konkurrenz- und strafzumessungsrechtlichen Grundlagen des Gesamtstrafenprinzips gaben den Anstoß, die „Bildung der Gesamtstrafe" als spezifischen Problembereich aus dem Recht der kriminalstrafrechtlichen Sanktionen eigens zu thematisieren und praxisorientiert zu bearbeiten.

Ihrer Konzeption nach ist die vorliegende Abhandlung darauf ausgerichtet, die mit der Bildung einer Gesamtstrafe verbundenen Fragen zu erarbeiten und darzustellen, sie sachgeboten zu problematisieren und sie unter Berücksichtigung prozessualer Belange wissenschaftlich abgesichert zu beantworten. In diesem Sinne will sich die „Bildung der Gesamtstrafe" als eine Art Handbuch für die strafgerichtliche Praxis verstanden wissen und alle Prozeßbeteiligten ansprechen, die im Strafverfahren auf die eine oder andere Weise mit Problemen der Gesamtstrafenbildung konfrontiert sein können.

Für die Auswahl der berücksichtigten Literatur waren verschiedene Gesichtspunkte maßgeblich. Auf die durchschnittliche Ausstattung einer landgerichtlichen Bibliothek und allgemeine Literaturzugänglichkeit ist ebenso Bedacht genommen worden wie auf die Notwendigkeit vertiefter Problemerörterung in Grundfragen der Gesamtstrafenbildung. Durchgängig ist daher auf die Standardkommentare zum StGB und zur StPO sowie auf Lehrbücher, nach der konkurrenz- und strafzumessungsrechtlichen Bedeutung der jeweils erörterten Fragestellung jedoch auch auf anderes, teilweise auf monografisches Schrifttum verwiesen. Zitiervorschläge sind in der Regel beachtet. Im übrigen ist nach Kurztiteln zitiert, die im Literaturverzeichnis am Schluß der Fundstellenerläuterungen in Parenthese angefügt sind. Nach Ende Februar 1987 erschienene Literatur konnte nicht mehr ausgewertet werden. Gleiches gilt für die Verarbeitung einschlägiger Entscheidungen der Obergerichte und des BGH.

Zu Dank verpflichtet bin ich Frau Doris Brünig (Lüneburg) für die Reinschrift des Manuskripts. Dem Verlag Walter de Gruyter & Co. sage ich Dank für die gute Zusammenarbeit bei der Erstellung des Buches und das mir entgegengebrachte Vertrauen.

Lüneburg im März 1987 Peter Bringewat

Inhaltsverzeichnis

Abkürzungsverzeichnis

aaO	am angegebenen Ort
Abb.	Abbildung
abl.	ablehnend
Abs.	Absatz
Abschn.	Abschnitt
a. E.	am Ende
AE	Alternativ-Entwurf eines Strafgesetzbuches, Allgemeiner Teil, 2. Aufl., Tübingen 1969
a. F.	alte Fassung
AG	Amtsgericht
a. M.	anderer Meinung
Amtl. Begr.	Amtliche Begründung
Anh.	Anhang
Anm.	Anmerkung
AO	Abgabenordnung 1977
AT	Allgemeiner Teil
Aufl.	Auflage
BayObLG (St)	Bayerisches Oberstes Landesgericht (Sammlung von Entscheidungen in Strafsachen; alte Folge zitiert nach Band und Seite, neue Folge nach Jahr und Seite)
Beschl.	Beschluß
BGB	Bürgerliches Gesetzbuch
BGBl. I	Bundesgesetzblatt Teil I
BGH (St)	Bundesgerichtshof (Entscheidungen in Strafsachen, zitiert nach Band und Seite)
BJagdG	Bundesjagdgesetz
BR-Drs.	Bundesratsdrucksache (zitiert nach Nummer und Jahr)
BT-Drs.	Bundestagsdrucksache (zitiert nach Wahlperiode und Nummer)
BtMG	Gesetz über den Verkehr mit Betäubungsmitteln
BVerfG (E)	Bundesverfassungsgericht (Entscheidungen des Bundesverfassungsgerichts, zitiert nach Band und Seite)
BZRG	Gesetz über das Zentralregister und das Erziehungsregister (Bundeszentralregistergesetz)
DAR	Deutsches Autorecht (zitiert nach Jahr und Seite)
DAR (Name)	bei benanntem Verfasser in DAR
Die Justiz	Amtsblatt des Justizministeriums von Baden-Württemberg (zitiert nach Jahr und Seite)
DRiZ	Deutsche Richterzeitung (zitiert nach Jahr und Seite)
DRiZ (Name)	bei benanntem Verfasser in DRiZ
E 1962	Regierungsentwurf eines Strafgesetzbuches mit Begründung (BT-Drs. IV/650), Bonn 1962
ebda	ebenda, ebendort
ff	folgende, fortfolgende
Fn	Fußnote

GA	Goltdammer's Archiv für Strafrecht und Strafprozeßrecht (zitiert nach Jahr und Seite)
GA (Name)	bei dem benannten Verfasser in GA
GBA	Generalbundesanwalt
GG	Grundgesetz für die Bundesrepublik Deutschland
GSSt	Großer Senat in Strafsachen
GVG	Gerichtsverfassungsgesetz
h. M.	herrschende Meinung
HRR	Höchstrichterliche Rechtsprechung (zitiert nach Jahr und Nummer)
Hrsg., hrsg.	Herausgeber, herausgegeben
i. d. F.	in der Fassung
i. d. R.	in der Regel
i. E.	im Ergebnis
i. e. S.	im engeren Sinne
i. S. d.	im Sinne des
i. w. S.	im weiteren Sinne
JA	Juristische Arbeitsblätter (zitiert nach Jahr und Seite)
JGG	Jugendgerichtsgesetz
JMBl NRW	Justizministerialblatt für das Land Nordrhein-Westfalen (zitiert nach Jahr und Seite)
JR	Juristische Rundschau (zitiert nach Jahr und Seite)
JurA	Juristische Analysen (zitiert nach Jahr und Seite)
Jura	Juristische Ausbildung (zitiert nach Jahr und Seite)
JuS	Juristische Schulung (zitiert nach Jahr und Seite)
JZ	Juristenzeitung (zitiert nach Jahr und Seite)
Kfz	Kraftfahrzeug
KG	Kammergericht
KK (Name)	Karlsruher Kommentar zur Strafprozeßordnung und zum Gerichtsverfassungsgesetz, herausgegeben von Gerd PFEIFFER, München 1982 (zitiert nach jeweiligem Verfasser)
KMR (Name)	Kommentar zur Strafprozeßordnung, 7. Aufl., Darmstadt 1980 (zitiert nach Bearbeiter)
LG	Landgericht
LK-Name	Strafgesetzbuch, Leipziger Kommentar, 10. Aufl. (herausgegeben von Hans-Heinrich JESCHECK, Wolfgang RUSS und Günther WILMS), Berlin 1978 ff (zitiert nach Bearbeiter)
LM	Entscheidungen des Bundesgerichtshofs im Nachschlagewerk des Bundesgerichtshofs, herausgegeben von LINDENMAIER/MÖHRING
LS bzw. L	Leitsatz
Mat. I	Materialien zur Strafrechtsreform (1954), Band I, Gutachten der Strafrechtslehrer
MDR	Monatsschrift für deutsches Recht (zitiert nach Jahr und Seite)
MDR (Name)	bei benanntem Verfasser in MDR
m. E.	meines Erachtens

m. w. N.	mit weiteren Nachweisen
NdsRpfl	Niedersächsische Rechtspflege (zitiert nach Jahr und Seite)
n. F.	neue Fassung
NF	Neue Folge
Niederschriften	Niederschriften über die Sitzungen der Großen Strafrechtskommission (Band 1–14, Bonn 1956 ff)
NJW	Neue Juristische Wochenschrift (zitiert nach Jahr und Seite)
NStZ	Neue Zeitschrift für Strafrecht (zitiert nach Jahr und Seite)
OLG (St)	Oberlandesgericht (Entscheidungen der Oberlandesgerichte zum Straf- und Strafverfahrensrecht)
OWiG	Gesetz über Ordnungswidrigkeiten
Rdn.	Randnummer(n)
RG (St)	Reichsgericht (Entscheidungen in Strafsachen, zitiert nach Band und Seite)
Rpfleger	Der Deutsche Rechtspfleger (zitiert nach Jahr und Seite)
Rspr.	Rechtsprechung
S	Seite oder Satz
SchLHA	Schleswig-Holsteinische Anzeigen (zitiert nach Jahr und Seite)
SK-Name	Systematischer Kommentar zum Strafgesetzbuch, bearbeitet von RUDOLPHI, HORN, SAMSON, Band I, Allgemeiner Teil, 4. Aufl., Frankfurt am Main 1986; Band II, Besonderer Teil, 3. Aufl., Frankfurt am Main 1985 (zitiert nach Bearbeiter)
s. o.	siehe oben
StA	Staatsanwaltschaft
StGB	Strafgesetzbuch
StPO	Strafprozeßordnung
str.	streitig
StrRG	Gesetz zur Reform des Strafrechts
StrVert	Strafverteidiger (zitiert nach Jahr und Seite)
StVG	Straßenverkehrsgesetz
StVollstrO	Strafvollstreckungsordnung
StVollzG	Strafvollzugsgesetz
s. u.	siehe unten
Urt.	Urteil
v.	vom, von
VDA	Vergleichende Darstellung des deutschen und ausländischen Strafrechts, Allgemeiner Teil
vgl.	vergleiche
Vorbem.	Vorbemerkung
VRS	Verkehrsrechtssammlung (zitiert nach Band und Seite)
wistra	Zeitschrift für Wirtschaft, Steuer, Strafrecht (zitiert nach Jahr und Seite)
WStG	Wehrstrafgesetz
z. B.	zum Beispiel
ZPO	Zivilprozeßordnung
ZRP	Zeitschrift für Rechtspolitik (zitiert nach Jahr und Seite)

ZStW	Zeitschrift für die gesamte Strafrechtswissenschaft (zitiert nach Band, Jahrgang und Seite)
zust.	zustimmend
zutr.	zutreffend
zw.	zweifelhaft

Literaturverzeichnis

ACHENBACH, HANS: „Tat“, „Straftat“, „Handlung“ und die Strafrechtsreform, MDR 1975, S. 19 ff (Strafrechtsreform)

BAUMANN, JÜRGEN: Straflose Nachtat und Gesetzeskonkurrenz, MDR 1959, S. 10 ff (Nachtat)

BAUMANN, JÜRGEN/WEBER, ULRICH: Strafrecht. Allgemeiner Teil. Lehrbuch, 9. Aufl., Bielefeld 1985 (Strafrecht AT)

BECKMANN, HEINRICH: Die Aussetzung des Strafrestes bei lebenslanger Freiheitsstrafe, NJW 1983, S. 538 ff (Aussetzung)

BENDER, ERNST: Doppelte Gesamtstrafe oder „Einheits“-Gesamtstrafe, NJW 1964, S. 807 ff (Doppelte Gesamtstrafe)

BEYER, KLAUS: Die Gesamtstrafe als Vorverurteilung im neuen Recht der Sicherungsverwahrung, NJW 1971, S. 1597 ff (Sicherungsverwahrung)

BINDOKAT, HEINZ: Zur Frage des prozessualen Tatbegriffs, GA 1967, S. 362 ff (Tatbegriff)

BLEI, HERMANN: Die natürliche Handlungseinheit, JA 1972, S. 711 ff; JA 1973, S. 95 ff (Handlungseinheit)

– Strafrecht, I. Allgemeiner Teil. Ein Studienbuch, 18. Aufl., München 1983 (Strafrecht AT)

BOCKELMANN, PAUL: Strafrecht. Allgemeiner Teil. 3. Aufl., München 1979 (Strafrecht AT)

BRINGEWAT, PETER: Fortsetzungstat und „in dubio pro reo“ – BGHSt 23, 33 – JuS 1971, S. 329 ff (Fortsetzungstat)

– Funktionales Denken im Strafrecht; Schriften zum Strafrecht, Band 20, Berlin 1974 (Funktionales Denken)

– Gewohnheitsrecht und Richterrecht im Strafrecht, ZStW 84 (1972), S. 585 ff (Gewohnheitsrecht)

– Nachträgliche Bildung der Gesamtstrafe und Fortsetzungszusammenhang, JZ 1979, S. 556 ff (Gesamtstrafe und Fortsetzungszusammenhang)

BRUNS, HANS-JÜRGEN: Das Recht der Strafzumessung. Eine systematische Darstellung für die Praxis, 2. Aufl., Köln – Berlin – Bonn – München 1985 (Strafzumessungsrecht)

– Literaturbericht Strafzumessungsrecht, ZStW 92 (1980), S. 723 ff (Literaturbericht)

– Strafzumessungsrecht. Gesamtdarstellung, 2. Aufl., Köln – Berlin – Bonn – München 1974 (Gesamtdarstellung)

– Ungeklärte materiell-rechtliche Fragen des Contergan-Prozesses, in: Festschrift für ERNST HEINITZ, Berlin 1972, S. 317 ff (Ungeklärte Fragen)

– Zum Verbot der Doppelverwertung von Tatbestandsmerkmalen oder strafrahmenbildenden Umständen (Strafbemessungsgründen), in: Beiträge zur gesamten Strafrechtswissenschaft, Festschrift für HELLMUTH MAYER, Berlin 1966, S. 353 ff (Doppelverwertung)

VON BUBNOFF, ECKHART: Zur Problematik des Mehrfachtäters im Rahmen des § 57 a StGB, JR 1982, S. 441 ff (Mehrfachtäter)

COENDERS, ALBERT: Über die Idealkonkurrenz, ein Vorschlag zum neuen Strafgesetz, Greifswald 1921 (Idealkonkurrenz)

CRAMER, PETER. Das Strafensystem des StGB nach dem 1. April 1970. Ein Beitrag zur Rechtsentwicklung durch das 1. StrRG, Juristische Analysen 1970, S. 183 ff (Strafensystem)
DREHER, EDUARD: Doppelverwertung von Strafbemessungsumständen, JZ 1957, S. 155 ff (Doppelverwertung)
– Zur Auslegung des § 42e Abs. 1 Nr. 1 StGB – Eine Besprechung der Urteile BGHSt 24, 243 und MDR 1972, 702 Nr. 52, MDR 1972, 826 ff (Urteilsbesprechung)
DREHER, EDUARD/TRÖNDLE, HERBERT: Strafgesetzbuch, 43. Aufl., München 1986
ENGISCH, KARL: Logische Studien zur Gesetzesanwendung, 3. Aufl., Heidelberg 1963 (Logische Studien)
FABIAN, GÜNTHER: Berechnung der Ersatzfreiheitsstrafe aus nachträglich gebildeter Gesamtgeldstrafe, Teil A, Rpfleger 1980, S. 374 ff (Berechnung)
FLEISCHER, WOLFGANG: Die materiellrechtliche Bewältigung von Serienstraftaten, NJW 1979, S. 248 ff (Serienstraftaten)
FRANK, ULRICH: Probleme der Tagessatzhöhe im neuen Geldstrafensystem, NJW 1976, S. 2329 ff (Geldstrafensystem)
FRISCH, WOLFGANG: Zum Wesen des Grundsatzes „in dubio pro reo" in: Festschrift für HEINRICH HENKEL, Berlin etc., 1974, S. 273 ff (In-dubio-Satz)
GEERDS, FRIEDRICH: Zur Lehre von der Konkurrenz im Strafrecht, Kieler Rechtswissenschaftliche Abhandlungen Nr. 2, Hamburg 1961 (Konkurrenz)
GEPPERT, KLAUS: Auswirkungen einer früheren strafgerichtlichen Entziehung der Fahrerlaubnis und der dort festgesetzten Sperrfrist auf die Bemessung einer neuen Sperrfrist, MDR 1972, S. 280 ff (Auswirkungen)
– Die Bemessung der Sperrfrist bei der strafgerichtlichen Entziehung der Fahrerlaubnis, Strafrechtliche Abhandlungen NF, Band 3, Berlin 1968 (Sperrfrist)
– Grundzüge der Konkurrenzlehre (§§ 52 bis 55 StGB), Jura 1982, S. 358 ff, 418 ff (Grundzüge)
GREBING, GERHARDT: Die Geldstrafe im deutschen Recht nach Einführung des Tagessatzsystems, in: JESCHECK, HANS-HEINRICH/GREBING, GERHARDT (Hrsg.), Die Geldstrafe im deutschen und ausländischen Recht, Baden-Baden 1978, S. 85 ff (Die Geldstrafe)
– Probleme der Tagessatz-Geldstrafe, ZStW 88 (1976), S. 1049 ff (Probleme)
– Recht und Praxis der Tagessatz-Geldstrafe, JZ 1976, S. 745 ff (Tagessatz-Geldstrafe)
GROSS, KARL-HEINZ: Zum Entwurf eines ... Strafrechtsänderungsgesetzes, StrVert. 1985, S. 81 ff (Entwurf)
GRÜNWALD, GERALD: Der Verbrauch der Strafklage bei Verurteilungen nach den §§ 129, 129a StGB, in: Festschrift für PAUL BOCKELMANN, München, 1979, S. 737 ff (Strafklageverbrauch)
HAFT, FRITJOF: Strafrecht. Allgemeiner Teil, JuS-Schriftenreihe, Heft 24, 2. Aufl., München 1984 (Strafrecht AT)
HASSEMER, WINFRIED: Automatisierte und rationale Strafzumessung, in: EDV und Recht, Band 4, S. 95 ff (Strafzumessung)
HEIN, THOMAS: Fortsetzungszusammenhang und Rauschtat, NStZ 1982, S. 235 f (Fortsetzungszusammenhang)
HELLMER, JOACHIM: Das Zusammentreffen von natürlicher Handlungs- und rechtlicher Tateinheit bei Verletzung höchstpersönlicher Interessen, GA 1965, S. 65 ff (Höchstpersönliche Interessen)

HENTSCHEL, PETER: Aussetzung der Fahrerlaubnisentziehung zur Bewährung?, ZRP 1975, S. 209 ff (Aussetzung)
– Die Führerscheinsperre bei nachträglicher Gesamtstrafenbildung, Rpfleger 1977, S. 279 ff (Führerscheinsperre)
– Schwächen und Unklarheiten der strafgesetzlichen Regelung der Fahrerlaubnisentziehung, DAR 1976, S. 289 ff (Fahrerlaubnisentziehung)
HERZBERG, ROLF-DIETRICH: Die Kausalität beim unechten Unterlassungsdelikt, MDR 1971, S. 881 ff (Kausalität)
– Ne bis in idem – Die Sperrwirkung des rechtskräftigen Strafurteils, JuS 1972, S. 113 ff (Ne bis in idem)
HIMMELREICH, KLAUS/HENTSCHEL, PETER: Fahrverbot, Führerscheinentzug, Düsseldorf, 5. Aufl. 1986
HONIG, RICHARD M.: Der zurückdatierte Gesamtvorsatz, in: Gedächtnisschrift für HORST SCHRÖDER, München 1978, S. 167 ff (Gesamtvorsatz)
– Studien zur juristischen und natürlichen Handlungseinheit, zugleich ein Beitrag zur Strafrechtsreform, Mannheim, Berlin, Leipzig 1925 (Studien)
HORN, ECKHARD: Zwei Jahre neues Geldstrafensystem – eine Zwischenbilanz, JR 1977, S. 95 ff (Zwischenbilanz)
HRUSCHKA, JOACHIM: Der Begriff der „Tat" im Strafverfahrensrecht, JZ 1966, S. 700 ff (Tat)
– Die Dogmatik der Dauerstraftaten und das Problem der Tatbeendigung, GA 1968, S. 193 ff (Dauerstraftaten)
– Strafrecht nach logisch-analytischer Methode, Berlin – New York 1983 (Strafrecht AT)
JAKOBS, GÜNTHER: Strafrecht, Allgemeiner Teil. Die Grundlagen und die Zurechnungslehre, Lehrbuch, Berlin, New York 1983 (Strafrecht AT)
JESCHECK, HANS-HEINRICH: Die Konkurrenz, ZStW 67 (1955), S. 529 ff
– Die Rechtsprechung des Bundesgerichtshofs in Strafsachen, GA 1958, S. 1 ff (Rechtsprechungsübersicht)
– Lehrbuch des Strafrechts. Allgemeiner Teil, 3. Aufl., Berlin 1978 (Strafrecht AT)
– Wesen und rechtliche Bedeutung der Beendigung der Straftat, in: Festschrift für HANS WELZEL, Berlin 1974, S. 683 ff (Beendigung)
KADEL, BERTOLD: Die Bedeutung des Verschlechterungsverbotes für Geldstrafenerkenntnisse nach dem Tagessatzsystem, Gießener Rechtswissenschaftliche Abhandlungen, Band 3, Gießen 1984 (Verschlechterungsverbot)
KINDHÄUSER, URS: Normenverstoß und natürliche Handlungseinheit – BGH NJW 84, 1568, JuS 1985, S. 100 ff
KLEINKNECHT, THEODOR/MEYER, KARLHEINZ: Strafprozeßordnung, 37. Aufl., München 1985 (KLEINKNECHT/MEYER)
KLUG, ULRICH: Zum Begriff der Gesetzeskonkurrenz, ZStW 68 (1956), S. 399 ff (Gesetzeskonkurrenz)
KOHLMANN, GÜNTHER: Schließt die Verjährung der Vortat auch die Bestrafung der Nachtat aus?, JZ 1964, S. 492 ff (Verjährung)
KRAUSS, DETLEV: Zum Begriff der straflosen Nachtat, GA 1965, S. 173 ff (Nachtat)
v. KROG, DETLEF: Die straflosen Vor- und Nachtaten, Diss. Hamburg 1975/76 (Vor- und Nachtaten)

KÜHL, KRISTIAN: Das leidige Thema der Konkurrenzen, JA 1978, S. 475 ff (Konkurrenzen)
– Die Beendigung des vorsätzlichen Begehungsdelikts, Strafrechtliche Abhandlungen NF, Band 16, Berlin 1974 (Beendigung)
KÜPER, WILFRIED: Probleme der „Postpendenzfeststellung“ im Strafrecht, in: Festschrift für RICHARD LANGE, Berlin 1976, S. 65 ff (Postpendenzfeststellung)
– Zur Problematik der nachträglichen Gesamtstrafenbildung (§§ 79 a. F., 76 n. F. StGB) – Bemerkungen zu BGHSt 23, 98, MDR 1970, S. 885 ff (Nachträgliche Gesamtstrafenbildung)
LACKNER, KARL: Strafgesetzbuch. Kommentar, 16. Aufl., München 1985 (LACKNER)
LENCKNER, THEODOR: Strafe, Schuld und Schuldfähigkeit (Unterabschnitt: Die Sicherungsverwahrung), in: GÖPPINGER/WITTER, Handbuch der forensischen Psychiatrie, Bd. I 1972, S. 129 ff (Sicherungsverwahrung)
LÖWE/ROSENBERG: StPO. Die Strafprozeßordnung und das Gerichtsverfassungsgesetz mit Nebengesetzen, Großkommentar, 23. Aufl., Berlin 1976–1980 bzw. im Umfange der erschienenen Teillieferungen 24. Aufl., Berlin 1984 ff (LÖWE/ROSENBERG (Name) des Bearbeiter)
MAIWALD, MANFRED: Die Feststellung tatmehrheitlicher Deliktsbegehung, NJW 1978, S. 300 ff (Feststellung)
– Die natürliche Handlungseinheit. Heidelberger Rechtswissenschaftliche Abhandlungen NF; 15. Abhandlung, Heidelberg 1964 (Natürliche Handlungseinheit)
– Nachträgliche Gesamtstrafenbildung und das Verbot der reformatio in peius, JR 1980, S. 353 ff (Nachträgliche Gesamtstrafenbildung)
MAURACH, REINHART/GÖSSEL, KARL HEINZ: Strafrecht. Allgemeiner Teil, Teilband 2 (III. Teil), Erscheinungsformen des Verbrechens und Rechtsfolgen der Tat. Ein Lehrbuch, 6. Aufl., Heidelberg 1984 (Strafrecht AT II)
MEYER, DIETER: Probleme bei der Berechnung der Höhe des Tagessatzes gemäß § 40 Abs. 2 StGB, MDR 1981, S. 275 ff (Höhe des Tagessatzes)
MIEHE, OLAF: Eine Tat oder mehrere Taten in Adoleszenz und Erwachsenenalter, in: Jugendpsychiatrie und Recht, Festschrift für HERMANN STUTTE, Köln–Berlin–Bonn–München 1979, S. 237 ff (Taten in Adoleszenz)
NAUCKE, WOLFGANG: Die Formulierung des Tenors bei der Verurteilung zu Geldstrafe, NJW 1978, S. 407 ff (Tenor)
NIESE, WERNER: Empfiehlt sich die Einführung einer einheitlichen Strafe auch im Falle der Realkonkurrenz?, Materialien zur Strafrechtsreform, Band I, S. 155 ff (Mat. I)
NOLL, PETER: Diskussionsvotum an der Strafrechtslehrertagung vom 21. bis 23. Mai 1964 in Hamburg, ZStW 76 (1964), S. 707 ff (ZStW)
NOWAKOWSKI, FRIEDRICH: Fortgesetztes Verbrechen und gleichartige Verbrechensmenge, Bonn 1950 (Fortgesetztes Verbrechen)
OEHLER, DIETRICH: Neuere Verschiebungen beim prozessualen Tatbegriff, in: Gedächtnisschrift für HORST SCHRÖDER, München 1978, S. 439 ff (Tatbegriff)
OSKE, ERNST-JÜRGEN: Das Konkurrenzverhältnis der Dauerdelikte zu den übrigen Straftaten, MDR 1965, S. 532 ff (Dauerdelikte)
OSTENDORF, HERIBERT: Negative Folgen der Fortsetzungstat?, DRiZ 1983, S. 426 ff (Folgen)

PAULUSCH, BERND-ARTHUR: Strafbare Nachtaten und tatbestandslose Nachhandlungen, Diss. München 1971 (Nachtaten)

PETERS, KARL: Einheitsstrafe bei Verbrechensmehrheit, in: Probleme der Strafrechtserneuerung, Festschrift für EDUARD KOHLRAUSCH, Berlin 1944, S. 199 ff (Strafrechtserneuerung)

POHLMANN, HANS: Berechnung der Ersatzfreiheitsstrafe aus nachträglich gebildeter Gesamtgeldstrafe, Teil B, Rpfleger 1980, S. 376 f (Berechnung)

— Die Vollstreckung mehrerer auf Unterbringung in einer Trinkerheilanstalt lautender strafgerichtlicher Anordnungen, Rpfleger 1970, S. 233 ff (Vollstrekkung)

POHLMANN, HANS/JABEL, HANS-PETER: Strafvollstreckungsordnung, Kommentar, 6. Aufl., Bielefeld 1981 (Strafvollstreckungsordnung)

PREISER, FRIEDRICH: Einheitsstrafe für eine Mehrheit gleichartiger Handlungen — Einzelstrafen für verschiedenartige Handlungen einer Mehrheit, ZStW 71 (1959), S. 341 ff (ZStW)

PUPPE, INGEBORG: Funktion und Konstitution der ungleichartigen Idealkonkurrenz, GA 1982, S. 143 ff (Ungleichartige Idealkonkurrenz)

— Idealkonkurrenz und Einzelverbrechen, Strafrechtliche Abhandlungen NF, Band 34, Berlin 1979 (Idealkonkurrenz)

REBMANN, KURT: Überlegungen zur Einheitsstrafe im Erwachsenenstrafrecht, in: Festschrift für KARL BENGL, München 1984, S. 99 ff (Einheitsstrafe)

REGEL, WOLFGANG: Gesamtstrafe aus Geldstrafen bei Tagessätzen unterschiedlicher Höhe, MDR 1977, S. 446 ff (Gesamtstrafe)

REMMELE, WOLFGANG: Nachträgliche Gesamtstrafenbildung beim Strafbefehl, NJW 1974, S. 486 f (Nachträgliche Gesamtstrafenbildung)

— Warnfunktion der früheren Verurteilung bei der nachträglichen Gesamtstrafenbildung?, NJW 1974, S. 1855 f (Warnfunktion)

ROOS, HELMUT: Bestimmung der Tagessatzhöhe bei nachträglicher Bildung einer Gesamtgeldstrafe, NJW 1976, S. 1483 ff (Tagessatzhöhe)

SARSTEDT, WERNER/HAMM, RAINER: Die Revision in Strafsachen, 5. Aufl., Berlin—New York 1983 (Revision)

SCHÄFER, GERHARD: Die Praxis des Strafverfahrens, an Hand einer Akte, 4. Aufl., Stuttgart—Berlin—Köln—Mainz 1986 (Strafverfahren)

SCHMIDHÄUSER, EBERHARD: Strafrecht. Allgemeiner Teil, Lehrbuch, 2. Aufl., Tübingen 1975 (Strafrecht AT)

— Strafrecht. Allgemeiner Teil, Studienbuch, 2. Aufl., Tübingen 1984 (StuB)

SCHMITT, RUDOLF: Die Konkurrenz im geltenden und künftigen Strafrecht, ZStW 75 (1963), S. 43 ff, S. 178 ff (ZStW)

SCHÖLZ, JOACHIM: Wehrstrafgesetz, Kommentar, 2. Aufl., München 1975 (Wehrstrafgesetz)

SCHÖNEBORN, CHRISTIAN: Zum Problem der materiellrechtlichen und prozessualen Tateinheit durch „Verklammerung", NJW 1974, S. 734 f (Verklammerung)

SCHÖNKE, ADOLF/SCHRÖDER, HORST: Strafgesetzbuch. Kommentar, 22. Aufl., München 1985 (SCHÖNKE/SCHRÖDER (Name) des Bearbeiters)

SCHORN, HUBERT: Fragen zur Gesamtstrafe, JR 1964, S. 45 ff (Gesamtstrafe)

SCHRADER, HENNING: Bildung einer Gesamtstrafe nach vollstreckter Einzelstrafe (§§ 76 StGB und § 460 StPO), MDR 1974, S. 718 ff (Bildung einer Gesamtstrafe)

SCHROEDER, FRIEDRICH-CHRISTIAN: Die Behandlung der natürlichen Handlungseinheit in strafrechtlichen Übungsarbeiten, Jura 1980, S. 240 ff (Natürliche Handlungseinheit)

SCHULZ, EKKEHARD: Der Einfluß einer früheren Gesamtstrafe auf die nachträgliche Gesamtstrafenbildung, MDR 1964, S. 559 ff (Frühere Gesamtstrafe)

SCHWELING, OTTO: Die Bemessung der Gesamtstrafe, GA 1955, S. 289 ff (Gesamtstrafe)

SEIBERT, CLAUS: Fehler bei der Strafzumessung, MDR 1959, S. 258 ff (Strafzumessungsfehler)

SEIER, JÜRGEN: Die Gesetzeseinheit und ihre Rechtsfolgen, Jura 1983, S. 225 ff (Gesetzeseinheit)

SIEG, HANS O.: Nachträgliche Gesamtstrafenbildung und Strafklageverbrauch beim Strafbefehl – eine Erwiderung, NJW 1975, S. 530 f (Nachträgliche Gesamtstrafenbildung)

STRATENWERTH, GÜNTER: Strafrecht. Allgemeiner Teil I. Die Straftat, 3. Aufl., Köln–Berlin–Bonn–München 1981 (Strafrecht AT)

STREE, WALTER: Das Merkmal der besonders schweren Schuld im Rahmen des § 57 a StGB, NStZ 1983, S. 289 ff (Schuldschwereklausel)

– In dubio pro reo, Tübinger Rechtswissenschaftliche Abhandlungen, Band 5, Tübingen 1962

STRENG, FRANZ: Strafzumessung und relative Gerechtigkeit, R. v. Decker's rechts- und sozialwissenschaftliche Abhandlungen, Band 23, Heidelberg 1984 (Relative Gerechtigkeit)

STRUENSEE, EBERHARD: Die Konkurrenz bei Unterlassungsdelikten, Bonner Rechtswissenschaftliche Abhandlungen, Band 89, Bonn 1971 (Konkurrenz)

STURM, RICHARD: Die Strafrechtsreform, JZ 1970, S. 81 ff (Strafrechtsreform)

THEUNE, W.: Zum Strafzumessungsrecht, NStZ 1986, S. 153 ff

TRÖNDLE, HERBERT: Die Geldstrafe in der Praxis und Probleme ihrer Durchsetzung unter besonderer Berücksichtigung des Tagessatzsystems, ZStW 86 (1974), S. 545 ff (Geldstrafe)

– Die Rechtsprechung des Bundesgerichtshofs in Strafsachen, GA 1973, S. 289 ff (Rechtsprechung)

VOGLER, THEO: Demontage des Tagessatzsystems?, JR 1978, S. 353 ff (Tagessatzsystem)

– Funktion und Grenzen der Gesetzeseinheit, in: Festschrift für PAUL BOCKELMANN, München 1979, S. 715 ff (Gesetzeseinheit)

VOGT, THOMAS: Die nachträgliche Bildung einer Gesamtgeldstrafe bei differierenden Tagessatzhöhen, NJW 1981, S. 899 ff (Gesamtgeldstrafe)

WAHLE, EBERHARD: Die sogenannte „Handlungseinheit durch Klammerwirkung“, GA 1968, S. 97 ff (Klammerwirkung)

WARDA, GÜNTER: Funktion und Grenzen der natürlichen Handlungseinheit, in: Festschrift für DIETRICH OEHLER, Köln–Berlin–Bonn–München 1985, S. 241 ff (Funktion)

– Grundfragen der strafrechtlichen Konkurrenzlehre, JuS 1964, S. 81 ff (Grundfragen)

WERLE, GERHARD: Die Beteiligung an kriminellen Vereinigungen und das Problem der Klammerwirkung, JR 1979, S. 93 ff (Beteiligung)

– Die Konkurrenz bei Dauerdelikt, Fortsetzungstat und zeitlich gestreckter Gesetzesverletzung, Strafrechtliche Abhandlungen NF, Band 42, Berlin 1981 (Konkurrenz)
– Konkurrenz und Strafklageverbrauch bei der mitgliedschaftlichen Beteiligung an kriminellen oder terroristischen Vereinigungen, NJW 1980, S. 2671 ff (Strafklageverbrauch)
WESSELS, JOHANNES: Strafrecht. Allgemeiner Teil, 16. Aufl., Heidelberg 1986 (Strafrecht AT)
WETTERICH, PAUL/HAMANN, HELMUT: Strafvollstreckung, Handbuch der Rechtspraxis, Band 9, 3. Aufl., München 1978 (Strafvollstreckung)
WOLTER, JÜRGEN: Alternative und eindeutige Verurteilung auf mehrdeutiger Tatsachengrundlage, Strafrechtliche Abhandlungen NF, Band 10, Berlin 1972 (Verurteilung)
– Verurteilung aus nicht tatbestandsmäßiger Nachtat, GA 1974, S. 161 ff (Nachtat)
ZIPF, HEINZ: Die Strafmaßrevision, Reihe der Juristischen Fakultät, Band 11, München 1969 (Strafmaßrevision)
– Kriminalpolitik. Ein Lehrbuch, 2. Aufl., Karlsruhe 1980 (Kriminalpolitik)

Einleitung

Mit den Reformgesetzen vom 25. Juni 1969 (1. StrRG)[1] und 4. Juli 1969 (2. StrRG)[2] hat der Strafgesetzgeber vorerst einen Schlußstrich unter alle Überlegungen zur Beseitigung der gesetzlichen Differenzierung zwischen Tateinheit (Handlungseinheit) und Tatmehrheit (Handlungsmehrheit) als Grundlage der „Strafbemessung bei mehreren Gesetzesverletzungen"[3] gezogen und zugleich davon abgesehen, eine einheitliche Strafe — wie seit langem gefordert — auch für den Fall der Tatmehrheit einzuführen: Der Grundkonzeption des früheren Rechts entsprechend hat die Reformgesetzgebung in den §§ 52, 53 ff des in der Fassung der Bekanntmachung vom 2. Januar 1975 (BGBl. I, S. 1) derzeit geltenden Strafgesetzes statt dessen die für den Regelungsbereich der strafrechtlichen Konkurrenzen wesentliche Unterscheidung zwischen Tateinheit und Tatmehrheit beibehalten[4] und das Prinzip der Gesamtstrafe bei tatmehrheitlicher Deliktsverwirklichung bis auf weiteres festgeschrieben. Man mag diese Rechtsentwicklung als „konservativ"[5] charakterisieren oder sie gar als Manifestierung einer hundertjährigen Irrlehre[6] kritisieren — die gesetzgeberische Erwägung, eine so bedeutsame Änderung der dogmatischen Grundlagen des allgemeinen Strafrechts, wie sie mit der Einführung der Einheitsstrafe auch für den Fall der Tatmehrheit verbunden gewesen wäre, nur dann für verantwortbar zu halten, „wenn sich die bisherige Rechtslage als unbefriedigend erwiesen hat und wenn eine Neuordnung mindestens eine fühlbare Verbesserung erwarten läßt"[7], ist weder unter kriminalpolitischem noch unter gesetzgebungswissenschaftlichem Blickwinkel zu beanstanden; und ebensowenig ist die nachvollziehbar begründete Einschätzung des Reformgesetzgebers, die Einheitsstrafe als „neues" Strafrahmenprinzip bei Tatmehrheit erfülle diese Voraussetzungen nicht[7], ein in der Sache unzutreffendes Resümee der jahrzehntelangen Diskussion um die Vorzüge und Nachteile der Einheitsstrafe. 1

---

[1] Erstes Gesetz zur Reform des Strafrechts vom 25.6. 1969 — BGBl. I 645, letztes Änderungsgesetz vom 14.8. 1969 — BGBl. I 1112, 1136.

[2] Zweites Gesetz zur Reform des Strafrechts vom 4.7. 1969 — BGBl. I 717, letztes Änderungsgesetz vom 2.3. 1974 — BGBl. I 469, 473.

[3] Vgl. zur Kritik an dieser Begrifflichkeit des 3. Abschnitts des StGB Schmitt ZStW 75 (1963), 43 ff, 179 ff (180); ferner Schmidhäuser, Strafrecht AT, 20/46 bei und in Anm. 32.

[4] Kritisch hierzu vor allem Geerds, Konkurrenz, S. 244 ff, S. 423 ff, ferner S. 483 ff.

[5] So Schmitt ZStW 75 (1963), 43 ff, 179 ff (195).

[6] Vgl. Geerds, Konkurrenz, S. 494.

[7] Vgl. E 1962, amtliche Begründung vor § 67, S. 190 = BT-Drs. IV, 650 mit Begründung vor § 67, S. 190.

2 Die Entstehungsgeschichte der §§ 52 ff StGB hat freilich auch nach der Entscheidung des Gesetzgebers zu Gunsten der Beibehaltung des Gesamtstrafenprinzips bei der Strafbemessung im Falle von Tatmehrheit für das Verständnis des § 53 StGB und insbesondere der §§ 54, 55 StGB erhebliche Bedeutung. Man darf vor allem nicht aus dem Auge verlieren, daß die heftige Kontroverse um die Einführung der Einheitsstrafe auch bei Tatmehrheit — der größte Zankapfel der Strafrechtsreform im Bereich des Konkurrenzrechts[8] — nachhaltig in den Abstimmungsergebnissen der Großen Strafrechtskommission ihren Niederschlag fand: Die denkbar knappen Mehrheitsentscheidungen gegen die Einführung der Einheitsstrafe als Prinzip der Strafbemessung bei Tatmehrheit gründeten sich in erster Linie auf das Votum der in der Strafrechtskommission vertretenen Praktiker, während die Rechtslehrer überwiegend für die Einheitsstrafe stimmten[9]. Darüber hinaus widersprachen diese nur mehrheitlichen Kommissionsentscheidungen völlig den bis dahin außerordentlich gründlich erarbeiteten Ergebnissen der Reformdiskussion. So hatte NIESE in seinem Gutachten[10] sehr dezidiert die Einführung einer einheitlichen Strafe auch im Falle der Realkonkurrenz empfohlen, nicht minder nachdrücklich hatte sich JESCHECK als Erstreferent der Großen Strafrechtskommission für die Einheitsstrafe bei Tatmehrheit ausgesprochen[11], und auch die Strafrechtsabteilung des Bundesjustizministeriums plädierte in ihrem Gutachten und in der Beratung für die Einführung einer einheitlichen Strafe bei tatmehrheitlicher Deliktsverwirklichung[12]. Demgegenüber betonte VOLL als Zweitreferent der Kommission die allerdings auch von ihren Befürwortern keineswegs verschwiegenen Nachteile der Einheitsstrafe im Bereich der Tatmehrheit und setzte sich ähnlich wie DAHS als Vertreter der Rechtsanwaltschaft für die Beibehaltung der „bewährten" Unterscheidung von Tateinheit und Tatmehrheit und das Gesamtstrafenprinzip bei Tatmehrheit ein[13]. Im Strafrechtsausschuß der Deutschen Rechtsanwaltskammer blieb diese Position indessen ebenfalls umstritten: Abgesehen davon, daß die von DAHS abgegebene Stellungnahme nur mit einer Stimme Mehrheit als Reform-

---

8 SCHMITT ZStW 75 (1963), 43 ff, 179 ff (194).

9 Vgl. hierzu Niederschriften, 2. Band, S. 358 und Anhang S. 203; ferner Niederschriften, 3. Band, S. 24 und Anhang S. 309; 3. Band, S. 133, 140 und Anhang S. 317; GEERDS, Konkurrenz, S. 492 bei und in Anm. 365; SCHMITT ZStW 75 (1963), 43 ff, 179 ff (195) bei und in Anm. 90.

10 Vgl. NIESE Mat. I, S. 155 ff (155, 159).

11 JESCHECK ZStW 67 (1955), 529 ff (542 ff).

12 Vgl. Niederschriften, 2. Band, S. 299 ff und Anhang, S. 191 ff.

13 Vgl. Niederschriften, 2. Band, S. 292 ff und Anhang, S. 165 ff bzw. Niederschriften, 2. Band, S. 183 ff (Anhang 61) und S. 187 ff (Anhang 62) mit S. 303.

vorschlag beschlossen war, hatte sich die Rechtsanwaltschaft wegen eben dieser Abstimmungslage zu einer weiteren (gegenteiligen) Stellungnahme veranlaßt gesehen[13]. Anders als schließlich geschehen wäre nach alledem eher eine die Einführung der Einheitsstrafe bei Tatmehrheit zumindest favorisierende Entscheidung der Großen Strafrechtskommission zu erwarten gewesen, zumal auch im wissenschaftlichen Schrifttum das Prinzip der Einheitsstrafe mehr und mehr Befürworter gefunden hatte[14]. Daß die qua E 1962 für das Konkurrenzrecht des 1. und 2. StrRG und damit für das derzeit geltende StGB strafrechtsgestaltenden Mehrheitsbeschlüsse der Großen Strafrechtskommission statt dessen der überkommenen Differenzierung zwischen Tateinheit und Tatmehrheit und überdies auch dem Gesamtstrafenprinzip im Falle von Tatmehrheit den Vorzug gaben, zeigt nur, wie gültig und zutreffend eine schon 1944 von PETERS geäußerte Vermutung auch zur Zeit der späteren Reformarbeiten war, daß nämlich die Lösung des Konkurrenzproblems im Sinne der Einheitsstrafe keineswegs so gesichert war, wie es nach dem Gang der jahrzehntelangen Strafrechtserneuerung erwartet werden konnte[15].

Welche kriminalpolitische Brisanz den in der Großen Strafrechtskommission getroffenen Entscheidungen zu Fragen des künftigen Konkur- **3**
renzrechts innewohnte, dokumentierte sich schließlich auch darin, daß mit ihnen eine immerhin vierzigjährige Tradition ihr jähes Ende fand. Nach § 63 des von Gustav RADBRUCH als Reichsjustizminister ausgearbeiteten und 1922 der Reichsregierung vorgelegten Entwurfs eines Allgemeinen Deutschen Strafgesetzbuches (E 1922) sollte auf **eine** Strafe zu erkennen sein, wenn auf dieselbe Tat mehrere Gesetze anwendbar wären oder der Täter mehrere Taten begangen hätte. Auch die nachfolgenden Gesetzentwürfe sahen das Einheitsstrafenprinzip (auch bei Tatmehrheit) im wesentlichen unverändert vor[16]. Die Entwürfe 1958 ff dagegen gestalteten den Regelungsbereich der Konkurrenzen in den Grundzügen erstmals wieder nach dem Muster des (damals) geltenden Rechts. Diese einheitliche Umsetzung der Beschlüsse der Großen Strafrechtskommission setzte sich kontinuierlich fort bis in die entsprechenden Bestimmungen und die Begründung des Gesetzentwurfs 1962, der für das 1. und 2. StrRG und das StGB 1975 maßgeblichen Entwurfsgrundlage.

Die mit den Beschlüssen der Großen Strafrechtskommission keines- **4**
wegs zu Ende gebrachte Diskussion um die Forderung nach Einführung

---

[14] Vgl. dazu die Nachweise bei GEERDS, Konkurrenz, S. 487 Anm. 327; zu den Gegnern des Einheitsstrafenprinzips vgl. ebda, Anm. 326 mit Nachweisen; vgl. ferner noch PREISER ZStW 71 (1959), 341 ff (366).

[15] Vgl. in diesem Sinne PETERS, Strafrechtserneuerung, 199 ff (201).

[16] Vgl. hierzu den zusammenfassenden Überblick bei GEERDS, Konkurrenz, S. 490 f mit Nachweisen.

einer einheitlichen Strafe auch im Falle von Tatmehrheit[17] spiegelt sich in der Begründung des E 1962 ebenso wider wie die verbliebene Gegensätzlichkeit der Standpunkte. Gegen die überkommene Ausgestaltung des Konkurrenzrechts mit ihrer Differenzierung zwischen Tateinheit und Tatmehrheit sowie der Bevorzugung des Gesamtstrafenprinzips bei Tatmehrheit war vor allem eingewandt worden, daß nichts dazu zwinge, die Rechtsfolgen bei den beiden Hauptformen des Zusammentreffens mehrerer Gesetzesverletzungen[3] unterschiedlich zu behandeln. Ob und inwieweit im Einzelfall das Vorliegen mehrerer Gesetzesverletzungen[3] den Unrechtsgehalt der Tat und die Schuld des Täters erhöhe, bestimme sich im Falle von Tateinheit wie von Tatmehrheit gleichermaßen nach den jeweils individuellen und konkreten Umständen. Im Gegenteil gebiete das Prinzip der materiellen Gerechtigkeit eine Gleichbehandlung der Rechtsfolgen, weil es häufig von nebensächlichen rechtlichen Zufälligkeiten abhänge, ob der Täter nur eine Straftat oder mehrere Straftaten im Rechtssinne begangen hat. Hinzu komme, daß die Rechtsprechung die Unterschiede zwischen dem Prinzip der Einheitsstrafe bei Tateinheit und dem der Gesamtstrafe bei Tatmehrheit weitgehend eingeebnet habe. Die Behandlung der Tateinheit habe sich zunehmend dem Gesamtstrafenprinzip angenähert. Demgegenüber werde die Gesamtstrafe in der Praxis unabhängig von den zu Grunde liegenden Einzelstrafen nach dem Inbegriff der abzuurteilenden Rechtsverletzungen bemessen. Dies aber stelle den Verzicht auf den grundsätzlichen Ausgangspunkt des Gesamtstrafenprinzips dar und bedeute nichts anderes als eine sachgebotene Annäherung an die Idee der Einheitsstrafe, wie sie im Falle von Tateinheit bereits realisiert sei. Im übrigen erleichtere die Bildung einer einheitlichen Strafe bei beiden Hauptformen des Zusammentreffens von Straftaten den Gerichten die Arbeit, weil eine unzutreffende rechtliche Beurteilung der Form des Zusammentreffens mehrerer Gesetzesverletzungen den Bestand des Urteils in der Regel nicht mehr gefährden könne[18].

---

17 Vgl. etwa § 64 AE mit Begründung S. 123, 125; Noll ZStW 76 (1964), 707 ff (711, 712/3); ferner Rebmann, Einheitsstrafe, 99 ff, 114 und die neuerliche Anregung des Bundesrates, das bisherige Recht durch eine Einheitsstrafenregelung zu ersetzen BT-Drs. X, 2720, S. 20.

18 Vgl. zum Vorstehenden E 1962 — Begründung vor § 67, S. 189 mit einem Überblick über die wesentlichen Argumente, die zu Gunsten der Einheitsstrafe in der Diskussion waren; vgl. ferner schon Honig, Studien, S. 57 ff; Coenders, Idealkonkurrenz, S. 12 ff, 23 ff, 46 ff, 49 f; Niese Mat. I, S. 155 ff; Jescheck ZStW 67 (1955), 529 ff; umfassend Geerds, Konkurrenz, S. 483 ff; vgl. auch Peters, Strafrechtserneuerung, 199 ff jeweils mit zahlreichen weiteren Nachweisen.

Die Entwurfsbegründung erkennt an, daß die Einführung des Einheitsstrafenprinzips auch bei Tatmehrheit zu einer spürbaren Vereinfachung des Strafverfahrens führen würde. Sie entkräftet diese und die weiteren Vorzüge des Einheitsstrafenprinzips jedoch durch eine Reihe erheblicher Bedenken. Der Verzicht auf die Bildung von Einzelstrafen lasse vor allem befürchten, daß die richterliche Strafzumessung bei Tatmehrheit beachtliche Einbußen an Sorgfalt und Genauigkeit erleide, wenn keine im Gesetz ausdrücklich bestimmte Pflicht mehr bestünde, bei jeder einzelnen Straftat die Größe des Unrechts und die Schwere der Schuld zu untersuchen und selbständig zu bewerten. Die Anknüpfung der Strafe nur an den Inbegriff mehrerer Straftaten verführe allzu leicht zu einer summarischen und an der Oberfläche haftenden Beurteilung der Straftaten und der Persönlichkeit des Täters, die sich von den Grundprinzipien eines konsequenten Schuldstrafrechts entferne. Die Strafbildung auf dem Wege über die Einzelstrafe gewährleiste deshalb — **eine den gesetzlichen Vorschriften entsprechende Handhabung vorausgesetzt**[19] — eine sorgfältigere und zuverlässigere Strafzumessung als im Falle der Einheitsstrafe. Es sei ferner zu bedenken, daß sowohl aus der Sicht der Angeklagten als auch verfahrensrechtlich ein dringendes Interesse daran bestehe, im Urteil des Tatrichters nicht nur eine undifferenzierte Gesamtbewertung der festgestellten Straftaten durch eine einheitliche Strafe, sondern auch eine Bewertung jeder einzelnen Straftat mit Angabe der jeweils verwirkten Einzelstrafe vorzunehmen. Der Angeklagte müsse darauf vor allem deshalb Wert legen, weil seine Verteidigung nicht unwesentlich von der Kenntnis des strafzumessungsrechtlichen Gewichts der Einzeltat innerhalb des Gesamt-Strafausspruchs abhänge und er sicher sein müsse, daß die im ersten Rechtszug erfolgte Bewertung einer Einzeltat nur auf ordnungsgemäß erhobene Rüge zu seinem Nachteil geändert werden könne. Ohne Angabe der verwirkten Einzelstrafen aber sei diese Sicherheit nicht gewährleistet, da die einheitliche, als Reaktion auf die festgestellten Straftaten insgesamt verhängte Strafe die auf die jeweiligen Einzeltaten entfallenden Strafanteile nicht erkennen lassen. Unter verfahrensrechtlichem Aspekt sei es außerdem mißlich, wenn im Rechtsmittel- oder Wiederaufnahmeverfahren nicht auf die Einzelstrafen für jede der festgestellten Straftaten abgehoben werden könne. Die Aufhebung der einheitlichen Strafe erfordere dann stets von Grund auf neue Erörterungen zur Straffrage hinsichtlich aller Einzeltaten. Dieser verfahrensrechtliche Nachteil der Einheitsstrafe könne auch nicht mit Hilfe von Vorschriften über eine erleichterte Feststellung von Strafzumessungstatsachen ausgeglichen werden[20]. **5**

---

[19] Hervorhebung vom Verf.

[20] Vgl. zum Vorstehenden E 1962 — Begründung vor § 67, S. 190.

6 Die Entwurfsbegründung hebt weiter hervor, daß zwischen den typischen Fällen von Tateinheit und Tatmehrheit ein „naturgegebener Unterschied“ bestehe, der in der großen Menge der Lebenssachverhalte offen zutage liege und auch von dem juristisch nicht Vorgebildeten unmittelbar empfunden werde. Von diesen typischen Konkurrenzfällen ausgehend sei nicht zu begründen, warum der Strafrahmen für die Begehung nur einer Straftat prinzipiell dem für die Verwirklichung mehrerer Delikte entsprechen solle. Es sei eine Erfahrungstatsache, daß eine Vielzahl selbständiger Handlungen, die zugleich auf einer Vielzahl von Willensbetätigungen beruhten, in der Regel eine größere verbrecherische Intensität offenbare und in größerem Maße Strafe verdiene, als eine einzige Tat. Die gerechte und kriminalpolitisch zutreffende Erfassung der Tatmehrheit erfordere deshalb einen wesentlich elastischeren Strafrahmen, als er bei Tateinheit geboten sei. Aus rechtsstaatlichen und strafrechtsdogmatischen Gründen aber sei es bedenklich, den Strafrahmen bei Tateinheit nur deshalb zu erweitern, weil und wenn Zweckmäßigkeitsgesichtspunkte eine Gleichbehandlung von Tateinheit und Tatmehrheit nahelegten[20].

7 In einer Gesamtschau gelangt die Entwurfsbegründung letztlich zu dem Ergebnis, daß die beachtlichen Mängel des Einheitsstrafenprinzips (bei Tatmehrheit) durch dessen Vorzüge nicht aufgewogen werden; eine Abkehr vom Prinzip der Gesamtstrafe im Falle von Tatmehrheit lasse sich daher nicht rechtfertigen. Angesichts der Gesetz gewordenen Vorschriften des E 1962 zum Konkurrenzrecht und zur Gesamtstrafenbildung wäre es müßig, die Entwurfsbegründung erneut kritisch zu analysieren und ihr Eintreten für die Beibehaltung der Unterscheidung von Tateinheit und Tatmehrheit sowie die Beibehaltung des Gesamtstrafenprinzips bei Tatmehrheit auf dessen Schlüssigkeit und „wahre“ Überzeugungskraft zu überprüfen[21]. Aus der großen Menge der für und wider das Einheits- bzw. das Gesamtstrafenprinzip vorgetragenen Argumente sind jedoch für den Problemkreis „Bildung der Gesamtstrafe“ wie überhaupt für die Anwendung der §§ 53 ff StGB jene Erwägungen von Interesse, die auf die praktische Handhabung der Vorschriften über Tatmehrheit und das Gesamtstrafenprinzip sowie auf die Praxisrealität der Gesamtstrafenbildung verweisen.

8 Von den Befürwortern des Einheitsstrafenprinzips mit Verve ins Feld geführt zieht sich durch die Reformdiskussion des Konkurrenzrechts wie ein roter Faden die Behauptung, der Tatrichter setze bei der Strafzumessung im Falle von Tatmehrheit entgegen den gesetzlich verankerten

[21] Vgl. zur Kritik noch Cramer, Strafensystem, 183 ff (205/212); Schmidhäuser, Strafrecht AT, 20/48; Zipf, Strafmaßrevision, S. 143/4, 141 f.

Grundstrukturen des Gesamtstrafenprinzips zunächst eine Gesamtstrafe unabhängig von etwaigen und verfahrenstatsächlich noch nicht ermittelten Einzelstrafen allein nach dem Inbegriff der festgestellten mehreren Deliktsverwirklichungen fest; erst nach dieser „Bemessung“ der Gesamtstrafe würden dann die Einzelstrafen – orientiert am Gesamtergebnis und angepaßt an die (Zumessungs-)Regeln der Gesamtstrafenbildung – „revisionssicher“ (im Urteil) ausgeworfen[22]. Ganz gleich, ob überhaupt und in welchem Umfange sich Tatrichter in der praktischen Realität vornehmlich der Schlußberatung zu dieser „Rückwärtsberechnung“ als Methode der Strafzumessung bei Tatmehrheit verstehen[23] – der Sinn des Gesamtstrafenprinzips geht verloren, wenn nicht in strafzumessungsrechtlich und -methodisch einwandfreier Weise zunächst die (schuld-) angemessenen Einzelstrafen festgesetzt und erst anschließend die Gesamtstrafe gebildet werden. Das gilt ohne Ausnahme auch für solche Fälle, in denen die Persönlichkeit des Täters die Strafzumessung beherrscht und die Anwendung der Vorschriften über die Vollstreckungsaussetzung zur Bewährung gem. § 56 Abs. I und II StGB zur Debatte steht[24]. Es wäre fatal, wenn das uneingeschränkt Geltung beanspruchende, gesetzlich festgeschriebene Gesamtstrafenprinzip praktisch aus den Angeln gehoben würde, indem die erstinstanzliche Rechtsprechung unter Verwirklichung eines Einheitsstrafenprinzips eigener Art ein Charakteristikum der Einheitsstrafe, das gerade einen erheblichen Mangel des Einheitsstrafenprinzips ausmacht, bei der tatrichterlichen Strafzumessung im negativen Sinne auch noch optimierte: Eine Einheitsstrafe als Strafe für eine undifferenzierte Masse Unrecht widerspricht dem Gedanken des Tatstrafrechts[25], dem das StGB nach wie vor verpflichtet ist.

---

[22] Vgl. hierzu etwa GEERDS, Konkurrenz, S. 472; JESCHECK ZStW 67 (1955), 529 ff, 532 bei und in Anm. 9 mit weiteren Nachweisen; PETERS, Strafrechtserneuerung, 199 ff, 210 bei und in Anm. 18 und 19 mit weiteren Nachweisen; SCHMITT ZStW 75 (1963), 43 ff (56), 179 ff (189/9); ferner erneut REBMANN, Einheitsstrafe, 99 ff, 109.

[23] Die verfahrenstatsächliche Handhabung des Gesamtstrafenprinzips ist zu keiner Zeit der Reformdiskussion empirisch überprüft worden, so daß verläßliche Daten insoweit nicht existieren. Dementsprechend ist die Behauptung der „Rückwärtsberechnung“ als wirkliche Methode der Einzelstrafen- und Gesamtstrafenbildung nie verifiziert worden und fragwürdig geblieben, vgl. zu Zweifeln in dieser Richtung etwa PETERS, Strafrechtserneuerung, 199 ff (210) bei und in Anm. 18, 19; JESCHECK ZStW 67 (1955), 529 ff (532) bei und in Anm. 9.

[24] Vgl. hierzu REBMANN, Einheitsstrafe, 99 ff, 109, der aber insoweit ebenfalls nur eine auf seine Eindrücke gestützte Vermutung äußert.

[25] So treffend JAKOBS, Strafrecht AT, 31. Abschn., Rdn. 10; ebenso BAUMANN/WEBER, Strafrecht AT, § 42 I, ferner auch MAURACH/GÖSSEL, Strafrecht AT II, § 56 IV A 1.

Auf diese Weise würde der Täter für ein Konglomerat von Deliktsverwirklichungen bestraft, ohne daß der Anteil des einzelnen Delikts und insbesondere des einzelnen Unrechts an der (einheitlichen) Strafe noch hervorträte[26]. Zwar muß die Sorgfalt der Strafzumessung bei der Bildung der Einheitsstrafe nicht zwingend und sozusagen naturgegeben leiden; die verschiedenen Einzeltaten und ihr Verhältnis zueinander bleiben als Strafzumessungskriterien der Einheitsstrafe beachtlich. Aber es läßt sich nicht von der Hand weisen, daß die Gefahr einer summarischen und damit unkontrollierbaren (und in diesem Sinne gar schuldangemessenen) Strafzumessung bei der Einheitsstrafe sehr viel größer ist als bei dem tatorientiert-gegliederten Zumessungsvorgang nach den Strukturprinzipien der Gesamtstrafenbildung[27] und mehr noch: das Risiko „echter Täterkriterien" in Form von völlig irrationalen, jedoch nicht überprüfbaren und demgemäß irreversiblen Sanktionserwägungen betrifft den Zumessungsvorgang der Einheitsstrafe unmittelbarer und sehr viel stärker als das abgestufte Verfahren der Gesamtstrafenbildung[27]. Diese dem Einheitsstrafenprinzip immanente Zumessungsproblematik kennzeichnet die Begründung des E 1962 deshalb zu Recht als schwerwiegenden Mangel der Einheitsstrafe.

9 Der nachhaltige Hinweis auf die bedeutend größere Rationalität der Strafzumessung im Vorgang der Gesamtstrafenbildung ist als tragendes Argument zu Gunsten der Beibehaltung des Gesamtstrafenprinzips bei Tatmehrheit allerdings nicht so unangreifbar, wie es im Blick auf die strafzumessungsrechtliche Fragwürdigkeit der Einheitsstrafe den Anschein hat. Zwar gewährleistet das Gesamtstrafenprinzip eine einzeltatorientierte und tatschuldbezogene Zumessung von Einzelstrafen. Der über den Weg der Einzelstrafen erzielte Gewinn an Transparenz und Rationalität der Strafzumessung verlöre jedoch drastisch an Wert und wäre weitgehend wirkungslos, wenn nicht zugleich auch die gebildete Gesamtstrafe als Ergebnis eines **eigenständigen** Strafzumessungsvorgangs einem gesonderten Begründungszwang im Sinne des § 267 Abs. III, S. 1 StPO unterläge[28]. Die Entscheidung des E 1962 und der Reformgesetzgebung gegen die Einführung der Einheitsstrafe und für die Beibehaltung des Gesamtstrafenprinzips behält nur dann ihren vertretbaren kriminalpolitischen Sinn, wenn die Rechtspraxis der im Zuge der Strafrechtsreform in die Vorschriften über die Bildung der Gesamtstrafe eingefügten Pflicht zur zusammenfassenden Würdigung der Person des

[26] So plastisch JAKOBS, Strafrecht AT, 31. Abschn., Rdn. 10.
[27] Vgl. statt aller SCHMITT ZStW 75 (1963), 43 ff, 179 ff (198/9).
[28] Zu dieser Frage eingehend unten Rdn. 178 ff; vgl. vorerst BRUNS, Gesamtdarstellung, S. 145 ff, 470 ff; DERS., Strafzumessungsrecht, S. 140, 187 ff, 274 ff; DERS. ZStW 92 (1980), 723 ff, 741; ferner HASSEMER, Strafzumessung, S. 110.

Täters und der einzelnen Straftaten bereitwillig und in sachgeboten ausreichendem Maße nachkommt. Das dem zunehmenden Bemühen um eine rationale Strafzumessung entgegenkommende Konzept der Gesamtstrafenbildung, der unter diesem Aspekt im Vergleich zur Einheitsstrafe kaum zu bestreitende Vorteil des Gesamtstrafenprinzips, steht und fällt — wie im übrigen die Entwurfsbegründung des E 1962 ausdrücklich hervorhebt[29] — mit der sinngestaltenden, gesetzestreuen Handhabung des § 53 und der §§ 54 ff StGB[30] in der Gerichtspraxis.

---

[29] Vgl. oben Rdn. 5.

[30] In diesem Sinne BGHSt 24, 268 (269); 25, 81 (84): „Dem entspricht auch die Bedeutung, die das materielle Strafrecht der Gesamtstrafe beilegt: sie ist ebensowenig reine Rechnungsgröße, wie die ihr zugrunde gelegten Einzelstrafen (vgl. BGHSt 12, 1 (6/7); BGH NJW 1966, 509 Nr. 13), sondern sie ist die erkannte Strafe im Sinne des § 13 StGB (a. F.), die insoweit gemäß § 75 Abs. 1 Satz 2 StGB (a. F.) auch einem selbständigen Begründungszwang unterliegt."

A

Die Grundlagen der Gesamtstrafenbildung

I. Voraussetzungen der Gesamtstrafe

1. Handlungsmehrheit und Realkonkurrenz

10 Dreh- und Angelpunkt der unter strafrechtswissenschaftlichem Blickwinkel ebenso wie in der strafgerichtlichen Praxis wichtigen Lehre von den strafrechtlichen Konkurrenzen ist die sachgerechte Differenzierung zwischen Handlungseinheit und Handlungsmehrheit: Idealkonkurrenz (Tateinheit)[1] setzt bekanntlich handlungseinheitliches, Realkonkurrenz (Tatmehrheit)[1] dagegen handlungsmehrheitliches Verhalten des Straftäters voraus. Handlungseinheit und Handlungsmehrheit sind die begrifflichen Anknüpfungspunkte für eine unrechtsbezogene strafrichterliche Umsetzung der in § 52 StGB und den §§ 53 ff StGB vorgegebenen Differenzierung der Rechtsfolgen. An der „Nahtstelle" zwischen der Lehre von der Straftat und der Lehre von den Unrechtsfolgen[2] betreffen die prozessualen Feststellungen und strafrichterlichen Entscheidungen zur Konkurrenzfrage dementsprechend sowohl den Schuldspruch als auch den Rechtsfolgenausspruch[3]. Die verfahrensrechtlichen Wirkungen der im Urteilstenor zum Ausdruck kommenden Konkurrenzentscheidung sind erheblich. Sie erstrecken sich auf praktisch alle Bereiche und Stadien des Strafverfahrens – man denke dabei nur an die prozessualen Folgen einer Konkurrenzentscheidung etwa im Rechtsmittel- oder Wiederaufnahmeverfahren[4].

11 Ganz im Sinne ihrer bestimmenden und begrenzenden Funktion im Gesamtzusammenhang der strafrechtlichen Konkurrenzlehre hat die Differenzierung zwischen Handlungseinheit und Handlungsmehrheit für die „Bildung der Gesamtstrafe" grundlegende Bedeutung. §§ 54, 55 StGB beziehen sich als Vorschriften, die primär das „Wie", die Art und Weise

---

[1] Zur Begrifflichkeit: Nicht jede Tatmehrheit ist Realkonkurrenz, und mit dem Begriff der „Tat" als Anknüpfungspunkt für Ideal- oder Realkonkurrenz ist nicht viel gewonnen. Nachfolgend soll deshalb entgegen dem Sprachgebrauch des StGB bei Tateinheit i. S. d. § 52 StGB von Idealkonkurrenz, bei Tatmehrheit i. S. d. § 53 StGB von Realkonkurrenz die Rede sein; vgl. dazu auch MAURACH/GÖSSEL, Strafrecht AT II, § 54 I C 1.

[2] WESSELS, Strafrecht AT, § 17 I; vgl. ferner LK-VOGLER, Vor § 52 Rdn. 1; BLEI, Strafrecht AT, § 90 II; BRUNS, Gesamtdarstellung, S. 411.

[3] Dazu WARDA, Grundfragen, JuS 1964, 81; ferner GEPPERT, Grundzüge, Jura 1982, 358 ff (359).

[4] Vgl. DREHER/TRÖNDLE, Vor § 52 Rdn. 1.

der Gesamtstrafenbildung regeln und beschreiben, auf das vorausgehende und in § 53 StGB erfaßte „Ob" einer Gesamtstrafe. Auf eine Gesamtstrafe ist danach zu erkennen, wenn jemand — von weiteren Voraussetzungen der Gesamtstrafe vorerst abgesehen — in der Terminologie des Gesetzes „mehrere Straftaten begangen" hat. Wann im einzelnen jemand mehrere Straftaten begangen hat, das sagt § 53 Abs. I StGB allerdings nicht, jedenfalls nicht ausdrücklich. Auch der Hinweis des Reformgesetzgebers, es bestehe ein naturgegebener Unterschied zwischen Tateinheit und Tatmehrheit, der in der großen Masse der Lebenssachverhalte offen zutage liege und auch von dem juristisch nicht Vorgebildeten unmittelbar empfunden werde[5], hilft bei der Konkretisierung des § 53 Abs. I StGB kaum weiter. Nur soviel ist gewiß: Voraussetzung der Gesamtstrafe und Gesamtstrafenbildung ist ein Tatgeschehen, das aus einer **Mehrheit selbständiger Straftaten**[6] besteht. Als solche Mehrheit selbständiger Straftaten verstehen sich typischerweise mehrere, strafrechtlich jeweils selbständig zu bewertende (Einzel-)Handlungen im natürlichen Sinne, die entweder den gleichen gesetzlichen Straftatbestand mehrfach oder verschiedene gesetzliche Straftatbestände einmal oder mehrfach verwirklichen. Es sind also die mehreren rechtlich selbständigen Handlungen im natürlichen Sinne, eben eine **Handlungsmehrheit**, ohne die jene Mehrheit selbständiger Straftaten i. S. d. § 53 Abs. I StGB nicht denkbar ist.

Mit dieser „positiv" formulierten Beschreibung des Begriffs „Handlungsmehrheit" ist indes der Anwendungsbereich des § 53 Abs. I StGB nur unzureichend abgesteckt. Im Grenzbereich zwischen Ideal- und Realkonkurrenz (Tateinheit und -mehrheit) leistet der Begriff „Handlungsmehrheit" allein nur wenig, wie ein Blick auf die volldeliktisch begangenen, zeitlich nacheinander folgenden Teilakte des Fortsetzungszusammenhangs oder die zeitlich auseinanderfallenden Tatteile der sog. natürlichen Handlungseinheit zeigt. Seiner ihm in der strafrechtlichen Konkurrenzlehre zugewiesenen Differenzierungs- und Abgrenzungsfunktion genügt der Begriff „Handlungsmehrheit" hinreichend nur im Zusammenspiel mit dem zur Idealkonkurrenz führenden begrifflichen Pendant der „Handlungseinheit". Bei der Qualifizierung einer Menge von Deliktsverwirklichungen als Handlungsmehrheit mit der daraus folgenden Feststellung von Realkonkurrenz (Tatmehrheit) geht es so gesehen primär auch darum, (negativ) das etwaige Vorliegen von Handlungseinheit auszuschließen[7]. Der Regelungsbereich des § 53 Abs. I StGB **12**

---

[5] Vgl. E 1962, amtliche Begründung vor § 67, S. 190.

[6] Statt aller SCHÖNKE/SCHRÖDER (STREE), § 53 Rdn. 3.

[7] Besonders deutlich in diesem Sinne HAFT, Strafrecht AT, 12. Teil, § 3 Ziff. 4.

erschließt sich, soweit der Handlungsaspekt der strafrechtlichen Konkurrenzen betroffen ist, im Wege einer „Vorwegabschichtung" aller in Betracht kommenden Modalitäten von Handlungseinheit im natürlichen und im juristischen Sinne[8].

13 Die in § 53 Abs. I StGB für das „Ob" der Gesamtstrafenbildung vorausgesetzten mehreren selbständigen Straftaten erfordern über ein handlungsmehrheitliches Tatgeschehen hinaus auch das Vorliegen von (echter) **Realkonkurrenz**[9]. Auf die mehreren selbständigen Handlungen müssen entsprechend mehrere Strafgesetze selbständig anwendbar sein, in der Terminologie des StGB: Es müssen durch die mehreren selbständigen Handlungen **mehrere Strafgesetze verletzt** sein, die nebeneinander tretend zur Anwendung kommen. Zur Feststellung von Realkonkurrenz als Voraussetzung der Gesamtstrafe sind deshalb alle Formen der nur **scheinbaren (unechten) Realkonkurrenz** als einer **Spielart der Gesetzeseinheit**[10] — in der Regel handelt es sich dabei um die Konstellation der sog. mitbestraften Vor- oder Nachtat[11] — auszuscheiden: Gesetzeseinheit zeichnet sich eben dadurch aus, daß formell zwar mehrere Strafgesetze verletzt sind, diese jedoch nicht konkurrieren. Vielmehr bilden sie eine (Bewertungs-)Einheit derart, daß effektiv nur ein Strafgesetz unter Verdrängung des anderen Strafgesetzes oder mehrerer anderer Strafgesetze zur Anwendung gelangt[12]. Als unechte oder scheinbare (Real-)Konkurrenz erweist sich das gesetzeseinheitliche Zusammentreffen der mehreren verletzten Strafgesetze, weil der Unrechts- und Schuldgehalt des (handlungsmehrheitlichen) Tatgeschehens, und zwar der durch die **mehreren** verletzten Strafgesetze umschriebene Unrechts- und Schuldgehalt aller begangenen Straftaten, bereits von einem einzigen

---

8 Vgl. auch DREHER/TRÖNDLE, Vor § 52 Rdn. 10; LK-VOGLER, § 53 Rdn. 6 mit weiteren Nachweisen.

9 Vgl. statt aller SCHÖNKE/SCHRÖDER (STREE), § 53 Rdn. 3 ff; SK-SAMSON, § 53 Rdn. 5; LK-VOGLER, § 53 Rdn. 6.

10 Überwiegend wird begrifflich sowohl die unechte Ideal- als auch die unechte Realkonkurrenz zur scheinbaren Konkurrenz, der im Anschluß an den Sprachgebrauch der Rechtsprechung so bezeichneten Gesetzeseinheit gezählt, vgl. dazu statt aller LK-VOGLER, Vor § 52 Rdn. 104 bei und in Anm. 70 mit dortigen Nachweisen zu terminologischen Differenzen in der Literatur.

11 Abweichend verstehen BAUMANN/WEBER, Strafrecht AT, § 41 III 3; BAUMANN, Nachtat, 10 bei und in Anm. 1; MAURACH/GÖSSEL, Strafrecht AT II, § 55 II B (Rdn. 13), § 56 II A, B (Rdn. 12 ff); WESSELS, Strafrecht AT, § 17 IV der Sache nach die mitbestraften Vor- und Nachtaten als Konstellation von Handlungsmehrheit (Tatmehrheit) ohne (echte) Realkonkurrenz und reduzieren den Begriff der Gesetzeseinheit auf die Fälle scheinbarer Idealkonkurrenz. Vgl. dort auch die weiteren Nachweise für diese Auffassung.

12 Dazu statt aller LK-VOGLER, Vor § 52 Rdn. 102.

gesetzlichen Straftatbestand, der Primärnorm, erschöpfend erfaßt und abschließend gekennzeichnet wird[13]. In eine Kurzformel gefaßt hat danach jemand gem. § 53 Abs. I StGB mehrere Straftaten begangen, wenn er ohne tateinheitliche Deliktsverwirklichung durch handlungsmehrheitliches Verhalten mehrere Strafgesetze verletzt, die unter Ausschluß gesetzeseinheitlichen Zusammentreffens je für sich Anwendung finden. Bei der Erarbeitung (Feststellung) der für die Gesamtstrafe und Gesamtstrafenbildung gem. §§ 53ff StGB maßgeblichen Voraussetzungen geht es deshalb gedanklich zunächst darum, der Reihe nach die Möglichkeit handlungseinheitlichen/tateinheitlichen Verhaltens und das etwaige Vorliegen von Gesetzeseinheit auszuschließen[14].

a) *Ausschluß von Handlungseinheit* **14**

Über den materiellrechtlichen Begriff der Handlungseinheit besteht weder kriminologisch noch in bezug auf Sachgehalt und Anwendungsreichweite Klarheit, geschweige denn Einigkeit. Soweit allerdings das StGB in § 52 Abs. I anders (mehrere **Straftaten**) als in § 53 Abs. I ausdrücklich davon spricht, daß „dieselbe **Handlung** mehrere Strafgesetze" verletzt, ist ohne Frage jeweils derselbe sachlich-rechtliche Gegenstand gemeint[15]. Weiter ist unbestritten, daß der materiellrechtliche Tatbegriff der §§ 52, 53 StGB ebenso wie der Begriff der Handlungseinheit nach der ihnen je zukommenden (materiellrechtlichen) Funktion und ihrem entsprechenden Sinngehalt deutlich vom verfahrensrechtlichen Begriff der „Tat" i. S. d. §§ 155, 264 StPO zu trennen sind[16]. Ähnlich stimmt der verfassungsrechtliche Begriff der (identischen) „Tat" gem. Art. 103 Abs. III GG in Funktion und Gehalt mit dem Begriff der „Handlungseinheit" als einem Funktionsträger der strafrechtlichen Konkurrenzen nicht überein[17]. Und schließlich verbleibt es auch dabei, daß der allgemeine Hand-

---

[13] In diesem Sinne auch GEPPERT, Grundzüge, Jura 1982, 358ff, 418ff (421); SEIER, Gesetzeseinheit, Jura 1983, 225ff (227).

[14] Dabei mag offen bleiben, ob aus sachlogischen Gründen an sich zunächst die Formen der Gesetzeseinheit vor echten Konkurrenzen zu überprüfen sind, vgl. in diesem Sinne HAFT, Strafrecht AT, 12. Teil, § 1 a. E.

[15] Statt aller MAURACH/GÖSSEL, Strafrecht AT II, § 54 I A 3b (Rdn. 9).

[16] JESCHECK, Strafrecht AT, § 66 vor I; LK-VOGLER, Vor § 52 Rdn. 7; WESSELS, Strafrecht AT, § 17 I; zum prozessualen Tatbegriff vgl. BINDOKAT, Tatbegriff, GA 1967, 362ff; HRUSCHKA, Tat, JZ 1966, 700ff; HERZBERG, Ne bis in idem, JuS 1972, 113ff (117ff); vgl. ferner zum Ganzen auch ACHENBACH, Strafrechtsreform, MDR 1975, 19ff; aus der Rechtsprechung: BGH NStZ 1983, 87ff.

[17] Vgl. aber (a. A.) MAURACH/GÖSSEL, Strafrecht AT II, § 54 I A 2a (Rdn. 5); ferner OEHLER, Tatbegriff, 439ff, 444.

lungsbegriff i. S. d. strafrechtlichen Verbrechenslehre auf die Lehre von den strafrechtlichen Konkurrenzen etwa als begriffliches Synonym für „Handlungseinheit" nicht übertragbar ist[18]: Mit dem allgemeinen strafrechtlichen Handlungsbegriff sollen nur die für eine strafrechtliche Würdigung und Beurteilung notwendigen Minimalvoraussetzungen menschlichen Verhaltens generell festgelegt werden. Ihm sind daher im System der Straftatelemente originäre und andersartige Aufgaben zugewiesen als dem Begriff der „Handlungseinheit" im Bereich der strafrechtlichen Konkurrenzen. Diese andersartige Funktionalität hindert jedoch nicht, bei der Konkretisierung des Rechtsbegriffs „Handlungseinheit" von jenem allgemeinen strafrechtlichen Handlungsbegriff auszugehen[19].

15 aa) Handlungseinheit im Sinne einer **natürlichen Handlung** liegt dementsprechend vor, wenn ein Willensimpuls (= ein Willensakt, ein Willensentschluß, eine Willensbetätigung) eine Körperbewegung hervorgerufen hat[20]. Man kann diese **eine** Handlung auch als eine Handlung im natürlichen Sinne, die durch sie erzeugte Handlungseinheit als Handlungseinheit im natürlichen Sinne oder auch als einfache[21] Handlungseinheit bezeichnen. Entscheidend ist, daß sich nach der „natürlichen Lebensauffassung" nur eine einzige Willensbetätigung in einer Körperbewegung realisiert. Unerheblich ist dabei, ob diese Körperbewegung einen oder mehrere tatbestandliche Erfolge bewirkt. Handlungseinheit und Handlungsmehrheit unterscheiden sich nicht nach der jeweiligen Zahl eingetretener tatbestandsmäßiger Erfolge. Dies gilt ohne Rücksicht auf die Art des geschützten Rechtsguts. Auch bei mehrfacher Verletzung **höchstpersönlicher Rechtsgüter** kann daher eine Handlung im natürlichen Sinne vorliegen, wenn und soweit die verschiedenen Taterfolge auf dieselbe Willensbetätigung zurückgehen[22]. Schulbeispiele sind insoweit der Wurf einer Granate in eine Menschenmenge und der Schuß, der

---

18 JESCHECK, Strafrecht AT, § 66 I; LK-VOGLER, Vor § 52 Rdn. 7; SCHÖNKE/SCHRÖDER (STREE), Vor § 52 Rdn. 10; SK-SAMSON, Vor § 52 Rdn. 15.

19 Vgl. auch BLEI, Strafrecht AT, § 92 I; abweichend mit anderem Ausgangspunkt und anderer Konzeption der strafrechtlichen Konkurrenzlehre PUPPE, Idealkonkurrenz, S. 19 ff, 128, 170 ff, 243 ff, 293 ff, 313 ff; DIES., Ungleichartige Idealkonkurrenz, GA 1982, 143 ff (145 ff); vgl. dazu aber auch JAKOBS, Strafrecht AT, 31. Abschnitt, Rdn. 16, Anm. 18.

20 Unstreitig, vgl. statt aller LK-VOGLER, Vor § 52 Rdn. 8 mit Nachweisen in Anm. 9; SCHÖNKE/SCHRÖDER (STREE), Vor § 52 Rdn. 11; SK-SAMSON, Vor § 52 Rdn. 17; BGHSt 1, 20; 18, 26.

21 Mit dieser Terminologie BLEI, Strafrecht AT, § 92 II.

22 Vgl. dazu BGHSt 1, 20 (22); 16, 397 (398); BGH Urt. v. 25. 10. 1979 – 4 StR 491/79 und – bezogen auf die natürliche Handlungseinheit – BGH NStZ 1985, 217; DREHER/TRÖNDLE, Vor § 52 Rdn. 2 c; LK-VOGLER, Vor § 52 Rdn. 8, 32; SCHÖNKE/SCHRÖDER (STREE), Vor § 52 Rdn. 11.

mehrere Personen tötet. Handlungseinheit liegt in diesen Fällen nur einer Willensbetätigung unabhängig davon vor, ob die eine natürliche Handlung mehrere Menschen tötet, einen Menschen tötet und mehrere andere verletzt und zugleich fremdes Eigentum zerstört[23]. Auch bei einer Vergewaltigung **zweier** Frauen durch mehrere Mittäter ist nach der Rechtsprechung des BGH[24] eine einheitliche Handlung i. S. d. strafrechtlichen Konkurrenzlehre – sei es in Gestalt der Handlungseinheit im natürlichen Sinne, sei es in Gestalt der sog. natürlichen Handlungseinheit (dazu sogleich) – nicht prinzipiell ausgeschlossen: Soweit sich nämlich die jeweils anderen Mittäter einer Vergewaltigung schuldig gemacht haben, soll in bezug auf jeden einzelnen (Mit-)Täter eine einheitliche Handlung vorliegen. Dadurch, daß diese einheitliche Handlung über die Beteiligungsform der Mittäterschaft in höchstpersönliche Rechtsgüter mehrerer Personen eingreift, wird die **einheitliche Willensbetätigung** rechtlich nicht in mehrere selbständige strafbare Handlungen zerlegt.

Ohne Rücksicht auf die Art und die Anzahl tatbestandsmäßiger Er- **16**
folge setzt demnach die Annahme von einfacher[21] Handlungseinheit bzw. Handlungseinheit im natürlichen Sinne zwingend das Vorliegen einer einzigen handlungsidentischen Willensbetätigung voraus. Bloße Gleichzeitigkeit verschiedener Willensbetätigungen – der gleichzeitige, beidhändige Diebesgriff in die Tasche des A und des B[25], oder die beleidigende Beschimpfung des A bei gleichzeitiger körperlicher Mißhandlung des B – genügt hingegen nicht. So stellt etwa das Vorzeigen eines verfälschten Personalausweises bei gleichzeitigem Mitführen von Waffen **keine** (einfache[21]) Handlungseinheit im natürlichen Sinne dar[26].

ab) Von der „natürlichen Handlung“, der „einfachen Handlungsein- **17**
heit“ oder der „Handlungseinheit im natürlichen Sinne“ ist deutlich die sog. **natürliche Handlungseinheit** zu unterscheiden. Hierbei handelt es sich um eine vornehmlich in der Gerichtspraxis verwendete Form der Handlungseinheit, deren Konturen, inhaltsbestimmende Einzelelemente und Abgrenzungskriterien – etwa in bezug auf die „Handlung im natürlichen Sinne“ oder hinsichtlich der „tatbestandlichen Handlungsein-

---

[23] Vgl. BLEI, Strafrecht AT, § 92 II 3; ebenso BOCKELMANN, Strafrecht AT, § 35 II 1 a; WESSELS, Strafrecht AT, § 17 II 1; vgl. demgegenüber aber BAUMANN/WEBER, Strafrecht AT, § 41 II 1 a, bei und in Anm. 11; MAIWALD, Natürliche Handlungseinheit, S. 80/81 f; SCHMIDHÄUSER, Strafrecht AT, 18/12.

[24] BGH Beschl. v. 3. 9. 1979 – 2 StR 406/75 im Anschluß an BGHSt 1, 20 ff; vgl. ferner BGH Beschl v. 30. 4. 1981 – 4 StR 205/81; BGH StrVert 1984, 384.

[25] BGHSt 18, 32 ff; LK-VOGLER, Vor § 52 Rdn. 8; vgl. aber anders BAUMANN/WEBER, Strafrecht AT, § 41 II 1 a.

[26] BGH MDR (DALLINGER) 1974, 13.

heit“ (s. u.) — unsicher und angesichts einer „ergebnisorientierten“ schwankenden Rechtsprechung bisweilen nicht klar erkennbar sind[27]. In der Sache geht es stets darum, eine Mehrheit von Tätigkeiten (Unterlassungen), die in der Verwirklichung mehrerer Straftatbestände, in der mehrfachen Verwirklichung eines Straftatbestandes, in der mehrfachen Verwirklichung mehrerer Straftatbestände etc. bestehen kann, die häufig naheliegende Annahme von Handlungsmehrheit (Realkonkurrenz) zu vermeiden. Nahezu allen gerichtlichen Erkenntnissen, die mit Hilfe der sog. natürlichen Handlungseinheit zur Handlungseinheit als Voraussetzung der Idealkonkurrenz gelangen, ist nachzuempfinden, daß der jeweils zur natürlichen Handlungseinheit zusammengefaßte Komplex mehrerer Deliktsverwirklichungen rechtstatsächlich als Bewertungseinheit angesehen wird und dementsprechend das Ergebnis einer **juristischen** Beurteilung darstellt. Diesem normativen Aspekt der natürlichen Handlungseinheit weicht die Rechtsprechung jedoch nach wie vor aus. Sie zieht sich zur Annahme einer natürlichen Handlungseinheit entscheidungsbegründend stets auf die — freilich eben nur vermeintlich — natürliche Lebensauffassung oder Betrachtungsweise zurück[28].

18 In RGSt 58, 113 (116) beschrieb das RG die sog. natürliche Handlungseinheit als „einen solchen unmittelbaren Zusammenhang, daß sich das gesamte Tätigwerden an sich (objektiv) auch für einen Dritten als ein einheitliches zusammengehöriges Tun bei natürlicher Betrachtungsweise erkennbar macht“. Im Anschluß an diese Definition der natürlichen Handlungseinheit hob auch der BGH in einer frühen Entscheidung den **äußeren Geschehensablauf**, das **äußere Erscheinungsbild** der mehreren Deliktsverwirklichungen als maßgebliches Kriterium für die Annahme einer natürlichen Handlungseinheit hervor. In BGHSt 4, 219 (220) wertete der BGH einen kurzfristig unterbrochenen Einbruchsdiebstahl — die dort agierenden Tatbeteiligten hatten einen Kioskeinbruch bereits begonnen, die Deliktsverwirklichung mit Rücksicht auf einen sich nähernden Streifenwagen der Polizei jedoch zunächst aufgegeben und erst nach dessen Vorbeifahrt aufgrund neuen Entschlusses den Einbruchsdiebstahl vollständig ausgeführt — als natürliche Handlungseinheit: „Entscheidend ist (somit) das äußere Erscheinungsbild (dieser Betätigungen). Sind sie durch einen engen räumlichen und zeitlichen

---

[27] Vgl. zunächst Blei, Handlungseinheit, JA 1972, 711 ff, JA 1973, 95 ff; umfassend Maiwald, Natürliche Handlungseinheit, insbes. S. 16 ff, 41 ff, 70 ff; vgl. aber auch Warda, Funktion, 241 ff, 242 f, 261.

[28] In diesem Sinne z. B. auch Blei, Strafrecht AT, § 93 I 4; Jescheck, Strafrecht AT § 66 I 3 bei und in dort. Anm. 12 mit weiteren Nachweisen; vgl. ferner Maiwald, Natürliche Handlungseinheit, insbes. S. 66 ff, 113 f; LK-Vogler, Vor § 52 Rdn. 14.

Zusammenhang verbunden, dann sind sie auch dann eine natürliche Handlungseinheit und damit **eine** Tat im Rechtssinne, wenn der Handlungswille des Täters infolge Aufgabe des ursprünglichen Verbrechensentschlusses unterbrochen war". Das nach dieser Rechtsprechung für das Vorliegen einer natürlichen Handlungseinheit eher unbedeutende subjektive Element eines die verschiedenen Tätigkeitsakte tragenden **einheitlichen Willens** bzw. **Tatentschlusses** verwendete der BGH in der Folgezeit zunächst als zusätzlich zur äußerlichen Einheitlichkeit des Tatgeschehens hinzutretende Voraussetzung der natürlichen Handlungseinheit.

Mit der Möglichkeit, mehrere Einzelakte als Betätigung **eines** (Hand- **19**
lungs-)Willens bzw. **eines** Tatentschlusses als einheitsstiftendes zusätzliches Element der natürlichen Handlungseinheit zu begreifen, argumentiert der BGH etwa in BGHSt 10, 129 (130), der als „Flachmannfall" bekannt gewordenen Entscheidung[29]. Wenig später entwickelte der BGH in BGHSt 10, 230 (231) eine Formel der natürlichen Handlungseinheit, die über den „einheitlichen Willen" hinaus noch ein weiteres Einheitlichkeitskriterium — das einheitliche Handlungsziel — ins Spiel brachte: „Eine natürliche Handlungseinheit ist gegeben, wenn der Handelnde den auf die Erzielung eines Erfolges in der Außenwelt gerichteten einheitlichen Willen durch eine Mehrheit gleichgearteter Akte betätigt und diese einzelnen Betätigungsakte aufgrund ihres räumlichen und zeitlichen Zusammenhangs objektiv erkennbar derart zusammengehören, daß sie nach der Auffassung des Lebens **eine** Handlung bilden". Die Einheitlichkeit des Tatgeschehens, etwa der unmittelbare zeitliche und örtliche Zusammenhang aufeinanderfolgender Handlungen, ein allen Tätigkeitsakten gemeinsames subjektives Element, verstanden als einheitlicher Handlungswille, als einheitlicher Willensentschluß oder als ein einziger Tatentschluß bzw. einheitlicher Tatplan, und darin eingebettet die Verfolgung eines einheitlichen Zieles im Sinne eines sowohl zur objektiven als auch zur subjektiven Einheitlichkeit des Gesamtgeschehens mitwirkendes Element: Dies sind die wesentlichen Bausteine der sog. natürlichen Handlungseinheit, wie sie die Rechtsprechung auffaßt[30].

Als einheitliches Geschehen im Sinne der sog. natürlichen Handlungs- **20**
einheit wertete der BGH beispielsweise ein schnell wiederholtes Abdrükken eines auf Einzelfeuer eingestellten Schnellfeuergewehres, mit dem der Täter ein einheitliches Ziel verfolgte, und das auf einem einheitlichen Willensentschluß beruhte[31]. Ganz ähnlich sollen mehrere Schüsse, die

[29] Vgl. dazu auch Blei, Handlungseinheit, JA 1972, 711 ff (713).

[30] Vgl. dazu BGH JZ 1983, 907 = BGH NJW 1984, 1568 mit Entscheidungsrezension Kindhäuser JuS 1985, 100 ff.

[31] BGH GA 1966, 208.

der Täter auf irgendwelche (andere) Personen abgibt, und die er als Zielobjekte aus einer Menge zufällig erfaßt, eine natürliche Handlungseinheit bilden, sofern das Verhalten des Täters von einem einheitlichen Willen getragen ist[32]. Wiederholt hat der BGH klargestellt, daß eine Mehrheit von Tathandlungen die Annahme einer natürlichen Handlungseinheit begründen kann, wenn sie auf einer einzigen Entschließung beruht[33]. Trotz einheitlichem Tatentschluß bildet ein Versuch der Tötung dreier Personen aber keine natürliche Handlungseinheit, wenn und weil der Täter seine Opfer **nacheinander** und somit durch **getrennte Willensbetätigungen** angreift[34]. Immer muß es sich bei den mehreren Tätigkeitsakten um eine einzige Willensbetätigung handeln, die mehreren Tätigkeiten müssen gleichsam Ausdruck des einheitlichen Tatwillens sein[35].

21 Unter derartigen Voraussetzungen steht der Annahme einer natürlichen Handlungseinheit auch nicht entgegen, daß durch eine Mehrheit von Handlungen die Verletzung mehrerer höchstpersönlicher Rechtsgüter bewirkt wird[36]. Dagegen können weder die unmittelbare Aufeinanderfolge noch ein einheitlicher Tatplan und Tatvorsatz mehrere Handlungen, die jeweils verschiedene höchstpersönliche Rechtsgüter verletzen, zu einer natürlichen Handlungseinheit zusammenfassen, wenn es sich bei den mehreren Handlungen um mehrere **verschiedene Willensbetätigungen** handelt[37]. Abgesehen davon, daß nach der Rechtsprechung des BGH die Höchstpersönlichkeit der verletzten Rechtsgüter (verschiedener) Rechtsgutsträger jedenfalls nicht prinzipiell zur Aufspaltung einer sonst begründeten natürlichen Handlungseinheit führt[38], lassen die Entscheidungsbegründungen insbesondere in derartigen Fallkonstellationen häufig nicht erkennen, ob sich die Annahme von natürlicher Handlungseinheit mehr auf eine „integrativ verschränkte" Anwendung jener be-

---

32 BGH NJW 1985, 1565.

33 Vgl. noch BGH Urt. v. 3. 11. 1977 — 1 StR 570/77; Urt. v. 26. 7. 1977 — 1 StR 348/77.

34 BGHSt 16, 397 = NJW 1962, 645.

35 BGH NJW 1977, 2321 mit Besprechung Maiwald, Feststellung, NJW 1978, 300 ff.

36 BGH NStZ 1985, 217; StrVert 1984, 274.

37 So BGH NStZ 1984, 311 mit weiteren zahlreichen Nachweisen.

38 Das Schrifttum ist verbreitet anderer Ansicht, vgl. nur Maiwald, Natürliche Handlungseinheit, S. 81 f; Ders., Feststellung, NJW 1978, 303; ferner Baumann/Weber, Strafrecht AT, § 41 II 1 a; vgl. auch Schmidhäuser, Strafrecht AT, 18/12; SK-Samson, Vor § 52 Rdn. 36; vgl. auch den Vorbehalt „sofern nicht die Verletzung höchstpersönlicher Rechtsgüter eine Aufspaltung in mehrere Tatkomplexe gebietet" in BGH Beschl. v. 23. 8. 1979 — 4 StR 392/79 und Beschl. v. 20. 9. 1979 — 4 StR 452/79.

schriebenen Einheitlichkeitskriterien oder auf eine jeweils unterschiedliche Präferenz des einen oder anderen Einheitlichkeitskriteriums stützt.

Trotz Abgabe mehrerer Schüsse und der Gefährdung zweier Personen hat der BGH wegen des engen zeitlichen und räumlichen Zusammenhangs des Tatgeschehens natürliche Handlungseinheit bei folgendem Sachverhalt angenommen: Der Täter hatte aus dem Fenster seines fahrenden Pkw hintereinander vier gezielte Schüsse auf das in einem Abstand von 50 m vor ihm fahrende, mit zwei Personen besetzte Fahrzeug abgegeben, um die Reifen „platt" zu schießen. Er traf das Fahrzeug dreimal. Bei Abgabe der Schüsse nahm er den Tod der beiden Insassen billigend in Kauf[39]. Ein weiteres Beispiel: Der Täter lauerte seinem Opfer auf, um es zu töten. Als er aus der Tür trat, gab er in schneller Folge zwei Schüsse ab, die jedoch fehlgingen. Dann trat eine Ladehemmung der Pistole ein, worauf der Täter die Flucht ergriff. Das Opfer verfolgte ihn durch mehrere Straßen. Der Täter gab dann unter Wiederaufgreifen seines ursprünglichen Tötungsvorsatzes noch mindestens drei Schüsse auf seinen Verfolger ab, von denen der letzte tödlich traf[40]. Der BGH bewertete den gesamten Handlungskomplex als natürliche Handlungseinheit: Daß der Täter sämtliche tatbestandsmäßigen Betätigungen nicht in Verwirklichung eines ununterbrochenen fortdauernden Handlungswillens ausführte, sei in diesem Zusammenhang bedeutungslos. Maßgebend sei das äußere Erscheinungsbild seiner Betätigungen. Seien diese wie gegeben gleichartig und durch einen engen räumlichen und zeitlichen Zusammenhang verbunden, dann seien sie auch eine natürliche Handlungseinheit und damit eine Tat im Rechtssinne, wenn der Täter den ursprünglichen Entschluß zwar aufgebe, ihn aber alsbald wieder aufgreife und die vorübergehend unterbrochene Handlung (!) weiterführe[40]. In einem Falle zweier zeitlich nicht unmittelbar aufeinanderfolgenden Vergewaltigungen verschiedener Frauen soll dagegen trotz einheitlichem Tatentschluß keine natürliche Handlungseinheit vorliegen: Nach dem Geschehensablauf könne die wesentlich spätere Vergewaltigung der einen Frau nicht als Teil **derselben** Willensbetätigung angesehen werden, die zur Vergewaltigung der anderen Frau geführt hatte[41]. 22

Unter Betonung der Einheitlichkeit des Handlungsziels bildet demgegenüber der Diebstahl eines Kfz zu dem Zweck, mit ihm die Beute eines geplanten Einbruchsdiebstahls abzutransportieren, mit diesem Einbruchsdiebstahl nach BGH GA 1969, 92 eine natürliche Handlungseinheit. Ähnlich soll bei fortwirkendem Tatentschluß (Realisierung der 23

---

[39] BGH Urt. v. 16. 12. 1976 — 4 StR 619/76.

[40] BGH Urt. v. 21. 4. 1977 — 4 StR 72/77.

[41] BGH Urt. v. 7. 10. 1975 — 5 StR 435/75.

Zueignungsabsicht) ein aus (versuchter) schwerer räuberischer Erpressung und Raub bestehendes Gesamt-Tatgeschehen als natürliche Handlungseinheit verstanden werden können, wenn die versuchte schwere räuberische Erpressung der Sicherung des Gewahrsams und damit noch der Verwirklichung der bei dem vorausgegangenen Raub verfolgten Zueignungsabsicht dient: Der Täter hatte einen schweren Raub durch Ansichbringen der Beute zwar vollendet, aber noch nicht beendet, weil er bereits bei der Wegnahme und ebenso bei dem Versuch, mit der Beute auf seinem Motorrad zu fliehen, behindert wurde. Da ihm die Flucht mit dem eigenen Fahrzeug nicht gelang, ging der Täter dazu über, sich durch Drohung mit Gewalt in den Besitz eines fremden Pkw zu setzen, um seinen Gewahrsam an der Beute sichern und fliehen zu können — das gesamte Tatgeschehen soll nach Auffassung des BGH[42] eine natürliche Handlungseinheit bilden.

24 Einen weiteren neuralgischen Punkt der sog. natürlichen Handlungseinheit betrifft die Rechtsprechung des BGH zu den verschiedenen Fallgestaltungen der „Polizeiflucht". Danach verbindet als einheitsstiftendes Kriterium primär der einheitliche Wille, nämlich der Fluchtwille, beispielsweise das Fahren ohne Fahrerlaubnis, eine gefährliche Körperverletzung, Widerstand gegen Vollstreckungsbeamte und unerlaubtes Entfernen vom Unfallort zu einer natürlichen Handlungseinheit[43]. Die Situationstypik der Polizeifluchtfälle kommt plastisch in einem Urteil des BGH vom 23.08. 1979 zum Ausdruck. Dort fuhr der Täter, der keine Fahrerlaubnis besaß (Fahren ohne Fahrerlaubnis), um eben dies zu verbergen, davon, als er und das von ihm geführte Kraftfahrzeug von einem Polizeibeamten überprüft wurden. Im Vorbeifahren beschädigte er mehrere durch Funk zu seiner Verfolgung beorderte Polizeifahrzeuge (Sachbeschädigung). Gleichwohl fuhr er weiter (unerlaubtes Entfernen vom Unfallort), durchbrach eine Polizeisperre (gefährlicher Eingriff in den Straßenverkehr, Widerstand gegen Vollstreckungsbeamte) und verletzte dabei vorsätzlich einen Polizeibeamten (Körperverletzung), fuhr wiederum weiter (unerlaubtes Entfernen vom Unfallort) und gefährdete schließlich durch rücksichtsloses Überholen ein entgegenkommendes Fahrzeug (fahrlässige Straßenverkehrsgefährdung)[44]. Ähnlich läßt das Bestreben, der von kontrollierenden Polizeibeamten angeordneten Blutprobenentnahme unter allen Umständen entgehen zu wollen, die zu

---

42 BGH StrVert 1983, 413.

43 Vgl. BGH VRS 28, 359 (361); BGHSt 22, 67 (76); BGH VRS 48, 191; BGH VRS 57, 277.

44 BGH Urt. v. 23. 8. 1979 — 4 StR 392/79 bei Hürxthal DRiZ 1980, 142 (Ziff. 4); vgl. ferner BGH bei Hürxthal DRiZ 1979, 146ff, 149 (Ziff. 8); BGH Urt. v. 20.9. 1979 — 4 StR 452/79.

diesem Zwecke vorgenommenen, auch äußerlich einen einheitlichen Vorgang bildenden Handlungen nach Auffassung des BGH zu einer natürlichen Handlungseinheit werden[45]. In dem der Entscheidung zugrunde liegenden Sachverhalt verhinderte der Täter zunächst durch „krampfhaftes" Festhalten am Lenkrad und Sitz, aus dem Wagen gezogen zu werden. Als sich dies nicht als ausreichend erwies, fuhr er mit Vollgas an und nahm nach 40 m eine Vollbremsung vor, um den in der offenen Fahrzeugtür „hängenden" Polizeibeamten abzuschütteln. Da dies fehlschlug, versuchte er, den Beamten durch Herüberrutschen aus dem Fahrzeug zu drängen. Als dies wiederum erfolglos blieb und das Fahrzeug auf eine Häuserfront zu „geriet", ließ sich der Beamte aus Furcht, eingeklemmt und verletzt zu werden, aus dem fahrenden Fahrzeug fallen, wobei er sich verletzte. Der Täter fuhr weiter, ohne sich um ihn zu kümmern: natürliche Handlungseinheit von vorsätzlichem gefährlichen Eingriff in den Straßenverkehr, Widerstand gegen Vollstreckungsbeamte, gefährliche Körperverletzung, unerlaubtem Entfernen vom Unfallort und vorsätzlicher Trunkenheit im Verkehr.

Vor allem die Fälle der Polizeiflucht[46] – bezeichnenderweise stellt **25**
der BGH insoweit die Annahme natürlicher Handlungseinheit anders als sonst unter den Vorbehalt, daß eine etwaige Verletzung höchstpersönlicher Rechtsgüter (verschiedener Rechtsgutsträger) eine Aufspaltung des Tatgeschehens in mehrere Tatkomplexe nicht gebietet[47] – zeigen deutlich, wie rasch die Betonung der Einheitlichkeit des (Flucht-)Willens[48] – der hier wie auch in den übrigen Fällen natürlicher Handlungseinheit keineswegs den Voraussetzungen eines Gesamtvorsatzes beim Fortsetzungszusammenhang genügen muß[48] – als des primär maßgeblichen Begründungselements für die Annahme von natürlicher Handlungseinheit zu einer nur schwer kontrollierbaren Ausuferung dieser Konkurrenzfigur führen kann und führt[49]. Nicht zuletzt deshalb[50] fragt

---

45 BGH Urt. v. 9. 3. 1978 – 4 StR 64/78.

46 Nach BGH MDR (Dallinger) 1974, 13 gilt dies alles nicht für den vor der Polizei **zu Fuß** fliehenden Straftäter. Kritisch zu den Polizeifluchtfällen Warda, Funktion, 241 ff (248 ff, 254 ff).

47 Vgl. BGH bei Hürxthal DRiZ 1979, 146 ff, 149 (Ziff. 8); BGH MDR (Holtz) 1979, 987.

48 Hierzu Blei, Handlungseinheit, JA 1973, 97; ferner BGH MDR (Dallinger) 1973, 17.

49 Daran ändert auch die vereinzelt gebliebene vorsichtige Korrektur (Entschluß muß auf gleichartige Betätigung gerichtet sein) in BGH VRS 36, 354 nichts, vgl. dazu etwa Schönke/Schröder (Stree), Vor § 52 Rdn. 25.

50 Maiwald, Feststellung, NJW 1978, 300 (303) kennzeichnet den damit einhergehenden Verlust an rechtlicher Bestimmtheit innerhalb der Konkurrenzlehre

es sich, ob die Einheitlichkeit eines Willens, der Täterplan oder gar ein vorrechtlicher Entschluß überhaupt geeignet ist, eine (natürliche) Handlungseinheit zu konstitutieren. Ähnliche Bedenken bestehen gegenüber der angeblich „natürlichen“ Betrachtungsweise, die in Wirklichkeit – nichts belegt dies besser als die Fälle der Polizeiflucht – eine ausgesprochen juristische Betrachtungsweise, nämlich eine strafrechtliche Bewertung ist. Schließlich erweist sich die Figur der natürlichen Handlungseinheit nicht selten als entbehrlich[51], weil die Verknüpfung verschiedener Deliktsverwirklichungen zu einer (juristischen) Handlungseinheit auf der Grundlage einer spezifisch strafrechtlichen Betrachtungsweise aus den in den gesetzlichen Straftatbeständen enthaltenen „sozialen Tätigkeitsbildern“ resultiert. Zur Feststellung von Handlungseinheit in diesem Sinne ist ein Rückgriff auf den durch Gesetzeskonkretisierung zu ermittelnden Sachgehalt der gesetzlichen Straftatbestände erforderlich. Als sich ergänzende Formen solcher (juristischen) Handlungseinheit lassen sich die sog. tatbestandliche Handlungseinheit im engeren und im weiteren Sinne unterscheiden[52].

26 ac) Als eine Modalität der juristischen Handlungseinheit versteht sich die sog. **tatbestandliche Handlungseinheit im engeren Sinne**. Für sie ist charakteristisch, daß der jeweils verwirklichte gesetzliche Straftatbestand mehrere natürliche Willensbetätigungen (mehrere natürliche Handlungen) zu einer rechtlich-sozialen Bewertungseinheit verbindet[53]. Tatbestandliche Handlungseinheit im engeren Sinne liegt deshalb stets dann vor, wenn ein aus mehreren Tätigkeitsakten bestehendes Verhalten

---

zu Recht als ein „Stück nicht nachprüfbarer richterlicher Intuition“; vgl. auch KÜHL, Konkurrenzen, JA 1978, 475ff (478).

[51] Das Schrifttum steht der sog. natürlichen Handlungseinheit deshalb überwiegend zu Recht kritisch und ablehnend gegenüber, vgl. statt aller GEERDS, Konkurrenz, S. 246f, 249, 282f; JAKOBS, Strafrecht AT, 32. Abschnitt, Rdn. 35ff (37); JESCHECK, Strafrecht AT, § 66 I 3; LK-VOGLER, Vor § 52 Rdn. 12f; MAURACH/GÖSSEL, Strafrecht AT, § 54 II A; SCHÖNKE/SCHRÖDER (STREE), Vor § 52 Rdn. 22f; SK-SAMSON, Vor § 52 Rdn. 20/21; jeweils mit weiteren Nachweisen; vgl. demgegenüber aber auch DREHER/TRÖNDLE, Vor § 52 Rdn. 2f; SCHROEDER, Natürliche Handlungseinheit, Jura 1980, 240f; WARDA, Grundfragen, JuS 1964, 81f (83); DERS., Funktion, 241f (242f, 257f). Zum Sonderproblem einer etwaigen natürlichen Handlungseinheit im sog. Contergan-Beschluß vgl. BRUNS, Ungeklärte Fragen, 317f (319f).

[52] Die begriffliche Differenzierung zwischen tatbestandlicher Handlungseinheit im engeren und im weiteren Sinne folgt der bei LK-VOGLER, Vor § 52 Rdn. 15f; JESCHECK, Strafrecht AT, § 66 II und III verwendeten Terminologie.

[53] Vgl. statt aller LACKNER, Vor § 52 IV 1; LK-VOGLER, Vor § 52 Rdn. 15; WESSELS, Strafrecht AT, § 17 II 2; auch GEPPERT, Grundzüge, Jura 1982, 358f (362).

die Mindestvoraussetzungen des gesetzlichen Straftatbestandes erfüllt: Nur eine einzige Handlung gem. § 218 Abs. I StGB stellt der durch eine Mehrheit einzelner Tätigkeiten bewirkte Schwangerschaftsabbruch dar[54]. Typische Anwendungsfälle der tatbestandlichen Handlungseinheit im engeren Sinne sind die mehraktigen bzw. zusammengesetzten Delikte. Die Vergewaltigung gem. § 177 Abs. I StGB etwa setzt als mehraktiges Geschehen tatbestandsmäßig mehrere Einzelhandlungen im natürlichen Sinne (Gewaltanwendung und anschließend die Vollziehung des außerehelichen Beischlafs) voraus, die wegen ihrer tatbestandlichen Verknüpfung gleichwohl nur eine einzige Handlung im Rechtssinne ausmachen. Das aus Nötigung und Diebstahl zusammengesetzte Delikt des Raubes setzt gem. § 249 Abs. I StGB ganz ähnlich zwei natürliche Einzelhandlungen, nämlich die Gewaltanwendung und die Wegnahme in Zueignungsabsicht voraus. Die Bewertungseinheit des gesetzlichen Straftatbestandes verknüpft auch hier beide Einzelhandlungen zu einer Handlungseinheit im Rechtssinne[55]. Entsprechendes gilt bei den „verkümmert-zweiaktigen"[56] Delikten, den Delikten mit überschießender Innentendenz, den kupierten Erfolgsdelikten, wenn das im gesetzlichen Straftatbestand vorausgesetzte (zusätzliche) subjektive Unrechtselement, etwa die Zueignungsabsicht bei § 242 StGB oder die Bereicherungsabsicht in § 263 StGB, als zweiter Tätigkeitsakt des (tatbestandseinheitlichen) Gesamtvorgangs tatsächlich realisiert wird: Wegnahme der Sache und tatsächliche Zueignung bilden eine tatbestandliche Handlungseinheit im engeren Sinne[57].

Vielfach verknüpfen gesetzliche Straftatbestände mehrere Tätigkeiten **27**
zu einem originären deliktischen Verhaltenstypus[58], indem sie pauschalierend ganze Handlungskomplexe als eine Straftat ausweisen[59]. Diese tatbestandliche Zusammenfassung mehrerer je für sich schon tatbestandsmäßiger Einzelakte stellt ebenfalls eine tatbestandliche Handlungseinheit im engeren Sinne[60] dar. Sie liegt beispielsweise vor im Falle der landes-

[54] Jescheck, Strafrecht AT, § 66 II 1; LK-Vogler, Vor § 52 Rdn. 15.

[55] Weitere Beispiele bei Lackner, Vor § 52 IV 1; vgl. auch Schönke/Schröder (Stree), Vor § 52 Rdn. 16.

[56] Begriff bei Stratenwerth, Strafrecht AT, Rdn. 1213.

[57] Statt aller Blei, Strafrecht AT, § 93 I 1; Jescheck, Strafrecht AT, § 66 II 2; SK-Samson, Vor § 52 Rdn. 23 mit dem weiteren Beispiel der Fälschung einer Urkunde und dem Gebrauchmachen der verfälschten Urkunde zum Zwecke der Täuschung; vgl. ferner Haft, Strafrecht AT, 12. Teil, § 3, 3 b.

[58] So SK-Samson, Vor § 52 Rdn. 24; Jakobs, Strafrecht AT, 32. Abschnitt; Rdn. 28 spricht von „Veranstaltungsdelikten".

[59] Vgl. auch Schönke/Schröder (Stree), Vor § 52 Rdn. 15, 16.

[60] Diese Delikte zählen z. B. Jescheck, Strafrecht AT, § 66 III 1; LK-Vogler, Vor § 52 Rdn. 30 zur tatbestandlichen Handlungseinheit im weiteren Sinne; vgl. aber SK-Samson, Vor § 52 Rdn. 24; ferner Lackner, Vor § 52 IV 1.

verräterischen bzw. geheimdienstlichen Agententätigkeit (§§ 98, 99 StGB), der Aufnahme oder Unterhaltung friedensgefährdender Beziehungen zu einer fremden Macht (§ 100 StGB), weiter in den Fällen der Rädelsführerschaft (§§ 84, 85 StGB), des Handeltreibens mit Betäubungsmitteln (§ 29 Abs. I Nr. 1 BtMG)[61], der Verletzung der Fürsorge oder Erziehungspflicht (§ 170 d StGB) und auch bei der Geldfälschung (§ 146 StGB)[62].

28 Eine einheitliche Handlung in Gestalt der tatbestandlichen Handlungseinheit im engeren Sinne liegt schließlich bei der (mehraktigen) Verwirklichung eines Dauerdelikts[63] vor. Die dieser Deliktsart zugehörigen Straftaten sind dadurch gekennzeichnet, daß der Täter durch sein Verhalten (zunächst) einen rechtswidrigen Zustand[64] schafft, diesen Zustand aufrechterhält, und durch dessen Fortdauer der jeweilige gesetzliche Straftatbestand ununterbrochen (andauernd) erfüllt wird. Alle Tätigkeiten, die der Schaffung des rechtswidrigen Zustandes dienen, bilden — vermittelt durch den gesetzlichen Straftatbestand — mit allen Einzelakten (Unterlassungen), die der Aufrechterhaltung desselben Zustandes dienen oder mit denen der Täter sein Handeln kontinuierlich fortsetzt, eine (rechtliche) Handlungseinheit. Beendet ist das Dauerdelikt erst mit der Aufhebung des rechtswidrigen Zustandes, Vollendung liegt indessen schon mit der Begründung des rechtswidrigen Zustandes vor[64]. Hausfriedensbruch (§ 123 StGB), Freiheitsberaubung (§ 239 StGB), Trunkenheit im Verkehr (§ 316 StGB) und Fahren ohne Fahrerlaubnis (§ 21 Abs. I Nr. 1 StVG) etwa sind solche Beispiele gesetzlich vertypter Dauerdelikte[65]. Auch wenn der auf Dauer angelegte rechtswidrige Zustand nur

---

61 Vgl. BGHSt 30, 28.

62 JAKOBS, Strafrecht AT, 32. Abschnitt, Rdn. 28 a. E. schließt das Delikt des § 146 StGB aus dem Kreis der „Veranstaltungsdelikte" aus; zu weiteren Beispielen vgl. LACKNER, Vor § 52 IV 1; LK-VOGLER, Vor § 52 Rdn. 30 mit weiteren Nachweisen aus der Rechtsprechung.

63 Zur Unterscheidung zwischen Dauerdelikt und Dauerstraftat vgl. HRUSCHKA, Dauerstraftaten, GA 1968, 193 ff (196).

64 Vom Dauerdelikt ist das sog. Zustandsdelikt zu unterscheiden. Bei ihm hat die **Aufrechterhaltung** des durch die Tat geschaffenen Zustandes keine selbständige kriminelle Bedeutung. Der strafrechtliche Vorwurf knüpft lediglich an die Herbeiführung des rechtwidrigen Zustandes an. Mit seinem Eintritt ist die Tat rechtlich (im Gegensatz zum Dauerdelikt) bereits beendet. Die Aufrechterhaltung des rechtswidrigen Zustandes ist ohne eigenen zusätzlichen Unrechtsgehalt, vgl. statt aller LACKNER, Vor § 52 IV 2; LK-VOGLER, Vor § 52 Rdn. 25.

65 Vgl. aber JAKOBS, Strafrecht AT, 32. Abschnitt, Rdn. 27 mit 6. Abschnitt, Rdn. 80 ff; zu weiteren Beispielen vgl. noch SCHÖNKE/SCHRÖDER (STREE), Vor § 52 Rdn. 81 mit Nachweisen aus der Rechtsprechung.

vorübergehend unterbrochen wird, sprengt diese kurzfristige Unterbrechung nicht die Einheitlichkeit der Tat. Wer aufgrund unveränderter Motivationslage den Fluchtversuch eines Eingesperrten vereitelt und diesen erneut einsperrt, begeht gleichwohl nur eine Freiheitsberaubung. Ebenso liegt tatbestandliche Handlungseinheit gem. § 316 StGB vor, wenn der Täter seine Trunkenheitsfahrt nur kurzfristig unterbricht, um zu tanken, in einer Gaststätte etwas zu trinken, oder um eine Person in den Pkw einsteigen zu lassen. Entsprechendes gilt für verkehrsbedingtes Anhalten vor einer Ampel, Bahnschranke, im Autobahnstau etc. Ebenso handelt es sich nur um einen einzigen Hausfriedensbruch, wenn der Täter in eine fremde Wohnung (erneut) eindringt, nachdem er sie kurz zuvor verlassen hatte[66].

Im Zusammenhang mit der Frage, ob bei nur kurzfristiger Unterbrechung (nicht: Aufhebung) des rechtswidrigen Zustandes zugleich die **29**
Einheitlichkeit der Tat verloren geht und mit Wiederherstellung des ursprünglichen rechtswidrigen Zustandes ein neues Dauerdelikt beginnt, oder ob die tatbestandliche Handlungseinheit erhalten bleibt, stößt die grundsätzlich unverändert gebliebene Auffassung der Rechtsprechung, ein Verkehrsunfall unterbreche ohne Rücksicht auf die Sachverhaltsgestaltung im einzelnen stets eine (Pkw-)Fahrt, nach wie vor auf Kritik. Zur Begründung für seine Ansicht, ein Verkehrsunfall spalte die Einheitlichkeit der (Trunkenheits-)Fahrt auch dann in zwei selbständige Teile auf, wenn der Täter seine Fahrt ohne Halt fortsetzt, zieht der BGH sich auf die Erwägung zurück, daß der Fahrer/Täter durch das Unfallereignis sowohl im äußeren Geschehen wie in seiner geistig-seelischen Verfassung vor eine neue Lage gestellt sei. Die Weiterfahrt nach dem Unfall beruhe deshalb notwendig auf einem neuen, selbständigen Fahrtentschluß, selbst wenn der Fahrer/Täter sein ursprüngliches Fahrtziel beibehalte[67]. Mit Recht ist hiergegen eingewandt worden, durch die neue Lage, vor der der Täter im Hinblick auf § 142 StGB stehe, und den damit hinzutretenden „Fluchtvorsatz" werde der Entschluß des Täters, mit einem Kraftfahrzeug zu fahren, weder beseitigt noch verändert, und zwar auch dann nicht, wenn der Täter bei seiner Weiterfahrt die anfänglich vorgesehene und eingeschlagene Fahrtstrecke verlasse[68]. Der Täter ziehe aus der

---

66 Statt aller LK-Vogler, Vor § 52 Rdn. 18 mit Nachweisen.

67 So BGHSt 21, 203 (205); BGH VRS 13, 122; vgl. auch OLG Celle JR 1982, 79 mit Anm. Rüth; vgl. ferner die Nachweise bei LK-Vogler, Vor § 52 Rdn. 19; Schönke/Schröder (Stree), Vor § 52 Rdn. 85; Geppert, Grundzüge, Jura 1982, 358 ff (363) bei und in Anm. 27 mit weiteren Nachweisen.

68 So Schönke/Schröder (Stree), Vor § 52 Rdn. 85.

„neuen Lage" überdies ja gerade nicht die Konsequenz, seine Fahrt abzubrechen[69].

30 Wer daher seine Trunkenheitsfahrt trotz eines Verkehrsunfalles ohne anzuhalten fortsetzt, verwirklicht mit der Weiterfahrt im unmittelbaren Anschluß an das Unfallereignis nicht erneut das Dauerdelikt des § 316 StGB. Vielmehr stellt die Trunkenheitsfahrt insgesamt wie auch sonst eine tatbestandliche Handlungseinheit im engeren Sinne dar, mit der weiteren Konsequenz, daß § 316 StGB in diesen Fällen mit § 142 StGB tateinheitlich zusammentrifft[70]. Soweit allerdings das Unfallereignis im inneren wie im äußeren Geschehen eine eindeutige Zäsur bewirkt, ist die Einheitlichkeit der (Trunkenheits-)Fahrt — insoweit: nach allgemeiner Auffassung — unterbrochen. Eine solche Situation ist anzunehmen, wenn der Fahrer/Täter aufgrund eines Verkehrsunfalles anhält, um sich mit dem anderen Unfallbeteiligten zu einigen und erst weiterfährt, nachdem der andere Unfallbeteiligte darangeht, die Polizei zur Unfallstelle zu holen[71]. In diesen und ähnlichen Fallkonstellationen faßt der Fahrer/Täter in der Tat einen neuen, selbständigen Fahrtentschluß, die darauf beruhende Weiterfahrt bildet den Anfang einer erneuten Deliktsverwirklichung gem. § 316 StGB[72].

31 ad) Eine weitere Form der rechtlichen Handlungseinheit stellt die **tatbestandliche Handlungseinheit im weiteren Sinne** dar. Ähnlich wie bei der zuvor beschriebenen tatbestandlichen Handlungseinheit im engeren Sinne erzeugt der gesetzliche Straftatbestand die Handlungseinheit. Während sich aber die tatbestandliche Handlungseinheit im engeren Sinne unmittelbar aus der sprachlichen Fassung des gesetzlichen Straftatbestandes ableiten ließ, setzt die Verknüpfung mehrerer Tatbestandsverwirklichungen zu einer (tatbestandlichen) Handlungseinheit (im weiteren Sinne) eine Gesetzeskonkretisierung voraus: Erst der volle Sinngehalt

---

[69] SK-Samson, Vor § 52 Rdn. 27; vgl. weiter BGH VRS 48, 354; 49, 185; NJW 1983, 1744.

[70] Vgl. noch BGHSt 25, 72 (76): Die Weiterfahrt nach einem Verkehrsunfall stellt dann keine selbständige Trunkenheitsfahrt dar, wenn unerlaubtes Entfernen vom Unfallort nicht vorliegt.

[71] So Schönke/Schröder (Stree), Vor § 52 Rdn. 85; vgl. ferner LK-Vogler, Vor § 52 Rdn. 21; SK-Samson, Vor § 52 Rdn. 27 jeweils mit weiteren Nachweisen auch aus der Rechtsprechung.

[72] Grundsätzlich schließt ein Wechsel von der fahrlässigen zur vorsätzlichen Deliktsverwirklichung die Einheitlichkeit eines Dauerdelikts nicht aus. Tatbestandliche Handlungseinheit im engeren Sinne ist deshalb gegeben, wenn dem betrunkenen Autofahrer erst während der Fahrt die Fahruntüchtigkeit bewußt wird und er gleichwohl die Fahrt fortsetzt; vgl. dazu Schönke/Schröder (Stree), Vor § 52 Rdn. 83.

eines Straftatbestandes, wie er durch Auslegung zu erschließen ist, führt in bestimmten Fällen zur Handlungseinheitlichkeit mehrerer natürlicher Handlungen. Als Anwendungsmodalitäten der tatbestandlichen Handlungseinheit im weiteren Sinne lassen sich im wesentlichen zwei Fallgruppen unterscheiden: die **wiederholte gleichartige Verwirklichung** eines Straftatbestandes und die **sukzessive (fortlaufende) Tatbestandsverwirklichung**[73].

Als wiederholte gleichartige Tatbestandsverwirklichung versteht sich **32**
etwa die „Tracht Prügel" oder ein Katarakt von beleidigenden Schimpfworten[74]. Es sind die mehreren körperlichen Mißhandlungen bzw. Beleidigungen, die je für sich bereits den Straftatbestand (§§ 223, 185 StGB) erfüllen, jedoch als Teilstücke eines Ganzen, nämlich des einheitlichen Deliktserfolgs, erscheinen[75]. Dieselbe Handlungsstruktur findet sich bei der Falschaussage, die aus mehreren falschen Angaben besteht, und bei der ratenweisen Vorteilsannahme gem. §§ 331, 332 StGB. Wiederholte gleichartige Tatbestandsverwirklichung ist auch beim Diebstahl denkbar[75]: Stückweise trägt der Täter das Diebesgut aus dem Haus und verlädt es auf einem zum Abtransport bereitgestellten Wagen, oder er entwendet bei einer Diebstahlsgelegenheit mehrere Sachen nacheinander[76]. In allen Fällen wiederholter Tatbestandsverwirklichung setzt die Annahme einer tatbestandlichen Handlungseinheit im weiteren Sinne allerdings voraus, daß das tatbestandsmäßige Unrecht durch die sich wiederholenden Einzelakte **lediglich intensiviert**[77], die Rechtsgutsverletzung also „nur eine **rein quantitative Steigerung** erfährt (einheitliches Unrecht)"[78], und daß das gesamte Tatgeschehen „auf einer **einheitlichen Motivationslage** beruht (einheitliche Schuld)"[78]. Hinzu kommen muß weiter, daß die Einzelakte als wiederholte Verwirklichung des Straftatbestandes in **engem räumlichen und zeitlichen Zusammenhang stehen** (unmittelbare zeitliche und räumliche Abfolge[78]; gewisse Kontinuität und innere Beziehung der Einzelakte[79]. Schließlich ist eine **Gleichartigkeit** der mehreren Einzelakte erforderlich, wobei die Gleichartigkeit ihren Sachgehalt aus dem jeweils verwirklichten Straftatbestand bezieht: Das „Quälen" gem. § 223b StGB kann zahlreiche in ihrem Erscheinungsbild durchaus heterogene Einzelhandlungen umfassen, die

[73] Hierzu Jescheck, Strafrecht AT, § 66 III 1, 2; LK-Vogler, Vor § 52 Rdn. 31, 34.
[74] Dazu auch Maiwald, Feststellung, NJW 1978, 300 (302).
[75] So Schönke/Schröder (Stree), Vor § 52 Rdn. 17.
[76] Vgl. zum Ganzen auch SK-Samson, Vor § 52 Rdn. 28.
[77] So SK-Samson, Vor § 52 Rdn. 28.
[78] So LK-Vogler, Vor § 52 Rdn. 31.
[79] So Schönke/Schröder (Stree), Vor § 52 Rdn. 19.

dennoch „gleichartig“ sind, weil sie je für sich Bestandteile eines Vorgehens sind, die in ihrer Gesamtheit als „Quälen“ qualifiziert sind[80]. Ein mehraktiges, wiederholt tatbestandsverwirklichendes Verhalten, das allen diesen Erfordernissen genügt, bildet qua Straftatbestand eine Handlungseinheit, eben eine tatbestandliche Handlungseinheit im weiteren Sinne[81].

33 Bei Fortbestehen der **gleichen Motivationslage** beim Täter und **gleichbleibender einheitlicher Tatsituation** (= enger raum-zeitlicher Zusammenhang) erweist sich auch die **sukzessive (fortlaufende) Tatbestandsverwirklichung** als tatbestandliche Handlungseinheit im weiteren Sinne[82]. Unter fortlaufender Tatbestandsverwirklichung ist dabei eine Folge von Einzelakten zu verstehen, mit denen sich der Täter dem tatbestandsmäßigen Erfolg nach und nach annähert[83]. Das ist typischerweise der Fall beim Übergang vom Versuch zur Tatvollendung, bei der Durchführung eines Einbruchsdiebstahls in Etappen, wenn der Täter seinen teilweise schon realisierten Tatplan zunächst aufgibt, ihn aber nur kurzfristig später (sofort danach) wieder aufgreift und zu Ende führt. Auch beim Wechsel der Ausführungsart einer vorsätzlichen Tötung ist von sukzessiver Tatbestandsverwirklichung auszugehen, es sei denn, dem Täter kam es auf eine bestimmte Ausführungsart (Tatmittel) an, und er änderte aufgrund eines neuen Entschlusses die Ausführungsart bzw. verwendete ein anderes Tatmittel[84]. Die Einheitlichkeit des Gesamtgeschehens ergibt sich auch hier aus dem Gesetz, teilweise aus Vorschriften des „Allgemeinen Teils des StGB“ (§§ 22, 24, 27 StGB)[85], zum Teil aber auch aus dem Zusammenwirken mehrerer Rechtssätze im gesetzlichen Straftatbestand. Entsprechendes gilt für die deliktische Einheit formell-tatbestandsmäßiger Vorbereitungshandlungen, die in der späteren tatsächlichen Rechtsgutsverletzung aufgehen, und für den Übergang von einer Rechtsgutgefährdung zur Rechtsgutsverletzung. Stets handelt es sich um (tatbestandliche) Handlungseinheit (im weiteren Sinne), nicht um Handlungsmehrheit.

34 Ersichtlich überschneidet sich der Anwendungsbereich der tatbestandlichen Handlungseinheit im engeren und im weiteren Sinne teilweise mit dem der sog. natürlichen Handlungseinheit (s. o. Rdn. 17 ff). Eine zusätzlich neben der tatbestandlichen Handlungseinheit im engeren und

[80] Vgl. Blei, Strafrecht AT, § 93 I 3.

[81] Vgl. noch Maiwald, Natürliche Handlungseinheit, S. 72 ff.

[82] Jescheck, Strafrecht AT, § 66 III 2 bei und in Anm. 19; LK-Vogler, Vor § 52 Rdn. 36; Maiwald, Natürliche Handlungseinheit, S. 90 ff.

[83] Jescheck, Strafrecht AT, § 66 III 2.

[84] Vgl. Schönke/Schröder (Stree), Vor § 52 Rdn. 18 mit Nachweisen aus der Rechtsprechung.

[85] Vgl. auch Blei, Strafrecht AT, § 93 I 4 b.

weiteren Sinne stehende sog. „natürliche Handlungseinheit“ erweist sich somit als sachgleiche andere Form einer einheitlichen Handlung im Rechtssinne und ist eben deshalb entbehrlich. Über die Anwendungsgrenzen der tatbestandlichen Handlungseinheit im engeren und weiteren Sinne hinaus aber ist die sog. natürliche Handlungseinheit als selbständige Form der einheitlichen Handlung im Rechtssinne prinzipiell nicht anzuerkennen[86]. Insbesondere die Neigung der Rechtsprechung, ergebnisbezogen unter Betonung mal des einen, mal des anderen Begründungselements mit Hilfe der sog. natürlichen Betrachtungsweise zu einer Handlungseinheit im Rechtssinne zu gelangen, signalisiert die Anwendungsunsicherheit, die mit der Konkurrenzfigur der natürlichen Handlungseinheit verbunden ist. Der damit einhergehende Verlust an Bestimmtheit im Bereich der strafrechtlichen Konkurrenzen ist aus verfassungsrechtlichen Gründen ernster zu nehmen als es die bislang in der Rechtsprechung übliche Handhabung der natürlichen Handlungseinheit ahnen läßt[87].

Wie in den Fällen der natürlichen Handlungseinheit erfordert die **35**
Annahme einer tatbestandlichen Handlungseinheit (im engeren und im weiteren Sinne) zwar eine Einheitlichkeit der inneren Tatseite. Ausreichend ist jedoch eine „einheitliche Motivationslage“; vorausgesetzt ist nicht, daß der Täter mit Gesamtvorsatz handelt[88]. Im Falle der Verwirklichung eines Dauerdelikts schadet es deshalb nicht, wenn die zunächst fahrlässige Deliktsverwirklichung in eine vorsätzliche Tatbegehung (Unterlassung) übergeht und umgekehrt[89]. Die Handlungseinheitlichkeit geht infolge derartiger Veränderungen der subjektiven Tatseite nicht verloren. Ein völlig anderer, neuer Tatentschluß freilich durchbricht die Einheitlichkeit des Tatgeschehens[90]. Andererseits reicht die zeitliche Koinzidenz verschiedener Tätigkeiten ebenso wie ein mehrere Einzelakte umfassender Gesamtplan des Täters je für sich allein nicht aus, um eine tatbestandliche Handlungseinheit (im engeren bzw. weiteren Sinne) herzustellen[91]. Und schließlich ist auch die Frage, ob die Höchstpersönlichkeit von Rechtsgütern verschiedener Rechtsgutträger im Falle ihrer (mehrfachen) Verletzung eine Aufspaltung der sonst begründeten Hand-

---

86 So auch Schönke/Schröder (Stree), Vor § 52 Rdn. 22 mit weiteren Nachweisen; vgl. jedoch Warda, Grundfragen, JuS 1964, 81 (83); Ders., Funktion, 241 ff; Wahle, Klammerwirkung, GA 1968, 97 ff (110 f).

87 In diesem Sinne zu Recht Maiwald, Feststellung, NJW 1978, 300 (303).

88 Jescheck, Strafrecht AT, § 66 III 1; Maiwald, Natürliche Handlungseinheit, S. 72 ff; SK-Samson, Vor § 52 Rdn. 30; vgl. auch BGHSt 10, 129 (130).

89 Statt aller LK-Vogler, Vor § 52 Rdn. 17.

90 BGHSt 10, 129 (130).

91 Statt aller LK-Vogler, Vor § 52 Rdn. 37.

lungseinheit gebietet, im Sachbereich der tatbestandlichen Handlungseinheit (wiederholte gleichartige Tatbestandsverwirklichung) im Ergebnis ähnlich zu beantworten wie bei der sog. natürlichen Handlungseinheit: Eine Mehrzahl tatbestandsmäßiger Erfolge hindert im Falle der Verletzung höchstpersönlicher Rechtsgüter verschiedener Rechtsgutsträger nicht per se die Einheitlichkeit des Verhaltens. Eine rein quantitative Unrechtssteigerung als eine Voraussetzung von tatbestandlicher Handlungseinheit in Fällen gleichartiger wiederholter Tatbestandsverwirklichung und die mehrfache Verletzung höchstpersönlicher Rechtsgüter verschiedener Rechtsgutsträger schließen sich unter Konkurrenzgesichtspunkten nicht von vornherein aus. Deshalb führt die Höchstpersönlichkeit der jeweils verletzten Rechtsgüter im Bereich der tatbestandlichen Handlungseinheit (im weiteren Sinne) nicht zur Aufspaltung der Handlungseinheitlichkeit[92]. Dem steht nicht entgegen, daß im Problembereich des Fortsetzungszusammenhangs bei Verletzung höchstpersönlicher Rechtsgüter verschiedener Rechsgutsträger die Annahme einer Fortsetzungstat allgemein für unzulässig gehalten wird. Man mag die wiederholte gleichartige Tatbestandsverwirklichung als Analogie zum fortgesetzten Delikt ansehen[93] oder gar mit der Fortsetzungstat vergleichen: Fortsetzungszusammenhang und wiederholte (gleichartige) Tatbestandsverwirklichung lassen sich als verschiedene Kategorien der strafrechtlichen Konkurrenzlehre nicht über ein und denselben Leisten schlagen. Anders als die Fortsetzungstat verlangt die wiederholte (gleichartige) Tatbestandsverwirklichung als tatbestandliche Handlungseinheit (im weiteren Sinne) einen vergleichsweise sehr viel engeren räumlich-zeitlichen (unmittelbaren) Zusammenhang der mehreren Einzelakte. Auch von der inneren Tatseite her ließe sich eine Gleichbehandlung nicht begründen; denn die Einzelakte im Fortsetzungszusammenhang zeichnen sich in ihren subjektiven Tatteilen durch relative Selbständigkeit und stärkeres deliktisches Eigengewicht aus[94]. Es verbleibt deshalb dabei, daß auch im Falle der Verletzung höchstpersönlicher Rechtsgüter verschiedener Rechtsgutsträger die wiederholte (gleichartige) Tatbestandsverwirklichung eine tatbestandliche Handlungseinheit (im weiteren Sinne) darstellt.

---

92 Vgl. zum Streitstand JAKOBS, Strafrecht AT, 32. Abschnitt, Rdn. 36, sowie die dortigen Nachweise in Anm. 64–66; LK-VOGLER, Vor § 52 Rdn. 32f mit Nachweisen; ferner schon HELLMER, Höchstpersönliche Interessen, GA 1965, 65ff (67ff).

93 So z. B. SCHÖNKE/SCHRÖDER (STREE), Vor § 52 Rdn. 17/22; ferner auch BLEI, Strafrecht AT, § 93 I 4c.

94 So überzeugend LK-VOGLER, Vor § 52 Rdn. 33 mit Nachweis MAIWALD, Natürliche Handlungseinheit, S. 79.

ae) Ungeachtet dessen ermöglichen die tatbestandliche Handlungseinheit im engeren Sinne, die tatbestandliche Handlungseinheit im weiteren Sinne und auch die sog. natürliche Handlungseinheit doch nur in engen Grenzen die Zusammenfassung mehrerer Einzelakte zu einer einheitlichen Handlung im Rechtssinne. Die in der Alltagsrealität des Strafverfahrens häufig vorkommenden, teilweise schier endlosen Deliktsserien etwa fallen aus dem Anwendungsbereich der bisher beschriebenen Formen der rechtlichen Handlungseinheit heraus. Um auch solche Deliktsserien in Gestalt sog. gleichartiger Verbrechensmengen[95] als Bewertungseinheit im konkurrenzrechtlichen Sinne erfassen zu können, hat sich in der Gerichtspraxis aus vorwiegend prozeßökonomischen Gründen der **Fortsetzungszusammenhang** (Fortsetzungstat, fortgesetztes Delikt, fortgesetztes Verbrechen etc.) als weitere juristische Handlungseinheit richterrechtlich[96] entwickelt und verfestigt. Obwohl die Fortsetzungstat zwischenzeitlich in § 112a Abs. I Nr. 2 StPO auch gesetzliche Bedeutung erlangt hat[97] und in der strafrichterlichen Entscheidungspraxis ein unverzichtbares Instrument zur sachgerechten Beurteilung von Serienstraftaten darstellt, ist der Streit um die Existenzberechtigung, den kriminalpolitischen Wert und die Einzelvoraussetzungen des Fortsetzungszusammenhangs, der diese Rechtsfigur von Anfang an begleitet hat, keineswegs beigelegt[98]. Nach dem gegenwärtigen Stand der Lehre[99] und Rechtsprechung zum Fortsetzungszusammenhang resultiert die rechtliche Verknüpfung seiner mehreren Teilakte zu einer einzigen Tat aus einer Kombination äußerer (objektiver) und innerer (subjektiver) Einheitlichskriterien. Die Fortsetzungstat als Kategorie der juristischen Handlungseinheit setzt danach im äußeren Erscheinungsbild eine gewisse Einheitlichkeit des objektiven Erfolgs- und Handlungsunrechts[100] voraus: in bezug auf die verschiedenen Teilakte des fortgesetzten Delikts ist eine (nach natürlicher Betrachtungsweise) wesentliche Gleichartigkeit der objektiven Sachlage nötig. Auf der inneren Tatseite erfordert die 36

---

[95] Vgl. NOWAKOWSKI, Fortgesetztes Verbrechen, S. 51.

[96] Vgl. BRINGEWAT, Gewohnheitsrecht, ZStW 84 (1972), 585 ff (608, 611); ebenso LACKNER, Vor § 52 IV 3 a; vgl. aber MAURACH/GÖSSEL, Strafrecht AT II, § 54 III B 1 b (Rdn. 54).

[97] Ob die Fortsetzungstat auf diesem Wege auch gesetzliche Anerkennung gefunden hat, bleibt fraglich. Vgl. dazu bejahend DREHER/TRÖNDLE, Vor § 52 Rdn. 25; verneinend OSTENDORF, Folgen, DRiZ 1983, 426.

[98] Vgl. nur JAKOBS, Strafrecht AT, 32. Abschnitt, Rdn. 50 bei und in Anm. 108 mit weiteren Nachweisen.

[99] Statt aller LK-VOGLER, Vor § 52 Rdn. 44 ff; SCHÖNKE/SCHRÖDER (STREE), Vor § 52 Rdn. 30 ff; SK-SAMSON, Vor § 52 Rdn. 33 ff.

[100] Vgl. LK-VOGLER, Vor § 52 Rdn. 50/57.

Annahme von Fortsetzungszusammenhang korrespondierend zur Gleichartigkeit der objektiven Sachlage eine gewisse Einheitlichkeit des sog. personalen Handlungsunrechts[100], nämlich eine auf sämtliche Teilakte bezogene Einheitlichkeit des (Tat-)Vorsatzes. Strukturtypisch setzt die Annahme von Fortsetzungszusammenhang im übrigen generell voraus, daß sämtliche Teilakte je für sich volldeliktisch begangen sind; das Verhalten des Täters muß also tatbestandsmäßig, rechtswidrig, schuldhaft und strafbar (im Sinne eines Fehlens von persönlichen Strafausschließungs- und/oder Strafaufhebungsgründen) sein[101].

37 In bezug auf die mehreren Einzelakte der Fortsetzungstat ist die objektive Sachlage im wesentlichen gleichartig, wenn jeder wie beschrieben volldeliktisch begangene Teilakt gegen **dasselbe strafrechtliche Verbot** verstößt, **dasselbe Rechtsgut** verletzt und der jeweilige **Tathergang gleichartig** ist[101].

38 Für die Frage, ob die mehreren Teilakte jeweils gegen dasselbe strafrechtliche Verbot verstoßen, ist nicht erheblich, ob die verschiedenen Handlungen stets denselben gesetzlichen Straftatbestand verwirklichen. Entscheidend ist allein, daß den in Betracht kommenden Strafvorschriften materiell jeweils dieselbe Norm zugrunde liegt[102]. In diesem Sinne betreffen verschiedene Strafbestimmungen dasselbe strafrechtliche Verbot, wenn sie zwar besondere Erschwerungs- oder Erleichterungsgründe, diese aber lediglich als Ausgestaltung ein und desselben Rechtsgedankens enthalten[103]. Fortsetzungszusammenhang ist deshalb möglich zwischen Grundtatbestand und qualifizierenden bzw. privilegierenden Straftatbeständen, also etwa zwischen einfacher und gefährlicher Körperverletzung (§§ 223; 223 a StGB), zwischen Diebstahl, Diebstahl in einem schweren Fall und Bandendiebstahl bzw. Diebstahl mit Waffen (§ 242, 243, 244 StGB), zwischen Falschaussage und Meineid (§§ 153, 154 StGB), zwischen Erpressung und räuberischer Erpressung (§§ 253, 255 STGB)[104] und auch zwischen Diebstahl und Unterschlagung (§§ 242, 246 StGB) sowie zwischen Vorteilsannahme und Bestechlichkeit (§§ 331, 332 StGB)[105]. Ausgeschlossen ist die Annahme von Fortsetzungszusam-

---

[101] Vgl. SCHÖNKE/SCHRÖDER (STREE), Vor § 52 Rdn. 33ff, 37; ferner DREHER/TRÖNDLE, Vor § 52 Rdn. 25ff; LACKNER, Vor § 52 IV 3a, aa, bb; SK-SAMSON, Vor § 52 Rdn. 34ff.

[102] Vgl. auch JESCHECK, Strafrecht AT, § 66 V 3a; LACKNER, Vor § 52 IV 3a, aa; SK-SAMSON, Vor § 52 Rdn. 37.

[103] BGHSt 8, 34 (35); RGSt 51, 305 (308); vgl. auch LK-VOGLER, Vor § 52 Rdn. 50; SCHÖNKE/SCHRÖDER (STREE), Vor § 52 Rdn. 38.

[104] Zu weiteren Beispielen mit Nachweisen aus der Rechtsprechung LK-VOGLER, Vor § 52 Rdn. 50/51.

[105] So auch SCHÖNKE/SCHRÖDER (STREE), Vor § 52 Rdn. 38 gegen die Auffassung der Rechtsprechung.

menhang wegen Verschiedenheit des strafrechtlichen Verbots beispielsweise im Verhältnis zwischen Diebstahl und Betrug (§§ 242, 263 StGB), Hehlerei und Betrug (§§ 259, 263 StGB), zwischen Diebstahl und räuberischem Diebstahl (§§ 242, 252 StGB), zwischen Diebstahl und räuberischer Erpressung oder Raub (§§ 242, 255, 249 StGB)[104] sowie zwischen „Normaltat" und Rauschtat nach § 323 a StGB[106]. Fortsetzungszusammenhang ist dagegen wiederum möglich im Verhältnis zwischen versuchter und vollendeter Straftat, wenn nur dasselbe strafrechtliche Verbot tangiert ist. Ohne Bedeutung ist bei Verstößen gegen dasselbe strafrechtliche Verbot auch, ob es sich bei den Teilakten um Offizial- oder Antragsdelikte handelt[107].

Zur erforderlichen Gleichartigkeit der objektiven Sachlage gehört **39**
weiter, daß die mehreren Teilakte jeweils **dasselbe Rechtsgut** verletzen oder gefährden. Mit dieser weiteren Einzelvoraussetzung des Fortsetzungszusammenhangs wird eine neben der Einheitlichkeit des objektiven Handlungsunrechts ähnlich charakteristische Einheitlichkeit des Erfolgsunrechts[108] gefordert. Die Verletzung bzw. Gefährdung (desselben Rechtsguts) muß wiederholbar, und zwar wiederholbar sowohl hinsichtlich desselben Rechtsgutsobjekts (intensive Wiederholungsfähigkeit) als auch in bezug auf mehrere gleichartige Rechtsgutsobjekte (extensive Wiederholungsfähigkeit) sein[109], wobei entweder ein und derselbe Rechtsgutsträger mehrfach oder verschiedene Rechtsgutsträger jeweils einmal oder mehrmals betroffen sein können[110]. Nach zutreffender h. M. gilt dies nicht für die Fälle der Verletzung oder Gefährdung **höchstpersönlicher Rechtsgüter verschiedener Rechtsgutsträger**[111]. Mehrere Verletzungen oder Gefährdungen höchstpersönlicher Rechtsgüter sind daher einer vereinheitlichenden Bewertung als Fortsetzungstat nur unter der Voraussetzung zugänglich, daß stets derselbe Rechtsgutsträger tatbetroffen ist. Diese an der Identität des tatbetroffenen Rechtsgutsträgers orientierte Differenzierung ist geboten, weil bei der Verletzung (Gefährdung) höchstpersönlicher Rechtsgüter verschiedener Rechtsgutsträger die mehreren (Straf-)Taten nach deren Unrechts- und Schuldgehalt so verschieden sind, daß sich nur einzeltatbezogene individuelle Tatbewer-

---

[106] Dazu HEIN, Fortsetzungszusammenhang, NStZ 1982, 235 f (236); ferner MAURACH/GÖSSEL, Strafrecht AT II, § 54 III B 2b, cc (Rdn. 79).

[107] Vgl. auch SK-SAMSON, Vor § 52 Rdn. 38.

[108] So JESCHECK, Strafrecht AT, § 66 V 2b.

[109] Vgl. mit dieser plastischen Begrifflichkeit LK-VOGLER, Vor § 52 Rdn. 54.

[110] Zur Wiederholbarkeit oder auch stufenweisen Verletzung bzw. Gefährdung des Rechtsguts ferner BLEI, Strafrecht AT, § 94 I 1.

[111] Vgl. statt aller JESCHECK, Strafrecht AT, § 66 V 2b mit Nachweisen in Anm. 28; LK-VOGLER, Vor § 52 Rdn. 55 mit Nachweisen in Anm. 44.

tungen als sachgerecht erweisen[112]. Mehrere Erpressungen gegenüber verschiedenen Betroffenen können danach ebenso wie mehrere Tötungen, mehrere Körperverletzungen verschiedener Personen, mehrere Vergewaltigungen verschiedener Frauen, sexueller Mißbrauch verschiedener Kinder, mehrere (sexuelle) Nötigungen verschiedener Frauen, mehrere Freiheitsberaubungen und mehrere Beleidugungen jeweils verschiedener Tatbetroffener **nicht** zur juristischen Handlungseinheit des fortgesetzten Delikts verbunden werden[113]. Offen bleibt in Einzelfällen dieser Art freilich die Möglichkeit, gleichwohl eine einheitliche Handlung im Rechtssinne, und zwar in Form der sog. natürlichen Handlungseinheit (bzw. der tatbestandlichen Handlungseinheit im weiteren Sinne) anzunehmen[114].

40 Die Gleichartigkeit im äußeren Erscheinungsbild der Fortsetzungstat hängt schließlich noch davon ab, daß sich der gesamte Tathergang durch eine wesentliche Gleichartigkeit und Kontinuität der einzelnen Teilakte auszeichnet. Gleichartigkeit im äußeren Geschehensablauf bedeutet nicht Gleichartigkeit der jeweils verwirklichten Straftatbestände. So wie die Identität der jeweils verwirklichten Straftatbestände die notwendige Gleichartigkeit im Tatablauf nicht begründet, schließt andererseits die Verschiedenheit der verwirklichten Straftatbestände eine Gleichartigkeit im Tatgeschehen nicht aus[115]. Entscheidend ist vielmehr, daß die Modalitäten der Tatbegehung in bezug auf sämtliche Teilakte in den Grundzügen übereinstimmen. Dient beispielsweise die eine Straftat der Beschaffung von Tatwerkzeugen zur von vornherein geplanten Verwendung für eine weitere Straftat, stehen regelmäßig beide strafbaren Handlungen in Fortsetzungszusammenhang[116]. Gleichartigkeit im äußeren Geschehensablauf liegt ferner im Falle einer wechselnden Folge **versuchter und vollendeter** Delikte vor. Auch im Verhältnis zwischen **Allein- und Mittäterschaft** und umgekehrt **scheitert** die Annahme von Fortset-

---

112 Vgl. aber mit teilweise entgegengesetzter Ansicht JAKOBS, Strafrecht AT, 32. Abschnitt, Rdn. 39; SK-SAMSON, Vor § 52 Rdn. 36; STRATENWERTH, Strafrecht AT, Rdn. 1221 ff (1223); vgl. ferner STRUENSEE, Konkurrenz, S. 86 ff sowie SCHÖNKE/SCHRÖDER (STREE), Vor § 52 Rdn. 44 (nunmehr wie die h. M.).

113 Weitere Beispiele bei DREHER/TRÖNDLE, Vor § 52 Rdn. 29; SCHÖNKE/SCHRÖDER (STREE), Vor § 52 Rdn. 43, dort aber auch Rdn. 45.

114 So auch BLEI, Strafrecht AT, § 94 I 1; zur erforderlichen Rechtsgutsgleichheit vgl. noch die differenzierende Erörterung bei MAURACH/GÖSSEL, Strafrecht AT II, § 54 III B 2b, bb (Rdn. 74 ff).

115 BLEI, Strafrecht AT, § 94 I 2a.

116 BGH StrVert 1983, 237; BGH MDR (HOLTZ) 1983, 621; OLG Düsseldorf JZ 1984, 1000 mit weiteren Nachweisen; BGH Beschl. v. 24. 3. 1983 — 1 StR 836/82.

zungszusammenhang **nicht** an der erforderlichen Gleichartigkeit des Tatablaufs[117]. Fortsetzungszusammenhang ist dagegen im Verhältnis zwischen **Täterschaft** und **Teilnahme ausgeschlossen**. Ebenso können teils durch (unechtes) **Unterlassen**, teils durch **positives Tun** begangene Straftaten mangels Gleichartigkeit in der Art und Weise des äußeren Tathergangs **nicht** zu einer Fortsetzungstat verknüpft werden. Soweit BGHSt 30, 207 ff im Falle einer (vermeintlich) teils durch Unterlassen, teils durch aktives Tun begangenen Steuerhinterziehung gleichwohl Fortsetzungszusammenhang annimmt, handelt es sich nicht um eine grundlegende Änderung der Rechtsprechung. Es sind vielmehr die spezifische Deliktsnatur des § 370 AO und steuerrechtliche Eigenheiten der Tatbegehung, die im Sachbereich des § 370 AO ausnahmsweise die Annahme einer Fortsetzungstat zwischen der Abgabe einer unrichtigen und dem gänzlichen Unterlassen der Abgabe einer Steuererklärung begründet erscheinen lassen: Letztlich besteht die als Begehung durch positives Tun umschriebene Abgabe einer unrichtigen (unvollständigen) Steuererklärung der Sache nach im Unterlassen einer richtigen (vollständigen) Steuererklärung. Die Möglichkeit der Annahme von Fortsetzungszusammenhang in derartigen Fällen hat der BGH deshalb zu Recht auf den steuerstrafrechtlichen Hinterziehungstatbestand des § 370 AO begrenzt[118].

Ein im wesentlichen gleichartiger Tathergang setzt schließlich noch voraus, daß jeder einzelne für sich strafbare Teilakt der Fortsetzungsreihe als Teil eines Ganzen mit den jeweils anderen Teilakten in einem räumlich-zeitlichen Zusammenhang steht. Die Funktion dieses auf eine gewisse Kontinuierlichkeit des äußeren Tathergangs bezogenen Gleichartigkeitskriteriums erschöpft sich allerdings negativ in der Ausgrenzung solcher Deliktsserien[119], deren Teilakte nach natürlicher Betrachtungsweise in übergroßen zeitlichen Abständen und — unter Berücksichtigung teilweise auch subjektiver Tatelemente — im Blick auf eine „tatzielorientierte, eigengesetzliche Infrastruktur“ der Gesamttat an weit voneinander entfernten, gewissermaßen „heterogenen“ Orten begangen werden. Das Kriterium des räumlich-zeitlichen Zusammenhangs besagt hingegen nicht, daß Fortsetzungszusammenhang nur zwischen solchen Teilakten **41**

---

117 So auch BGH NStZ 1984, 414; DREHER/TRÖNDLE, Vor § 52 Rdn. 37 a. E.; LACKNER, Vor § 52 IV 3a, aa; ferner MAURACH/GÖSSEL, Strafrecht AT II, § 54 III B 2b, aa (Rdn. 73).

118 In diesem Sinne überzeugend SK-SAMSON, Vor § 52 Rdn. 39a; vgl. auch MAURACH/GÖSSEL, Strafrecht AT II, § 54 III B 2b, aa (Rdn. 73 a. E.).

119 So mit Recht BLEI, Strafrecht AT, § 94 I 2b; vgl. ferner SCHÖNKE/SCHRÖDER (STREE), Vor § 52 Rdn. 41/46.

bestehen kann, die in zeitlich naher Aufeinanderfolge im wesentlichen am selben Orte begangen werden[119].

42 Eine im zuvor gekennzeichneten Sinne von Gleichartigkeit der objektiven Sachlage festgestellte Einheitlichkeit im äußeren Tatgeschehen allein reicht indessen nicht aus, um Straftatenserien als Fortsetzungstaten zu qualifizieren. Fortsetzungszusammenhang setzt vielmehr zusätzlich eine der objektiven Tatseite entsprechende Einheitlichkeit des „inneren" Tatgeschehens voraus. Über die Anforderungen, die an die subjektive Komponente des Fortsetzungszusammenhangs zu stellen sind, besteht freilich keine Einigkeit. Die Rechtsprechung und mit ihr ein Teil der Lehre verlangt als subjektives, die objektiv verwirklichten Einzelakte des Fortsetzungszusammenhangs umgreifendes und steuerndes[120] Einheitlichkeitselement einen sog. **Gesamtvorsatz.** Insbesondere mit Hilfe dieses Merkmals hat die revisionsgerichtliche Rechtsprechung des RG, des BGH und der Obergerichte dem verständlichen Streben der Instanzgerichte nach weitherziger Annahme von Fortsetzungszusammenhang stets einen Riegel vorgeschoben[121]. Den begrifflichen Voraussetzungen des Gesamtvorsatzes genügte nach der Rechtsprechung des RG ein (Tat-) Vorsatz, der von Anfang an die einzelnen in Aussicht genommenen Einzeltaten als Teile eines einheitlichen Ganzen so umfaßte, daß diese als unselbständige Ausführungen einer einzigen einheitlichen Straftat erschienen[122]. Nach dieser prinzipiell auch vom BGH übernommenen und von den Obergerichten wiederholt bestätigten Rechtsprechung muß der Täter von vornherein einen Gesamttaterfolg anstreben, so daß sich die darauf bezogenen Einzeltaten lediglich als sukzessiv-progressiv verwirklichte Teilakte dieses Gesamterfolges darstellen[123]. Der einem so strukturierten Tatkomplex als Tatvorsatz zugrunde liegende Gesamtvorsatz des Täters muß so beschaffen sein, daß er **vor oder spätestens bei** der Verwirklichung des ersten Teilaktes der geplanten Handlungsreihe deren sämtliche Teile in den wesentlichen Grundzügen ihrer künftigen Gestaltung umfaßt[124]. Gesamtvorsatz in diesem (strengen) Sinne setzt also voraus, daß der Täter den späteren Verlauf der verschiedenen Teilakte der geplanten Handlungsreihe zwar nicht in allen Einzelheiten

---

120 So MAURACH/GÖSSEL, Strafrecht AT II, § 54 III B 1 b, bb (Rdn. 60).

121 Vgl. MAURACH/GÖSSEL, Strafrecht AT II, § 54 III B 1 b, aa (Rdn. 58).

122 Vgl. dazu die Nachweise bei SCHÖNKE/SCHRÖDER (STREE), Vor § 52 Rdn. 48 mit zahlreichen Nachweisen; auch BGHSt 6, 92 (96).

123 BGHSt 16, 124 (128); ferner die Nachweise bei MAURACH/GÖSSEL, Strafrecht AT II, § 54 III B 1 b, bb (Rdn. 60); vgl. auch HONIG, Gesamtvorsatz, S. 167.

124 BGHSt 1, 313 (314/5); BGHSt 15, 268 (271); BGHSt 16, 124 (128 f); BGHSt 26, 4 (7/8); BGH DRiZ 1973, 24; vgl. ferner BRINGEWAT, Fortsetzungstat, JuS 1971, 329 (330) bei und in Anm.9.

kennt, wohl aber in bezug auf das zu verletzende Rechtsgut und Rechtsgutsobjekt, den Rechtsgutsträger bzw. den Verletzten (Geschädigten), ferner in bezug auf Ort, Zeit und ungefähre Art der Tatbegehung nicht lediglich ganz allgemeine, sondern konkrete Vorstellungen entwickelt[125].

Diesem strengen Verständnis der zur Annahme von Fortsetzungszu- 43
sammenhang unentbehrlichen Einheitlichkeit des (Tat-)Vorsatzes stellte und stellt ein Teil des Schrifttums die kriminologisch orientierte Lehre vom sog. **Fortsetzungsvorsatz** entgegen[126]. Die begrifflichen „Einheitlichkeitsanforderungen" an den Fortsetzungsvorsatz sind andersartig, geringer und realistischer als beim Gesamtvorsatz. So soll danach für die geforderte Einheitlichkeit des Vorsatzes charakteristisch sein, daß jeder spätere Tatentschluß als Fortsetzung des vorangegangenen Tatentschlusses erscheint[126]. Die verschiedenen Einzeltatentschlüsse bilden als Ganzes eine einheitliche fortlaufende psychische Linie, so daß bei jedem weiteren Tatentschluß auch von einer Fortsetzung oder gleichgelagerten Erneuerung des (Gesamt-)Handlungsentschlusses gesprochen werden kann[126]. Durch Fortsetzungsvorsatz in diesem Sinne ist die „innere", subjektive Tatsituation in solchen Fällen gekennzeichnet, in denen sich der Täter **nach** erfolgreicher Begehung einer Einzeltat zur Ausführung weiterer gleichgelagerter Taten entschließt (bzw. immer wieder entschließt), oder in denen ein Augenblickstäter gleich mehrfach die günstige Gelegenheit zu erfolgreichen Einzeltaten nutzt[127]. Ohne Frage handelt es sich bei derartigen Fallkonstellationen um Deliktsserien, die in der Strafrechtsrealität und in der Verfahrenswirklichkeit außerordentlich häufig vorkommen. Prozeßökonomisch ist in derartigen Fallgestaltungen die Annahme von Fortsetzungszusammenhang geboten. Die Annahme von Fortsetzungszusammenhang läßt sich in solchen Fällen jedoch nur auf dem Boden der Lehre vom Fortsetzungsvorsatz überzeugend begründen. Gemessen an den begrifflichen Voraussetzungen des Gesamtvorsatzes (im strengen Sinne) verbliebe es im Falle derartiger Straftatenserien bei der dann notwendigen Feststellung und Beurteilung der mehreren Einzeltaten. Die Rechtsfigur des Fortsetzungszusammenhangs ist indes ein Mittel zur ökonomischen Verfahrensgestaltung. Bezogen auf diesen auch aus übergeordneten verfassungsrechtlichen Gründen notwendigen Gestaltungszweck des Strafverfahrens erfüllt die Rechtsfigur des Fortsetzungszusammenhangs die ihr zukommende prozeßökonomische Funk-

---

125 Vgl. auch Blei, Strafrecht AT, § 94 II 1; ferner Schönke/Schröder (Stree), Vor § 52 Rdn. 49f.

126 Hierzu Maurach/Gössel, Strafrecht AT II, § 54 III B 1b, cc (Rdn. 68); Schönke/Schröder (Stree), Vor § 52 Rdn. 52 mit weiteren Nachweisen.

127 Vgl. SK-Samson, Vor § 52 Rdn. 43/44; vgl. ferner auch Blei, Strafrecht AT, § 94 II 2.

tion nur dann, wenn an die Stelle des vornehmlich von der Rechtsprechung geforderten Gesamtvorsatzes als ein die erforderliche Einheitlichkeit der inneren Tatseite in ausreichendem Maße herstellendes subjektives Element der sog. Fortsetzungsvorsatz tritt[128]. Der Lehre vom sog. Fortsetzungsvorsatz ist deshalb der Vorzug zu geben.

44 Nicht nur aus Gründen der rationellen und ökonomischen Verfahrensgestaltung, des anerkanntermaßen auch ursprünglichen Entstehungszwecks der Rechtsfigur „Fortsetzungstat", sondern auch unter kriminalpolitischen Aspekten bestehen gegenüber dem subjektiven Einheitlichkeitskriterium des Gesamtvorsatzes erhebliche Bedenken: Wer nämlich unter den Voraussetzungen des Gesamtvorsatzes serienweise Straftaten begeht, verdient die mit der Annahme von Fortsetzungszusammenhang regelmäßig verbundenen Vorteile[129] weniger als der Augenblickstäter oder derjenige, der nach erfolgreicher Durchführung einer Einzeltat jeweils erneut weitere „gleiche" Einzeltaten begeht. Diese mit der kompromißlosen Beibehaltung des zur Annahme von Fortsetzungszusammenhang (angeblich) erforderlichen Begriffs „Gesamtvorsatz" stets verbundene, kriminalpolitisch absurde Privilegierung des umsichtig vorplanenden Täters[130] und die schon beschriebenen Zweifel an der Funktionalität des Fortsetzungszusammenhangs (bei grundlegender Erforderlichkeit des Gesamtvorsatzes) haben vermutlich bewirkt, daß die Rechtsprechung den ursprünglichen Begriff des Gesamtvorsatzes und damit insgesamt des Fortsetzungszusammenhangs „behutsam fortentwikkelt"[131] hat. Betroffen davon sind die Anforderungen, die im Rahmen der inneren Fortsetzungstatseite an die konkrete Gestalt des von Anfang an bestehenden Gesamtplans des Fortsetzungstäters zu stellen sind und der (die) Zeitpunkt(e), bis zu dem(nen) letztmöglich der sog. Gesamtvorsatz des Täters vorliegen muß.

45 In einer Reihe von Entscheidungen hat der BGH zunächst den anfänglich eingenommenen Standpunkt, wonach sich ein Gesamtvorsatz vor oder spätestens bei Verwirklichung des **ersten** Teilaktes der Fortset-

---

[128] Hierzu und zum funktionalen Verständnis des Fortsetzungszusammenhangs BRINGEWAT, Funktionales Denken, S. 118 ff, S. 146 ff.

[129] Vgl. dazu LK-VOGLER, Vor § 52 Rdn. 76 ff; SCHÖNKE/SCHRÖDER (STREE), Vor § 52 Rdn. 64 ff; SK-SAMSON, Vor § 52 Rdn. 47 ff.

[130] Vgl. etwa JAKOBS, Strafrecht AT, 32. Abschnitt, Rdn. 44; MAURACH/GÖSSEL, Strafrecht AT II, § 54 III B 1 b, bb (Rdn. 63); SCHÖNKE/SCHRÖDER (STREE), Vor § 52 Rdn. 52; SK-SAMSON, Vor § 52 Rdn. 44; STRATENWERTH, Strafrecht AT, Rdn. 1230; vgl. ferner BRINGEWAT, Fortsetzungstat, JuS 1970, 329 ff (331); GEPPERT, Jura 1982, 358 ff (365, 367).

[131] So LK-VOGLER, Vor § 52 Rdn. 63.

zungsreihe gebildet haben muß[132], relativiert. In BGHSt 19, 323 ff verschob der BGH den letztmöglichen Zeitpunkt zur Bildung eines Gesamtvorsatzes vom Stadium der Tatausführung des ersten Teilakts bis zur Beendigung des ersten Teilstücks der Handlungsreihe. Unter Beendigung ist dabei nicht der engere Bereich der „tatbestandsmäßigen Vollendung der Tat im Sinne der Verwirklichung aller Merkmale des in Betracht kommenden gesetzlichen Tatbestandes", sondern der umfassende, nach der natürlichen Auffassung des Lebens bemessene Bereich der „**tatsächlichen Beendigung** der Tat" zu verstehen[133]. Folgerichtig läßt es BGHSt 23, 33 ff für die Annahme von Gesamtvorsatz genügen, daß der Täter bis zur Beendigung des **letzten** Teilakts einer ursprünglich geplanten Fortsetzungstat seinen Gesamtvorsatz, bezogen auf weitere (wiederum eine Fortsetzungsreihe bildende) Einzelakte, ausdehnt und im Grunde ja erst zu diesem Zeitpunkt wirklich faßt. Es ist also nicht die (tatsächliche) Beendigung des ersten Teilaktes, sondern die (tatsächliche) Beendigung des jeweils letzten Teilaktes einer stets von neuem erweiterten Fortsetzungsreihe, die den letztmöglichen Zeitpunkt zur endgültigen Bildung des „Gesamtvorsatzes" bestimmt[134]. Allerdings: Der Entschluß, weitere strafbare Handlungen zu verüben, ist dann nicht als „Erweiterung" eines schon früher gefaßten und verwirklichten Vorsatzes zu begreifen, wenn dem Täter nicht einmal bewußt ist, daß die von ihm begangene Tat, die er durch gleichartige Handlungen objektiv fortsetzt, noch nicht beendet ist[135]. Dagegen ist Gesamtvorsatz durchaus nicht ausgeschlossen, wenn sich der Täter zur Verwirklichung neuer Straftaten als Teilakte einer Fortsetzungsreihe erst zu einem Zeitpunkt entschließt, in dem der erste Teilakt als Versuch bereits gescheitert ist[136].

Wie in der Zeitpunktfrage des Gesamtvorsatzes[137] ist eine ähnliche **46**
Auflockerung der ursprünglich strengen Anforderungen an den Begriff des Gesamtvorsatzes auch in bezug auf die Konkretheit der vorausgeplanten Einzelakte und den Gesamterfolg der Fortsetzungstat zu verzeichnen[138]. Zwar genügt eine bloß unbestimmte Absicht, bei sich bieten-

---

[132] Vgl. nur BGHSt 1, 313 (314/5); BGHSt 2, 163 (167); BGHSt 15, 268 (271).

[133] Dazu Schröder JR 1965, 106; ferner BGHSt 25, 290 (292); BGH StrVert 1983, 104 mit Anm. Gatzweiler; BGH NJW 1984, 376.

[134] Dazu Bringewat, Fortsetzungstat, JuS 1970, 329 ff; vgl. auch OLG Köln GA 1975, 124.

[135] So ausdrücklich die problematische Entscheidung BGH NJW 1984, 376; ferner BGH Urt. v. 2. 8. 1978 – 2 StR 202/78.

[136] So die der Sache nach über BGHSt 23, 33 ff noch hinausgehende Entscheidung BGHSt 21, 322.

[137] Zusammenfassender Überblick bei Honig, Gesamtvorsatz, S. 167 ff.

[138] Vgl. dazu vorerst Blei, Strafrecht AT, § 94 II 1; SK-Samson, Vor § 52 Rdn. 41.

der Gelegenheit gleichartige Straftaten zu begehen, nicht den begrifflichen Voraussetzungen des Gesamtvorsatzes[139], und zwar auch dann nicht, wenn die möglicherweise in Betracht kommenden Einzelakte jeweils nach ihrer geplanten Begehungsart schon hinreichend bestimmt sind[140]. Sind die Teilakte nach Ort, Zeit und Ausführungsart im alle Teilakte umfassenden Tatvorsatz hingegen konkretisiert, dann ist beispielsweise im Betäubungsmittelstrafrecht für die Annahme von Gesamtvorsatz nicht erforderlich, daß für den Täter/Rauschgifthändler die Abnehmer, Zwischenhändler oder Verbraucher von vornherein feststehen. Es genügt vielmehr, daß ein eingespieltes Bezugs- und Verkaufssystem vorhanden ist, dessen er sich bedient, ohne für jedes Einzelgeschäft einen neuen Tatentschluß fassen zu müssen[141]. Die Absicht, sich durch den Handel mit Betäubungsmitteln eine nicht nur vorübergehende Einnahmequelle zu verschaffen, begründet für sich allein indessen keinen Gesamtvorsatz, sondern führt allenfalls zum Vorliegen von Gewerbsmäßigkeit[142]. Entsprechendes gilt z. B. für den allgemeinen Entschluß, sich durch Straftaten eine bestimmte Geldsumme zu verschaffen, wenn außer dieser Absicht eine konkrete Tätervorstellung hinsichtlich dieser mehreren Einzeltaten nicht existiert[143]. Dagegen sind die begrifflichen Voraussetzungen des Gesamtvorsatzes erfüllt, wenn jemand aus einem bestimmten Geschäft oder einer bestimmten Art von Geschäften unter Ausnutzung bestimmter für ihn günstiger Verhältnisse nach und nach bestimmte Sachen entwenden will, z. B. Fahrräder aus Werkstätten oder Fahrradgeschäften. Gelddiebstähle aus Umkleideräumen von Turnhallen und Gelddiebstähle aus Bürohäusern eines abgegrenzten Stadtbereichs sind insoweit vergleichbare Fallgestaltungen. Ist der Täter freilich auf einen konkreten Gesamterfolg fixiert, können an die Konkretheit der Tätervorstellung hinsichtlich der übrigen Voraussetzungen des Gesamtvorsatzes geringere Anforderungen gestellt werden[144]. Des weiteren ist ein Ge-

---

139 Vgl. BGHSt 2, 163 (167); BGH MDR (Holtz) 1979, 106; BGH MDR (Holtz) 1983, 622; BGH StrVert 1982, 102.

140 Vgl. BGH MDR (Holtz) 1978, 624; BGH Urt. v. 24.6. 1975 — 1 StR 181/75.

141 So BGH MDR (Holtz) 1983, 622 — Urt. v. 8. 3. 1983 — 5 StR 3/83; vgl. weiter BGH Urt. v. 12.11. 1974 — 1 StR 538/74; BGH Urt. v. 24.6. 1975 — 1 StR 181/75; BGH Urt. v. 24.2. 1976 — 1 StR 806/75; ferner die Nachweise bei Dreher/Tröndle, Vor § 52 Rdn. 26 c.

142 Vgl. BGH Urt. v. 18. 10. 1975 — 5 StR 407/75; BGH Urt. v. 27.5. 1975 — 5 StR 184/75; ferner die Nachweise bei Schönke/Schröder (Stree), Vor § 52 Rdn. 49.

143 Vgl. aber Fleischer, Serienstraftaten, NJW 1979, 248 (250).

144 Vgl. BGH NStZ 1982, 285 = BGH StrVert 1982, 222.

samtvorsatz nicht ausgeschlossen, wenn der Täter zwar die Einzelakte von vornherein geplant und in seiner Vorstellung konkretisiert hat, das tatsächliche Ende der wiederholten Tatbegehung jedoch offen läßt. Wird in solchen Fällen dasselbe Rechtsgut desselben Rechtsgutsträgers in kürzeren Zeitabständen auf immer dieselbe Art und Weise verletzt, scheitert die Annahme von Gesamtvorsatz daher nicht an der Absicht des Täters, die Taten so lange wie möglich (so lange der Täter es will) zu begehen[145].

Trotz gewisser „Auflockerungstendenzen" der höchstrichterlichen **47**
Rechtsprechung zu den begrifflichen Voraussetzungen des sog. Gesamtvorsatzes verblieb es bis heute bei der prinzipiellen Unterschiedlichkeit der Positionen. Die deutliche Absage, die der BGH der Lehre vom Fortsetzungsvorsatz in einer frühen Entscheidung[146] erteilte, hat sich deshalb keineswegs erledigt: Die in Einzelfällen zugelassene Möglichkeit einer mehrfachen Erweiterung des Gesamtvorsatzes ist nichts anderes als eine einzelfallbezogene Konkretisierung seiner ursprünglichen begrifflichen Voraussetzungen. Ein „Rückzug in Raten", nämlich der Beginn einer Preisgabe des eigentlichen Begriffs vom Gesamtvorsatz, ist mit dieser Rechtsprechung nicht verbunden[147]. Dem (berechtigten) Anliegen der Lehre vom Fortsetzungsvorsatz wäre zumindest in den praktischen Ergebnissen weitgehend Rechnung getragen, wenn bei Zweifeln über das Vorliegen von Gesamtvorsatz im Sinne der Rechtsprechung als Entscheidungsregel der Grundsatz in dubio pro reo Anwendung fände. Der BGH hat jedoch stets betont, daß anders als im Verhältnis zwischen Tateinheit und Tatmehrheit[148] der in-dubio-Satz dann nicht gilt, wenn es um die Alternative „Einzeltaten oder Fortsetzungszusammenhang" geht[149]. Den eigentlichen Bezugspunkt für die (grundsätzliche) Frage, ob der Grundsatz in dubio pro reo auf die Rechtsfigur des Fortsetzungszusammenhangs anwendbar ist, bildet allerdings nicht der gesamte Merkmalskomplex der fortgesetzten Tat, sondern nur deren subjektives Einheitlichkeitskriterium, der Gesamtvorsatz. Dieser muß zweifelsfrei fest-

---

145 BGHSt 26, 4 (7); ferner BGH Urt. v. 9. 8. 1977 – 1 StR 163/77; zu weiteren Beispielen aus der Rechtsprechung vgl. die zahlreichen Nachweise bei LK-VOGLER, Vor § 52 Rdn. 65 ff; SCHÖNKE/SCHRÖDER (STREE), Vor § 52 Rdn. 49 ff.

146 BGH NJW 1953, 1112 (LS).

147 So die zutreffende Einschätzung bei LK-VOGLER, Vor § 52 Rdn. 64; vgl. auch BRINGEWAT, Fortsetzungstat, Jus 1970, 329 (330).

148 Vgl. BGH MDR (DALLINGER) 1972, 923.

149 Vgl. nur BGHSt 23, 33 (35); BGH Urt. v. 14. 12. 1983 – 2 StR 718/83; ferner BGH MDR (HERLAN) 1955, 16 f; BGH MDR (DALLINGER) 1956, 9; vgl. auch OLG Braunschweig GA 1954, 222.

gestellt sein, d. h. zur Überzeugung des Tatrichters vorliegen: „Bei der Feststellung des Gesamtvorsatzes gilt der Grundsatz ‚im Zweifel für den Angeklagten' nicht. Die Annahme einer fortgesetzten Handlung ist nur gerechtfertigt, wenn der erforderliche Gesamtvorsatz zur Überzeugung des Tatrichters feststeht; anderenfalls muß der Angeklagte wegen mehrerer selbständiger Taten verurteilt werden“[150].

48 Diese im denkmöglichen Anwendungsbereich des Fortsetzungszusammenhangs ähnlich wie in bezug auf das Festhalten am Begriff des Gesamtvorsatzes auf Restriktion bedachte, bezeichnenderweise **revisionsgerichtliche** Rechtsprechung überzeugt nicht. Sie ist ersichtlich einer von der Interessenlage der Instanzgerichte her verständlichen großzügigen Anwendung des Fortsetzungszusammenhangs entgegengerichtet. Dabei verkennt sie jedoch das Wesen des in-dubio-Satzes als einer Entscheidungsregel in der prozessualen Situation des non liquet[151]. Das von der Rechtsprechung als Begründung für die Nichtanwendung des Zweifelssatzes behauptete Regel-Ausnahme-Verhältnis zwischen Tatmehrheit und Fortsetzungszusammenhang existiert überdies in Wirklichkeit nicht. Und schließlich stehen bei der Feststellung eines Gesamtvorsatzes nicht rechtliche, sondern tatsächliche Voraussetzungen des Fortsetzungszusammenhanges in Frage. Allein der Umstand, daß bei besonderen Sachlagen die Annahme von Fortsetzungszusammenhang den Täter auch beschweren könnte, schließt die Anwendbarkeit des in-dubio-Satzes nicht prinzipiell aus[152]. Als Entscheidungsnorm des Rechtsanwendungsrechts verpflichtet der Grundsatz in dubio pro reo stets zum Ausspruch der für den Täter/Angeklagten günstigsten Rechtsfolge. Wo die Annahme von Fortsetzungszusammenhang zu einer im Vergleich zur Tatmehrheit ungünstigeren Rechtsfolgengestaltung führt, verbietet sich schon aus entscheidungstheoretischen Gründen (und nicht aus Gründen, die in der Rechtsfigur des Fortsetzungszusammenhangs selbst liegen) eine Anwendung des in-dubio-Satzes. Sind jedoch sämtliche objektiven Voraussetzungen des Fortsetzungszusammenhangs festgestellt, dann ist in Fällen, in denen die Annahme von Fortsetzungszusammenhang eine für den angeklagten Täter günstigere Entscheidung darstellt, bis zum Nachweis des Gegenteils vom Vorliegen eines Gesamtvorsatzes auszugehen, Fort-

---

150 BGH NStZ 1983, 311; vgl. auch BGH StrVert 1984, 242; aber auch BGH NStZ (Schoreit) 1982, 64.

151 Vgl. hierzu Frisch, In-dubio-Satz, S. 273 ff (281 ff), unter Hinweis auf Engisch, Logische Studien, S. 12 ff.

152 Vgl. dazu Stree, In dubio pro reo, S. 24 ff; ferner Bringewat, Fortsetzungstat, JuS 1970, 329 (331/2) mit weiteren Nachweisen.

setzungszusammenhang unter Anwendung des Satzes in dubio pro reo also anzunehmen[153].

Nicht in diesen Problemkreis gehört eine ganz andere, revisionsrichterlich bislang noch nie beanstandete Anwendung des Grundsatzes in dubio pro reo in Fällen, in denen die Feststellungen zum Sachverhalt bezogen auf eine bestimmte Anzahl von Teilakten zweifelsfrei zur Annahme von Fortsetzungszusammenhang führen, in bezug auf einen Restbereich weiterer möglicher Teilakte derselben Fortsetzungsreihe jedoch unlösbare Zweifel an deren Vorliegen verbleiben[154]. Die Typizität dieser praktisch häufigen Fallkonstellation besteht nicht darin, daß zweifelhaft ist, ob die Voraussetzungen einer Fortsetzungstat erfüllt sind, sondern darin, daß nur zweifelhaft ist, wieviele Einzelakte in einen bereits festgestellten Fortsetzungszusammenhang einzubeziehen sind[155]. Soweit in bezug auf eine Restzahl von möglichen weiteren Teilakten der an sich schon festgestellten Fortsetzungsreihe entscheidungserhebliche Zweifel an deren Vorliegen bzw. am Vorliegen von Voraussetzungen des Fortsetzungszusammenhangs bestehen, sind diese Teilakte nicht etwa in dubio pro reo in den schon festgestellten Fortsetzungszusammenhang einzubeziehen, sondern es ist zugunsten des Täters von deren Nichtvorliegen auszugehen. Diese Anwendung des Grundsatzes in dubio pro reo entspricht ersichtlich dem bei der Feststellung von Einzeltaten auch sonst Üblichen. Erst sie ermöglicht es dem Tatrichter, auch in Fällen von im Umfang fraglichem Fortsetzungszusammenhang die aus verfassungsrechtlichen, strafrechtsdogmatischen und zumessungsrechtlichen (verfahrensrechtlichen) Gründen unerläßtlich **exakten** Urteilsfeststellungen zum Schuldumfang zu treffen. **49**

Die tatrichterliche Pflicht, den genauen Schuldumfang bei Fortsetzungszusammenhang im Urteil festzustellen, hat der BGH stets betont, um auch so einer pauschalierenden Anwendung der Rechtsfigur des Fortsetzungszusammenhangs entgegenzuwirken[156]. Danach ist der Tat- **50**

---

[153] So etwa BRINGEWAT, Fortsetzungstat, JuS 1970, 329 (331/2); JESCHECK, Strafrecht AT, § 66 V 2c in Anm. 30; LACKNER, Vor § 52 IV 3a, cc (a. E.); LK-VOGLER, Vor § 52 Rdn. 75; SARSTEDT/HAMM, Revision, Rdn. 387; SCHÖNKE/SCHRÖDER (STREE), Vor § 52 Rdn. 63; SK-SAMSON, Vor § 52 Rdn. 46; STREE, In dubio pro reo, S. 24ff, 26f; WOLTER, Verurteilung, S. 259ff; vgl. auch JAKOBS, Strafrecht AT, 32. Abschnitt, Rdn. 49 mit Anm. 101/102; außer der Rechtsprechung anders dagegen DREHER/TRÖNDLE, Vor § 52 Rdn. 28; MAURACH/GÖSSEL, Strafrecht AT II, § 54 III B 1b, bb (Rdn. 62).

[154] Mißverständlich ist daher die Problemzuordnung bei SCHÖNKE/SCHRÖDER (STREE), Vor § 52 Rdn. 63 a. E.

[155] Vgl. dazu BGH StrVert 1984, 242 (243).

[156] Vgl. etwa BGH NStZ 1982, 128; ferner BGH Beschl v. 15. 4. 1975 – 5 StR 149/75; BGH Beschl. v. 9. 4. 1976 – 2 StR 8/76; BGH Beschl. v. 30. 3. 1977 – 3 StR 52/77.

richter bei Annahme von Fortsetzungszusammenhang grundsätzlich (in der Regel) nicht davon befreit, im Urteil mitzuteilen, von welcher festgestellten **Mindestzahl der Einzelakte** er ausgegangen ist. Im Einzelfall kann davon abgesehen werden, wenn sich dem Urteil der Mindestschuldumfang auch ohne solche Zahlenangaben entnehmen läßt, oder wenn die Tatzeit genau feststeht, darum Zweifel über die Rechtskraftwirkung des Urteils nicht auftreten können und es weiter ausgeschlossen ist, daß eine genauere Feststellung der Zahl der Einzelakte das Strafmaß zugunsten des Angeklagten beeinflussen kann[157]. Somit ist zwar **grundsätzlich** die Feststellung der Mindestzahl von Einzelakten im Urteil unverzichtbar. In besonderen Fällen (ausnahmsweise) darf hiervon jedoch unter bestimmten Voraussetzungen abgewichen werden: „Die starre Beachtung des Grundsatzes ist weder immer möglich noch erforderlich". Eine mathematische Hochrechnung mittels derer von einer tatsächlich festgestellten Anzahl von Einzelakten auf eine im einzelnen nicht nachgewiesene Summe von Tathandlungen geschlossen wird, ist allerdings unter keinem erdenklichen Aspekt zulässig[158].

51 Fortsetzungszusammenhang im vorstehend (Rdn. 36 ff) beschriebenen Sinne versteht sich als juristische Handlungseinheit, als **eine einzige Handlung** im Rechtssinne; seine verschiedenen, sämtliche Voraussetzungen einer Straftat verwirklichenden und deshalb relativ selbständigen Teilakte bilden dementsprechend materiellrechtlich **eine** (einzige) **Straftat**. Und auch **verfahrensrechtlich** wird die Fortsetzungstat als **Einheit** begriffen und behandelt. Diese Handlungseinheitlichkeit des Fortsetzungszusammenhangs führt materiellrechtlich beispielsweise dazu, daß der Täter, der fortgesetzt den Grundtatbestand und innerhalb der Fortsetzungsreihe nur einmal einen Qualifikationstatbestand desselben Grunddelikts verwirklicht, einheitlich aus dem Qualifikationstatbestand verurteilt wird[159]. Entsprechendes gilt für eine Reihe von Versuchshandlungen und nur einer einzigen Tatvollendung: Verurteilung wegen vollendeter Tat. Prozeßrechtlich hat die Behandlung des Fortsetzungszusammenhangs als (Handlungs-)Einheit vor allem Auswirkungen auf die Reichweite der Rechtskraft eines verurteilenden Strafurteils[160].

---

[157] Vgl. BGH StrVert 1982, 20; ferner BGH Urt. v. 23.6. 1981 — 1 StR 256/81; BGH Beschl. v. 6.7. 1984 — 3 StR 239/84.

[158] BGH MDR (Holtz) 1978, 803.

[159] Zu den materiellrechtlichen Folgen der Handlungseinheitlichkeit des Fortsetzungszusammenhangs vgl. Dreher/Tröndle, Vor § 52 Rdn. 32 ff; LK-Vogler, Vor § 52 Rdn. 76 ff; Schönke/Schröder (Stree), Vor § 52 Rdn. 64 ff; SK-Samson, Vor § 52 Rdn. 47 ff.

[160] Zur prozessualen Wirkung der Fortsetzungstat vgl. statt aller LK-Vogler, Vor § 52 Rdn. 90 ff; Schönke/Schröder (Stree), Vor § 52 Rdn. 68 ff.

Dies alles gilt mutatis mutandis auch für eine Reihe von „Sonderformen“ des Fortsetzungszusammenhangs. So ist zwar Fortsetzungszusammenhang zwischen Teilakten, die teils durch positives Tun, teils durch Unterlassen verwirklicht werden, ausgeschlossen; **andauerndes** (unechtes) **Unterlassen** kann jedoch bei entsprechender Einheitlichkeit des Vorsatzes **eine** fortgesetzte **Tat** bilden[161]. Ähnlich scheidet zwar die Möglichkeit eines Fortsetzungszusammenhangs zwischen vorsätzlich und fahrlässig verwirklichten Teilakten einer Straftatenserie aus. Bei tatbestandlichen Vorsatz-Fahrlässigkeits-Kombinationen, bei denen wie im Falle des § 315c Abs. I Nr. 1a, Abs. III Nr. 1 StGB lediglich in bezug auf die Verursachung einer bestimmten Gefahr Fahrlässigkeit genügt, während die eigentliche Tathandlung Vorsätzlichkeit erfordert, ist dagegen Fortsetzungszusammenhang denkbar[162]. Dies trifft auch für Fälle zu, in denen bei zunächst vorsätzlich verwirklichten Teilakten einer Fortsetzungstat die Vorsätzlichkeit des Handelns etwa aufgrund eines Erlaubnistatbestandsirrtums entfällt und im Rahmen der Fortsetzungstat insgesamt nur ein Fahrlässigkeitsvorwurf übrigbleibt[163]. Darüber hinaus ist Fortsetzungszusammenhang zwischen Fahrlässigkeitstaten jedenfalls nach Auffassung der Rechtsprechung und eines Teils des Schrifttums angesichts des für die Annahme von Fortsetzungszusammenhang vorausgesetzten Gesamtvorsatzes denk- und sachnotwendig ausgeschlossen. Nur wenn man wie die Lehre vom Fortsetzungszungsvorsatz statt eines Gesamtvorsatzes einen Gesamthandlungswillen als fortlaufende psychische Linie auf der inneren Tatseite der Fortsetzungstat postuliert, ist ein Fortsetzungszusammenhang auch zwischen Fahrlässigkeitstaten grundsätzlich denkbar[164]. **52**

af) Auf dem Wege zur Handlungsmehrheit und Realkonkurrenz als den Voraussetzungen der Gesamtstrafe und Gesamtstrafenbildung gem. §§ 53ff StGB sind mit der natürlichen Handlung, den verschiedenen Formen der tatbestandlichen Handlungseinheit[165], der natürlichen Handlungseinheit[165] und dem Fortsetzungszusammenhang alle in Betracht kommenden Modalitäten von Handlungseinheit[166] im natürlichen und **53**

---

161 Vgl. statt aller SCHÖNKE/SCHRÖDER (STREE), Vor § 52 Rdn. 58.

162 Vgl. statt aller LK-VOGLER, Vor § 52 Rdn. 73.

163 Dazu LK-VOGLER, Vor § 52 Rdn. 72.

164 Dazu SCHÖNKE/SCHRÖDER (STREE), Vor § 52 Rdn. 55.

165 Zu den Voraussetzungen und Formen einer Handlungseinheit bei Unterlassungs- und Fahrlässigkeitsdelikten vgl. statt aller LK-VOGLER, Vor § 52 Rdn. 39ff; SCHÖNKE/SCHRÖDER (STREE), Vor § 52 Rdn. 28. Zur Handlungseinheit bei Teilnahme im engeren Sinne vgl. LK-VOGLER, Vor § 52 Rdn. 38.

166 Keine rechtliche Handlungseinheit begründet die sog. Sammelstraftat. Setzt ein Straftatbestand die gewerbs-, geschäfts- oder gewohnheitsmäßige Tatbege-

juristischen Sinne (abschließend) erfaßt, die nach Art jener anfangs erwähnten „Vorwegabschichtung" zu allererst aus dem Kreise der konkurrenzrechtlich relevanten Deliktsverwirklichungen auszusondern sind.

54 *b) Ausschluß von Idealkonkurrenz*[1]

Die Ausgrenzung jeder erdenklichen Art von Handlungseinheit im natürlichen und/oder im juristischen Sinne **allein** bewirkt freilich noch nicht die zur Anwendung der §§ 53 ff StGB erforderliche Konkretisierung von „Handlungsmehrheit" und „Realkonkurrenz" gem. § 53 Abs. I StGB. Aus der verbliebenen Restmenge konkurrenzrechtlich relevanten Verhaltens sind vielmehr noch weitere Verhaltensmodalitäten auszuscheiden, und zwar die verschiedenen Konstellationen idealkonkurrierenden (tateinheitlichen)[1] und gesetzeseinheitlichen Verhaltens. Im Anschluß an jene „Vorwegabschichtung"[167] handlungseinheitlichen Verhaltens geht es deshalb nunmehr darum, einen Überblick über typische und mögliche Erscheinungsformen idealkonkurrierenden (tateinheitlichen)[1] Verhaltens zu gewinnen.

55 Idealkonkurrenz (Tateinheit)[1] als als eine „auf Handlungseinheit aufbauende Bewertungsmehrheit"[168] oder auch als „Handlungseinheit mit notwendiger Tatbestandsmehrheit"[169] setzt zwar Handlungseinheitlichkeit eines deliktischen Verhaltens voraus; idealkonkurrierendes Verhalten ist aber mit handlungseinheitlichem Verhalten nicht identisch. Handlungseinheitliches Verhalten erlangt erst dann den Charakter idealkonkurrierenden Verhaltens, wenn zur Handlungseinheitlichkeit des Verhaltens eine durch dieses Verhalten erzeugte (echte) Konkurrenzlage zwischen mehreren zugleich verwirklichten Straftatbeständen hinzutritt. Deshalb handelt es sich nicht um Idealkonkurrenz, wenn beispielsweise eine aus mehreren Teilakten bestehende Handlungseinheit einen Straftatbestand nur **einmal** verwirklicht. Idealkonkurrenz erfordert vielmehr stets, daß ein handlungseinheitliches Verhalten (= eine und dieselbe Handlung gem. § 52 Abs. I StGB) entweder verschiedene Straftatbestände verwirklicht und damit gem. § 52 Abs. I StGB „mehrere Strafgesetze verletzt", oder ein und denselben Straftatbestand mehrfach verwirklicht und damit

---

hung voraus, so handelt es sich bei den jeweils verwirklichten Einzelakten um mehrere selbständige Straftaten, vgl. statt aller SCHÖNKE/SCHRÖDER (STREE), Vor § 52 Rdn. 93 ff. Auch das sog. Massenverbrechen stellt keine rechtliche Handlungseinheit dar, vgl. dazu LK-VOGLER, Vor § 52 Rdn. 28.

167 Vgl. dazu oben Rdn. 12.

168 Statt aller LK-VOGLER, § 52 Rdn. 3 i. V. m. Rdn. 6 vor § 52 mit Nachweisen.

169 MAURACH/GÖSSEL, Strafrecht AT II, § 55 I A (Rdn. 1/2), § 55 III (Rdn. 49).

(in der Terminologie des Gesetzes) „dasselbe Strafgesetz mehrmals" verletzt. Dieser Differenzierung folgend handelt es sich im ersten Falle um sog. **ungleichartige**, im zweiten Falle um sog. **gleichartige** Idealkonkurrenz[170].

Nach dem Regelungsgehalt des § 52 StGB ist mit der Rechtsfigur der Idealkonkurrenz eine durch sie ermöglichte „mehrdimensionale"[171] Bewertung „ein und derselben Handlung" verbunden. Zur vollen Erfassung des Unrechts- und Schuldgehalts eines handlungseinheitlichen Verhaltens gehört die Berücksichtigung **aller** verwirklichten Straftatbestände bei ein und derselben Handlung. Diese komplexe Gesamtwertung eines handlungseinheitlichen Verhaltens gewährleistet das Institut der Idealkonkurrenz. Hieraus resultiert im Strafverfahren die sog. **Klarstellungsfunktion der Idealkonkurrenz**[172]: Die materiell- und zumessungsrechtlich unverzichtbare, differenzierte Feststellung des vollen Unrechts- und Schuldgehalts einer Tat drückt sich im Urteilstenor dadurch aus, daß der Täter zwar nur **eine** Strafe[173] erhält, aber aus allen von ihm verwirklichten Straftatbeständen verurteilt wird. **56**

ba) Im Sinne des § 52 Abs. I StGB verletzt dieselbe Handlung mehrere Strafgesetze oder dasselbe Strafgesetz mehrmals, wenn sich die mehreren tatbestandlichen Ausführungshandlungen entweder vollständig oder zumindest teilweise decken. Diese zur Annahme von Idealkonkurrenz notwendige **Vollidentität oder Teilidentität**[174] der tatbestandlichen Ausführungshandlungen betrifft nur die **objektive**, nicht die subjektive (innere) Tatseite. Idealkonkurrenz setzt stets und ausschließlich das Zu- **57**

---

170 Zur Differenzierung zwischen ungleichartiger und gleichartiger Idealkonkurrenz vgl. LK-Vogler, § 52 Rdn. 32 ff; Schönke/Schröder (Stree), § 52 Rdn. 22 ff, jeweils auch zur Frage der Abgrenzung von einfacher und mehrfacher Erfüllung desselben Straftatbestandes bei demselben Tatobjekt bzw. verschiedenen (aber gleichartigen) Tatobjekten.

171 So treffend Maurach/Gössel, Strafrecht AT II, § 55 I A (Rdn. 1).

172 Vgl. dazu LK-Vogler, § 52 Rdn. 5; Schönke/Schröder (Stree), § 52 Rdn. 2.

173 Die insoweit im Vergleich zur Realkonkurrenz grundsätzlich mildere Regelung erlaubt prozessual bei Zweifeln am Vorliegen von Realkonkurrenz nach dem Satz in dubio pro reo die Annahme von Idealkonkurrenz (Tateinheit), vgl. BGH MDR (Dallinger) 1972, 923; BGH NStZ 1983, 364/5; vgl. weiter BGH MDR (Holtz) 1980, 455; 1980, 628; 1982, 101.

174 Seit RGSt 32, 137 (139/140) entspricht es ständiger Rechtsprechung und weit überwiegender Auffassung (anders aber Wahle, Klammerwirkung, GA 1968, 97 ff, 110), daß auch Teilidentität der Ausführungshandlungen zur Idealkonkurrenz führt, vgl. z. B. BGHSt 18, 29 (34); 22, 362 (364); BGH GA 1961, 168 (169); BGH MDR (Holtz) 1981, 99; BGH VRS 60, 102 = DAR 1981, 63; BGH NStZ 1983, 174; vgl. weiter Schönke/Schröder (Stree), § 52 Rdn. 9 mit weiteren Nachweisen.

sammentreffen mehrerer Gesetzesverletzungen im jeweils **objektiven** Straftatbestand voraus[175]. Daraus ergibt sich unmittelbar, daß weder ein einheitliches Handlungsziel[176] noch einheitliche Beweggründe[177] oder der einheitliche Tatentschluß **für sich allein** zur Feststellung von zumindest teilweiser Identität der tatbestandlichen Ausführungshandlungen genügen. Ebensowenig läßt sich idealkonkurrierendes Verhalten auf eine nicht selten zufällige, bloße Gleichzeitigkeit von Geschehensabläufen[178], auf eine Mittel-Zweck-Verknüpfung[179], auf einen räumlich (örtlich) engen Geschehenszusammenhang[178] oder auf eine Grund-Folge-Beziehung gründen[179]. Für die Annahme von Idealkonkurrenz reicht es daher nicht aus, daß die eine Tatbestandsverwirklichung eine andere verdecken soll, oder daß die eine Gesetzesverletzung zugleich Voraussetzung einer anderen Tatbestandserfüllung war[180].

58 **Vollidentität** der mehreren tatbestandlichen Ausführungshandlungen liegt vor, wenn sämtliche Teilakte eines Handlungsvollzuges, die den einen Straftatbestand (objektiv) verwirklichen, zugleich die Voraussetzungen eines weiteren Straftatbestandes erfüllen. Idealkonkurrenz aufgrund vollidentischer tatbestandlicher Ausführungshandlungen ist beispielsweise gegeben, wenn ein Schuß einen Menschen tötet **und** eine Sache beschädigt, wenn versuchter Raub und vollendeter Diebstahl zusammentreffen, bei falscher uneidlicher Aussage und dadurch bewirktem Prozeßbetrug, bei Meineid und darin enthaltener falscher Verdächtigung, bei übler Nachrede und falscher Verdächtigung durch den Inhalt desselben Briefes, bei Vergewaltigung eines 13-jährigen Mädchens (§§ 176, 177, 52 StGB), bei Tötung durch Brandstiftung oder wenn der Täter eine Bombe zur Explosion bringt und dadurch mehrere Menschen getötet, andere verletzt hat und auch Sachen beschädigt werden[181].

59 Da es für die Frage der Voll- bzw. Teilidentität tatbestandlicher Ausführungshandlungen allein auf das Zusammentreffen von Gesetzesverletzungen im **objektiven Straftatbestand** ankommt, kann trotz un-

---

175 Vgl. statt aller LK-Vogler, § 52 Rdn. 17, 22; Schönke/Schröder (Stree), § 52 Rdn. 6ff, 9; SK-Samson, § 52 Rdn. 7.

176 Vgl. BGHSt 14, 104 (109); BGH wistra 1985, 19.

177 Vgl. BGHSt 7, 149 (151); 22, 206 (208); BGH wistra 1985, 19.

178 Vgl. BGHSt 18, 29 (32); BGH MDR (Dallinger) 1974, 13.

179 Vgl. BGH NStZ 1985, 70.

180 LK-Vogler, § 52 Rdn. 22; zur nicht ganz einheitlichen Rspr. vgl. noch Lackner, § 52, 2a; ferner Schmidhäuser, StuB 14/34 bei und in Anm. 18.

181 Vgl. zu diesen Beispielen Geppert, Grundzüge, Jura 1982, 369; LK-Vogler, § 52 Rdn. 21; Schönke/Schröder (Stree), § 52 Rdn. 8; SK-Samson, § 52 Rdn. 5/6; Stratenwerth, Strafrecht AT, Rdn. 1243; Wessels, Strafrecht AT, § 17 III 1.

terschiedlicher innerer (subjektiver) Verhaltensformen gleichwohl idealkonkurrierendes Verhalten vorliegen, wenn nur die objektiven Tathandlungen vollständig oder zumindest teilweise identisch sind[182]. Danach ist Idealkonkurrenz zwischen vorsätzlichem und fahrlässigem Verhalten nicht ausgeschlossen, sofern die tatbestandlichen Ausführungshandlungen übereinstimmen. So können etwa eine vorsätzliche Deliktsverwirklichung nach § 323a StGB mit fahrlässiger actio libera in causa nach § 222 StGB idealiter konkurrieren[183], ebenso können vorsätzliche Sachbeschädigung mit fahrlässiger Körperverletzung oder Tötung in Idealkonkurrenz zusammentreffen[184].

Im Sachbereich der **Fahrlässigkeits- und** (unechten bzw. echten) **60**
Unterlassungsdelikte sind bei der Annahme von Idealkonkurrenz gewisse, aus der jeweiligen Deliktsnatur resultierende Besonderheiten zu beachten. In der deliktischen Situation des **fahrlässigen Erfolgsdelikts** ist zunächst zu unterscheiden, ob nur ein einziger Taterfolg eingetreten ist oder mehrere tatbestandsmäßige Erfolge bewirkt sind. Hat der Täter fahrlässig lediglich einen einzigen Taterfolg verursacht, liegt nur ein einziges Fahrlässigkeitsdelikt vor[185]. Unerheblich ist dabei, ob dieser **eine** Taterfolg auf eine Mehrheit gleicher oder verschiedenartiger Sorgfaltspflichtverletzungen oder auf pflichtwidriges Verhalten während eines längeren Zeitraums zurückgeht. Stets handelt es sich bei dieser Fallkonstellation im Fahrlässigkeitsbereich um **handlungseinheitliches** Verhalten **ohne Konkurrenz** gem. § 52 Abs. I StGB. Anders zu beurteilen ist dagegen ein fahrlässiges Verhalten, das mehrere tatbestandsmäßige Erfolge oder ein und denselben Taterfolg mehrmals zur Folge hat. Bei dieser Sachlage ist von maßgeblicher Bedeutung, ob es dem Täter zwischen dem Eintritt der mehreren tatbestandsmäßigen Erfolge möglich war, die ihm jeweils obliegende Sorgfaltspflicht zu erfüllen, und er dieser Pflichterfüllung gleichwohl nicht nachkam (Realkonkurrenz), oder es ihm unmöglich war, seinen Sorgfaltspflichten zu genügen (Idealkonkurrenz)[186]. Fahrlässige Körperverletzung mehrerer Personen steht beispiels-

---

182 So die allgemeine Ansicht, vgl. statt aller SCHÖNKE/SCHRÖDER (STREE), § 52 Rdn. 7; vgl. ferner BGHSt 1, 278 (280); 17, 333 (337); BGH NJW 1971, 153.

183 Weitere Beispiele bei DREHER/TRÖNDLE, § 323a Rdn. 17; SCHÖNKE/SCHRÖDER (CRAMER), § 323a Rdn. 31 ff.

184 Vgl. JAKOBS, Strafrecht AT, 33. Abschnitt, Rdn. 6 mit Nachweisen; SK-SAMSON, § 52 Rdn. 7.

185 Vgl. BGH VRS 9, 353; ferner BOCKELMANN, Strafrecht AT, § 35 II 1 d; JESCHECK, Strafrecht AT, § 66 IV 1; LK-VOGLER, § 52 Rdn. 42; MAIWALD, Natürliche Handlungseinheit, S. 111.

186 So mit den beschriebenen Beispielen JESCHECK, Strafrecht AT, § 66 IV 1; LK-VOGLER, § 52 Rdn. 42 beide unter Hinweis auf MAIWALD, Natürliche Handlungseinheit, S. 111/112.

weise mit fahrlässiger Gefährdung des Straßenverkehrs in Idealkonkurrenz, wenn der Pkw des Täters infolge überhöhter Geschwindigkeit ins Schleudern gerät, von der Straße abkommt und unmittelbar nacheinander mehrere Spaziergänger verletzt[186]. Verstößt ein Kraftfahrer indessen gegen Sorgfaltspflichten im Straßenverkehr dergestalt, daß nach jedem Pflichtverstoß durch ihn über einen längeren Zeitraum verteilt mehrere Verkehrsunfälle verursacht werden, stehen die dabei verwirklichten Fahrlässigkeitsdelikte in Realkonkurrenz[186]. Entsprechende Grundsätze gelten für die konkurrenzrechtliche Beurteilung **fahrlässiger Tätigkeitsdelikte**: Idealkonkurrenz liegt vor, wenn sich der fahrlässig den Hehlereitatbestand des § 18 UnedlMetG verwirklichende Altmetallhändler gestohlene Gegenstände verschafft, indem er eine Wagenladung stückweise in sein Lager schafft; dagegen ist Realkonkurrenz anzunehmen, wenn er dieselben Gegenstände einzeln und nach und nach ankaufte[187].

61 Sinngemäß sind die Grundregeln der Idealkonkurrenz und die zum Fahrlässigkeitsdelikt dargestellten Erwägungen auch auf den Bereich der unechten und echten **Unterlassungsdelikte** zu übertragen. Allerdings ist Anknüpfungspunkt für die Entscheidung der Konkurrenzfrage nicht die Identität tatbestandlicher Ausführungshandlungen, sondern die **hypothetische Identität** der gebotenen Handlungen im Unterlassungsvollzug[188], wobei der Eintritt des oder der schädlichen (tatbestandsmäßigen) Erfolge den normativen Bezugsrahmen abgibt[189]. Der Verstoß gegen **eine** Garantenpflicht, der zum Eintritt **mehrerer** tatbestandlicher Erfolge führt, versteht sich als nur **eine** Unterlassung, wenn mit der Pflichterfüllung zwingend die Abwendung **aller** Taterfolge verbunden wäre. Diese Situation liegt vor im Falle des Schrankenwärters, der durch das Nichtschließen der Schranke beim Herannahen des Zuges mehrere Tötungen bewirkt: Nur eine einzige Tötung durch Unterlassen, wenn mehrere Menschen vom Zug erfaßt und tödlich verletzt werden[190]. Eine solche **Unterlassungseinheit** im Sinne von Tateinheit gem. § 52 Abs. I StGB ist dagegen ausgeschlossen, wenn der Unterlassungstäter in bezug auf die betroffenen Rechtsgüter (Rechtsgutsträger bzw. -objekte) die Möglichkeit hatte, sich jeweils getrennt für oder gegen den Eintritt bzw. die Abwendung eines schädlichen Erfolges zu entscheiden, wenn er also

---

187 So das Beispiel bei LK-Vogler, § 52 Rdn. 42.

188 Dazu grundsätzlich Struensee, Konkurrenz, S. 53 ff; vgl. auch Jakobs, Strafrecht AT, 32. Abschnitt, Rdn. 30; Jescheck, Strafrecht AT, § 66 IV, 2 i. V. m. § 67 III, 4; LK-Vogler, § 52 Rdn. 13 ff i. V. m. Rdn. 39 ff vor § 52; Schönke/Schröder (Stree), Vor § 52 Rdn. 28 jeweils mit Nachweisen.

189 Vgl. noch Maiwald, Natürliche Handlungseinheit, S. 105 ff, 107.

190 Statt aller LK-Vogler, Vor § 52 Rdn. 40; Schönke/Schröder (Stree), Vor § 52 Rdn. 28.

nach Eintritt des einen tatbestandsmäßigen Erfolges noch in der Lage war, die Realisierung eines weiteren tatbestandsmäßigen Erfolges abzuwenden[191]. **Unterlassungsmehrheit** im Sinne von Tatmehrheit gem. § 53 Abs. I StGB ist deshalb anzunehmen, wenn es beispielsweise der Vater bei einem Brand des Wohnhauses unterläßt, seine beiden Kinder durch das Fenster in die Arme auffangbereiter Helfer zu werfen[192], oder ein gem. § 170 b StGB zu Unterhaltsleistungen Verpflichteter es unterläßt, den **mehreren** Unterhaltsberechtigten gegenüber seine Verpflichtungen zu erfüllen[193]. Stehen dem Unterlassungstäter jedoch zur Erfüllung eines Gebots mehrere Handlungen **alternativ** zur Verfügung dergestalt, daß mit Vornahme irgendeiner dieser Handlungen mehreren Geboten zugleich genügt wäre, scheidet Unterlassungsmehrheit aus. In derartigen Fällen ist vielmehr von Unterlassungseinheit und Idealkonkurrenz auszugehen[194].

Auch im Anwendungsbereich der **echten** Unterlassungsdelikte ist zur **62**
Abgrenzung von Unterlassungseinheit (Idealkonkurrenz) und Unterlassungsmehrheit (Realkonkurrenz) darauf abzustellen, ob dem Unterlassungstäter die Möglichkeit blieb, jedes der etwaigen mehreren Gebote (Handlungspflichten) unabhängig von dem jeweils anderen zu erfüllen oder zu verletzen. **Unterlassungseinheit** ist stets nur dann anzunehmen, wenn durch die Erfüllung einer Handlungspflicht (zwingend) alle anderen Handlungsgebote ebenfalls erfüllt werden[195]. Unterlassungsmehrheit gem. §§ 323 c, 53 StGB liegt hingegen etwa dann vor, wenn der Täter zwei Unfallopfern keine Hilfe leistet, obwohl er diese Hilfeleistung nacheinander hätte erbringen können, wenn er also beispielsweise zwei ertrinkenden Kindern nicht zu Hilfe kommt, obwohl er sie nacheinander hätte aus dem Wasser ziehen können[196].

Bislang ungelöst ist das Problem, ob und inwieweit Idealkonkurrenz **63**
im Verhältnis zwischen Begehungs- und Unterlassungsdelikten denkbar

---

[191] Vgl. hierzu Jakobs, Strafrecht AT, 32. Abschnitt, Rdn. 30; Jescheck, Strafrecht AT, § 66 IV 2; LK-Vogler, Vor § 52 Rdn. 40; Schönke/Schröder (Stree), Vor § 52 Rdn. 28.

[192] Vgl. auch BGH MDR (Dallinger) 1971, 361; dazu Herzberg, Kausalität, MDR 1971, 881 ff (883).

[193] BGHSt 18, 376 (379) mit Anm. Geerds JZ 1964, 593 ff; Ders., Konkurrenz, S. 262, 272, 291 f; vgl. auch BGH JR 1985, 244 mit Anm. Puppe JR 1985, 245 ff.

[194] So überzeugend Struensee, Konkurrenz, S. 46 ff, 53 ff (56), 105; ihm folgend SK-Samson, § 52 Rdn. 8; ebenso LK-Vogler, § 52 Rdn. 14; vgl. aber Jakobs, Strafrecht AT, 32. Abschnitt, Rdn. 30 bei und in Anm. 47.

[195] Vgl. statt aller Jescheck, Strafrecht AT, § 66 IV 2; LK-Vogler, Vor § 52 Rdn. 41.

[196] Beispiel nach Blei, Strafrecht AT, § 92 II 4.

ist[197]. Die Auffassungen sind im Schrifttum ebenso wie in der Rechtsprechung geteilt. Während nach RGSt 68, 315 (317 f) und BGHSt 6, 229 (230) zwischen einem (echten) Unterlassungsdelikt und einem zugleich verwirklichten Begehungsdelikt **keine** Idealkonkurrenz bestehen kann, halten RGSt 75, 355 (359/360) und BGH GA 1956, 120[198] eine solche Konkurrenzlage für möglich. Unter konkurrenzrechtlichem Blickwinkel ist freilich auch im Verhältnis zwischen Begehungs- und Unterlassungsdelikten ähnlich wie beim Zusammentreffen mehrerer Unterlassungsdelikte davon auszugehen, daß die Annahme von Idealkonkurrenz — soweit davon das Unterlassungsdelikt betroffen ist — an das erwartete hypothetische Handeln des Täters in bezug auf die bewirkten schädlichen Erfolge anzuknüpfen hat. In bezug auf einen schädlichen Erfolg gefordertes hypothetisches Handeln eines Unterlassungstäters ist der Sache nach jedoch eine prinzipiell andere Handlung als die — wenn auch gleichzeitig — vorgenommene Handlung, mit der das Begehungsdelikt verwirklicht wird. Beide Handlungsaspekte können sich überlagern, ohne daß damit eine Verschmelzung zur vollständigen oder zumindest teilweisen Handlungsidentität verbunden wäre. Grundsätzlich scheidet somit Idealkonkurrenz zwischen Begehungs- und Unterlassungsdelikten aus[199]. Idealkonkurrenz liegt daher weder beim Zusammentreffen von versuchtem Totschlag durch Unterlassen und unerlaubtem Entfernen vom Unfallort[200] noch beim Zusammentreffen von unterlassener Hilfeleistung und unerlaubtem Entfernen vom Unfallort[201] vor.

64 Ausnahmsweise kann im Verhältnis zwischen Unterlassungs- und Begehungsdelikt jedoch dann Idealkonkurrenz bestehen, wenn das Unterlassungsdelikt als **Unterlassungsdauerdelikt** mit einem oder mehreren Begehungsdelikten zusammentrifft. Voraussetzung für die Annahme von Idealkonkurrenz in derartigen Fällen ist allerdings stets, daß Unterlassungsdauerdelikt und Begehungsdelikt nicht bloß zeitgleich verwirklicht

---

197 Vgl. zum Streitstand statt aller Jakobs, Strafrecht AT, 33. Abschnitt, Rdn. 8 ff mit dortigen Anm. 9—11.

198 Weitere Nachweise aus der Rechtsprechung bei LK-Vogler, § 52 Rdn. 12; Schönke/Schröder (Stree), § 52 Rdn. 19.

199 So auch die überwiegende Auffassung im Schrifttum vgl. nur Jescheck, Strafrecht AT, § 67 III 4; LK-Vogler, § 52 Rdn. 12; Schmidhäuser, Strafrecht AT, 18/45; Ders., StuB, 14/38; Schönke/Schröder (Stree), § 52 Rdn. 19; Stratenwerth, Strafrecht AT, Rdn. 1245; anders Baumann/Weber, Strafrecht AT, § 41 II 1 a bei und in Anm. 15; Jakobs, Strafrecht AT, 33. Abschnitt, Rdn. 8 ff; vgl. auch Lackner, § 52, 2 c.

200 Anders BayObLG NJW 1957, 1485.

201 Anders RGSt 75, 355 (359/360); BGH GA 1956, 120; ferner die Nachweise bei LK-Vogler, § 52 Rdn. 12 a. E.

werden, sondern daß die Verwirklichung des Begehungsdelikts zugleich der Aufrechterhaltung des durch das Unterlassungsdelikt bewirkten rechtswidrigen Zustandes dient[202] bzw. das Unterlassungsdelikt zugleich das oder ein Verwirklichungsmittel des Begehungsdelikts darstellt[203]. Voll- oder Teilidentität von unterlassener und begangener Handlung resultiert in derartigen Fallkonstellationen aber **nicht** allein aus einer **Zweck-Mittel-Relation** beider Delikte[204]. Wo der rechtswidrige Dauerzustand lediglich eine Voraussetzung für die Begehung einer anderen Tat schafft bzw. das Dauerdelikt zum Zwecke des Begehungsdelikts verwirklicht wird, fehlt es an der Identität der unterlassenen und begangenen Handlung[205]. Erst recht scheidet Idealkonkurrenz in Fällen aus, in denen ein Begehungsdelikt nur **gelegentlich** der andauernden Verwirklichung eines Unterlassungsdauerdelikts begangen wird[206]. So stehen etwa Hausfriedensbruch und bei dieser Gelegenheit verwirklichte Vergewaltigung ebensowenig in Idealkonkurrenz wie Freiheitsberaubung und bei dieser Gelegenheit begangener Diebstahl. Auch der zum Zwecke einer Tötung, Vergewaltigung oder eines Raubes zunächst verwirklichte Hausfriedensbruch gem. § 123,2 Alt.StGB steht mit dem jeweils begangenen anderen Delikt nicht in Idealkonkurrenz[205]. Wer im Zuge eines Hausfriedensbruchs den Hausherrn beleidigt, verwirklicht nicht ideal-, sondern realkonkurrierende Delikte gem. §§ 123, 185 StGB[207]. Stellt dagegen die Freiheitsberaubung (durch Unterlassen) die Raub- oder Nötigungsgewalt zur Verwirklichung eines Raubes oder einer Vergewaltigung dar, sind die Identitätsanforderungen gem. § 52 StGB erfüllt, so daß in solchen Fällen das Unterlassungsdauerdelikt mit den jeweils verwirklichten Begehungsdelikten in Idealkonkurrenz steht[208]. Idealkonkurrenz zwischen Freiheitsberaubung und Vergewalti-

---

202 So die überwiegende Ansicht, vgl. statt aller LK-Vogler, § 52 Rdn. 12 mit Rdn. 25 mit Nachweisen; ferner Oske, Dauerdelikte, MDR 1965, 532 ff (534); anders z. B. Jakobs, Strafrecht AT, 33. Abschnitt, Rdn. 10.

203 In diesem Sinne etwa BGHSt 18, 29 (33 f); BGH JR 1983, 210 mit Anm. Keller; ferner SK-Samson, § 52 Rdn. 13.

204 So auch Baumann/Weber, Strafrecht AT, § 41 II 1 c; Jescheck, Strafrecht AT, § 67 III 2; LK-Vogler, Vor § 52 Rdn. 23; SK-Samson, § 52 Rdn. 13; vgl. auch Lackner, § 52, 2 c; anders etwa Jakobs, Strafrecht AT, 33. Abschnitt, Rdn. 10; Schönke/Schröder (Stree), Vor § 52 Rdn. 91, alle jeweils auch zu den genannten Beispielen.

205 Anders Schönke/Schröder (Stree), Vor § 52 Rdn. 91.

206 Unstreitig, vgl. statt aller LK-Vogler, § 52 Rdn. 25.

207 Statt aller Jakobs, Strafrecht AT, 33. Abschnitt, Rdn. 8.

208 So auch SK-Samson, § 52 Rdn. 13 a. E. mit Hinweis auf BGH JR 1983, 210; vgl. noch BGHSt 18, 29 (33/4); 18, 66 (70/71); BGH MDR (Holtz) 1981, 99.

gung liegt danach auch bei folgendem Sachverhalt vor: Der Täter nimmt unterwegs zwei Mädchen in seinem Pkw mit. An einsamer Stelle sperrt er eines der beiden unter Bedrohung mit einer Pistole in den Kofferraum. In der Folgezeit unterläßt es der Täter, das eingesperrte Mädchen zu befreien. Statt dessen vergewaltigt er das andere Mädchen unter Einsatz des Eingesperrtseins als eines besonders verwerflichen Druckmittels gegenüber der zu Vergewaltigenden[209].

65 Idealkonkurrenz durch Identität der tatbestandlichen Ausführungshandlungen setzt nicht stets Vollidentität der Ausführungshandlungen voraus. Vielmehr reicht es zur Annahme von Idealkonkurrenz aus, daß sich die tatbestandlichen Ausführungshandlungen zumindest teilweise decken (vgl. Rdn. 57 – Beispiele: Raub und Körperverletzung konkurrieren ideal, wenn die Raubgewalt in einer Körperverletzung besteht; Raub und Totschlag stehen in Idealkonkurrenz, wenn die Raubgewalt zugleich eine Tötung bewirkt[210]). Diese für die Annahme von Idealkonkurrenz hinreichende **Teilidentität** der tatbestandlichen Ausführungshandlungen erweitert den Anwendungsbereich des § 52 Abs. I StGB erheblich.

66 Zunächst sind teilidentische, Idealkonkurrenz begründende Ausführungshandlungen noch möglich im deliktischen Kontinuum zwischen Vollendung und Beendigung einer Tat[211]: Setzt der Räuber vor Beendigung des Raubes die angewandte Raubgewalt fortwirkend zu einer Vergewaltigung ein, kann zwischen beiden Delikten Idealkonkurrenz vorliegen[212]. Insbesondere im Bereich der Absichtsdelikte[213] (§§ 242 ff, 249 ff, 263, 267 StGB etc.) hat der BGH stets hervorgehoben, daß Idealkonkurrenz noch über den Zeitpunkt der Vollendung hinaus bis zur Beendigung der Tat begründet werden kann: „Verletzt eine Handlung, die vor Beendigung eines Raubes begangen wird, zugleich ein anderes Strafgesetz, so steht diese Gesetzesverletzung zu dem Raub im Verhältnis der Tateinheit“[214]. Idealkonkurrenz zwischen Betrug und Mord liegt danach vor, wenn und weil der Täter sich mit betrügerisch erlangtem Geld noch im unmittelbaren Handlungs- und Einflußbereich des Geschä-

---

209 Beispiel nach BGH Beschl. v. 1. 2. 1977 – 4 StR 676/76; vgl. zu weiteren Beispielen noch Lackner, § 52, 2 c.

210 Vgl. zu den Beispielen LK-Vogler, § 52 Rdn. 22; SK-Samson, § 52 Rdn. 11.

211 Allgemeine Ansicht, vgl. statt aller Schönke/Schröder (Stree), § 52 Rdn. 11; BGHSt 26, 24 (27/28); BGH StrVert 1983, 104; BayObLG NJW 1963, 406; BGH StrVert 1983, 413.

212 BGH MDR (Holtz) 1979, 106.

213 Vgl. aber teilweise abweichend Jakobs, Strafrecht AT, 33. Abschnitt, Rdn. 7 nach Anm. 8.

214 BGH StrVert 1983, 104; BGHSt 26,. 24 (27/28).

digten befindet und zur sicheren Erlangung des Vermögensvorteils den Geschädigten mit einem Schlag auf den Kopf tötet[215]. Nach der rechtlichen Vollendung eines Raubes oder einer räuberischen Erpressung, aber vor deren tatsächlicher Beendigung vorgenommene Handlungen, die der Verwirklichung einer tatbestandsmäßig vorausgesetzten Absicht dienen und zugleich weitere Strafgesetze verletzen, begründen Idealkonkurrenz auch dann, wenn der auf frischer Tat ertappte Räuber oder Erpresser höchstpersönliche Rechtsgüter von durch die Vortat nicht geschädigten Personen angreift, um sich den Besitz der Beute zu sichern[216]. Ähnlich stehen §§ 239 a, 255 StGB im Verhältnis von Idealkonkurrenz, wenn der Entführer seiner Absicht entsprechend später einen anderen (räuberisch) erpreßt[217]. Und schließlich steht auch das Gebrauchmachen einer unechten Urkunde als Urkundenfälschung gem. § 267 StGB in Idealkonkurrenz mit dem insoweit verwirklichten Betrug[218].

Soweit Teile des deliktischen Geschehens der eigentlichen Tatbestands- **67**
verwirklichung **vorgelagert** sind, kommt dagegen eine Teilidentität von Ausführungshandlungen und dementsprechend Idealkonkurrenz nicht in Betracht. Im Spektrum der Verwirklichungsstufen des Verbrechens scheiden nach allgemeiner Auffassung[219] sog. **Vorbereitungshandlungen** als Kristallisationspunkt für eine Teilidentität von deliktischen Handlungsvollzügen aus. Beispielsweise führt allein der Umstand, daß zwei Betrugstaten auf dasselbe Inserat in einer Zeitschrift zurückgehen, dann nicht zur Annahme von Idealkonkurrenz zwischen beiden Betrügereien, wenn die Aufgabe des Inserats lediglich dazu dient, Anlageinteressenten als die späteren Opfer der betrügerischen Vermögensschädigung ausfindig zu machen[220]. Entsprechendes gilt für die (deliktische) Beschaffung von Werkzeug, um damit mehrere Diebstähle zu begehen oder den Kauf von Gift, um später mit ihm zwei Morde zu begehen[221].

Auf der Verwirklichungsstufe des (strafbaren) Versuchs ist zu differen- **68**
zieren: Soweit das Ansetzen zur unmittelbaren Tatbestandsverwirklichung in bezug auf den in die Tätervorstellung einbezogenen Straftatbestand bereits das Stadium einer Teilverwirklichung des Straftatbestandes

---

215 BGH Urt. v. 11. 9. 1984 – 1 StR 380/84.

216 BGH NStZ 1984, 409.

217 Beispiel bei LK-Vogler, § 52 Rdn. 23; Schönke/Schröder (Stree), § 52 Rdn. 12.

218 Beispiel bei Schönke/Schröder (Stree), § 52 Rdn. 12.

219 Statt aller LK-Vogler, § 52 Rdn. 24; Schönke/Schröder (Stree), § 52 Rdn. 10.

220 So BGH NStZ 1958, 70.

221 Vgl. das Beispiel bei Jakobs, Strafrecht AT, 33. Abschnitt, Rdn. 7; Schönke/Schröder (Stree), § 52 Rdn. 10.

erreicht hat (Täter hat das Opfer (tödlich) verletzt, der Tod tritt aber erst später ein), genügt die Versuchshandlung den Anforderungen, die im Sinne des § 52 Abs. I StGB an eine teilidentische Ausführungshandlung zu stellen sind[222]. Hiergegen läßt sich nicht einwenden, eine Grenze zwischen Anfang und Ende der Ausführungshandlung zur sachgerechten Differenzierung zwischen erheblicher und irrelevanter Teilidentität könne nicht gefunden werden, da Kriterien für eine solche Grenzziehung fehlen[223]; denn es geht nicht generell und für alle Versuchsfälle um eine Grenzziehung zwischen Anfang und Ende von Ausführungshandlungen, sondern um (erhebliche) Teilidentität für jene Versuchskonstellationen, in denen eine Teilverwirklichung der Tatbestandsmerkmale als vom Eintritt des Taterfolgs unabhängige Versuchshandlung möglich ist. Teilverwirklichung eines Straftatbestandes in Gestalt der teilweisen Erfüllung (objektiver) Tatbestandsmerkmale aber bereitet keine Feststellungsschwierigkeiten.

69 Keine erhebliche Teilidentität im Sinne der Konkurrenzlehre erzeugen dagegen Versuchshandlungen, die zwar den Voraussetzungen eines „Ansetzens zur unmittelbaren Tatbestandsverwirklichung" entsprechen mögen, ihrem Erscheinungsbild nach aber lediglich als „tatbestandsnahe Gefährdungshandlungen"[224] zu charakterisieren wären. Nach BGHSt 16, 397 (398) stehen deshalb in einem Falle, in dem der Täter drei Mordopfern zugleich und in derselben Weise auflauerte (strafbare Versuchshandlung), die anschließend nacheinander gegen jedes einzelne Opfer gerichteten Tötungshandlungen als selbständige Mordversuche in Realkonkurrenz[225].

70 bb) Allerdings ermöglicht das von der Rechtsprechung und in der Lehre von den strafrechtlichen Konkurrenzen entwickelte Institut der **Idealkonkurrenz durch Klammerwirkung** auch in solchen Fällen (lediglich gefährdender Versuchs- und selbständig unter Strafe gestellter Vorbereitungshandlungen[226]) eine Anwendung des § 52 Abs. 1 StGB[227].

---

[222] So die wohl überwiegende Auffassung, vgl. LK-VOGLER, § 52 Rdn. 24; SCHÖNKE/SCHRÖDER (STREE), § 52 Rdn. 10 jeweils mit Nachweisen.

[223] So aber SK-SAMSON, § 52 Rdn. 12 unter Berufung auf STRUENSEE, Konkurrenz, S. 25.

[224] Vgl. dazu SCHÖNKE/SCHRÖDER (STREE), § 52 Rdn. 10 mit SCHÖNKE/SCHRÖDER (ESER), § 22 Rdn. 32, 37.

[225] BGHSt 16, 397 (398): Dieses Zusammentreffen im Stadium **bloßer Gefährdung** hat aber nicht die Kraft, das gesamte, in seinem Schwerpunkt gegen jedes Opfer **einzeln und nacheinander** gerichtete Tun ... zur Tateinheit zu verknüpfen (Hervorhebung vom Verf.).

[226] Näher dazu LK-VOGLER, § 52 Rdn. 24 mit Nachweisen.

[227] Zur Entwicklung der „Idealkonkurrenz durch Klammerwirkung" vgl. insbesondere WAHLE, Klammerwirkung, GA 1968, 97 ff.

Strukturtypisches Charakteristikum der Idealkonkurrenz durch Klammerwirkung ist die Verklammerung zweier an sich selbständiger und damit realkonkurrierender Straftaten zur Idealkonkurrenz durch Vermittlung einer dritten Straftat, deren tatbestandliche Ausführungshandlung mit den beiden anderen Ausführungshandlungen jeweils **teilidentisch** zusammentrifft. Der Sache nach gründet sich das Strukturschema der Idealkonkurrenz durch Klammerwirkung auf eine konkurrenzrechtliche Modifikation des (u. a. aus der Schulmathematik) bekannten Satzes: Sind zwei Größen jeweils einer dritten Größe gleich, so sind sie auch untereinander gleich (A = X; B = X; also: A = B)[228]. Funktionalität im Sinnzusammenhang der strafrechtlichen Konkurrenzlehre erlangt dieser Satz durch seine Kombination mit der konkurrenzrechtlichen Regel, daß auch bei lediglich teilweiser Identität verschiedener tatbestandlicher Ausführungshandlungen die jeweils verwirklichten Delikte idealiter konkurrieren. So stehen etwa Raub, Körperverletzung und Sachbeschädigung in Idealkonkurrenz, wenn die tatbestandliche Ausführungshandlung gem. § 223 StGB mit der Gewaltanwendung gem. § 249 StGB und die Tatbestandsverwirklichung gem. § 303 mit der Wegnahme gem. § 249 StGB (teil-)identisch sind[229].

Die bei jeweils partieller Handlungsidentität zur Idealkonkurrenz zwi- **71**
schen zwei oder mehreren an sich selbständigen (realkonkurrierenden) Straftaten führende Klammerwirkung der „durchlaufenden" Verwirklichung eines dritten oder weiteren Straftatbestandes entspricht nicht nur einer seit RGSt 44, 223 ff ständigen Rechtsprechung des RG und BGH[230]. Idealkonkurrenz durch Klammerwirkung findet als Rechtsinstitut der strafrechtlichen Konkurrenzlehre vielmehr auch im Schrifttum weithin Anerkennung[231]. Nach fast einhelliger Auffassung setzt Idealkonkurrenz

---

228 Vgl. auch MAURACH/GÖSSEL, Strafrecht AT II, § 55 III B 4 (Rdn. 69); ferner WERLE, Beteiligung, JR 1979, 93 ff (96/7).

229 So das von LK-VOGLER, § 52 Rdn. 27 aufgegriffene Beispiel bei SK-SAMSON, § 52 Rdn. 16; vgl. ferner HAFT, Strafrecht AT, 12. Teil, § 3, 3 b aa) und bb) mit Abb. 101.

230 Vgl. statt aller BGHSt 31, 29 (31); 33, 4 (6).

231 Vgl. BAUMANN/WEBER, Strafrecht AT, § 41 II 1 c; BLEI, Strafrecht AT, § 95 I; DREHER/TRÖNDLE, § 52 Rdn. 5; HAFT, Strafrecht AT, 12. Teil, § 3, 3 b, bb); JESCHECK, Strafrecht AT, § 67 II 3; LACKNER, § 52, 2 b aa); LK-VOGLER, § 52 Rdn. 27; MAURACH/GÖSSEL, Strafrecht AT II, § 55 III B 4 (Rdn. 69 ff); SCHÖNKE/SCHRÖDER (STREE), § 52 Rdn. 14 ff; SK-SAMSON, § 52 Rdn. 15 ff; WESSELS, Strafrecht AT, § 17 III 1 jeweils mit weiteren Nachweisen und Beispielen. Deutlich **ablehnend** dagegen JAKOBS, Strafrecht AT, 33. Abschnitt, insbes. Rdn. 12; PUPPE, Ungleichartige Idealkonkurrenz, GA 1982, 143 ff (152); SCHMIDHÄUSER, StuB, 14/36. — Kritisch und teilweise differenzierende STRUENSEE, Konkurrenz, S. 26 ff; WERLE, Konkurrenz, S. 48 ff; vgl. ferner

durch Klammerwirkung jedoch voraus, daß der Unrechtsgehalt des verklammernden Delikts dem Unrechtsgehalt der jeweils zu verklammernden Delikte annähernd entspricht, jedenfalls aber nicht hinter dem Unrechtsgehalt der an sich selbständigen Straftaten zurückbleibt[232]. Tötet der Räuber zwecks ungestörter Durchführung des Raubes nacheinander alle Bewohner eines Hauses, so vermag die zeitlich gestreckte Ausführungshandlung gem. §§ 249 ff StGB die (teilidentischen) Tötungshandlungen untereinander nicht zur Idealkonkurrenz zu verklammern[233]. Ganz ähnlich verklammert danach das Vergehen des Fahrens ohne Fahrerlaubnis **nicht** die mehreren Diebstähle verschiedener Pkw, deren Wegnahme jeweils durch das Wegfahren bewirkt wird[234]. Ebensowenig verklammert unerlaubtes Entfernen vom Unfallort eine fahrlässige Tötung und einen Mordversuch zur Idealkonkurrenz[235]. Idealkonkurrenz durch Klammerwirkung scheidet wegen minderen Unrechtsgehalts des verklammernden Delikts auch aus in Fällen des Zusammentreffens von fahrlässiger Verkehrsgefährdung gem. § 315 c Abs. III StGB mit fahrlässiger Tötung und unerlaubtem Entfernen vom Unfallort[236]. Ein weiteres Beispiel: Zwei an sich selbständige Vergewaltigungen, die in ihrem Nötigungsteil jeweils mit ein und derselben Freiheitsberaubung (teilidentisch) zusammentreffen, werden durch die (andauernde) Freiheitsberaubung nicht zur Idealkonkurrenz verklammert[237]. Dagegen kann eine Deliktsverwirklichung gem. § 99 Abs. I Nr. 1 StGB die an sich realkonkurrierenden Straftaten gem. §§ 201 Abs. II, 242 StGB zur Idealkonkurrenz verklammern, wenn und weil die geheimdienstliche Tätigkeit gem. §§ 99 Abs. I Nr. 1 StGB (teil-)identische Ausführungshandlungen gem. § 201 Abs. II StGB und § 242 StGB umfaßt, etwa wenn der Täter im Rahmen seiner geheimdienstlichen Tätigkeit zunächst Ferngespräche abhört und sodann vertrauliche Unterlagen entwendet[238].

72 Rechtsprechung und Lehre stimmten bislang weitgehend darin überein, daß das „durchlaufende", verklammernde Delikt keinen geringeren

STRATENWERTH, Strafrecht AT, Rdn. 1246; SCHMITT ZStW 75 (1963), 43 ff, 48; WAHLE, Klammerwirkung, GA 1968, 97 ff, 107 ff; WERLE, Strafklageverbrauch, NJW 1980, 2671 ff.

232 Vgl. statt aller SCHÖNKE/SCHRÖDER (STREE), § 52 Rdn. 16 ff.

233 Vgl. etwa RGSt 44, 223 ff; BGHSt 2, 246 ff.

234 Beispiel nach BGHSt 18, 66 (69).

235 Vgl. BGH VRS 17, 191.

236 Vgl. LK-VOGLER, § 52 Rdn. 29 mit weiteren Nachweisen aus der obergerichtlichen Rechtsprechung. Zur Problematik der Zäsurwirkung eines Verkehrsunfalls s. u. Rdn. 79.

237 Sachverhalt nach BGHSt 18, 26 (28/29).

238 Beispiel nach SCHÖNKE/SCHRÖDER (STREE), § 52 Rdn. 14; WESSELS, Strafrecht AT, § 17 III 1.

Unrechtsgehalt als die (alle)[239] zur Idealkonkurrenz zu verklammernden Delikte oder doch zumindest eines dieser Delikte[240] aufweisen darf. Vom BGH wiederholt bestätigt waren es vor allem ergebnisbezogene Gerechtigkeitserwägungen, die der kontinuierlichen Entwicklung dieser **begrenzenden** Anwendungsvoraussetzungen des Verklammerungsprinzips zu Grunde lagen: die Privilegierung des Täters, der statt zweier selbständiger, im Unrechtsgehalt schwer wiegender Delikte (dann Realkonkurrenz und Gesamtstrafe) zusätzlich noch ein im Verhältnis zu den beiden anderen (teilidentischen) Straftaten minderschweres Delikt begeht; das (angeblich) widersinnige Ergebnis, mehrere untereinander selbständige schwere Straftaten zu unselbständigen Teilen einer minderschweren Straftat zu machen; das Mißverhältnis zwischen der Verklammerung nebst der aus ihr resultierenden kriminalstrafrechtlichen Sanktion und der (erheblichen) Tat-/Täterschuld; die mit der Verklammerung zur Idealkonkurrenz verbundene Umkehrung der sozialethischen Bewertung menschlichen Verhaltens[241]. Ohne die Sachrichtigkeit und Angemessenheit solcher Gerechtigkeitserwägungen im Problembereich der „Idealkonkurrenz durch Klammerwirkung" grundsätzlich in Frage zu stellen, tendiert die neuere Rechtsprechung des BGH zu einer Relativierung der bisher praktizierten engen Anwendungsvoraussetzungen des Verklammerungsprinzips. Unter ausdrücklicher Abkehr von BGHSt 3, 165 (167) hat der BGH in einem Falle des Zusammentreffens von Totschlag und unerlaubtem Erwerb einer Schußwaffe (jeweils) mit unerlaubtem Ausüben tatsächlicher Gewalt über die Waffe eine Verklammerung von Totschlag und unerlaubtem Erwerb einer Schußwaffe zur Idealkonkurrenz für möglich gehalten und ausgeführt, daß eine Straftat auch dann Idealkonkurrenz zwischen zwei anderen Delikten begründen kann, wenn eines von diesen Delikten schwerer wiegt als die verklammernde Straftat: Eine Umkehrung der sozialethischen Bewertung menschlichen Verhaltens läge nur dann vor, „wenn die am Anfang und Ende der „Zwischenstraftat" liegenden Delikte **beide** schwerer wiegen als diese". Allein in einem solchen Falle könne nicht hingenommen werden, „daß die Tatmehrheit zwischen den gewichtigeren Delikten und damit die Notwendigkeit der Bildung mehrerer Einzelstrafen sowie

---

239 Vgl. nur BGHSt 1, 67 (70); 2, 246 (248); 23, 141 (149).

240 So ausführlich BGHSt 3, 165 (LS mit 166/7).

241 Vgl. zu diesen Erwägungen etwa BGHSt 1, 67 (70); 3, 165 (167); 6, 92 (96/7); 18, 26 (29); 18, 66 (69); 31, 29 (29/31); 33, 4 (7); ferner LK-Vogler, § 52 Rdn. 29; Schönke/Schröder (Stree), § 52 Rdn. 16–18 jeweils mit weiteren Nachweisen; vgl. weiter Schöneborn, Verklammerung, NJW 1974, 734 f; Werle, Beteiligung, JR 1979, 93 (96 ff).

einer Gesamtstrafe dadurch ausgeschlossen werden soll, daß der Täter zusätzlich zu diesen Taten eine minder schwere begangen hat“[242].

73 Der Sache nach hat der BGH mit dieser neueren Entscheidung den Anwendungsbereich des Rechtsinstituts der Idealkonkurrenz durch Klammerwirkung im Vergleich zur bislang h. M. **erweitert**[243]. Das Prinzip der Verklammerung zur Idealkonkurrenz durch eine „dritte“ Straftat gilt danach sowohl für den Fall, daß die zu verklammernden Delikte im Unrechtsgehalt hinter dem des „Durchlaufdelikts“ zurückbleiben, als auch für den Fall, daß eines der zu verklammernden Delikte schwerer wiegt als die verklammernde Straftat, das andere Delikt im Unrechtsgehalt jedoch geringer[244] oder gleich schwer wiegt. Lediglich die Fallkonstellation des Zusammentreffens zweier jeweils schwerer wiegender Delikte mit einem leichteren verklammernden Delikt führt zur Unanwendbarkeit des Verklammerungsprinzips und damit zur **Entklammerung**[245]. Überdies ist nach einer ebenfalls neueren, die bisher in Lehre und Rechtsprechung vertretene Ansicht insoweit modifizierenden Entscheidung des BGH[246] bei alledem zu berücksichtigen, daß die Bewertung der jeweils bei der Verklammerung zur Idealkonkurrenz mitwirkenden Delikte entsprechend ihrem konkreten Unrechtsgehalt **nicht** im Wege einer **abstrakt generalisierenden** Betrachtungsweise vorzunehmen ist. Für den Wertvergleich und damit für die Differenzierung der verwirklichten Delikte nach deren Unrechtsgehalt kommt als sachgerechter Maßstab allein eine konkrete (individualisierende) Wertbestimmung in Betracht. So sagt etwa die Bewertung verschiedener Taten als Verbrechen oder Vergehen noch nichts darüber aus, welche Tat im konkreten Fall schwerer und welche leichter wiegt. Besonders dann, wenn im Einzelfall der für ein Vergehen anzuwendende Strafrahmen höher ist als derjenige, der für die Verurteilung wegen eines Verbrechens in Betracht kommt, läßt sich das Vergehen nicht als „minderschwere“ Straftat ansehen, die nach den Grundsätzen der Gerechtigkeitsmaxime die — im Einzelfall mit geringerer Strafe bedrohten — Verbrechen nicht zu einer Einheit verklammern könnte. Dementsprechend kann fortgesetztes Handeltreiben mit Betäubungsmitteln in besonders schwerem Fall nach Auffassung

---

242 So BGHSt 31, 29 (30/31).

243 Zustimmend z. B. SCHÖNKE/SCHRÖDER (STREE), § 52 Rdn. 17 a; ablehnend MAURACH/GÖSSEL, Strafrecht AT II, § 55 III B 4 (Rdn. 72/73).

244 Vgl. hierzu BGH MDR (DALLINGER) 1973, 556 mit Besprechungsaufsatz SCHÖNEBORN, Verklammerung, NJW 1974, 734 f; BGH MDR (HOLTZ) 1983, 620.

245 Zur Entklammerung vgl. vorerst BLEI, Strafrecht AT, § 95 II; LK-VOGLER, § 52 Rdn. 29; MAURACH/GÖSSEL, Strafrecht AT II, § 55 III B 4 (Rdn. 71 ff).

246 BGHSt 33, 4 (6—8) = BGH NJW 1984, 2838.

des BGH zwei Fälle der Einfuhr von Betäubungsmitteln in nicht geringer Menge zur Idealkonkurrenz verklammern[247]. Es liegt auf der Hand, daß diese betonte Hinwendung zur konkret-individuellen Bewertung der im „Verklammerungsverbund" stehenden Delikte den (vormals) engen Anwendungsbereich des Verklammerungsprinzips zusätzlich erweitert[248].

Diese konkrete Betrachtungsweise zur Ermittlung des Unrechtsgehalts der mehreren verwirklichten Straftatbestände gilt prinzipiell für **alle** in die Klammerwirkung einbezogenen Straftaten. Ebenso wie das „durchlaufende" Delikt brauchen auch die zu verklammernden Delikte keine Einzeltaten zu sein. Idealkonkurrenz durch Klammerwirkung ist deshalb im Verbund mehrerer Fortsetzungstaten nicht ausgeschlossen. Ganz ähnlich kann eine Dauerstraftat zwei Fortsetzungstaten zur Idealkonkurrenz verklammern und umgekehrt. Auch ein Zusammentreffen von Einzeltat, Dauerdelikt und Fortsetzungszusammenhang kommt als verklammerungsgeeigneter Straftatenkomplex in Betracht. Voraussetzung für eine Anwendung des Verklammerungsprinzips ist allein, daß die zu verklammernden Delikte wie auch das verklammernde Delikt natürliche oder rechtliche Handlungseinheiten darstellen, und zwar gleichgültig, um welche Art von Handlungseinheit es sich jeweils handelt[249]. Unerheblich ist im übrigen, ob einer Verurteilung wegen der „durchlaufenden" Straftat prozessuale Hindernisse entgegenstehen. So verbleibt es bei der Klammerwirkung einer (durchlaufenden) Straftat auch dann, wenn sie als Antragsdelikt aufgrund fehlenden Strafantrags prozessual nicht (weiter) verfolgbar ist. Bei fehlendem Strafantrag (§ 238 Abs. I StGB) verklammert deshalb beispielsweise eine Entführung gegen den Willen der Entführten (§ 237 StGB) einen in Tateinheit mit gefährlicher Körperverletzung vorsätzlich begangenen gefährlichen Eingriff in den Straßenverkehr mit sexuellem Mißbrauch einer Widerstandsunfähigen[250]. Entsprechendes gilt für eine auf die verklammernde Straftat bezogene Einstellung gem. § 154 Abs. II StPO oder eine Verfahrensbeschränkung gem. § 154a Abs. II StPO[251]. Kann des weiteren nicht mit ausreichender **74**

---

[247] BGHSt 33, 4ff (Leitsatz 2).

[248] Konsequent zu Ende gedacht, dürfte es zur Feststellung der Unrechtsgewichtung auch nicht mehr ausnahmslos auf die gesetzliche Strafdrohung (Strafrahmen) ankommen.

[249] Vgl. statt aller LK-Vogler, § 52 Rdn. 28; Schönke/Schröder (Stree), § 52 Rdn. 15.

[250] So BGH JR 1983, 210 mit zust. Anm. Keller; BGH NStZ 1984, 262 = BGH VRS 66, 443; BGH NStZ 1982, 69 (Leitsatz) = BGH MDR (Holtz) 1982, 102.

[251] Vgl. BGH NStZ 1984, 135 = BGH StrVert 1983, 457; ferner BGH NStZ 1984, 262.

Sicherheit z. B. eine zur Annahme von Raub notwendige ursächliche Verknüpfung zwischen Nötigung und Diebstahl festgestellt werden, so ist in dubio pro reo zur Beurteilung des Konkurrenzverhältnisses zwischen Körperverletzung und Sachbeschädigung, die jeweils (identisch) mit der Nötigung und dem Diebstahl zusammentreffen, vom Vorliegen eines Raubes als des die anderen Straftaten zur Idealkonkurrenz verklammernden Deliktes auszugehen[252].

75 Schwierige und bislang ungelöste materiellrechtliche und prozessuale Probleme ergeben sich, wenn das Rechtsinstitut der Idealkonkurrenz durch Klammerwirkung etwa wegen Fehlens der für notwendig gehaltenen Unwertrelationen im Verhältnis der tatbestandlich zusammentreffenden Delikte (angeblich) unanwendbar ist. Die Unanwendbarkeit des Verklammerungsprinzips hat nach nahezu allgemeiner Auffassung eine sog. „Entklammerung" zur Folge dergestalt, daß beim Zusammentreffen zweier Delikte jeweils mit einem (durchlaufenden) dritten Delikt nicht Idealkonkurrenz zwischen allen Delikten besteht, sondern Realkonkurrenz zwischen den jeweils mit dem „dritten" Delikt zusammentreffenden Delikten, wobei diese realkonkurrierenden Straftaten je für sich mit der „dritten" Straftat zusätzlich idealiter konkurrieren[253]. Damit aber wird die „dritte", durchlaufende Straftat sowohl in der Urteilstenorierung als auch in der Strafzumessung doppelt in Ansatz gebracht[254]. So ist in einem Falle, in dem zwei im Unrechtsgehalt schwer wiegende Delikte jeweils mit einer weiteren „minder schweren" Straftat zusammentreffen, eine doppelte Nennung dieser dritten Straftat im Urteilstenor unvermeidlich; und auch im Vorgang der Strafzumessung wirkt sich die „minder schwere" Straftat **zweifach** aus[255]. Im Rahmen der gem. §§ 53 ff StGB zunächst zu ermittelnden Einzelstrafen stellt die strafzumessungsrechtlich unverzichtbare Berücksichtigung der idealkonkurrierenden „dritten" Straftat einen jeweils (schulderhöhenden und damit) straferhöhenden Umstand dar[256]. Die Doppelberücksichtigung der „minder schweren"

---

252 Dazu BGH NStZ 1983, 364 = BGH MDR (Holtz) 1983, 794; vgl. ferner BGH StrVert 1984, 242.

253 Zur „Entklammerung" vgl. Geerds, Konkurrenz, S. 280/81; LK-Vogler, § 52 Rdn. 29; Maurach/Gössel, Strafrecht AT II, § 55 III B 4 (Rdn. 71 ff); Schönke/Schröder (Stree), § 52 Rdn. 17, 17 a.

254 Vgl. etwa Wahle, Klammerwirkung, GA 1968, 97 ff, 103 ff, 105 ff; Schöneborn, Verklammerung, NJW 1974, 734 f; Werle, Beteiligung, JR 1979, 93 ff, 97/8; vgl. ferner Jakobs, Strafrecht AT, 33. Abschnitt, Rdn. 11, 12.

255 Insoweit a. A. etwa Jakobs, Strafrecht AT, 33. Abschnitt, Rdn. 12 bei und in Anm. 17.

256 Vgl. statt aller Bruns, Gesamtdarstellung, S. 468 f mit weiteren Nachweisen; vgl. jetzt auch Schönke/Schröder (Stree), § 52 Rdn. 47.

Straftat verstößt daher stets gegen das Verbot der Doppelbestrafung[257]. Dieser Verstoß gegen Art. 103 Abs. III GG ist immanenter Bestandteil jedweder „Entklammerung". Für die rechtliche Beurteilung der „Entklammerung" ist deshalb die Möglichkeit, daß sich bei der Gesamtstrafenbildung de facto die Doppelberücksichtigung der „durchlaufenden" Straftat „regelmäßig" nur unerheblich auswirkt[258], völlig bedeutungslos. Die „Entklammerung" verschiedener Delikte zur Realkonkurrenz trotz Vorliegens einer für das Verklammerungsprinzips strukturtypischen Konkurrenzsituation von (teilidentischen!) Straftaten hat demnach nicht nur „gedanklich unschöne Konsequenzen"[259]: Sie verstößt vielmehr gegen das Verbot der Doppelbestrafung und ist mit dem Schuldprinzip nicht zu vereinbaren[260]. Hinzu kommt, daß nicht seltene Versuche, die Reichweite eines aus Art. 103 Abs. III GG resultierenden Strafklageverbrauchs prozessual mit Hilfe einer „Entklammerung" eng zu begrenzen, rechtstatsächlich den grundrechtlichen Schutz des ne bis in idem unterlaufen.

Im Ergebnis ist deshalb das von Lehre und Rechtsprechung aus Gerechtigkeitserwägungen verwendete Instrument der „Entklammerung" als prozessual nutzlos, materiellrechlich fehlerhaft und verfassungsrechtlich bedenklich aufzugeben[261]. Konstruktiv stellt die „Entklammerung" ohnehin ein Paradoxon dar, führt sie doch dazu, daß eine und dieselbe Tat mit sich selbst eine Mehrheit von Taten bildet und real konkurriert[262]. Zudem verschleiert die Terminologie, worum es bei der „Entklammerung" in Wirklichkeit geht: nicht um die Entklammerung zweier zuvor verklammerter Delikte, sondern um die (richterlicher Intuition und Beliebigkeit anheimfallende) irrationale Durchtrennung einer sachlich wie rechtlich untrennbaren Deliktsverwirklichung[263]. Deren dem Lehrsatz von der Teilidentität der tatbestandlichen Ausführungs- **76**

---

[257] Diese Feststellung kann nicht damit entkräftet werden, daß im Falle einer Beschränkung gem. § 154a StPO oder eines fehlenden Strafantrags das „dritte" Delikt bei der Strafzumessung ebenfalls außer Betracht bleibt, es sei denn, es gäbe den Regelsatz, nach § 154a StPO zu verfahren bzw. auf das Nichtstellen oder die Rücknahme eines Strafantrags hinzuwirken, wenn eine Entklammerung angezeigt ist; vgl. aber JAKOBS, Strafrecht AT, 33. Abschnitt, Rdn. 12; ferner WERLE, Beteiligung, JR 1979, 93ff (98 bei und in Anm. 62).

[258] Vgl. WERLE, Beteiligung, JR 1979, 93ff, 97 bei und in Anm. 51, der zu Recht darauf verweist, daß die „dritte" Tat gem. § 52 Abs. II–IV StGB für die Strafzumessung prinzipielle Bedeutung erlangen kann.

[259] So aber GEERDS, Konkurrenz, S. 281 Anm. 210.

[260] So mit Recht kritisch SK-SAMSON, § 52 Rdn. 19.

[261] Im Ergebnis ebenso SK-SAMSON, § 52 Rdn. 19.

[262] Vgl. auch WERLE, Beteiligung, JR 1979, 93ff, 97.

[263] In der Sache ähnlich WAHLE, Klammerwirkung, GA 1968, 97ff, 106.

handlungen entsprechende, Idealkonkurrenz erzeugende Klammerwirkung stünde ohne die sachwidrige Durchtrennung einer Handlungseinheit (!) auch in solchen Fällen außer Zweifel, in denen zwei je für sich „schwerere" Delikte jeweils mit einem durchlaufenden „leichteren" Delikt (teilidentisch) idealkonkurrierend zusammentreffen. Überzeugende Gründe, warum in derartigen Fallkonstellationen das Rechtsinstitut der Idealkonkurrenz durch Klammerwirkung unanwendbar ist, haben weder die Rechtsprechung noch die Lehre erarbeitet. Das für die Notwendigkeit einer „Entklammerung" immer wieder bemühte Prinzip der materiellen Gerechtigkeit kann die konstruktive und materiellrechtliche Fehlerhaftigkeit der „Entklammerung" nur verdecken, nicht aber beseitigen. So fragt es sich in der Tat, inwiefern die Annahme von Idealkonkurrenz ungerecht sein soll, wenn der Täter zwei schwere Delikte nur durch ein minder schweres verknüpft, aber gerecht sein soll, wenn die dritte (durchlaufende) Straftat noch schwerer wiegt als die beiden anderen[264]. Insbesondere ist nicht ohne weiteres erkennbar, weshalb die Verklammerung zweier schwerer Delikte durch ein leichteres Delikt zwangsläufig eine Umkehrung der sozialethischen Bewertung menschlichen Verhaltens zur Folge hat. Ähnliches gilt für die Verklammerung schwerer Delikte zur Idealkonkurrenz im Bereich des organisierten Verbrechens, so wenn als „durchlaufendes" Delikt eine Tatbestandsverwirklichung gem. § 129 StGB in Betracht kommt[265]: Es trifft nicht den Kern des **kriminalpolitischen** Problems, wenn dem Verklammerungsprinzip eine möglicherweise ungerechtfertigte Privilegierung besonders gefährlicher Kriminalität zugeschrieben wird[266]. An der Klarheit und Stringenz der strafrechtsdogmatischen Begründung einer „Idealkonkurrenz durch Klammerwirkung" ist trotz aller nachvollziehbaren Gerechtigkeitserwägungen nicht vorbeizukommen. Die mit der „Entklammerung" versuchte, aber nicht gelungene Lösung des (Gerechtigkeits- und Wertungs-)Problems setzt am falschen Punkte, nämlich bei den Straftatvoraussetzungen an. Die Konkurrenzlehre und mit ihr das Rechtsinstitut der Idealkonkurrenz durch Klammerwirkung betrifft indessen nicht allein die Straftatvoraussetzungen, sondern ebenso schwergewichtig die Bestimmung der Un-

---

264 Ebenso mit Recht SK-Samson, § 52 Rdn. 19.

265 Vgl. aber Maurach/Gössel, Strafrecht AT II, § 55 III B 4 (Rdn. 73).

266 Vgl. zur Problematik im Blick auf § 129 StGB vor allem Werle, Beteiligung, JR 1979, 93 ff; Ders., Strafklageverbrauch, NJW 1980, 2671 ff; ferner BVerfG JR 1982, 108 mit Anm. Gössel; BGHSt 29, 288 mit Anm. Grünwald JR 1979, 299; OLG Karlsruhe JR 1978, 34 mit Anm. Meyer; vgl. noch Grünwald, Strafklageverbrauch, S. 737 ff.

rechtsfolgen und dementsprechend die Strafzumessung[267]. Mit dieser Erwägung ist aufgezeigt, wie die Lösung des (Gerechtigkeits-)Problems anzugehen ist. In einem Falle, in dem das leichtere Delikt zwei „an sich" realkonkurrierende schwerere Delikte zur Idealkonkurrenz verklammert, eröffnen die Regeln des § 52 StGB in jeder Hinsicht genügenden Spielraum, um auf dem Boden einer differenzierten Strafzumessung dem Unrechtsgehalt aller idealkonkurrierenden Straftaten bei der Festsetzung des konkreten Strafmaßes adaequat Rechnung tragen zu können. Die schuldsteigernde und damit straferhöhende Funktion der idealkonkurrierend mitverwirklichten Delikte dürfte im praktischen Sanktionsergebnis regelmäßig dazu führen, daß die gem. § 52 StGB ermittelte Strafe qualitativ und quantitativ nicht oder nur unwesentlich von einer sonst zu bildenden Gesamtstrafe abweicht[267].

Nicht zum Problembereich der „Entklammerung" — wenn auch **77** (fälschlicherweise) in der Literatur unter dem Stichwort „Entklammerung von Fortsetzungsserien" dort behandelt[268] — gehört die Frage, **ob** und gegebenenfalls **wie** lediglich zwei (!) an sich selbständige Fortsetzungstaten, die in einem einzigen Teilakt zusammentreffen, zur Realkonkurrenz zu trennen sind. Auszugehen ist im Zusammenhang mit dieser Fragestellung einmal mehr von der konkurrenzrechtlichen Regel, daß zwei Delikte, deren tatbestandliche Ausführungshandlungen (zumindest) teilweise identisch sind, ideal konkurrieren. Diese Regel gilt ohne Abstriche für alle in Betracht kommenden Handlungseinheiten, also auch für die Fortsetzungstat. Dementsprechend hat der BGH in einer frühen Entscheidung grundsätzlich klargestellt, daß beim Zusammentreffen mehrerer fortgesetzter Handlungen in auch nur einem Teilakt, der auf **einer** Willensbetätigung beruht, Idealkonkurrenz anzunehmen ist[269]. Diese sachlogische Konsequenz der „Teilidentitätsregel" modifizierte der BGH in einem späteren Erkenntnis dahin, daß sie nur gelte, wenn der Teilakt, in dem beide Fortsetzungstaten zusammentreffen, in seinem Unrechtsgehalt nicht hinter dem der übrigen Teilakte der beiden Fortset-

---

[267] Auch Jakobs, Strafrecht AT, 33. Abschnitt, Rdn. 12 tendiert zu einem Lösungsansatz im Unrechtsfolgenbereich. Die Begründung für das entgegengesetzte Ergebnis (§ 53 StGB und Gesamtstrafe generell) überzeugt allerdings nicht, weil sie die folgerichtige Berücksichtigung der dritten (leichteren) Straftat unter Hinweis auf die prozessuale Situation bei Fehlen eines erforderlichen Strafantrags hinwegeskamotiert und eine Ausnahmesituation zum tragenden Gesichtspunkt einer Regel macht.

[268] Vgl. nur Blei, Strafrecht AT, § 95 II, 2; LK-Vogler, § 52 Rdn. 31; Maurach/Gössel, Strafrecht AT II, § 55 III B 4 (Rdn. 74).

[269] Vgl. insbesondere BGHSt 6, 81 (82); im Grundsatz ebenso BGHSt 18, 26 (29) mit Anm. Hellmer NJW 1963, 116.

zungstaten zurückbleibt. Für den Fall jedoch, daß dieser Teilakt minder schwer sei, komme der Rechtsgedanke der „Entklammerung" zur Anwendung mit der Folge, daß beide Fortsetzungstaten im Verhältnis der Realkonkurrenz stehen[270].

78 Diese teilweise auch in der Literatur anerkannte[271] Rechtsprechung des BGH ist bedenklich. Sie verkennt zum einen den Begriff der Fortsetzungstat und die aus ihm resultierenden Vorgaben für die Lösung der konkurrenzrechtlichen Fragestellungen im Zusammenhang mit dem fortgesetzten Delikt. Zum anderen handelt es sich bei der Anwendung des „Rechtsgedankens" der „Entklammerung" um eine allzu großzügige Handhabung des Analogieschlusses, fehlt es doch beim Zusammentreffen zweier (fortgesetzter) Delikte am wesentlichsten Strukturelement des Verklammerungsprinzips, der „durchlaufenden" dritten Straftat. Und schließlich betrifft die Übertragung des Rechtsgedankens der „Entklammerung" genau genommen die Verbotsmaterie des Art. 103 Abs. II GG: Der Verstoß gegen das Verbot einer Analogie zu Ungunsten des Täters ist nur deshalb erträglich, weil im praktischen Ergebnis die gebildete Gesamtstrafe der Höhe nach in der Regel einer gem. § 52 StGB durchgeführten Strafzumessung entsprechen wird. Gleichwohl ist diese Rechtsprechung aus den beschriebenen grundsätzlichen Erwägungen heraus abzulehnen. Es verbleibt daher ohne Rücksicht auf den Unrechtsgehalt der verschiedenen Teilakte beim Zusammentreffen zweier oder mehrerer Fortsetzungstaten (ohne „durchlaufende" Fortsetzungstat) in auch nur einem einzigen Teilakt bei der Annahme von Idealkonkurrenz.

79 Als verkehrsstrafrechtlich wichtige Durchbrechung des Verklammerungsprinzips hat sich die von der Rechtsprechung des BGH bis heute hervorgehobene **Zäsurwirkung eines Verkehrsunfalls** erwiesen. Sie betrifft eine verkehrsstrafrechtlich typische Fallgestaltung: Während einer Trunkenheitsfahrt (§ 316 StGB) ereignet sich ein Verkehrsunfall mit fahrlässiger Tötung etc. eines anderen Verkehrsteilnehmers (Fußgängers). Der Unfallfahrer setzt trotz des Unfallereignisses seine Trunkenheitsfahrt fort. Auch bei **ununterbrochener** Trunkenheitsfahrt — bei entsprechend folgerichtiger Anwendung des Rechtsinstituts der Idealkonkurrenz durch Klammerwirkung läge im Ergebnis ein strafbares Verhalten gem. §§ 316, 142, 222; 52 StGB vor — geht der BGH bekanntlich davon aus, daß ein Unfallereignis das Dauerdelikt der Trunkenheitsfahrt **stets** in zwei selbständige Deliktsverwirklichungen gem. § 316

---

270 So BGH NJW 1963, 57.

271 Vgl. z. B. Maurach/Gössel, Strafrecht AT, § 55 III B 4 (Rdn. 74) mit der optimistischen Einschätzung, der BGH habe das Problem der Entklammerung von Fortsetzungsserien „gemeistert".

StGB aufspaltet, und schließt damit die an sich bestehende Klammerwirkung des § 316 StGB in den weitaus meisten Fällen aus. Diese schon im Zusammenhang mit der Handlungseinheitlichkeit von Dauerdelikten (vgl. oben Rdn. 28—30) erörterte Zäsurwirkung eines Verkehrsunfalls ist allerdings in ihrer behaupteten Allgemeinheit — insbesondere was die angeblich durch einen Verkehrsunfall stets erzeugte Veränderung der geistig-seelischen Verfassung, Entschluß- und Motivationslage des Täters anbelangt — weder auf Anhieb ersichtlich noch im einzelnen verifizierbar. Bei einer Weiterfahrt **ohne Halt** und ohne äußere oder/und innere Unterbrechung des gesamten Tatgeschehens ist deshalb trotz Unfalls entgegen der in der Rechtsprechung praktizierten Auffassung von der Klammerwirkung des § 316 StGB auszugehen.

c) Ausschluß von Gesetzeseinheit

Auch nach einer vollständigen Aussonderung jeder Art handlungsein- **80**
heitlichen Verhaltens und aller Erscheinungsformen der Idealkonkurrenz verbleibt freilich immer noch eine bestimmte Menge von Deliktsverwirklichungen, die den Grundvoraussetzungen der §§ 53 ff StGB — Handlungsmehrheit **und** Realkonkurrenz — nicht genügt. Es handelt sich dabei um Straftaten, die zwar **handlungsmehrheitlich** begangen sind, jedoch nicht im eigentlichen Sinne (real) konkurrieren. Als typische Fallkonstellationen handlungsmehrheitlicher Deliktsverwirklichungen ohne (echte) Realkonkurrenz der je verletzten Strafgesetze kommen praktisch nur[272] die sog. **mitbestrafte** (mitabgegoltene, straflose) **Vor- und Nachtat** in Betracht. Einer in der Rechtsprechung nach wie vor vertretenen und auch in der Lehre wohl noch vorherrschenden Auffassung zufolge versteht sich die Deliktssituation der mitbestraften Vortat ebenso wie die der mitbestraften Nachtat als Modalität der sog. Gesetzeseinheit[273]. Demnach bilden Vor- und Nachtat zusammen mit der jeweiligen Haupttat im Ergebnis eine komplexe (Bewertungs-)Einheit derart, daß von mehreren, dem Wortsinn nach vollständig verwirklichten Straftatbeständen nur **ein einziger** gesetzlicher Straftatbestand unter Zurücktreten (Verdrängung) des/der übrigen Strafgesetze(s) zur Anwendung

---

[272] Vgl. aber HRUSCHKA, Strafrecht AT, Anhang I (S. 378 ff, 385 ff), der noch als Kategorie unechter Realkonkurrenz die sog. mitbestrafte Begleittat anerkennt.

[273] Grundsätzlich anders MAURACH/GÖSSEL, Strafrecht AT II, § 56 II (Rdn. 11 ff); ferner BAUMANN/WEBER, Strafrecht AT, § 41 III 3; HRUSCHKA, Strafrecht AT, Anhang I (S. 384 ff); WESSELS, Strafrecht AT, § 17 V, VI; Für die vorherrschende Ansicht statt aller GEPPERT, Grundzüge, Jura 1982, 358 ff, 418 ff (421 ff, 427 ff); LK-VOGLER, Vor § 52 Rdn. 135 ff, 137 ff; SEIER, Gesetzeseinheit, Jura 1982, 225 ff, 228 bei und in Anm. 19, alle mit weiteren Nachweisen.

gelangt. Auf der Grundlage dieses überkommenen, aber keineswegs zwingenden konkurrenzrechtlichen Verständnisses der mitbestraften Vor- und Nachtat als Spielart der Gesetzeseinheit geht es daher im gesetzeskonkretisierenden Vorgang der (negativen) Bestimmung des Sach- und Regelungsbereichs der §§ 53 ff StGB durch Ausgrenzung der von § 53 Abs. I StGB nicht erfaßten Sachverhalte unter einem dritten und letzten (gedanklichen) Aspekt darum, handlungsmehrheitliches, aber gesetzeseinheitliches Verhalten von allen anderen handlungsmehrheitlichen Deliktsverwirklichungen zu scheiden.

81 Den Zugang zu den mit der Deliktssituation der mitbestraften Vor- bzw. Nachtat verbundenen (konkurrenzrechtlichen) Sachproblemen erschwert eine bisweilen verwirrende Vielfalt von termini und Bezeichnungen für teilweise gar sachidentische Fragestellungen[274]. Von der Sache her begründet ist die vornehmlich von der Rechtsprechung des RG und des BGH betriebene terminologische Ersetzung des auch von der amtlichen Begründung des § 1962 noch verwendeten Ausdrucks „Gesetzeskonkurrenz" durch den für denselben Sachverhalt stehenden Begriff der „Gesetzeseinheit", charakterisiert doch der terminus „Gesetzeseinheit" anders als der Ausdruck „Gesetzeskonkurrenz" treffend, worum es sich eigentlich handelt: eben nicht um eine Konkurrenz von Strafgesetzen, sondern um deren (wertungsmäßige) Einheit. Nicht zuletzt deshalb hat sich auch die Lehre diesem phänomenologisch zutreffenden Sprachgebrauch weitgehend[275] angeschlossen. Im Gegensatz zur Tateinheit und Tatmehrheit enthält das StGB keine Vorschrift über die Gesetzeseinheit[276]. Ob für diese Zurückhaltung des Gesetzgebers das Einheitlichkeitsargument[277] — nur ein einziges Strafgesetz findet unmittelbar Anwendung — oder die unübersehbare Vielgestaltigkeit gesetzeseinheitlichen Zusammentreffens von Tatbestandsverwirklichungen maßgebend war und ist[278], kann dahinstehen. Angesichts fehlender gesetzlicher Formeln oder Richtlinien für das Vorliegen von Gesetzeseinheit **entscheidet** über die Frage, ob im Einzelfall die verwirklichten Straftatbestände eine Gesetzeseinheit bilden, **allein** eine methodologisch fundierte **Gesetzes-**

---

[274] Vgl. dazu nur die Übersicht bei VOGLER, Gesetzeseinheit, 715/16.

[275] Vgl. aber (beispielhaft) JAKOBS, Strafrecht AT, 31. Abschnitt, Rdn. 11 ff, dort auch Anm. 10; SK-SAMSON, Vor § 52 Rdn. 57 ff.

[276] Ausnahme: die gesetzlich geregelte ausdrückliche oder formelle Subsidiarität bestimmter Strafvorschriften, z. B. § 145 d StGB.

[277] In diesem Sinne wohl VOGLER, Gesetzeseinheit, 715; vgl. auch LK-VOGLER, Vor § 52 Rdn. 103; JESCHECK, Strafrecht AT, § 69 I.

[278] Vgl. Entwurf 1962, amtl. Begründung S. 191 = BT-Drs. IV/650.

konkretisierung[279]. Wenn gleichwohl nach allgemein gültigen Gründen für das Zurücktreten bzw. Verdrängen eines oder mehrerer Gesetze zu Gunsten eines „Primärgesetzes" gesucht wird, um auf diese Weise generell anwendbare Kategorien von Gesetzeseinheit zu entwickeln, so steht eine solche Kategorienbildung mit allen ihren terminologischen und begrifflichen Festlegungen stets unter dem Vorbehalt einer „geläuterten" Konkretisierung (Auslegung) gesetzlicher Straftatbestände.

Es kann deshalb nicht überraschen, daß bereits die (kategorialen) **82**
Gründe, die zur Gesetzeseinheit führen sollen, sehr unterschiedlich bestimmt und teilweise widersprüchlich gefaßt werden. Nach überwiegender Ansicht sind als verschiedene Formen von Gesetzeseinheit die **Spezialität**, die **Subsidiarität** und die **Konsumtion**[280] auseinander zu halten. Diese Differenzierung soll zunächst allerdings nur für die Gesetzeseinheit in der Alternative der unechten Idealkonkurrenz und erst abgewandelt bzw. erweitert auch für die Spielart der unechten Realkonkurrenz gelten, wobei die mitbestrafte Vortat und Nachtat teils der Konsumtion, teils der Subsidiarität oder einer als Auffangkategorie gedachten Konsumtion im weiteren Sinne oder unter Verzicht auf die Kategorie der Konsumtion ausschließlich der Fallgruppe der Subsidiarität zugewiesen werden. Soweit unter logisch-analytischem Blickwinkel als allein denkmögliche begriffslogische Strukturen der Gesetzeseinheit das (Tatbestands-)Verhältnis der Subordination oder das der Interferenz in Betracht kommen mit der Konsequenz, daß als Erscheinungsformen der Gesetzeseinheit nur die Spezialität (Subordination) und die Subsidiarität (Interferenz) anzuerkennen sind[281], schließt die Zuhörigkeit dieser Erscheinungsformen von Gesetzeseinheit zum Sachbereich der unechten Idealkonkurrenz zwingend die Annahme irgendeiner Form von Gesetzeseinheit im Falle der mitbestraften Vor- und/oder Nachtat aus (tertium non datur). Folgerichtig läßt sich die Deliktssituation der mitbestraften Vor- und Nachtat dann nur als Modalität von Realkonkurrenz, eben als ein Anwendungsfall unechter Realkonkurrenz begreifen. Wer demgegenüber ohne Rücksicht auf die begriffslogische Struktur der Subordination bzw. der Interferenz

---

279 Statt aller LK-Vogler, Vor § 52 Rdn. 103; Schönke/Schröder (Stree), Vor § 52 Rdn. 104/107; vgl. auch Klug, Gesetzeskonkurrenz, ZStW 68 (1956), 399 ff (412 ff); Vogler, Gesetzeseinheit, 715 ff, 721; vgl. Paulusch, Nachtaten, S. 53 mit weiteren Nachweisen in Anm. 169.

280 Vgl. dazu und zu abweichenden Einteilungen Geppert, Grundzüge, Jura 1982, 358 ff, 418 ff (421 ff); Seier, Gesetzeseinheit, Jura 1982, 225 ff; LK-Vogler, Vor § 52 Rdn. 105 ff; SK-Samson, Vor § 52 Rdn. 58 ff.

281 Vgl. etwa Klug, Gesetzeskonkurrenz, ZStW 68 (1956), 399 ff, 405 ff; Hruschka, Strafrecht AT, Anhang I (S. 378 ff); Maurach/Gössel, Strafrecht AT II, § 55 I B (Rdn. 5), § 55 II E (Rdn. 26 ff).

ausschließlich Spezialität und Subsidiarität als Formen der Gesetzeseinheit in der Spielart sowohl der unechten Ideal- als auch der unechten Realkonkurrenz anerkennt, kommt ohne Ausdehnung des sonst enger begrenzten Anwendungsbereichs der Subsidiarität und Spezialität nicht aus[282].

83 Es liegt auf der Hand, daß die vorstehend keineswegs abschließend, geschweige denn vollständig beschriebene Vielfalt der Begriffsbildung im Bemühen, verschiedene (kategoriale) Formen von Gesetzeseinheit gegeneinander abzugrenzen, zu einem unübersichtlichen Wirrwarr von begrifflichen Zuordnungen geraten muß, wenn überdies ein und dieselbe Konstellation von Deliktsverwirklichungen trotz gleichen Ausgangspunktes auch noch unterschiedlichen Kategorien von Gesetzeseinheit (mit unterschiedlichem oder gar gleichem Bewerungsergebnis) oder aber trotz unterschiedlicher Ausgangspunkte denselben Fallgruppen von Gesetzeseinheit zugewiesen wird. Das Beispiel des Verhältnisses zwischen besonders schwerem Diebstahl gem. §§ 242, 243 StGB und den im Einzelfall typischerweise mitverwirklichten Delikten des Hausfriedensbruchs gem. § 123 StGB und der Sachbeschädigung gem. § 303 StGB zeigt besonders eindrucksvoll, wie stark die konkurrenzrechtlichen Bewertungen auch in den Ergebnissen voneinander abweichen können. So wird das Zusammentreffen von §§ 242, 243 StGB und §§ 123, 303 StGB teils als Anwendungsfall der Spezialität, teils als Subsidiarität, überwiegend wohl als Beispiel für Konsumtion, vereinzelt aber auch als ein Fall der Idealkonkurrenz beurteilt[283]. Derart erhebliche Differenzen in den konkurrenzrechtlichen Bewertungen machen allerdings auch deutlich, daß die Zuweisung bestimmter Deliktsverwirklichungen zu der einen oder anderen Kategorie von Gesetzeseinheit nicht nur abstrakt-begrifflichen Funktionen folgt, sondern im Kontext der verschiedenen Arten von Gesetzeseinheit einen in der Sache begründeten eigenen Stellenwert hat[284].

84 Des ungeachtet bestehen in einer Fülle von Sachverhalten insbesondere aus dem Kernbereich der verschiedenen Formen von Gesetzeseinheit und ebenso in einer Vielzahl von Fällen aus dem Grenzbereich der einzelnen Kategorien der Gesetzeseinheit unabhängig von den jeweiligen Ausgangspunkten und begrifflichen Abgrenzungen keine Meinungsverschiedenheiten[285]. Bezogen auf die einer begrifflichen Ausdifferenzierung

---

282 Vgl. z. B. bei Schönke/Schröder (Stree), Vor § 52 Rdn. 105 ff.

283 Dazu Vogler, Gesetzeseinheit, 715 ff (716) mit entsprechenden Nachweisen.

284 In diesem Sinne auch Vogler, Gesetzeseinheit, 715 ff (717); vgl. aber SK-Samson, Vor § 52 Rdn. 67 für die Kategorie der Subsidiarität.

285 Dies legt in der Tat den Schluß nahe, daß in der Sache selbst keine wesentlichen Meinungsunterschiede bestehen, vgl. dazu etwa v. Krog, Vor- und Nachtaten, S. 169.

der Gesetzeseinheit in spezifische Fallgruppen vorgelagerte, grundsätzlichere Fragen, ob im Einzelfall Gesetzeseinheit oder — noch allgemeiner — jedenfalls ein Ausschluß „echter" Ideal- bzw. Realkonkurrenz anzunehmen ist, stimmen die verschiedenen Auffassungen im praktischen Ergebnis (Eintritt der Rechtsfolgen der Gesetzeseinheit bzw. gleichsinniger Rechtsfolgen[286]) sogar fast völlig überein. Die Neigung der Rechtsprechung, sich ohne weitere Differenzierung mit der Feststellung von Gesetzeseinheit zu begnügen[287], erscheint vor diesem Hintergrund verständlich. Der nicht selten erkennbare Verzicht auf eine begriffliche Abgrenzung der jeweils in Betracht kommenden Erscheinungsform von Gesetzeseinheit ist im übrigen auch unschädlich, weil die Annahme von Gesetzeseinheit bzw. der Ausschluß echter Konkurrenz das **Ergebnis einer einzelfallbezogenen Gesetzeskonkretisierung** und nicht das Resultat einer begrifflichen Zuweisung zu der einen oder anderen Fallgruppe der Gesetzeseinheit oder unechten Konkurrenz ist. Treten bei der konkurrenzrechtlichen Beurteilung einer Mehrheit von Deliktsverwirklichungen jedoch die für die Fallgruppen der Gesetzeseinheit typischen Strukturen im Verhältnis der verletzten Strafgesetze zutage, entscheidet sich die Frage, ob und mit welchen Folgen vom Vorliegen einer Gesetzeseinheit auszugehen ist, bereits mit der dann problemlos möglichen Zuweisung des deliktischen Geschehens zu einer der verschiedenen Kategorien der Gesetzeseinheit. Auch als Ausgestaltung desselben Grundgedankens[288] (der Gesetzeseinheit) behalten die begrifflich abgegrenzten Erscheinungsformen der Gesetzeseinheit daher eine eigenständige gesetzeskonkretisierende Bedeutung.

Dieses in erster Linie **methodologische** Grundverständnis des Zu- **85**
sammenhangs zwischen der Gesetzeseinheit und ihren artspezifischen Erscheinungsformen ist in der Sache, im Wesen der Gesetzeseinheit[289] begründet: der Unrechts- und Schuldgehalt eines mehrere Straftatbestände verwirklichenden Verhaltens wird **nach Sinn und Zweck** aller verletzten Strafgesetze bereits von einem einzigen Strafgesetz so erschöpfend erfaßt und **abgegolten**, daß ein weitergehendes **Strafbedürfnis** nicht besteht[290]. Danach lassen sich die Fallkonstellationen der mitbestraften Vor- und Nachtat — und **nur** um **diese** deliktischen Sachverhalte geht es bei dem thematisch vorgegebenen Ausschluß von Gesetzesein-

---

286 Über die Rechtsfolgen der Gesetzeseinheit besteht freilich im einzelnen ebenfalls keine Einigkeit.

287 Vgl. beispielsweise BGHSt 25, 373 f.

288 So Stratenwerth, Strafrecht AT, Rdn. 1175.

289 Vgl. statt aller Jescheck, Strafrecht AT, § 69 I.

290 BGHSt 25, 373; BGHSt 31, 380 (381); LK-Vogler, Vor § 52 Rdn. 101; Vogler, Gesetzeseinheit, 715 ff, 720/21.

heit[291] – mit der vorherrschenden Auffassung in Rechtsprechung und Lehre grundsätzlich als **Modalitäten von Gesetzeseinheit** in der Spielart der unechten Realkonkurrenz charakterisieren und als Anwendungsfälle der **Konsumtion** begreifen, ohne daß mit dieser Kennzeichnung eine Verkürzung oder Verzerrung der mit dem deliktischen Verhältnis zwischen (mitbestrafter) Vor- und Nachtat verbundenen Sachfragen zu befürchten wäre.

86 ca) Erhebliche praktische Bedeutung hat die Fallkonstellation der sog. mitbestraften (straflosen, mitabgegoltenen) **Nachtat.** Für sie ist ein typischer Funktionszusammenhang zwischen zwei (oder mehreren) Straftaten kennzeichnend: Eine der „Haupttat" (Primärtat) nachfolgende weitere Straftat (Nachtat) dient der Auswertung oder Sicherung der durch die Primärtat erlangten (rechtswidrigen) Position[292]. Mit der Sicherung, Ausnutzung oder Verwertung des aus der Primärtat resultierenden (nicht notwendig wirtschaftlichen) Vorteils zieht der Täter lediglich eine Konsequenz aus der von ihm zuvor geschaffenen Sachlage. Aus der Perspektive des Täters wäre die Primärtat sinnlos, wenn es nicht auch zur Verwirklichung der Nachtat käme. Die Typizität des Funktionszusammenhangs zwischen Primärtat und Nachtat liegt darin, daß nach dem Sinn- und Zweckzusammenhang zwischen Primär- und Nachtat die Nachtat bereits durch die Primärtat intendiert ist. Diese allein auf die „kriminelle" Sinnhaftigkeit des Täterverhaltens bezogene Regelmäßigkeit der Nachtat ist freilich nicht zu verwechseln mit einer tatbestandsbezogenen Notwendigkeit ihrer Begehung. Ebensowenig kommt es für den Funktionszusammenhang zwischen Primärtat und Nachtat auf eine **Typizität** der Nachtat an. Als Nachtat kommt grundsätzlich jede aus der Täterperspektive der Primärtat „sinnvolle" Straftat in Betracht[293]. Die Sicherung, Ausnutzung oder Verwertung einer durch die Primärtat

---

[291] Alle anderen Sachverhalte sind Fallkonstellationen der Gesetzeseinheit in der Spielart der unechten **Idealkonkurrenz**, setzen also **Handlungseinheit** voraus. Da handlungseinheitliches Verhalten bereits als nicht zum Anwendungsbereich der §§ 53 ff StGB gehörig ausgeschlossen wurde (vgl. Rdn. 14 ff) bedarf es eines Eingehens auf die entsprechenden Kategorien der Gesetzeseinheit hier nicht. Der h. M. folgend handelt es sich dabei um die Kategorien der Spezialität, der Subsidiarität und der Konsumtion (in der Alternative der mitbestraften Begleittat). Vgl. dazu statt aller Blei, Strafrecht AT, § 96 II; Jescheck, Strafrecht AT, § 69 II; LK-Vogler, Vor § 52 Rdn. 105 ff; SK-Samson, Vor § 52 Rdn. 60 ff.

[292] Vgl. zu diesem Funktionszusammenhang Jescheck, Strafrecht AT, § 69 II 3 a; LK-Vogler, Vor § 52 Rdn. 139; Ferner Geppert, Grundzüge, Jura 1982, 358 ff, 418 ff (428).

[293] Vgl. auch Stratenwerth, Strafrecht AT, Rdn. 1195.

erlangten Position wird in der praktischen Realität zwar vornehmlich den Bereich der Eigentums- und Vermögenskriminalität betreffen, die Rechtsfigur der mitbestraften Nachtat ist in ihrer Anwendungsreichweite jedoch keineswegs auf die Eigentums- und/oder Vermögenskriminalität beschränkt[294].

Der typische Funktionszusammenhang zwischen Primär- und Nachtat **87** charakterisiert die Fallkonstellation der mitbestraften Nachtat nicht nur in ihrem Erscheinungsbild. Vielmehr stellt er die Erklärungsgrundlage dafür dar, warum die Nachtat als in der Primärtat mitbestraft **bewertet** werden kann. Es trifft deshalb nicht den Kern der Sache, wenn die an sich tatbestandsmäßige, rechtswidrige und schuldhafte Nachtat als in die Vortat (= Primärtat) schon „eingerechnet" beschrieben und auf eine solche „Inklusion" das Mitbestraftsein der Nachtat zurückgeführt wird[295]. Eine solche dem begriffslogischen Strukturelement der Subordination und damit dem Ausschlußgrund der Spezialität als eigener Kategorie der Gesetzeseinheit verhaftete Vorstellung[295] wird der Rolle, die der Nachtat im Funktionszusammenhang von Primkär- und Nachtat **rechtstatsächlich** zukommt, nicht gerecht. Immerhin zeichnet sich die Fallkonstellation der mitbestraften Nachtat u. a. gerade dadurch aus, daß die Nachtat sämtlichen materiellrechtlichen Voraussetzungen einer Straftat genügt und – aus dem Funktionszusammenhang zwischen Primär- und Nachtat herausgelöst – selbständig strafbar ist. Den Vorrang der Primärtat gegenüber der Nachtat erzeugt allein eine an jenem Funktionszusammenhang zwischen Primär- und Nachtat orientierte (gesetzeskonkretisierende) **Bewertung** des jeweiligen Einzelfalls unter dem Aspekt der Strafwürdigkeit und -bedürftigkeit[296]. In diesem Sinne verdrängt das durch die Primärtat verletzte Strafgesetz das durch die Nachtat verletzte Strafgesetz (und alle anderen durch sie verwirklichten Straftatbestände), weil das mit der Nachtat verwirkte schuldhafte Unrecht durch die Strafbarkeit der Primärtat und deren entsprechende Sanktionierung als **mitabgegolten** anzusehen ist. Die Abgegoltenheit des schuldhaften Unrechts der Nachtat durch die Strafbarkeit[297] der Primärtat ist demnach

---

[294] Vgl. auch MAURACH/GÖSSEL, Strafrecht AT II, § 56 II B 2b (Rdn. 27); vgl. auch RGSt 68, 227ff (229); vgl. ferner JAKOBS, Strafrecht AT, 31. Abschnitt, Rdn. 35.

[295] In diesem Sinne aber wohl JAKOBS, Strafrecht AT, 31. Abschnitt, Rdn. 34.

[296] So überzeugend VOGLER, Gesetzeseinheit, 715ff, 733.

[297] LK-VOGLER, Vor § 52 Rdn. 131ff und VOGLER, Gesetzeseinheit, 715ff, 733 setzt weitgehend (tatsächliche) Bestrafung wegen der Primärtat voraus; vgl. aber auch JAKOBS, Strafrecht AT, 31. Abschnitt, Rdn. 34 bei und in Anm. 69.

[298] Vgl. auch LACKNER, Vor § 52 VII: insoweit übereinstimmend mit Gesetzeseinheit.

das maßgebliche Kriterium, das zu einer den verschiedenen Kategorien der Gesetzeseinheit eigentümlichen Bewertungseinheit mit Vorrang des durch die Primärtat verletzten Strafgesetzes führt[298]. Die Deliktssituation der mitbestraften Nachtat erweist sich damit zugleich als Anwendungsfall der Konsumtion, wenn und soweit mit der vorherrschenden Auffassung in Rechtsprechung und Lehre die Konsumtion als eine neben der Spezialität und Subsidiarität stehende Fallgruppe der Gesetzeseinheit verstanden wird, die sich dadurch auszeichnet, daß der Unrechts- und Schuldgehalt einer Straftat den einer anderen Tat abgilt und einschließt[299].

88 Unter dem Blickwinkel der Strafwürdigkeit und -bedürftigkeit bilden Primärtat und Nachtat eine Bewertungseinheit mit Vorrang des durch die Primärtat verletzten Strafgesetzes aber nur dann, wenn Nachtat und Primärtat **dasselbe Rechtsgut** verletzen und gegen **dasselbe Rechtsgutsobjekt** gerichtet sind[300]. Die von Nachtat **und** Primärtat betroffenen Rechtsgutsobjekte und die je durch sie verletzten Rechtsgüter müssen also entweder **identisch** oder bei Verschiedenheit zumindest „auf derselben Linie" liegen [301]. So stellt die Vernichtung einer durch Betrug erlangten Sache trotz Verschiedenheit der verletzten Rechtsgüter eine mitbestrafte Nachtat dar, weil die **Eigentums**verletzung (§ 303 StGB) auf einen Betrug folgt, durch den das **Vermögen** (§ 263 StGB) in Gestalt des Eigentums angegriffen wird[301]. Die einem Diebstahl oder einer Unterschlagung folgende, auf dasselbe Angriffsobjekt bezogene Sachbeschädigung ist **stets** mitbestrafte Nachtat[302]. Entgegen der vorherrschenden Auffassung in Rechtsprechung[303] und Lehre[304] ist die Vernichtung einer gestohlenen Urkunde (§ 274 StGB) dagegen nicht als mitbestrafte Nachtat zum Urkundendiebstahl (§§ 242 ff StGB) anzusehen, weil die verletzten Rechtsgüter (§ 274 StGB = Beweisposition des einzelnen im

---

299 Vgl. statt aller SK-Samson, Vor § 52 Rdn. 71; ferner Geppert, Grundzüge, Jura 1982, 358 ff, 418 ff (427).

300 Statt aller LK-Vogler, Vor § 52 Rdn. 140; Schönke/Schröder (Stree), Vor § 52 Rdn. 114.

301 So Blei, Strafrecht AT, § 96 II 3 c; ihm folgend LK-Vogler, Vor § 52 Rdn. 140.

302 So die vorherrschende Auffassung vgl. nur Lackner, Vor § 52 VII 1; Schönke/Schröder (Stree), Vor § 52 Rdn. 114; SK-Samson, Vor § 52 Rdn. 73; anders aber Jakobs, Strafrecht AT, 31. Abschnitt, Rdn. 35, 36; Jescheck, Strafrecht AT, § 69 II 3 a in Anm. 27; vgl. ferner Krauss, Nachtat, GA 1965, 173 ff (180).

303 Vgl. RGSt 59, 175; BGH LM Nr. 5 zu Vorbem. zu § 73 StGB-Gesetzeseinheit.

304 Vgl. LK-Vogler, Vor § 52 Rdn. 140 bei Anm. 95; Schönke/Schröder (Stree), Vor § 52 Rdn. 114.

305 Vgl. Schönke/Schröder (Cramer), § 274 Rdn. 2/5.

Rechtsverkehr[305] – § 242 StGB = Eigentum) so unähnlich sind, daß mit der Strafbarkeit wegen Diebstahls der Unrechts- und Schuldgehalt der nachfolgenden Urkundenvernichtung nicht als abgegolten gewertet werden kann[306]. Eine dem Diebstahl oder einem Betrug folgende Unterschlagung[307] und ebenso die einer Untreue nachfolgende Unterschlagung[308] **kann** mitbestrafte Nachtat sein. Als mitbestrafte Nachtat ist weiter ein Betrug im Anschluß an einen auf dieselbe Sache und denselben Geschädigten bezogenen Diebstahl oder an eine entsprechende Unterschlagung (Sicherungsbetrug) zu werten[309]. Der Betrug durch Scheckreiterei kann ebenfalls mitbestrafte Nachtat sein, wenn durch die Einreichung der Schecks lediglich ein zuvor durch Betrug erlangter Kredit ausgenutzt werden sollte[310]. Auch die versuchte bzw. die vollendete betrügerische Geldabhebung von einem Sparbuch unter Vorlage einer Ausweiskarte stellt eine mitbestrafte Nachtat zum vorher begangenen Diebstahl des Sparbuchs dar[311]. Dagegen verletzt die „Sicherungserpressung" zumindest teilweise auch ein anderes Rechtsgut als das des vorhergegangenen Betruges oder einer zuvor verwirklichten Untreue mit der Folge, daß zwar nicht die Sicherungserpressung als solche (insoweit ist die Vermögensbeeinträchtigung mitabgegolten) realiter mit der Vortat konkurriert[312], wohl aber die darin enthaltene Nötigung[313].

Das Mitbestraftsein der Nachtat setzt unabhängig von der Identität **89**
bzw. genügenden Ähnlichkeit der durch Primär- und Nachtat betroffenen Rechtsgüter und Angriffsobjekte im übrigen voraus, daß der durch die Primärtat bewirkte **Schaden** durch die Nachtat **nicht erweitert oder vertieft** oder durch die Nachtat gar ein völlig neuer Schaden angerichtet wird[314], und daß beide Taten gegen **denselben Rechtsgutsträger** gerichtet sind[315]. Eine Vertiefung oder Erweiterung des mit der Primärtat

---

306 So mit Recht MAURACH/GÖSSEL, Strafrecht AT II, § 56 II B 2b aa (Rdn. 28/29).

307 Anders z. B. LACKNER, Vor § 52 VII 1; § 246, 4a bb; BGHSt 14, 38ff (45); dagegen zutreffend BAUMANN, Amtsunterschlagung, NJW 1961, 1141 ff; BOCKELMANN JZ 1960, 621 f; SCHRÖDER JR 1960, 305 f.

308 Vgl. BGH GA 1955, 271.

309 Vgl. aber BGHSt 17, 205.

310 BGH Urt. v. 27. 3. 1979 – 5 StR 836/78.

311 BGH Beschl. v. 7. 1. 1983 – 2 StR 720/82; BGH MDR (DALLINGER) 1957, 652.

312 BGH NJW 1984, 501.

313 Zum Ganzen LK-VOGLER, Vor § 52 Rdn. 140, 141; SCHÖNKE/SCHRÖDER (STREE), Vor § 52 Rdn. 114; SK-SAMSON, Vor § 52 Rdn. 73.

314 H. M., vgl. statt aller SCHÖNKE/SCHRÖDER (STREE), Vor § 52 Rdn. 114.

315 So BLEI, Strafrecht AT, § 96 II 3c; LK-VOGLER, Vor § 52 Rdn. 141; MAURACH/GÖSSEL, Strafrecht AT II, § 56 II B 2b, cc (Rdn. 32ff); a. A. SCHÖNKE/

herbeigeführten Schadens liegt in der Regel vor, wenn der durch die Primärtat bewirkte Erfolg durch die Nachtat gesteigert wird, etwa ein Gefährdungserfolg in einen Verletzungserfolg umschlägt oder die Nachtat ein umfassenderes Rechtsgut oder ein und dasselbe Rechtsgut umfassender verletzt[316]. So stellt ein Betrug gegenüber dem zuvor Bestohlenen, der mit Hilfe der gestohlenen Urkunde begangen wird, keine mitbestrafte Nachtat des Diebstahls dar[317]. Der Diebstahl entwerteter Wertzeichen gilt entsprechend nicht das schuldhafte Unrecht einer betrügerischen Wiederverwendung derselben Wertzeichen ab[318]. Der unter Vorspiegelungen falscher Tatsachen bewerkstelligte Zurückverkauf zuvor gestohlener oder unterschlagener Sachen erfüllt ebenfalls nicht die Voraussetzungen einer mitbestraften Nachtat[319]. Nicht anzuwenden ist die Rechtsfigur der mitbestraften Nachtat ferner auf die Verwertung gestohlener oder unterschlagener Scheckvordrucke durch Urkundenfälschung und betrügerische Einreichung der gefälschten Schecks: Zum einen betrifft die Urkundenfälschung ein anderes Rechtsgut (§ 267 StGB = Sicherheit und Zuverlässigkeit des Rechtsverkehrs) als der voraufgegangene Diebstahl; zum anderen bedeutet der Diebstahl der Scheckvordrucke nur eine Vermögensgefährdung und erst ihre Einlösung bewirkt schadensintensivierend den konkreten Vermögensverlust. Insoweit kommen §§ 267, 263 StGB nur als selbständig strafbare Deliktsverwirklichungen, nicht aber als mitbestrafte Nachtaten des Diebstahls in Betracht[320]. Das gilt auch für den Diebstahl von Sparbüchern und nachfolgende Geldabhebungen, die über den gem. Kreditwesengesetz kündigungslos verfügbaren Betrag hinausgehen: die Auszahlung eines ungekündigten Sparkapitals an einen Nichtberechtigten wirkt nicht guthabenmindernd zu Lasten des Bestohlenen, sondern geht schadensersatzverpflichtend zu Lasten des Geldinstituts[320]. Ganz ähnlich stellen die §§ 242, 246 StGB und § 263 StGB in den praktisch häufigen Fällen der Verwertung einer gestohlenen oder unterschlagenen Sache durch betrügerische Veräußerung an einen Dritten **realkonkurrierende Straftaten** und **keine Bewertungseinheit** i. S. d. mitbestraften Nachtat dar, weil sich über eine

---

SCHRÖDER (STREE), Vor § 52 Rdn. 114; differenzierend JAKOBS, Strafrecht AT, 31. Abschnitt, Rdn. 36; vgl. auch DREHER/TRÖNDLE, Vor § 52 Rdn. 50.

316 Vgl. MAURACH/GÖSSEL, Strafrecht AT II, § 56 II B 2b, bb (Rdn. 30).

317 Unter Berufung auf RGSt 64, 281, 283 ganz h. M.

318 BGHSt 3, 289.

319 MAURACH/GÖSSEL, Strafrecht AT II, § 56 II B 2b, bb (Rdn. 31).

320 Vgl. BGH Urt. v. 3. 11. 1981 — 5 StR 435/81.

321 So übereinstimmend LK-VOGLER, Vor § 52 Rdn. 141; MAURACH/GÖSSEL, Strafrecht AT II, § 56 II B 2b, cc (Rdn. 34/35); SCHÖNKE/SCHRÖDER (STREE), Vor § 52 Rdn. 114; RGSt 49, 16 (18), ganz h. M.

quantitative Steigerung des Vortatschadens hinaus die Nachtat außerdem noch gegen einen anderen Rechtsgutsträger, den „Dritten" eben, richtet[321]. Die Abgabe einer unrichtigen Jahresumsatzsteuererklärung im Anschluß an unrichtige Steuervoranmeldungen schließlich kann Einzelakt einer fortgesetzten Steuerstraftat oder selbständige Steuerstraftat nach § 370 AO sein — mitbestrafte Nachtat ist sie dagegen nicht, wenn und weil durch sie eine über die mit den unrichtigen Steuervoranmeldungen bewirkte Steuerverkürzung hinausgehende weitere Verkürzung von Steuern eintritt. Das gilt selbst für den Fall, daß die Jahresumsatzsteuererklärung die unrichtigen Steuervoranmeldungen lediglich wiederholt[322].

Den auch sonst in Fällen von Gesetzeseinheit eintretenden **Rechtsfolgen**[323] entsprechend **bleibt** die (mitbestrafte) Nachtat **unbestraft**. Der **90**
für die Fallkonstellation der mitbestraften Nachtat charakteristische Vorrang des durch die Primärtat verwirklichten Strafgesetzes drückt sich darin aus, daß die **Strafdrohung(en)** des/der durch die Nachtat verletzten Strafgesetzes(e) **nicht angewandt**[324] werden. Diese Unanwendbarkeit ergibt sich unmittelbar aus dem Funktionszusammenhang zwischen Primär- und Nachtat und der daraus resultierenden, auf die Primärnorm reduzierte (strafgesetzliche) Bewertungseinheit. Das Zurücktreten des oder der durch die Nachtat verwirklichten Strafgesetze bedeutet indessen nicht, daß auch die Nachtat als solche irrelevant wäre. Sie bleibt vielmehr als selbständige, „an sich" strafbare Nachtat bestehen[325]. Zwar enthält der Urteilstenor keine Wendung, die sich auf die (mitbestrafte) Nachtat bezieht, ein Freispruch ergeht ihretwegen jedoch ebenfalls nicht[326]. Die Unanwendbarkeit des (der) verdrängten Gesetzes(e) besagt weiter, daß Grundlage der Strafverhängung und der Strafzumessung allein der Rechtsfolgensatz des Primärgesetzes ist. Allerdings kann die Nachtat bei der Strafzumessung Berücksichtigung finden[327]. Wegen dieser strafzumessungsrechtlichen Funktion der Nachtat kann die Rechtsfigur der mitbestraften Nachtat grundsätzlich auch dann angewandt werden, wenn die Nachtat mit höherer Strafe als die Primärtat bedroht ist oder einen anderen (schwereren) Deliktscharakter (z. B. Primärtat = Vergehen —

---

[322] So BGH Urt. v. 11. 5. 1982 — 5 StR 181/82.

[323] Dazu im einzelnen LK-Vogler, Vor § 52 Rdn. 107 mit Weiterverweisungen; Schönke/Schröder (Stree), Vor § 52 Rdn. 134 ff.

[324] So LK-Vogler, Vor § 52 Rdn. 142; SK-Samson, Vor § 52 Rdn. 77.

[325] So LK-Vogler, Vor § 52 Rdn. 142.

[326] Ganz h. M., vgl. statt aller SK-Samson, Vor § 52 Rdn. 77.

[327] Vgl. RGSt 62, 62 (63); LK-Vogler, Vor § 52 Rdn. 142; Maurach/Gössel, Strafrecht AT II, § 56 II B 3 b (Rdn. 44); Schönke/Schröder (Stree), Vor § 52 Rdn. 141 mit weiteren Nachweisen; dagegen Geerds, Konkurrenz, S. 167, 231 f.

Nachtat = Verbrechen) hat[328]. Solche Wirkungen der mitbestraften Nachtat haben vor allem im Betäubungsmittelstrafrecht im Verhältnis zwischen aufeinanderfolgenden Modifikationen von Vergehen und Verbrechen erhebliche Bedeutung. Soweit freilich die für eine erhöhte Strafdrohung im zurücktretenden Strafgesetz maßgeblichen Gründe zugleich Merkmale des durch die Primärtat verwirklichten und allein zur Anwendung kommenden Strafgesetzes und seiner Strafdrohung sind, ist eine sanktionserhöhende Berücksichtigung der mitbestraften Nachtat unzulässig[329]. Grundsätzlich erzeugt aber das verdrängte „mildere“ Strafgesetz im Rahmen der Strafzumessung eine **Sperrwirkung**: Enthält das zurücktretende „mildere“ Strafgesetz einen Strafrahmen mit höherer Untergrenze als die (schwerere) Primärnorm oder enthält es die Möglichkeit, auf Nebenstrafe, Nebenfolgen oder Maßnahmen der Besserung und Sicherung zu erkennen, so ist der Strafrahmen des Primärgesetzes um diese „Schärfung“ zu ergänzen. Die Strafe nach dem angewendeten Primärtatbestand darf danach die erhöhte Mindeststrafe des zurücktretenden Strafgesetzes nicht unterschreiten, und die im weichenden Strafgesetz vorgesehenen Nebenstrafen, Nebenfolgen oder Maßnahmen müssen oder können verhängt und angeordnet werden[330]. Das Umgekehrte gilt dagegen nicht: Schärfere Höchststrafen des verdrängten Gesetzes modifizieren den Strafrahmen und die Strafzumessung nach dem vorrangigen Primärgesetz nicht, insofern entfaltet das verdrängte Strafgesetz **keine Bindungswirkung**[331].

91 **Unbestraft** bleibt die Nachtat nur, wenn der Täter wegen der Primärtat aus dem vorrangigen Strafgesetz verurteilt und bestraft wird oder

---

328 So auch BAUMANN/WEBER, Strafrecht AT, § 41 III 3b; JAKOBS, Strafrecht AT, 31. Abschnitt, Rdn. 37; JESCHECK, Strafrecht AT, § 69 II 3a; LK-VOGLER, Vor § 52 Rdn. 142; SCHÖNKE/SCHRÖDER (STREE), Vor § 52 Rdn. 115; vgl. ferner KRAUSS, Nachtat, GA 1965, 173ff, 179f; a. A. etwa BLEI, Strafrecht AT, § 96 II 3c; MAURACH/GÖSSEL, Strafrecht AT II, § 56 II B 2b, dd (Rdn. 36); vgl. auch KOHLMANN, Verjährung, JZ 1964, 492ff; ferner DREHER MDR 1964, 167, 169.

329 Vgl. statt aller SCHÖNKE/SCHRÖDER (STREE), Vor § 52 Rdn. 141.

330 Zu dieser Sperrwirkung des verdrängten „milderen“ Gesetzes JAKOBS, Strafrecht AT, 31. Abschnitt, Rdn. 39; LK-VOGLER, Vor § 52 Rdn. 107, 142; SCHÖNKE/SCHRÖDER (STREE), Vor § 52 Rdn. 141; SK-SAMSON, Vor § 52 Rdn. 59, 78; aus der Rechtsprechung vgl. BGHSt 1, 153 (155f); 10, 313 (315); 19, 188 (189); 30, 166 (167).

331 BGHSt 30, 166 (167); SCHÖNKE/SCHRÖDER (STREE), Vor § 52 Rdn. 141; vgl. auch BRUNS JR 1982, 166f; a. A. JAKOBS, Strafrecht AT, 31. Abschnitt, Rdn. 39 bei und in Anm. 86.

aus der Primärnorm doch hätte verurteilt und bestraft werden können[332]. Das Mitbestraftsein setzt **nicht** voraus, daß der Täter wegen der Primärtat **tatsächlich bestraft** wird[333]. Andererseits beruht die Strafloslassung der Nachtat nicht darauf, daß der Unrechts- und Schuldgehalt der Nachtat bereits durch die Primärtat erfaßt ist[334]: Der gesetzliche Straftatbestand des Diebstahls enthält eben nicht den Unrechts- und Schuldgehalt des nachfolgenden Sicherungsbetruges[335]. Für den Regelfall der tatsächlichen Verurteilung und Bestrafung des Täters aus der vorrangigen Primärnorm erklärt sich die Strafloslassung der Nachtat zwanglos aus dem typischen Funktionszusammenhang zwischen Primär- und Nachtat und der darauf gestützten, zur Bewertungseinheit der Primärnorm führenden Unrechts- und Schuldbeurteilung. Als zweifelhaft erweisen sich demgegenüber die Fälle, in denen es aus irgendwelchen Gründen zu einer Verurteilung und Bestrafung wegen der Primärtat nicht kommt. Setzte die Strafloslassung der Nachtat ausnahmslos eine tatsächliche Bestrafung aus der Primärnorm voraus, dann entfiele bei Nichtbestrafung der Primärtat stets die Strafloslassung der Nachtat, ohne daß es auf die Art der Gründe für die Nichtbestrafung wegen der Primärtat ankäme[336]. Die Abgeltung des schuldhaften Unrechts der Nachtat ist jedoch **nicht** von einer **effektiven Bestrafung der Primärtat** abhängig, sondern allein davon, daß eine Verurteilung und Bestrafung wegen der Primärtat (zumindest) **möglich** ist. Nicht die eine tatsächliche Bestrafung verdrängt die andere, sondern eine unter den Aspekten der Strafbedürftigkeit und Strafwürdigkeit (der Nachtat) vorgenommene differenzierte Bewertung des Gesamtgeschehens ergibt, ob und inwieweit die Nachtat unbestraft bleibt. Erklärt sich aber der Sache nach die Strafloslassung der Nachtat allein aus einer gesetzeskonkretisierenden Bewertung und Beurteilung des Funktionszusammenhanges zwischen Primärtat und Nachtat, dann läßt sich **nicht abstrakt und generell** festlegen, in welchen Fällen einer Nichtbestrafung der Primärtat die Bewertungsein-

---

332 So auch LK-Vogler, Vor § 52 Rdn. 146; vgl. aber ebendort Rdn. 146 a. E. und Vogler, Gesetzeseinheit, 715 ff, insbesondere 733–735.

333 So aber Vogler, Gesetzeseinheit, 715 ff, 732 ff und im Ergebnis auch LK-Vogler, Vor § 52 Rdn. 144 ff; vgl. auch Dreher/Tröndle, Vor § 52 Rdn. 50 mit Nachweisen aus der Rechtsprechung.

334 In diesem Sinne aber Schönke/Schröder (Stree), Vor § 52 Rdn. 116; SK-Samson, Vor § 52 Rdn. 71.

335 So mit Recht Vogler, Gesetzeseinheit, 715 ff, 733.

336 So in der Tat die lange Zeit vorherrschende Auffassung vgl. statt aller Geppert, Grundzüge, Jura 1982, 358 ff, 418 ff (429) bei und in Anm. 155; vgl. ferner BGH MDR (Dallinger) 1955, 269; BGH NJW 1968, 2115; BGH GA 1971, 83 (84).

heit von Primär- und Nachtat so nachhaltig gestört ist, daß wegen der Nachtat bestraft werden kann und muß. Vielmehr sind die Gründe, aus denen die Nichtbestrafung der Primärtat resultiert, den Erwägungen zur Strafloslassung der Nachtat in jedem Einzelfalle differenziert gegenüberzustellen[337]. Erst die **konkrete Abwägung**[337] dieser Sachkriterien führt zur Strafloslassung oder Bestrafung der Nachtat bei nichtbestrafter Primärtat.

92 Auf die selbständig zu bestrafende Nachtat kann grundsätzlich[338] zurückgegriffen werden, wenn die Bestrafung der Primärtat wegen Fehlens der Straftatvoraussetzungen entfällt, so wenn den Täter in bezug auf die Primärtat kein Verschulden (§ 20 StGB) trifft oder zu seinen Gunsten ein Entschuldigungs- oder Rechtfertigungsgrund eingreift[339]. Selbständiger Bestrafung unterliegt die Nachtat darüber hinaus auch dann, wenn in dubio pro reo die Primärtat nicht nachgewiesen und deshalb nicht verurteilt und bestraft werden kann[340]. Wird die Primärtat gem. § 154a StPO endgültig aus dem Strafverfahren ausgeschieden, kommt ebenfalls eine Strafloslassung der Nachtat nicht in Betracht[341]. Entsprechend bleibt die Nachtat selbständiger Bestrafung zugänglich, wenn eine Verurteilung wegen der Primärtat etwa aufgrund einer unzulässigen Wahlfeststellung unmöglich ist[342]. Gemeinsam ist allen diesen Sachverhaltsgestaltungen, daß jener für die **mitbestrafte** Nachtat erforderliche einheitsstiftende Bewertungszusammenhang zwischen der Primärtat und Nachtat entweder von vornherein gar nicht erst entsteht oder nachträglich beseitigt wird.

93 Unter dem Aspekt der Strafwürdigkeit und Strafbedürftigkeit ist die Nachtat trotz Nichtbestrafung der Primärtat in der Regel gleichwohl als mitbestraft anzusehen, wenn beispielsweise eine Verurteilung und Bestrafung der Primärtat im Prinzip zwar möglich wäre, mangels Strafantrags aber ausscheidet[343]. Unbestraft bleibt die Nachtat auch, wenn in

---

337 So überzeugend BAUMANN/WEBER, Strafrecht AT, § 41 III 3c; ebenso BLEI, Strafrecht AT, § 96 II 3c; vgl. auch WOLTER, Nachtat, GA 1974, 161 ff in Anm. 37.

338 Vgl. BAUMANN/WEBER, Strafrecht AT, § 41 III 3c: aber nicht ausnahmslos.

339 Ganz h. M., vgl. statt aller SCHÖNKE/SCHRÖDER (STREE), Vor § 52 Rdn. 117.

340 Vgl. BGH GA 1971, 83 (84); BGH MDR (DALLINGER) 1955, 269; DREHER/TRÖNDLE, Vor § 52 Rdn. 50; LK-VOGLER, Vor § 52 Rdn. 145; SCHÖNKE/SCHRÖDER (STREE), Vor § 52 Rdn. 117; SK-SAMSON, Vor § 52 Rdn. 74; vgl. ferner KÜPER, Postpendenzfeststellung, 65 ff, 75; auch GEPPERT, Grundzüge, Jura 1982, 358 ff, 418 ff (429); STREE, In dubio pro reo, S. 28 f.

341 BGH Urt. v. 6. 4. 1976 — 1 StR 58/76; BGH GA 1971, 83 (84).

342 Dazu WOLTER, Nachtat, GA 1974, 161 ff, 165, 167.

343 So auch BAUMANN/WEBER, Strafrecht AT, § 41 III 3c; BLEI, Strafrecht AT, § 96 II 3c; MAURACH/GÖSSEL, Strafrecht AT II, § 56 II B 3b (Rdn. 44);

bezug auf die Primärtat die Verfolgungsverjährung[344] eingetreten ist. Entsprechendes gilt für den Fall, daß auf die Primärtat ein Amnestiegesetz Anwendung findet[343]. Soweit die Nichtbestrafung der Primärtat auf ein Eingreifen von persönlichen Strafausschließungs- oder Strafaufhebungsgründen beruht, ist je nach Art des Ausschlußgrundes zu differenzieren. So verbleibt es bei der Strafloslassung der Nachtat, wenn etwa der Ausschlußgrund des § 258 Abs. VI StGB zur Nichtbestrafung wegen der Primärtat führt[345]. Ob und inwieweit die Nachtat unbestraft bleiben kann, wenn die Nichtbestrafung der Primärtat auf § 24 Abs. I StGB zurückgeht, hängt vom systematischen Verständnis der Rücktrittsvorschrift und von den konkreten Umständen des Einzelfalles ab. Wo trotz strafbefreienden Rücktritts die Vorhandlung weiterwirkt dergestalt, daß eine erlangte Position noch ausgenutzt oder gesichert werden kann, kommt eine Verurteilung und Bestrafung wegen der Nachtat in Betracht[346]. Als Leitlinie für eine Strafloslassung von Nachtaten trotz Nichtbestrafung der Primärtat gilt, daß dem Täter die mit der Strafverfolgung der Primärtat verbundenen Privilegierungen[347] (bei „an sich" gegebener Strafbarkeit der Primärtat) erhalten bleiben müssen und durch einen Rückgriff auf die selbständige Bestrafung der Haupttat nicht unterlaufen werden dürfen. Auch hierbei handelt es sich freilich um eine nur **grundsätzliche** Erwägung in Anlehnung an die für die sonstigen Fallgruppen der Gesetzeseinheit charakteristischen Rechtsfolgen.

Die Strafloslassung der (mitbestraften) Nachtat betrifft nur den Täter der Primärtat und wirkt nur innerhalb des typischen Funktionszusammenhanges zwischen Primär- und Nachtat. In bezug auf „Dritte" bleibt die (mitbestrafte) Nachtat selbständige Straftat, erfüllt sie doch alle materiellrechtlichen Voraussetzungen einer Straftat (vgl. oben Rdn. 87). Strafbare Teilnahme ist deshalb an der für den Täter der Primärtat „mitbestraften" Nachtat möglich. Die Nachtat ist weiter geeignete Vor- **94**

SCHÖNKE/SCHRÖDER (STREE), Vor § 52 Rdn. 177; SK-SAMSON, Vor § 52 Rdn. 74; vgl. auch GEPPERT, Grundzüge, Jura 1982, 358 ff, 418 ff (429); anders wohl LK-VOGLER, Vor § 52 Rdn. 146.

344 Anders z. B. überwiegend die Rechtsprechung, vgl. BGH MDR (DALLINGER) 1955, 269; BGH NJW 1968, 2115; vgl. ferner GEERDS, Konkurrenz, S. 169; auch DREHER/TRÖNDLE, Vor § 52 Rdn. 50; wie hier die bei Anm. 343 Genannten.

345 So auch BAUMANN/WEBER, Strafrecht AT, § 41 III 3 c.

346 Vgl. aber GEPPERT, Grundzüge, Jura 1982, 358 ff, 418 ff (429); ferner BLEI, Strafrecht AT, § 96 II 3 c.

347 Zu den Privilegierungen in diesem Sinne gehören prozessuale ebenso wie materiellrechtliche Umstände. So mit Recht GEPPERT, Grundzüge, Jura 1982, 358 ff, 418 ff (429).

handlung für Anschlußstraftaten wie z. B. Hehlerei und Begünstigung[348]. Für den Teilnehmer an der Primärtat kann freilich die (mit)täterschaftliche Verwirklichung der Nachtat oder auch eine entsprechende Teilnahme selbst wiederum mitbestrafte Nachtat sein. Entscheidend ist stets, ob und in welcher Weise zwischen den bei Teilnahme i. w. S. möglichen strafbaren Handlungen der für die Fallkonstellation der mitbestraften Nachtat typische, aus Primär- und Nachtat gebildete Funktionszusammenhang auszumachen ist. Erst dann läßt sich abschließend klären, inwieweit die Nachtat selbständig strafbar ist oder unbestraft bleibt. Treffen mit der mitbestraften Nachtat andere Delikte tateinheitlich (idealkonkurrierend) zusammen, stehen diese zur jeweiligen Primärtat in Realkonkurrenz[349].

95 cb) Das konkurrenzrechtliche Pendant zur mitbestraften Nachtat ist die **mitbestrafte** (mitabgegoltene, straflose) **Vortat**[350]. Auf sie finden die Regeln für das Vorliegen und die Erklärungsgründe bzw. Voraussetzungen für die Strafloslassung der mitbestraften Nachtat sinnentsprechende Anwendung. Im Verhältnis zwischen Vor- und Nachtat sind allerdings die Rollen vertauscht: Primärtat ist das der Vortat folgende Verhalten. Primärtat und Vortat bilden einen Bewertungszusammenhang, kraft dessen das durch die Vortat verwirklichte Strafgesetz hinter die Primärnorm zurücktritt. Unter dem Aspekt der Strafbedürftigkeit und Strafwürdigkeit kann die „an sich" strafbare Vortat als durch die tatsächliche oder doch mögliche Verurteilung und Bestrafung wegen der Primärtat abgegolten gewertet werden. Die Vortat bleibt danach unbestraft, wenn und soweit die Primärtat das bereits begangene Unrecht noch weiter vergrößert oder vertieft. Ihren Eigenwert behält die Vortat jedoch dann, wenn sie sich nicht in dem durch die Primärtat gezogenen Bewertungsrahmen hält[351]. Entsprechend den Grundsätzen bei der mitbestraften Nachtat fehlt es an einem einheitlichen Bewertungsrahmen bei einer durch Vor- und Primärtat bewirkten Verletzung verschiedener, nicht genügend ähnlicher Rechtsgüter, verschiedener Rechtsgutsträger, unter-

---

348 Vgl. zum Ganzen statt aller LK-VOGLER, Vor § 52 Rdn. 143; MAURACH/GÖSSEL, Strafrecht AT II, § 56 II B 3a (Rdn. 42/43); SCHÖNKE/SCHRÖDER (STREE), Vor § 52 Rdn. 118; SK-SAMSON, Vor § 52 Rdn. 75; vgl. ferner RGSt 67, 70 (77); BGH NJW 1969, 1260.

349 SCHÖNKE/SCHRÖDER (STREE), Vor § 52 Rdn. 118.

350 Vgl. hierzu BAUMANN/WEBER, Strafrecht AT, § 41 III 3b, c; BLEI, Strafrecht AT, § 96 II 3b; LK-VOGLER, Vor § 52 Rdn. 135 ff; MAURACH/GÖSSEL, Strafrecht AT II, § 56 II A (Rdn. 12 ff); SCHÖNKE/SCHRÖDER (STREE), Vor § 52 Rdn. 119 ff; vgl. ferner GEPPERT, Grundzüge, Jura 1982, 358 ff; 418 ff (427).

351 Vgl. SCHÖNKE/SCHRÖDER (STREE), Vor § 52 Rdn. 122.

schiedlicher Angriffsobjekte und quantitativer oder qualitativer Abweichungen in den Tatfolgen.

So tritt z. B. das Gefährdungsdelikt als Vortat nur dann hinter das Verletzungsdelikt als Primärtat zurück, wenn beide Straftaten dasselbe Rechtsgut betreffen und die Gefährdung nicht über den Verletzungserfolg hinausgeht. Regelmäßig kommen danach nur sog. konkrete Gefährdungsdelikte im Verhältnis zu Verletzungsdelikten als mitbestrafte Vortaten in Betracht[352]. Auch in den übrigen Fällen der sog. Durchgangsdelikte[353] ist die Rechtsfigur der mitbestraften Vortat unanwendbar, wenn und weil Vor- und Primärtat aus den unterschiedlichsten Gründen jeweils arteigenes, je für sich eigenwertiges Unrecht verwirklichen. Als mitbestrafte Vortat ist etwa die Verbrechensverabredung gem. §§ 30 Abs. II, 211 StGB im Verhältnis zum später (mittäterschaftlich) verwirklichten Mord anzusehen[354]. Ähnlich wird nur wegen (mittäterschaftlich) vollendeten Verbrechens bestraft, wer zuvor den späteren Mittäter zur Verbrechensbegehung angestiftet hat[354]. Als mitbestrafte Vortat ist weiter die Vorbereitung einer Verschleppung gem. § 234 a Abs. III StGB im Verhältnis zur später tatsächlich durchgeführten Verschleppung gem. § 234 Abs. I StGB zu werten[355]. Auch ein versuchter Raub kann in bezug auf eine anschließend verwirklichte, vollendete räuberische Erpressung mitbestrafte Vortat sein[356]. Gleiches gilt für die Unterschlagung eines Kfz-Schlüssels und den mittels des Schlüssels anschließend durchgeführten vollendeten Kfz-Diebstahl[357]. Als mitbestrafte Vortat ist ferner ein Betrug anzusehen, der zur Vorbereitung einer anschließenden Unterschlagung dazu dient, die Geltendmachung etwaiger Herausgabeansprüche zu verhindern[358]. Dies ist etwa der Fall, wenn der Verwahrer einer Sache dem Eigentümer gegenüber deren Untergang vortäuscht, um sie sich anschließend unbehelligt von Herausgabeansprüchen zueignen zu können[358]. **96**

Obwohl die Fallkonstellation der mitbestraften Vortat im Verhältnis zur mitbestraften Nachtat und zu den sonstigen Fallgruppen der Geset- **97**

---

352 Statt aller SCHÖNKE/SCHRÖDER (STREE), Vor § 52 Rdn. 129.

353 Häufig werden diese Fälle bereits durch andere Kategorien der Gesetzeseinheit, insbesondere durch die Fallgruppe der Subsidiarität erfaßt, da zumeist Handlungseinheit und nicht Handlungsmehrheit vorliegt; vgl. dazu auch LK-VOGLER, Vor § 52 Rdn. 135 a. E.

354 Zu diesen Beispielen GEPPERT, Jura 1982, 358 ff, 418 ff (427).

355 Beispiel bei BLEI, Strafrecht AT, § 96 II 3 b; MAURACH/GÖSSEL, Strafrecht AT II, § 56 II A 2 c (Rdn. 19).

356 BGH NJW 1967, 60.

357 OLG Hamm MDR 1979, 421.

358 Vgl. LK-VOGLER, Vor § 52 Rdn. 136 mit weiteren Nachweisen.

zeseinheit über einen eigenen Anwendungsbereich verfügt[359], ist ihre praktische Bedeutung im Vergleich zur mitbestraften Nachtat gering. Die mit der Rechtsfigur der mitbestraften Vortat verbundenen Rechtsfolgen entsprechen — freilich mit „umgekehrtem Vorzeichen" — denen bei der mitbestraften Nachtat. Der Sache nach handelt es sich um die auch sonst im Falle von Gesetzeseinheit eintretenden Rechtsfolgen[360]. Ähnlich wie im Anwendungsbereich der mitbestraften Nachtat, setzt die Strafloslassung der Vortat nicht die tatsächliche Bestrafung der Primärtat voraus. Wird beispielsweise die Primärtat wegen fehlender Schuldfähigkeit nicht bestraft, ist ein Rückgriff auf die Vortat angezeigt. Anders verhält es sich dagegen, wenn die Nichtbestrafung der Primärtat auf privilegierenden materiellrechtlichen oder prozessualen Umständen beruht (vgl. oben Rdn. 91 ff). Ebenso wie die mitbestrafte Nachtat verliert auch die mitbestrafte Vortat trotz Zurücktretens des durch sie verwirklichten Strafgesetzes hinter die Primärnorm nicht ihre Straftatqualität. Grundsätzlich kommt deshalb eine strafbare Beteiligung an der Vortat, die sich auch als Vorhandlung für Anschlußstraftaten, wie Begünstigung, Strafvereitelung oder Hehlerei eignet, in Betracht[361].

98 d) Im Zusammenspiel mit dem Ausschluß des bereits beschriebenen handlungseinheitlichen Verhaltens (oben Rdn. 14 ff) sowie darüber hinausgehender weiterer Erscheinungsformen von Idealkonkurrenz (oben Rdn. 54 ff) erlaubt der nunmehr mögliche Ausschluß handlungsmehrheitlichen, aber gesetzeseinheitlichen Verhaltens (oben Rdn. 80 ff) eine vollständige Ausgrenzung solcher Deliktsverwirklichungen und Straftatkomplexe, auf die § 53 Abs. I StGB mangels Handlungsmehrheit und/ oder mangels Realkonkurrenz keine Anwendung finden kann. In bezug auf die Voraussetzungen von Handlungsmehrheit und Realkonkurrenz läßt sich danach der Anwendungsbereich des § 53 Abs. I StGB hinreichend genau bestimmen und begrenzen: durch eine „positive" Konkretisierung der Begriffe Handlungsmehrheit und Realkonkurrenz (oben Rdn. 11 ff) und ihre „negative" Ergänzung, die Eliminierung der nicht zum Sachbereich des § 53 Abs. I StGB gehörigen Deliktssachverhalte.

99 2. Gleichzeitigkeit der Aburteilung

Wie bei Handlungseinheit und Idealkonkurrenz gem. § 52 Abs. I StGB ist auch bei Handlungsmehrheit und Realkonkurrenz gem. § 53 Abs. I

---

359 So mit Recht BLEI, Strafrecht AT, § 96 II 3 b; LK-VOGLER, Vor § 52 Rdn. 136.

360 Dazu statt aller SCHÖNKE/SCHRÖDER (STREE), Vor § 52 Rdn. 134 ff.

361 Zum Vorstehenden vgl. insbesondere BAUMANN/WEBER, Strafrecht AT, § 41 III 3 c.

StGB zwischen ungleichartiger und gleichartiger Konkurrenz zu unterscheiden. Ungleichartige Realkonkurrenz liegt dementsprechend vor, wenn mehrere selbständige Handlungen (Unterlassungen) mehrere, verschiedene Straftatbestände verwirklichen. Gleichartige Realkonkurrenz liegt dagegen vor, wenn mehrere selbständige Handlungen (Unterlassungen) denselben Straftatbestand je für sich verwirklichen. Die einzelnen selbständigen Handlungen (Unterlassungen) können allerdings auch jeweils mehrere Strafgesetze verletzen. Handlungsmehrheit und Realkonkurrenz, und zwar je nach Art der verwirklichten Straftatkomplexe gleichartige oder ungleichartige Realkonkurrenz sind daher auch dann gegeben, wenn der Täter durch die mehreren selbständigen Handlungen (Unterlassungen) jeweils handlungseinheitlich und idealkonkurrierend mehrere Strafgesetze oder dasselbe Strafgesetz mehrmals verletzt. Als unter sich realkonkurrierende Straftaten kommen dabei alle natürlichen und juristischen Handlungseinheiten in Betracht. So kann z. B. eine handlungseinheitlich und idealkonkurrierend mit Urkundenfälschung begangene Unterschlagung in Realkonkurrenz zu einem handlungseinheitlich und idealkonkurrierend mit Raub begangenem Totschlag stehen[362].

Nach § 53 Abs. I StGB ist für handlungsmehrheitlich und realkonkur- **100**
rierend begangene Straftaten, die **gleichzeitig abgeurteilt** werden, auf eine **Gesamtstrafe** zu erkennen. Das „Ob" der Gesamtstrafe gem. § 53 StGB hängt also maßgeblich davon ab, daß die mehreren Straftaten zum Prozeßgegenstand desselben Strafverfahrens gehören und vor demselben Gericht in demselben Urteil abgeurteilt werden[363]. Einer gleichzeitigen Aburteilung unterliegen die mehreren Straftaten stets dann, wenn sie gemeinsam angeklagt und vor demselben erstinstanzlichen Amtsgericht (Schöffengericht oder Einzelrichter), erstinstanzlichen Landgericht (große Strafkammer) oder erstinstanzlichen Oberlandesgericht verhandelt und entschieden werden. Entsprechendes gilt für gegenstandsidentische Berufungsverfahren. Die Zugehörigkeit der mehreren Straftaten zum Prozeßgegenstand desselben Strafverfahrens liegt jedoch auch in den Fällen einer **Verbindung** gem. § 237 StPO vor[364].

Voraussetzung einer solchen **Verbindung** gem. § 237 StPO ist zu- **101**
nächst, daß alle Strafsachen, die verbunden werden sollen, bei dem

---

362 Beispiel bei SK-Samson, § 53 Rdn. 5; zu weiteren Beispielen vgl. LK-Vogler, § 53 Rdn. 8; Schönke/Schröder (Stree), § 53 Rdn. 5.

363 Vgl. etwa Dreher/Tröndle, § 53 Rdn. 1; Lackner, § 53, 2; LK-Vogler, § 53 Rdn. 10; Schönke/Schröder (Stree), § 53 Rdn. 6; SK-Samson, § 53 Rdn. 7.

364 Vgl. KK-Treier, § 237 Rdn. 3; Löwe/Rosenberg (Gollwitzer), § 237 Rdn. 11, 15; BGH NStZ (Müller) 1985, 160 (Urt. v. 29. 11. 1984 — 4 StR 661/84); BGH Beschl. v. 21. 11. 1978 — 1 StR 497/78; vgl. ferner LK-Vogler, § 53 Rdn. 10; Schönke/Schröder (Stree), § 53 Rdn. 6.

(**gleichen**) Gericht anhängig sind, das die Verbindung zum Zwecke gleichzeitiger Verhandlung anordnen will. Unter „Gericht" i. S. d. § 237 StPO ist **nicht** ein **spezifischer Spruchkörper** (kleine, große Strafkammer etc.) zu verstehen, sondern es ist damit das Gericht als **administrative Einheit** gemeint[365]. Zu ihm gehören deshalb alle bei **einem** Amtsgericht, Landgericht etc. gebildeten gleichartigen Spruchkörper[366]. Soweit Strafsachen verbunden werden sollen, die bei Spruchkörpern (desselben Gerichts) unterschiedlicher Rangordnung — z. B. Strafrichter im Verhältnis zum Schöffengericht; kleine Strafkammer im Verhältnis zur großen Strafkammer — anhängig sind, kann nur der („ranghöhere") Spruchkörper die Verbindung beschließen, dessen Zuständigkeit die des anderen Spruchkörpers mit umfaßt[367]. Im Verhältnis zwischen kleiner und großer Strafkammer des LG kann daher nur die große Strafkammer, im Verhältnis zwischen Strafrichter (Einzelrichter) und Schöffengericht nur das Schöffengericht die Verbindung anordnen. Im übrigen ist unerheblich, in welchem Verfahrensstadium sich die zu verbindenden Strafsachen befinden. So ist eine Verbindung gem. § 237 StPO zwischen erstinstanzlichen Strafsachen, Berufungssachen und/oder (aus der Revisionsinstanz) zurückverwiesenen Sachen ohne weiteres möglich[368]. In allen Fällen ist freilich erforderlich, daß auch die übrigen Voraussetzungen des § 237 StPO, vor allem der „Zusammenhang" zwischen den verschiedenen Strafsachen und die „Zweckmäßigkeit" der Verbindung vorliegen: Die Verbindung gem. § 237 StPO dient allein einer „prozeßtechnischen Erleichterung"[369]. Anders als in den Fällen der §§ 2 ff StPO bleibt die Selbständigkeit der verschiedenen Strafsachen bei einer Verbindung gem. § 237 StPO erhalten. Die gem. § 237 StPO verbundenen Strafsachen werden zwar gemeinsam verhandelt und entschieden, jede der Strafsachen folgt aber ihren eigenen Sach- und Instanzgesetzlichkeiten[370].

102 Gleichwohl erweitert die im Wege der Verbindung gem. § 237 StPO bewirkte Gleichzeitigkeit der Aburteilung mehrerer Straftaten den Anwendungsbereich der §§ 53, 54 StGB erheblich. Danach ist unter der

---

365 BGHSt 26, 271 (273) = BGH NJW 1976, 720 (721); KK-Treier, § 237 Rdn. 2; Kleinknecht/Meyer, § 237 Rdn. 2; KMR (Paulus), § 237 Rdn. 6.

366 Löwe/Rosenberg (Gollwitzer), § 237 Rdn. 1.

367 KK-Treier, § 237 Rdn. 4; Löwe/Rosenberg (Gollwitzer), § 237 Rdn. 1; BGHSt 26, 271 (274) = BGH NJW 1976, 720 (721).

368 KK-Treier, § 237 Rdn. 2.

369 BGHSt 19, 177 (182); BGH NJW 1976, 729 (721) = BGHSt 26, 271 (273).

370 BGHSt 19, 177 (182) = BGH NJW 1964, 506 (507); BGHSt 26, 271 (273) = BGH NJW 1976, 720 (721); BGH NStZ (Müller) 1985, 160; KK-Treier, § 237 Rdn. 10; KMR (Paulus), § 237 Rdn. 2; Löwe/Rosenberg (Gollwitzer), § 237 Rdn. 11.

Voraussetzung, daß die große Strafkammer eine bei ihr anhängige erstinstanzliche Strafsache mit einer Berufungssache, die bei demselben LG anhängig ist, gem. § 237 StPO verbindet, wegen gegebener Gleichzeitigkeit der Aburteilung in beiden Sachen hinsichtlich der mehreren Straftaten auf eine Gesamtstrafe zu erkennen[371]. Ohne Bedeutung ist insoweit, ob über die Berufungssache die große oder die kleine Strafkammer zu entscheiden hat und eine der Sachen vom Rechtsmittelgericht zurückverwiesen worden ist[371]. Deshalb ist auf eine (neue) Gesamtstrafe auch in nachfolgendem Sachverhalt zu erkennen: In einem erstinstanzlichen Strafverfahren wegen dreier selbständiger Straftaten verurteilt die große Strafkammer wegen zweier Straftaten; in diesem Umfang wird das Urteil rechtskräftig. Auf die Revision der StA hebt der BGH das freisprechende Urteil auf und verweist die Sache zur erneuten Verhandlung und Entscheidung zurück. Gelänge die Strafkammer nunmehr auch zu einer Verurteilung wegen der dritten Straftat, wäre unter Auflösung der zuvor gebildeten Gesamtstrafe aus dem bereits in Rechtskraft erwachsenen Urteil hinsichtlich aller drei Straftaten auf eine „neue" Gesamtstrafe zu erkennen. Verbindet die Strafkammer nach Zurückverweisung aber vor erneuter Entscheidung die ursprüngliche Sache mit einer weiteren, inzwischen anhängigen Strafsache gem. § 237 StPO, liegt i. S. d. § 53 Abs. I StGB in bezug auf die drei Straftaten des ursprünglichen Strafverfahrens und die Straftat(en) der weiteren verbundenen Sache die prozessuale Situation einer „gleichzeitigen Aburteilung" vor, so daß wegen aller verhandelten Straftaten auf eine („gestreckte") Gesamtstrafe zu erkennen ist[372].

In allen diesen Fällen ist jedoch stets erforderlich, daß die erstinstanz- **103**
lichen und die anderen Strafsachen bei **demselben Gericht** anhängig sind, weil sonst eine Verbindung gem. § 237 StPO unzulässig ist. Der gegenteiligen Rechtsprechung des BGH (4. Strafsenat)[373], wonach ein von einer Strafkammer im ersten Rechtszug eröffnetes Strafverfahren mit einem anderen Strafverfahren, das bei der Berufungsstrafkammer eines anderen Landgerichts gegen denselben Täter anhängig ist, verbunden[374] werden kann, ist nicht zu folgen. Der BGH selbst (2. Strafsenat)

---

371 KK-Treier, § 237 Rdn. 2 a. E. unter zusammenfassender Berufung auf BGHSt 19, 177 (182) = BGH NJW 1964, 506 (507); BGHSt 20, 219 (221) = BGH NJW 1965, 1609 (1610); BGHSt 26, 271 (273/274) = BGH NJW 1976, 720, 721.

372 Beispiel nach BGH Urt. v. 10. 11. 1976 — 2 StR 572/76; vgl. auch noch BGHSt 29, 67 (68).

373 BGHSt 4, 152 (153).

374 Der Sache nach lag eine Verbindung gem. § 237 StPO näher als eine Verbindung gem. §§ 2, 4 StPO, wie vom BGH angenommen.

ist ihr denn auch in einer späteren Entscheidung entgegengetreten, ohne allerdings die Frage eigens zu problematisieren[375]. Die Gerichtsidentität als notwendige Voraussetzung einer Verbindung von Strafsachen gem. § 237 StPO ergibt sich im übrigen aus dem Wortsinn der Vorschrift und aus der prozessualen Funktion der „Verbindung **zum Zwecke gleichzeitiger Verhandlung**".

104 § 53 Abs. I StGB betrifft nur die prozessuale Situation, in der tatsächlich mehrere Straftaten gleichzeitig abgeurteilt werden. Das Merkmal der gleichzeitigen Aburteilung sagt jedoch nichts über die Art und Weise, wie es zu bewerkstelligen ist, daß — idealtypisch — **alle** in Betracht kommenden Straftaten in demselben Verfahren verhandelt und abgeurteilt werden. Auch das Strafverfahrensrecht hält kein Instrument bereit, das eine vollständige Berücksichtigung der mehreren Straftaten gewährleistete, für die innerhalb desselben Verfahrens auf nur **eine** Gesamtstrafe zu erkennen ist. Nicht selten hängt es von prosaischen Zufälligkeiten — im Geschäftsgang steckengebliebene Akten; fehlerhaftes Übersehen gesamtstrafengeeigneter Taten; Anklage bei unzuständigem Gericht mit fehlerhafter Verfahrenseröffnung; Vergeßlichkeit des erkennenden Gerichts etc. — ab, ob alle in bezug auf eine Gesamtstrafe maßgeblichen Straftaten in demselben Verfahren berücksichtigt werden. Damit dem Täter aus diesen Zufälligkeiten keine Nachteile (mehrere Gesamt- oder Einzelstrafen nebeneinander) erwachsen, sehen § 55 StGB und § 460 StPO die Möglichkeit vor, die Bildung einer Gesamtstrafe, auf die an sich schon zuvor hätte erkannt werden können, nachzuholen[376].

105 Das mit Rücksicht auf unvermeidbare strafprozessuale Unzulänglichkeiten im Grundsatz sinnvolle Ergänzungsverhältnis zwischen den §§ 53, 54 StGB und den Vorschriften über die nachträgliche Gesamtstrafenbildung bereitet allerdings kaum lösbare Probleme[377], wenn die mehreren abzuurteilenden Straftaten teils vor, teils nach einem (früheren, vgl. § 55 StGB) Urteil, das sich ebenfalls auf einen Teil dieser mehreren Straftaten erstreckt, begangen worden sind: Hat der Täter z. B. nacheinander die selbständigen Taten A, B und C begangen, und liegt die Tat A vor, die Tat C aber nach Aburteilung der Tat B, dann fragt es sich, in bezug auf welche Straftaten in einem dem Verfahren B nachfolgenden zweiten Strafverfahren auf eine Gesamtstrafe zu erkennen ist[378]. Werden in dem späteren Verfahren die Straftaten A und C verhandelt, lägen an sich die Voraussetzungen des § 53 Abs. I StGB (gleichzeitige Aburteilung) vor,

---

375 Vgl. BGHSt 19, 177 (182).

376 Vgl. dazu unten Rdn. 194 ff und Rdn. 327 ff.

377 Vgl. dazu vorerst LK-Vogler, § 53 Rdn. 10 und § 55 Rdn. 11 ff; Schönke/Schröder (Stree), § 53 Rdn. 7 und § 55 Rdn. 14 ff.

378 Beispiel nach SK-Samson, § 53 Rdn. 8.

so daß gem. §§ 53, 54 StGB eine entsprechende Gesamtstrafe zu verhängen wäre. Zugleich aber liegen in bezug auf die Straftaten A und B auch die Voraussetzungen der nachträglichen Gesamtstrafenbildung gem. § 55 StGB vor. In diese Gesamtstrafe darf nach den Regeln des § 55 StGB aber die Strafe wegen der Tat C nicht einbezogen werden[378].

In derartigen Fällen geraten die sich sonst ergänzenden §§ 53, 54 StGB und § 55 StGB in einen rechtsanwendungsrechtlichen Konflikt, der prinzipiell unlösbar[379], wohl aber im Sinne „brauchbaren Entscheidens" weitgehend zu beseitigen ist: Zur Anwendung kommt allein die Vorschrift, die eine den Grundgedanken und Grundlagen der Gesamtstrafenregelung am nächsten kommende Problemlösung erlaubt. Rechtsprechung und h. M. wenden ausschließlich § 55 StGB an mit der Folge, daß eine Gesamtstrafe (nachträglich) nur in bezug auf die Straftaten A und B gebildet, in bezug auf die Straftat C dagegen eine selbständige Einzelstrafe verhängt wird[380]. Nach anderer Ansicht[381] soll in bezug auf alle drei Straftaten im zweiten Verfahren auf eine einheitliche Gesamtstrafe erkannt werden. Eine Mittelmeinung[382] will grundsätzlich wie Rechtsprechung und h. M. in der Lehre verfahren, jedoch dann eine einheitliche Gesamtstrafe bilden, wenn die frühere Verurteilung nach Art des abgeurteilten Delikts nicht geeignet sein konnte, auf den Täter einen warnenden Appell auszuüben. **106**

Dahingestellt bleiben mag an dieser Stelle, welche der verschiedenen Auffassungen vorzuziehen ist. Es handelt sich dabei um eine Frage, die vornehmlich im Kontext der **nachträglichen** Gesamtstrafenbildung Bedeutung erlangt[383].

II. Arten der Gesamtstrafe

Differenziert nach Freiheitsstrafe, Geldstrafe und Formen ihres etwaigen Zusammentreffens regeln die §§ 53 Abs. I, 53 Abs. II StGB die möglichen **Arten** einer Gesamtstrafe[384]. **Obligatorisch** ist die Gesamtstrafe gem. § 53 Abs. I StGB. Soweit Freiheitsstrafe und Geldstrafe zusammentreffen, läßt § 53 Abs. II StGB die Gesamtstrafe lediglich **fakultativ** zu. **107**

---

379 Vgl. auch LK-Vogler, § 55 Rdn. 13.

380 Nachweise bei LK-Vogler, § 55 Rdn. 12.

381 So SK-Samson, § 53 Rdn. 9 mit weiteren Nachweisen.

382 So Schönke/Schröder (Stree), § 55 Rdn. 15/16 mit weiteren Nachweisen.

383 Vgl. dazu unten Rdn. 222 ff.

384 Dazu Baumann/Weber, Strafrecht AT, § 41 III 2a; Dreher/Tröndle, § 53 Rdn. 2; Jescheck, Strafrecht AT, § 68 II 2; Lackner, § 53, 3; LK-Vogler, § 53 Rdn. 11 ff; Maurach/Gössel, Strafrecht AT II, § 56 IV A (Rdn. 56 ff); Schönke/Schröder (Stree), § 53 Rdn. 12 ff; SK-Samson, § 53 Rdn. 10 ff.

Es sind danach verschiedene Kombinationen von Einzel- und Gesamtfreiheitsstrafen mit Einzel- und Gesamtgeldstrafen denkbar, die zusätzlichen Spielraum für eine die strafzumessungsrechtlichen Besonderheiten des jeweiligen Einzelfalls verwertende Sanktionspraxis schafft.

1. Die obligatorische Gesamtfreiheitsstrafe

108 Nach § 53 Abs. I StGB **muß** das Gericht auf eine Gesamtstrafe erkennen, wenn „mehrere Freiheitsstrafen" verwirkt sind. Dieses „Muß" der Gesamtstrafe gilt grundsätzlich für alle Arten von Freiheitsstrafen, einschließlich der lebenslangen Freiheitsstrafe[385].

109 a) Im Rahmen des § 53 Abs. I StGB gilt **auch** der **Strafarrest** gem. § 9 WStG als (zeitige) „Freiheitsstrafe"[386]. Dies ergibt sich unter Berücksichtigung auch der Aussetzungsvorschriften gem. § 14a WStG aus den §§ 9 Abs. II, S. 1; 13 WStG. Zwar besteht zwischen Strafarrest i. S. d. Wehrstrafrechts und Freiheitsstrafe i. S. d. § 38 StGB **der Art nach** ein Unterschied, der vornehmlich bei der **Bildung** der Gesamtstrafe zu beachten ist[387]. Insbesondere aus den §§ 9 Abs. I, S. 1; 13 Abs. I WStG ergibt sich jedoch, daß Strafarrest nach dem WStG im Zusammentreffen mit (zeitiger) Freiheitsstrafe oder bei entsprechender Höhe auch allein „gesamtfreiheitsstrafenfähig" ist[388]. Auf eine Gesamtfreiheitsstrafe ist demnach gem. § 53 Abs. I StGB i. V. m. § 13 Abs. II, S. 1 WStG zu erkennen, wenn (zeitige) Freiheitsstrafe und Strafarrest verwirkt sind[388]. Des weiteren ist auf eine Gesamtfreiheitsstrafe gem. § 13 Abs. I, S. 1 WStG i. V. m. §§ 53 Abs. I, 54 StGB zu erkennen, wenn die Einzelsanktionen zwar ausschließlich auf Strafarrest lauten, nach den Regeln der Gesamtstrafenbildung aber keine Gesamtstrafe von mehr als sechs Monaten zu verhängen wäre. Nur für den wehrstrafrechtlichen Sonderfall, daß die Voraussetzungen für eine Bewährungsaussetzung der Freiheitsstrafe vorliegen, dagegen eine Bewährungsaussetzung des Strafarrests nicht in Betracht kommt, sieht § 13 Abs. II, S. 2 WStG vor, auf Freiheitsstrafe und Strafarrest gesondert und nebeneinander bestehend zu erkennen.

110 b) **Nicht** zur Freiheitsstrafe i. S. d. § 53 Abs. I StGB zählt die **Jugendstrafe** gem. § 17 JGG. Hat der Jugendliche mehrere Straftaten begangen, die gleichzeitiger Aburteilung unterliegen, setzt das Gericht gem. § 31

---

385 Vgl. DREHER/TRÖNDLE, § 53 Rdn. 2.

386 Vgl. DREHER/TRÖNDLE, § 53 Rdn. 2; LK-VOGLER, § 53 Rdn. 11; SCHÖNKE/SCHRÖDER (STREE), § 53 Rdn. 14.

387 Vgl. BGHSt 12, 244 (246); SCHÖNKE/SCHRÖDER (STREE), § 54 Rdn. 5.

388 So auch LK-VOGLER, § 53 Rdn. 11, § 54 Rdn. 3; SCHÖNKE/SCHRÖDER (STREE), § 53 Rdn. 14, § 54 Rdn. 5, 8; vgl. auch OLG Köln JNW 1966, 165.

JGG stets nur eine einheitliche Jugendstrafe fest. Im Jugendstrafrecht gilt nicht das Prinzip der Gesamtstrafe, sondern das Prinzip der einheitlichen Strafe. Nach § 32 JGG ist allerdings auf mehrere Straftaten, die gleichzeitig abgeurteilt werden, **einheitlich** nicht Jugendstrafrecht, sondern allgemeines Strafrecht anzuwenden, wenn die Straftaten teils nach Jugendstrafrecht, teils nach allgemeinem Strafrecht zu beurteilen wären und das Schwergewicht des gesamten Tatkomplexes bei den Straftaten liegt, auf die das allgemeine Strafrecht anzuwenden wäre[389]. Insoweit verbleibt es bei der Gesamtstrafenregelung gem. §§ 53, 54 StGB. Aus Freiheitsstrafe i. S. d. § 38 StGB und aus Jugendstrafe i. S. d. § 17 JGG darf jedoch ausnahmslos **keine** Gesamtstrafe gebildet werden[390].

c) Dem früheren Wortlaut der §§ 53 Abs. I, II; 54 Abs. I und II, S. 2 **111**
StGB zufolge war im Falle des Zusammentreffens von zeitiger und/oder lebenslanger Freiheitsstrafe mit **lebenslanger Freiheitsstrafe** trotz Vorliegens der sonstigen Voraussetzungen des § 53 Abs. I StGB die Bildung einer **Gesamtstrafe ausgeschlossen.** Hatte der Täter mehrere Morde begangen und damit lebenslange Freiheitsstrafe mehrmals verwirkt, so war entsprechend mehrmals auf lebenslange Freiheitsstrafe zu erkennen[391]. Hatte der Täter mehrere zeitige Freiheitsstrafen und lebenslange Freiheitsstrafe in nur einem Falle verwirkt, war auf lebenslange Freiheitsstrafe **und** auf eine aus den einzelnen (zeitigen) Freiheitsstrafen gebildete Gesamtstrafe zu erkennen. War neben nur einer oder mehreren lebenslangen Freiheitsstrafen nur **eine** zeitige Freiheitsstrafe verwirkt, so hatte das Gericht außer auf die oder den lebenslange(n) Freiheitsstrafe(n) auch auf die Einzelfreiheitsstrafe zu erkennen. Stets waren die verschiedenen lebenslangen und zeitigen Einzel- oder Gesamtstrafen **nebeneinander** zu verhängen. Dementsprechend waren sämtliche verwirkten lebenslangen und einzelnen zeitigen Freiheitsstrafen als selbständige Rechtsfolgen in die Urteilsformel aufzunehmen. Seit Inkrafttreten des § 57 a StGB erfaßte § 260 Abs. IV, S. 5 a. F. StPO das Zusammentreffen von lebenslanger mit zeitiger und/oder lebenslanger Freiheitsstrafe nicht mehr, weil mit der Aussetzungsmöglichkeit gem. § 57 a StGB die lebenslange Freiheitsstrafe keine Rechtsfolge mehr ist, die ihrer Natur nach die Vollstreckung einer in demselben Urteil verhängten zeitigen/lebenslangen Freiheitsstrafe ausschließt[392].

---

389 Vgl. grundsätzlich hierzu Miehe, Taten in Adoleszenz, 237 ff, 249 ff; ferner BGHSt 14, 287 (290).

390 BGHSt 10, 100 (103); BGHSt 14, 287 (288); BGHSt 29, 67 (67) mit Anm. Brunner JR 1980, 262 (263); BGH MDR (Holtz) 1979, 106; vgl. auch BGH NStZ 1987, 24.

391 Vgl. dazu Schönke/Schröder (Stree), § 53 Rdn. 25.

392 Vgl. auch BGHSt 32, 93 (94) = BGH NJW 1984, 376/377.

112 Dieser veränderten Rechtslage hat das 23. Strafrechtsänderungsgesetz vom 13. April 1986[393] Rechnung getragen. Es erstreckt den Anwendungsbereich der §§ 53 ff StGB auf **alle** Fallkonstellationen des Zusammentreffens mehrerer lebenslanger oder lebenslanger und zeitiger Freiheitsstrafe. Nach dem nunmehr gültigen Wortlaut der §§ 53, 54 StGB ist auf **eine** Gesamtfreiheitsstrafe, und zwar auf lebenslange Freiheitsstrafe zu erkennen, wenn der Täter mehrere lebenslange Freiheitsstrafen verwirkt hat. Ebenfalls auf lebenslange Freiheitsstrafe als Gesamtstrafe ist zu erkennen, soweit der Täter außer **einer** lebenslangen Freiheitsstrafe noch eine oder mehrere zeitige Freiheitsstrafen verwirkt hat[394]. Entsprechendes gilt, wenn mehrere lebenslange Freiheitsstrafen mit einer oder mehreren zeitigen Freiheitsstrafen zusammentreffen. Die in den Fällen des Zusammentreffens von lebenslanger und/oder zeitiger Freiheitsstrafe mit lebenslanger Freiheitsstrafe nach früherem Recht aus § 260 Abs. IV, S. 5 a. F. StPO resultierende und durch § 57a StGB nur modifizierte Problematik der Fassung des Urteilstenors ist mit der Gesamtstrafenfähigkeit der lebenslangen Freiheitsstrafe beseitigt: Nachdem das 23. Strafrechtsänderungsgesetz vom 13. 4. 1986 folgerichtig § 260 Abs. IV, S. 5 a. F. StPO ersatzlos gestrichen hat, ist in den Urteilstenor wie auch sonst üblich ausschließlich die erkannte Gesamtstrafe, bei lebenslanger Freiheitsstrafe als erkannter Gesamtstrafe deshalb allein die lebenslange Freiheitsstrafe (einmalig) aufzunehmen[395].

2. Die obligatorische Gesamtgeldstrafe

113 Auf eine Gesamtstrafe, und zwar auf eine Gesamtgeldstrafe **muß** das Gericht gem. § 53 Abs. I StGB erkennen, wenn mehrere und ausschließlich Geldstrafen verwirkt sind. Unerheblich ist dabei, ob die verschiedenen Einzelgeldstrafen auf § 47 Abs. II StGB oder unmittelbar auf den Strafdrohungen der jeweils verletzten Strafgesetze beruhen[396]. Nicht in den Bereich der obligatorischen Gesamtgeldstrafe gehört die nach § 41 StGB neben einer Freiheitsstrafe verwirkte (Einzel-)Geldstrafe als weitere, auf dieselbe Straftat bezogene Hauptstrafe, da nach § 41 StGB eine Geldstrafe **nicht allein**, sondern nur zusammen mit (kumulativ) einer Freiheitsstrafe verhängt werden kann.

---

393 BGBl. (1986) Teil I, 393 ff; BT-Drs X/2720 mit Begründung S. 9 ff; dazu auch Gross, Entwurf, StrVert 1985, 81 ff (84/85).

394 Vgl. zum Ganzen BT-Drs X/2720, Begründung, S. 10 (Zu Nummer 3).

395 Vgl. Maurach/Gössel, Strafrecht AT II, § 56 IV A 2b (Rdn. 66); Schönke/Schröder (Stree), § 54 Rdn. 19.

396 Vgl. statt aller LK-Vogler, § 53 Rdn. 14; Schönke/Schröder (Stree), § 53 Rdn. 15.

Ausgeschlossen ist die Bildung einer Gesamtgeldstrafe gem. § 53 Abs. I StGB in allen Varianten des „realkonkurrierenden" Zusammentreffens verletzter Strafgesetze mit buß- bzw. ordnungsgeldbewehrten Bestimmungen des OWiG oder anderer Ordnungswidrigkeiten[397]. Aus Einzelgeldstrafe(n) und Einzelgeldbuße(n) kann keine Gesamtgeldstrafe gebildet werden. So ist bei gleichzeitiger Aburteilung einer Straftat gem. § 113 StGB (Widerstand gegen Vollstreckungsbeamte) und eines Verstoßes gegen § 111 OWiG (Falsche Namensangabe) gesondert auf eine etwaige Geldstrafe und eine Geldbuße zu erkennen, die kumulativ zur Geldstrafe hinzutritt und im Urteilstenor neben der verhängten Geldstrafe auszusprechen ist[398]. Der zwischen der kriminalstrafrechtlichen Sanktion „Geldstrafe" und der ordnungsrechtlichen Sanktion „Geldbuße" bestehende „wesensmäßige Unterschied", die damit verbundenen strafzumessungsrechtlichen Konsequenzen (§ 46 StGB!) und die bei Uneinbringlichkeit der Geldstrafe an ihre Stelle tretende Ersatzfreiheitsstrafe (bei Einbeziehung einer Geldbuße dann orientiert an erhöhter, an sich aber schuldunangemessener Gesamtgeldstrafe!) lassen eine Zusammenfassung von Geldstrafe und Geldbuße zur Gesamtgeldstrafe nicht zu[398]. Eine differenzierte, die jeweils andere(n) Sanktion(en) berücksichtigende Zumessung von Geldstrafe(n) und Geldbuße(n) erlaubt im Einzelfall in ausreichendem Maße, etwaige Nachteile, die infolge der Kumulierung von Geldstrafe und Geldbuße entstehen können, auszugleichen[399]. **114**

3. Die fakultative Gesamtfreiheitsstrafe

Das Zusammentreffen von zeitiger bzw. lebenslanger[400] Freiheitsstrafe **115** mit Geldstrafe regelt § 53 Abs. II StGB. Dem Wortsinn des Gesetzes entsprechend gilt das Gesamtstrafenprinzip **grundsätzlich** auch für das Zusammentreffen von Freiheitsstrafe und Geldstrafe: Ausdrücklich bestimmt § 53 Abs. II, S. 1 StGB, daß auf eine Gesamtstrafe erkannt wird, wenn (zeitige oder lebenslange) Freiheitsstrafe mit Geldstrafe zusammentrifft. Gem. § 54 Abs. I StGB handelt es sich bei dieser Gesamtstrafe stets um eine Gesamtfreiheitsstrafe. Unter strafzumessungs-

---

397 LK-VOGLER, § 53 Rdn. 15; SCHÖNKE/SCHRÖDER (STREE), § 53 Rdn. 16; vgl. auch CRAMER, Strafensystem, JurA 1970, 183 ff (205).

398 Vgl. OLG Köln NJW 1979, 379; LG Verden NJW 1975, 127.

399 Vgl. LG Verden NJW 1975, 127; ferner CRAMER, Strafensystem, JurA 1970, 183 ff (205) bei und in Anm. 99.

400 Nach Inkrafttreten des 23. Strafrechtsänderungsgesetzes vom 13. 4. 1986 (gem. Artikel 10 des Änderungsgesetzes: 1. Mai 1986) erfaßt § 53 Abs. II StGB auch die lebenslange Freiheitsstrafe.

rechtlichem Blickwinkel sind angesichts der unübersehbaren Vielfalt und Vielgestaltigkeit von einzelnen Sachverhalten indessen Fälle denkbar, in denen es insbesondere aus spezialpräventiven Gründen[401] allein sachgerecht ist, wegen der mehreren begangenen Straftaten sowohl auf die verwirkte (Einzel- oder Gesamt-)Freiheitsstrafe als auch gesondert auf die verwirkte (Einzel- oder Gesamt-)Geldstrafe zu erkennen. Deshalb räumt § 53 Abs. II, S. 2 StGB dem Gericht die **Möglichkeit** ein, neben der verwirkten Freiheitsstrafe auch gesondert auf die verwirkte Geldstrafe zu erkennen. Mit dieser „Kann-Bestimmung" trägt die gesetzliche Ausgestaltung des Gesamtstrafenprinzips den Erfordernissen des Schuldstrafrechts und der daraus folgenden Notwendigkeit einer auf Tat und Täter bezogenen, ausgewogenen und flexiblen Strafzumessung im gebotenen Maße Rechnung. Dem entspricht es, wenn § 53 Abs. II, S. 1, HS. 2 StGB für den Fall, daß eben aus den Gründen der gesondert ausgeworfenen Geldstrafe wegen mehrerer Straftaten (gesondert) Geldstrafen verhängt werden sollen, ausdrücklich vorsieht, daß insoweit — nämlich neben der verwirkten (Einzel- oder Gesamt-)Freiheitsstrafe — auf eine Gesamtgeldstrafe **erkannt wird**.

116 Aus dem Sinnzusammenhang des § 53 Abs. II StGB läßt sich danach ein **Regel-Ausnahme-Verhältnis** zwischen § 53 Abs. II, S. 1 StGB und § 53 Abs. II, S. 2, HS. 1 StGB demzufolge bei Zusammentreffen von verwirkter (zeitiger oder lebenslanger) Freiheitsstrafe mit Geldstrafe die Bildung einer Gesamtfreiheitsstrafe die Regel, das gesonderte Erkennen auf Freiheitsstrafe **und** Geldstrafe dagegen die Ausnahme darstellt[402], nicht herleiten. Mit § 53 Abs. II StGB erst recht unvereinbar ist allerdings die Annahme, in der Regel sei auf Freiheits- und Geldstrafe gesondert zu erkennen[403] und nur ausnahmsweise könne eine Gesamtfreiheitsstrafe gebildet werden, wenn (zeitige oder lebenslange) Freiheitsstrafe mit Geldstrafe zusammentrifft. Sie verträgt sich nicht mit einer **methodologisch** fundierten Konkretisierung des § 53 Abs. II StGB. Zum einen widerspricht ein solches Regel-Ausnahme-Verhältnis zwischen § 53 Abs. II, S. 2, HS. 1 StGB und § 53 Abs. II, S. 1 StGB dem Wortlaut des Gesetzes. Daß § 53 Abs. II StGB keine Anweisung an den Richter enthält[404], wann im Einzelfall auf Gesamtfreiheitsstrafe und wann gesondert neben Freiheitsstrafe auf Geldstrafe zu erkennen ist, ändert daran

---

[401] Vgl. etwa Dreher/Tröndle, § 53 Rdn. 3; LK-Vogler, § 53 Rdn. 16; SK-Samson, § 53 Rdn. 14; Sturm, Strafrechtsreform, JZ 1970, 81 ff, 84.

[402] Vgl. aber Baumann/Weber, Strafrecht AT, § 41 III 2a; Dreher/Tröndle, § 53 Rdn. 3; vgl. ferner BGH MDR (Dallinger) 1973, 17 = BGH VRS 43, 422; BayObLG MDR 1982, 770; E 1962, amtl. Begründung S. 193.

[403] So vor allem Schönke/Schröder (Stree), § 53 Rdn. 20.

[404] Vgl. SK-Samson, § 53 Rdn. 14.

nichts. Zum anderen sind **keine** dem „noch möglichen Wortsinn" des § 53 Abs. II StGB gerecht werdenden **übergeordneten** teleologischen oder sanktionsfunktionalen **Konkretisierungskriterien** ersichtlich, die jene Annahme stützen könnten. Dem Hinweis auf den Grundgedanken des § 47 StGB, wonach im Bereich der kleineren Kriminalität die Geldstrafe als „regelmäßige" kriminalstrafrechtliche Sanktion Vorrang vor einer etwaigen (kurzen) Freiheitsstrafe hat, kommt in diesem primär methodologischen Problemzusammenhang nur geringe Bedeutung zu[405]. Gewiß ist der (kriminalpolitische) Sinn des § 47 StGB auch im Anwendungsbereich des § 53 Abs. II StGB zu beachten[406]. Um den Rechtsgedanken des § 47 StGB im Rahmen des § 53 Abs. II StGB **angemessen** berücksichtigen zu können, ist es jedoch nicht erforderlich, das gesonderte Erkennen auf Freiheits- und Geldstrafe gem. § 53 Abs. II, S. 2, HS. 1 StGB als „Regel", die Gesamtfreiheitsstrafe i. S. d. § 53 Abs. II, S. 1 StGB hingegen als „Ausnahme" zu qualifizieren: Nichts spräche dagegen, insbesondere auf die gem. § 47 StGB zu verhängenden Geldstrafen im Falle ihres Zusammentreffens mit verwirkten Freiheitsstrafen gem. § 53 Abs. II, S. 2, HS. 1 StGB **stets** gesondert zu erkennen, die Bildung einer Gesamtfreiheitsstrafe gem. § 53 Abs. II, S. 1 StGB angesichts der verbleibenden und in der gerichtlichen Praxis am häufigsten vorkommenden Fallgestaltungen aber dennoch als „Regel" zu begreifen[407].

Zwischen § 53 Abs. II, S. 1 StGB und § 53 Abs. II, S. 2, HS. 1 StGB **117** besteht daher weder nach der einen noch nach der anderen Richtung ein Regel-Ausnahme-Verhältnis[408]. Treffen Freiheitsstrafe und Geldstrafe zusammen, so ist gem. § 53 Abs. II StGB in der Frage, ob neben der verwirkten Freiheitsstrafe gesondert auch auf Geldstrafe erkannt werden soll, vielmehr von den **besonderen Umständen des Einzelfalles** auszugehen. Auf sie sind die **allgemeinen Strafzumessungsregeln** anzuwenden[409]. Erfordern die besonderen Umstände des Einzelfalls danach im Vorgang einer sachgerechten Strafzumessung eine gesonderte Verhängung von Freiheits- und Geldstrafe(n), dann reduziert sich der dem Gericht durch § 53 Abs. II, S. 2, HS. 1 StGB eingeräumte Entscheidungsspielraum praktisch auf Null: in diesen Fällen **ist** gesondert auf Freiheits-

[405] Anders SCHÖNKE/SCHRÖDER (STREE), § 53 Rdn. 18.

[406] In diesem Sinne auch JESCHECK, Strafrecht AT, § 68 II 2; LK-VOGLER, § 53 Rdn. 16; vgl. aber DREHER/TRÖNDLE, § 53 Rdn. 3: „kein Argument".

[407] Vgl. auch BayObLG MDR 1982, 770.

[408] So im Ergebnis auch CRAMER, Strafensystem, JurA 1970, 183 ff (209/210); DREHER/TRÖNDLE, § 53 Rdn. 3; JESCHECK, Strafrecht AT, § 68 II 2; LACKNER, § 53, 3 b; LK-VOGLER, § 53 Rdn. 16; nicht eindeutig: SK-SAMSON, § 53 Rdn. 14.

[409] Vgl. statt aller LACKNER, § 53, 3 b; LK-VOGLER, § 53 Rdn. 16.

und Gelstrafe(n) **zu erkennen**. Auf Freiheitsstrafe **und** Geldstrafe ist deshalb zu erkennen, wenn nach den konkreten Umständen des Einzelfalls das Schwergewicht bei der(n) festgesetzten Geldstrafe(n) liegt[410]. Ganz ähnlich können spezialpräventive Gesichtspunkte und Gerechtigkeitserwägungen im Einzelfall gebieten, nicht auf eine Gesamtfreiheitsstrafe, sondern getrennt auf Freiheitsstrafe und Geldstrafe zu erkennen[410]. Auch das Umgekehrte gilt: Nach den allgemeinen Regeln der Strafzumessung ist gem. § 53 Abs. 2, S. 1 StGB auf eine Gesamtfreiheitsstrafe zu erkennen, wenn das Schwergewicht der Sanktionen auf der(n) Freiheitsstrafe(n) liegt und durch die Einbeziehung der Geldstrafe(n) nur eine unwesentliche oder verhältnismäßig geringe Erhöhung der (Einzel- oder Gesamt-)Freiheitsstrafe bewirkt wird. Auf Gesamtfreiheitsstrafe gem. § 53 Abs. II, S. 1 StGB wird ferner auch dann zu erkennen sein, wenn die strafzumessungsrechtliche Beurteilung der besonderen Umstände des Einzelfalles ergibt, daß mit der Verhängung (und Vollstreckung) einer längeren Gesamtfreiheitsstrafe i. S. d. Zielperspektive des § 2 StVollzG vergleichsweise günstigere Wirkungen verbunden sind. Demgegenüber können im Einzelfall besondere Tatumstände, charakteristische Merkmale der Täterpersönlichkeit, die familiären und wirtschaftlichen Verhältnisse etc. zur Folge haben, daß es nach den Regeln der Strafzumessung geradezu darauf ankommt, gesondert auf Freiheitsstrafe (mit der Möglichkeit, deren Vollstreckung zur Bewährung auszusetzen) **und** auf Geldstrafe (etwa, um rasch eine fühlbare Vermögenseinbuße beim Täter zu veranlassen[411]) zu erkennen.

118 Obwohl demnach die Entscheidung, ob gem. § 53 Abs. II, S. 1 StGB auf eine Gesamtfreiheitsstrafe oder gem. § 53 Abs. II, S. 2, HS. 1 StGB getrennt auf Freiheitsstrafe und Geldstrafe zu erkennen ist, allein von den **allgemeinen Strafzumessungsregeln** in ihrer Anwendung auf die **besonderen Umstände des Einzelfalls** abhängt, kommt dem Wortsinn des § 53 Abs. II StGB und der aus ihm ersichtlichen **abgestuften Differenzierung** zwischen der **fakultativen** Gesamtfreiheitsstrafe und der Möglichkeit, gesondert auf Freiheitsstrafe und Geldstrafe zu erkennen, dennoch erhebliche Bedeutung zu. Der gesetzlichen Funktionsverteilung zwischen § 53 Abs. II, S. 1 StGB und § 53 Abs. II, S. 2, HS. 1 StGB entsprechend ist beim Zusammentreffen von Freiheitsstrafe und Geldstrafe **grundsätzlich**[412] auf eine Gesamtfreiheitsstrafe zu erkennen. Zwar versteht sich dieser sanktionsfunktionale Zusammenhang zwischen § 53

---

[410] Vgl. etwa DREHER/TRÖNDLE, § 53 Rdn. 3; LK-VOGLER, § 53 Rdn. 16; STURM, Strafrechtsreform, JZ 1970, 81 ff (84).

[411] Vgl. DREHER/TRÖNDLE, § 53 Rdn. 3 mit Nachweis BGH Urt. v. 6. 6. 1972 – 1 StR 116/72.

[412] Vgl. auch BGHSt 23, 260 (260); ferner E 1962, amtl. Begründung, S. 193.

Abs. II, S. 1 StGB und § 53 Abs. II, S. 2, HS. 1 StGB – wie schon gezeigt – **nicht** als Regel-Ausnahme-Verhältnis im logischen/methodologischen Sinne. Bei ihm handelt es sich aber um einen (grundlegenden) **Strafzumessungsgesichtspunkt**, der sich **stets** auf die Entscheidung, ob gem. § 53 Abs. II, S. 1 StGB oder gem. § 53 Abs. II, S. 2, HS. 1 StGB zu verfahren ist (mit-)bestimmend auswirkt. So kommt z. B. eine **gesonderte** Verhängung von Freiheits- und Geldstrafe(n) gem. § 53 Abs. II, S. 2, HS. 1 StGB dann **nicht** in Betracht, wenn (ohne Einbeziehung der gesetzlichen Abstufung zwischen § 53 Abs. II, S. 1 StGB und § 53 Abs. II, S. 2, HS. 1 StGB) trotz individueller und sachlich differenzierter Strafzumessung im Einzelfall **zweifelhaft** und **offen** bleibt, ob gem. § 53 Abs. II, S. 1 StGB auf eine Gesamtfreiheitsstrafe oder gem. § 53 Abs. II, S. 2, HS. 1 StGB gesondert auf Freiheitsstrafe und Geldstrafe zu erkennen ist. Für solche in bezug auf die Sanktionsalternativen des § 53 Abs. II StGB **mehrdeutigen** Sachverhalte gilt, daß entsprechend dem (strafzumessungsrechtlichen) Sinn des § 53 Abs. II, S. 1 StGB auf eine Gesamtfreiheitsstrafe zu erkennen ist.

Die Rechtsprechung des BGH und der Obergerichte[413] bestätigt dieses **119**
Verständnis des § 53 Abs. II StGB. Zwar findet sich in den maßgeblichen Entscheidungsgründen überwiegend der Hinweis, daß in bezug auf § 53 Abs. II StGB das Gesetz „die Bildung einer Gesamtstrafe als die Regel" ansieht. Diese Formulierung stellt jedoch ersichtlich nur eine Bezeichnung ohne die logischen und methodologischen Implikationen eines Regel-Ausnahme-Verhältnisses dar; denn aus dem weiteren Zusammenhang der jeweiligen Entscheidungsgründe wird deutlich, daß in bestimmten Fällen die Anwendung des § 53 Abs. II, S. 1 StGB einer **besonderen Begründung** bedarf und das Gericht **im einzelnen darlegen** muß, warum es von der Möglichkeit gem. § 53 Abs. II, S. 1, HS. 1 StGB gesondert auf Freiheitsstrafe und Geldstrafe zu erkennen, **keinen** Gebrauch macht[414]. Da sich für die Anwendung des § 53 Abs. II, S. 2, HS. 1 StGB i. V. m. § 267 Abs. III, S. 1 StPO ein entsprechender Begründungszwang unmittelbar aus dem Gesetz („kann") ergibt, müssen die Urteilsgründe **stets** mit einer (revisionsrichterlich) nachprüfbaren Begründung für die Wahl der einen oder anderen Sanktionsalternative versehen sein.

a) Auswirkungen des § 47 StGB

In den Fällen des Zusammentreffens von Freiheitsstrafe(n)[400] mit gem. **120**
§ 47 StGB verwirkter(n) Geldstrafe(n) wird zumeist der mit § 47 StGB

---

[413] Vgl. insbesondere BGH VRS 43, 422 = BGH MDR (DALLINGER) 1973, 17; BayObLG MDR 1982, 770; ferner OLG Koblenz GA 1978, 188; OLG Celle NdsRpfl 1976, 263; OLG Schleswig SchLHA 1976, 166.

[414] So ausdrücklich BGH VRS 43, 422 = BGH MDR (DALLINGER) 1973, 17; BayObLG MDR 1982, 770.

verfolgte kriminalpolitische Zweck (Zurückdrängung der „kurzen" Freiheitsstrafe zu Gunsten der Verhängung von Geldstrafen im Bereich kleinerer Kriminalität[415]) dazu führen, gem. § 53 Abs. II, S. 2, HS. 1 StGB gesondert auf (Einzel- oder Gesamt-)Freiheitsstrafe und auf Geldstrafe zu erkennen. Ähnlich wie die in der Sache strafzumessungsrechtlich orientierte gesetzliche Ergänzung des § 53 Abs. II, S. 1 StGB durch § 53 Abs. II, S. 2, HS. 1 StGB stellt auch der **Rechtsgedanke** des § 47 StGB im Anwendungsbereich des § 53 Abs. II StGB einen **grundlegenden** (allgemeinen) **Strafzumessungsgesichtspunkt** dar, der in der Abwägung gegen andere Strafzumessungserwägungen so dominierend wird, daß nur eine gem. § 53 Abs. II, S. 2, HS. 1 StGB gesonderte Verhängung von Freiheitsstrafe und Geldstrafe sachgerecht ist[416].

121 Freilich lassen sich auch Fälle denken, in denen das Spannungsverhältnis zwischen § 53 Abs. II, S. 1 StGB und § 47 StGB in der Weise aufgelöst wird, daß unter Verdrängung der kriminalpolitischen Zielsetzung des § 47 StGB wegen des auf der verwirkten Freiheitsstrafe liegenden Schwergewichts der Sanktionen allein auf eine Gesamtfreiheitsstrafe zu erkennen ist. Hat der Täter beispielsweise eine (Einzel- oder Gesamt-)Freiheitsstrafe von mehr als einem Jahr und eine geringe Geldstrafe gem. § 47 StGB verwirkt, kann es mit Rücksicht auch auf andere strafzumessungsrelevante Umstände des Einzelfalls geboten sein, gem. § 53 Abs. II, S. 1 StGB auf eine Gesamtfreiheitsstrafe zu erkennen, wenn und weil die gem. § 54 Abs. I, S. 2 StGB vorzunehmende Erhöhung der verwirkten Freiheitsstrafe dieser gegenüber ohnehin **nicht ins Gewicht fällt**. Die in der Praxis nicht selten anzutreffende, in den Urteilsgründen freilich vermiedene Erwägung, daß der Verurteilte sowieso eine (längere) Freiheitsstrafe „absitzen" muß und ebenso die häufig ja nur spekulative Einschätzung, daß der Täter letztlich doch nicht zahlen kann und wird[417], dürfen und können allerdings in keinem Falle für die Verhängung einer Gesamtfreiheitsstrafe gem. § 53 Abs. II, S. 1 StGB ausschlaggebend sein.

b) § 53 Abs. II StGB und § 56 Abs. I, II StGB

122 Wie im Verhältnis zu § 47 StGB kann auch im Verhältnis zwischen § 53 Abs. II StGB und § 56 Abs. I und II StGB ein (primär strafzumessungsrechtlicher) Konflikt entstehen. Gemeint sind jene in der strafgerichtlichen Praxis öfter vorkommenden Fälle eines Zusammentreffens von Freiheits- und Geldstrafe(n), in denen sowohl in bezug auf die verwirkte

---

[415] Vgl. dazu statt aller LK-Hirsch, § 47 Rdn. 1, 2; Schönke/Schröder (Stree), § 47 Rdn. 1.

[416] Dazu auch LG Flensburg GA 1984, 577.

[417] Vgl. auch Dreher/Tröndle, § 53 Rdn. 3.

(Einzel- oder Gesamt-)Freiheitsstrafe, nicht jedoch in bezug auf die durch Einbeziehung der Geldstrafe(n) gem. § 53 Abs. II, S. 1 StGB gebildete, **erhöhte** Gesamtfreiheitsstrafe die Voraussetzungen einer Strafaussetzung zur Bewährung vorliegen[418]. Zu beachten ist dabei vor allem, daß diese Konfliktproblematik **nicht** so sehr das breite **Mittelfeld** des § 56 Abs. I StGB oder des § 56 Abs. II StGB betrifft, **sondern** jeweils den **Grenzbereich** beider Aussetzungsvorschriften. Hinzu kommen weiter die mit einer **zahlgenauen** Begrenzung des Anwendungsbereichs einer Norm unlösbar verknüpften Gerechtigkeitszweifel, die im Blick auf § 53 Abs. II StGB noch dadurch erheblich anwachsen, daß bisweilen bereits eine äußerst niedrige Geldstrafe ausreicht, um im Falle einer gem. § 53 Abs. II, S. 1 StGB gebildeten Gesamtfreiheitsstrafe eine Anwendung des § 56 Abs. I, II StGB zwingend auszuschließen. Im Zusammenwirken mit diesen Erwägungen erlangt der dem Institut der Strafaussetzung zur Bewährung zu Grunde liegende (spezialpräventive) Resozialisierungsgedanke[419] eine besonders ausgeprägte strafzumessungsrechtliche Funktion. Sie bewirkt in derartigen Grenzfällen, in denen nach den prozessualen Feststellungen gleichwohl die Voraussetzungen einer Strafaussetzung erfüllt sind, einen (strafzumessungsrechtlichen) Vorrang der Aussetzungsbestimmungen vor § 53 Abs. II, S. 1 StGB, so daß nur bei Vorliegen signifikanter, „gegenläufiger" Umstände auf eine Gesamtfreiheitsstrafe (ohne Strafaussetzung zur Bewährung) erkannt werden darf[420].

Erst recht ist gem. § 53 Abs. II, S. 2, HS. 1 StGB gesondert auf Freiheitsstrafe und Geldstrafe zu erkennen, wenn in bezug auf die verwirkte Einzel- oder Gesamtfreiheitsstrafe die Voraussetzungen einer Strafaussetzung zur Bewährung gem. § 56 Abs. I, II StGB erfüllt sind und zugleich die verwirkte(n) Geldstrafe(n) auf § 47 StGB beruht(en). Da im Gesamtvorgang der Strafzumessung insoweit nicht nur die Aussetzungsvorschriften, sondern auch § 47 StGB **ihrer Intention nach gegen** die Verhängung einer die Geldstrafe(n) einbeziehenden Gesamtfreiheitsstrafe gerichtet sind, „verdoppelt" sich im Blick auf § 53 Abs. II, S. 1 StGB der mit den §§ 56 Abs. I, II; 47 StGB aus jeweils verschiedenen Gründen verbundene Ausschlußeffekt[420]. Die Rechtsprechung des BGH und der Obergerichte geht deshalb bei derartigen Fallkonstellationen **123**

[418] Vgl. beispielsweise BGH MDR (Dallinger) 1973, 17 = BGH VRS 43, 422; BayObLG MDR 1982, 770.

[419] Vgl. statt aller LK-Russ, § 56 Rdn. 1 ff; Schönke/Schröder (Stree), § 56 Rdn. 1 ff; SK-Horn, § 56 Rdn. 2 ff.

[420] In diesem Sinne wohl auch BGH MDR (Dallinger) 1973, 17 = BGH VRS 43, 422; BayObLG MDR 1982, 770.

zutreffend davon aus, daß „allenfalls ganz besondere Umstände" es gerechtfertigt erscheinen lassen können, gem. § 53 Abs. II, S. 1 StGB auf eine Gesamtfreiheitsstrafe zu erkennen[421].

c) Sonderstellung des § 41 StGB

124 Die obligatorische Gesamtfreiheits- und Gesamtgeldstrafe gem. § 53 Abs. I StGB betreffen ebenso wie die fakultative Gesamtfreiheitsstrafe gem. § 53 Abs. II, S. 1 StGB und die gem. § 53 Abs. II, S. 2, HS. 1 StGB eröffnete Möglichkeit, bei Zusammentreffen von Geld- mit Freiheitsstrafe(n) gesondert auf Geld- und Freiheitsstrafe(n) zu erkennen, allein die jeweils **selbständig** als Hauptstrafe zu verhängenden Freiheits- **oder** Geldstrafen, die durch **verschiedene** Straftaten verwirkt sind. Dem Leitbild der gesetzlichen Strafdrohungen zuwider läßt es § 41 StGB (ausnahmsweise) zu, wegen derselben Straftat neben einer Freiheitsstrafe eine sonst nicht oder nur wahlweise angedrohte Geldstrafe als **unselbständige** zweite **Hauptstrafe** zu verhängen. Eine etwaige Kollision des § 41 StGB mit den Regeln der strafrechtlichen Konkurrenzen schließt § 52 Abs. III StGB zunächst für den Bereich der Idealkonkurrenz aus, indem § 41 StGB im Falle von Handlungseinheit und Idealkonkurrenz für unmittelbar anwendbar erklärt wird. Aufgrund der andersartigen Struktur von Handlungsmehrheit und Realkonkurrenz und des den § 53 ff StGB zu Grunde liegenden Gesamtstrafenprinzips ordnet § 53 Abs. III StGB für den Bereich der Realkonkurrenz folgerichtig eine sinngemäße Anwendung des § 52 Abs. III StGB an. Danach ist § 41 StGB zwar in den Regelungsbereich des § 53 StGB einbezogen. Es fragt sich jedoch, welche Einzelbestimmung des § 53 StGB eine gem. § 41 StGB erfolgte kumulative Verhängung von Freiheitsstrafe und Geldstrafe erfaßt. Allgemein wird die besondere Sanktion des § 41 StGB als ein Fall des Zusammentreffens von Freiheits- und Geldstrafe i. S. d. § 53 Abs. II StGB angesehen, für den § 53 Abs. II, S. 1 StGB in der Regel nicht gilt[422]. An dieser Problemzuordnung bestehen indessen erhebliche Zweifel.

125 Die gem. § 41 StGB unter bestimmten Voraussetzungen zulässige Kombination von Freiheitsstrafe und kumulativ hinzutretender Geldstrafe versteht sich als eine in sich differenzierte, **einheitliche Sanktion.** Diese Einheitlichkeit gründet sich auf das Tatschuldprinzip[423] und die

---

[421] Vgl. noch LG Flensburg GA 1984, 577.

[422] Vgl. statt aller LK-Vogler, § 53 Rdn. 17; Schönke/Schröder (Stree), § 53 Rdn. 22; SK-Samson, § 53 Rdn. 13.

[423] Vgl. LK-Tröndle, § 41 Rdn. 11; Schönke/Schröder (Stree), § 41 Rdn. 1, 8; SK-Horn, § 41 Rdn. 3.

daraus resultierende Wechselwirkung zwischen der Höhe der festzusetzenden Freiheitsstrafe und der Höhe der hinzutretenden Geldstrafe. Unabhängig von der Zweckidee des § 41 StGB, insbesondere wirtschaftskriminelle Täter, die es auf Vermögensvorteile abgesehen haben, auch an ihrem Vermögen strafen zu können (Bereicherungsabschöpfung)[424], sind dem Schuldgrundsatz entsprechend die Dauer der Freiheitsstrafe und die Anzahl der Tagessätze so aufeinander abzustimmen, daß Geld- und Freiheitsstrafe zusammen das Maß der Tatschuld nicht überschreiten[425]. Zu beachten ist dabei die „Umrechnung" gem. § 43 StGB. Aus § 46 StGB ergibt sich deshalb, daß die der oberen Grenze des Schuldmaßes entsprechende Höhe der Freiheitsstrafe um die Zahl der Tagessätze abzusenken ist, damit der Täter im Falle einer zu verbüßenden Ersatzfreiheitsstrafe keiner längeren Freiheitsentziehung ausgesetzt ist als bei alleiniger Verhängung einer zulässigen Freiheitsstrafe[425]. Der strafzumessungsrechtliche Sinnzusammenhang zwischen der gem. § 41 StGB festgesetzten Freiheits- und Geldstrafe drückt sich auch in einem **Verbot** aus, die zeitlichen Grenzen des § 56 Abs. I und II StGB mit Hilfe einer kumulativen Geldstrafe gem. § 41 StGB zu umgehen: Mit den allgemeinen Strafzumessungsregeln unvereinbar und deshalb unzulässig ist es, nur deshalb auf eine Geldstrafe oder auf eine höhere Geldstrafe gem. § 41 StGB zu erkennen, um so auf eine der Höhe nach an sich unangemessen geringe Freiheitsstrafe erkennen und die Aussetzungsvorschriften des § 56 StGB anwenden zu können[426]. Stellt aber die in bezug auf den kriminalpolitischen Grundgedanken des § 41 StGB bezogene funktionale Kombination von Geld- und Freiheitsstrafe strafzumessungsrechtlich eine Einheit dar, schließen sich § 41 StGB und § 53 Abs. II StGB der Sache nach aus, weil in der zumessungseinheitlichen Verhängung von

---

424 Statt aller LK-Tröndle, § 41 Rdn. 1.

425 So Schönke/Schröder (Stree), § 41 Rdn. 8; vgl. auch BGHSt 32, 60 (65/67); ferner BGH MDR 1985, 594/5 = BGH NJW 1985, 1719; anders Lackner, § 41, 3.

426 BGHSt 29, 319 (321) = BGH MDR 1981, 63 mit zust. Anm. Bruns JR 1981, 335 ff; BGHSt 32, 60 (65); BGH NJW 1985, 1719 = BGH MDR 1985, 594/5; anders AG Saarbrücken NStZ 84, 76 mit Anm. Horn. Entgegen Horn JR 1984, 211 ff, 212 kann aber eine Freiheitsstrafe in den zeitlichen Grenzen des § 56 Abs. II StGB zur Bewährung ausgesetzt werden, wenn daneben eine Geldstrafe gem. § 41 StGB verhängt wird und die Freiheitsstrafe mit der Tagessatzanzahl der Geldstrafe zusammengerechnet die Grenze des § 56 Abs. II StGB überschreitet (so BGH MDR 1985, 594/595 = BGH NJW 1985, 1719). Dies widerspricht im übrigen nicht der Einheitlichkeit der Sanktion gem. § 41 StGB. Freiheitsstrafe und kumulative Geldstrafe gem. § 41 StGB bilden zwar eine tatschuldbezogene Einheit. Die in ihr enthaltenen Einzelstrafen folgen jedoch je für sich den Eigengesetzlichkeiten ihrer **Art**.

Freiheits- und Geldstrafe gem. § 41 StGB eben diese Freiheits- und Geldstrafe jedenfalls nicht i. S. d. § 53 Abs. II StGB „zusammentreffen". Eine (sinngemäße) Anwendung des § 53 Abs. I StGB auf **mehrere** gem. § 41 StGB verwirkte Freiheits- und Geldstrafen ist dagegen möglich und nach der Rechtsprechung des BGH auch geboten. Unter Beibehaltung der kumulativen Grundstruktur des § 41 StGB ist dann auf eine Gesamtfreiheitsstrafe und eine (insgesamt unselbständige) zusätzliche Gesamtgeldstrafe zu erkennen[427].

126 Ähnlich ist zu entscheiden, wenn auf eine oder mehrere **selbständige** Geldstrafe(n) **und** auf Freiheitsstrafe mit kumulativer Geldstrafe gem. § 41 StGB erkannt wird. Mit der Rechtsprechung des BGH ist auch in diesen Fällen gem. § 53 Abs. I StGB auf eine aus der/den unselbständigen und der/den selbständigen Geldstrafe(n) gebildete Gesamtgeldstrafe zu erkennen[428], die mit Rücksicht auf die „unselbständigen Anteile" nach § 41 StGB kumulativ neben die gleichermaßen gem. § 41 StGB verhängte Freiheitsstrafe tritt. Entsprechendes gilt, wenn eine oder mehrere selbständige Freiheitsstrafe(n) **und** eine Sanktion gem. § 41 StGB verwirkt sind und gleichzeitig abgeurteilt werden: Neben die aus der Freiheitsstrafe gem. § 41 StGB und den/der anderen Freiheitsstrafe(n) gebildete Gesamtfreiheitsstrafe tritt kumulativ die gem. § 41 StGB verhängte (unselbständige) Geldstrafe.

127 Eine andere Beurteilung erfordern Sanktionssachverhalte, in denen eine oder mehrere Freiheitsstrafen **und** eine oder mehrere selbtändige Geldstrafen sowie eine oder mehrere „Kombinationsstrafen" gem. § 41 StGB verwirkt und gleichzeitig abzuurteilen sind. In derartigen Fällen liegt im Sinne des § 53 Abs. II StGB ein Zusammentreffen von Freiheitsstrafe und Geldstrafe vor, in das die Sanktion(en) gem. § 41 StGB einbezogen ist (sind)[429]. Zwar ist auch insoweit zwischen verschiedenen Sachverhaltsvarianten zu unterscheiden. Eine für alle Fallkonstellationen wesentliche Frage ist jedoch, ob in eine nach § 41 StGB verhängte Einzelfreiheitsstrafe oder in eine nach den §§ 41, 53 Abs. I StGB festgesetzte Gesamtfreiheitsstrafe eine weitere selbständige Geldstrafe (unter Bestehenbleiben der nach § 41 StGB kumulativ verhängten Einzel- oder gem. §§ 41, 53 Abs. I StGB festgesetzten Gesamtgeldstrafe) einbezogen werden kann, so daß im Ergebnis gem. § 53 Abs. II, S. 1 StGB auf eine Gesamtfreiheitsstrafe neben einer (unselbständigen) Einzel- oder

---

427 Vgl. BGHSt 23, 260 (261); ferner BGHSt 25, 380 (381/82) = BGH NJW 1975, 126 (127); BGH NJW 1975, 126 = BGHSt 25, 382 (383/84) mit Anm. Küper NJW 1975, 547, 548.

428 Vgl. BGHSt 25, 380 (381/82) = BGH NJW 1975, 126 (127).

429 Vgl. hierzu auch Küper NJW 1975, 547, 548; ferner Schönke/Schröder (Stree), § 53 Rdn. 21–23.

Gesamtgeldstrafe erkannt wird. Gegen eine solche Einbeziehung sprechen keine grundsätzlich- „konstruktiven" Bedenken[430]. Die selbständig verwirkte Geldstrafe verfolgt wie die gem. §§ 41, 53 Abs. I StGB verwirkte (Einzel- oder Gesamt-)Freiheitsstrafe keine zusätzlichen anderen Strafzwecke wie etwa die daneben verhängte (Einzel- oder Gesamt-) Geldstrafe nach § 41 StGB[430]. Unter Anwendung der §§ 53 Abs. III; 52 Abs. III; 53 Abs. II, S. 1 StGB ist deshalb auf eine Gesamtfreiheitsstrafe zu erkennen, wobei allerdings die gem. §§ 41, 53 Abs. I StGB kumulativ verhängte (Einzel- oder Gesamt-)Geldstrafe neben der Gesamtfreiheitsstrafe bestehen bleibt. Ob im Einzelfall tatsächlich auf eine derartige Gesamtfreiheitsstrafe zu erkennen ist, oder ob nicht vielmehr gem. § 53 Abs. II, S. 2, HS. 1 StGB von der Möglichkeit Gebrauch zu machen ist, auf die selbständige Geldstrafe gesondert zu erkennen, so daß aus ihr und der kumulativen Geldstrafe gem. § 41 StGB eine Gesamtgeldstrafe gebildet wird, richtet sich nach den allgemeinen im Anwendungsbereich des § 53 Abs. II StGB stets zu beachtenden Strafzumessungsgesichtspunkten (vgl. dazu Rdn. 177 ff.).

Dieser Grundüberlegung folgend beurteilt sich beim Zusammentref- **128**
fen mehrerer Freiheitsstrafen mit mehreren Geldstrafen und einer oder mehreren Sanktionen gem. § 41 StGB das etwaige Vorliegen der Voraussetzungen einer fakultativen Gesamtfreiheitsstrafe (unter kumulativem Bestehenbleiben der gem. § 41 StGB oder §§ 41, 53 Abs. I StGB verwirkten Einzel- oder Gesamtgeldstrafe) und ebenso der Voraussetzungen einer gesonderten Verhängung von Freiheitsstrafe und Geldstrafe gem. § 53 Abs. II, S. 2, HS. 1 StGB (wobei dann jeweils die Strafen gleicher Art — einschließlich der nach § 41 StGB nebeneinander verhängten Freiheits- und Geldstrafe — gem. § 53 Abs. I StGB zu Gesamtstrafen zusammenzufassen sind) **ausschließlich** nach allgemeinen Strafzumessungsregeln. § 41 StGB steht der Bildung **artgleicher** Gesamtstrafen nicht im Wege. Die nach § 41 StGB zusätzlich verwirkte Geldstrafe tritt aber **ausnahmslos** entweder als Bestandteil einer mit anderen selbständigen Geldstrafen zu bildenden Gesamtgeldstrafe oder allein zu einer gem. § 53 Abs. I StGB oder gem. § 53 Abs. II, S. 1 StGB gebildeten Gesamtfreiheitsstrafe zusätzlich hinzu. Gesamtstrafenfähig i. S. d. § 53 Abs. II, S. 1 StGB ist deshalb die unselbständige Geldstrafe gem. § 41 StGB in keiner auch nur denkmöglichen Variante des Zusammentreffens von Freiheitsstrafe mit Geldstrafe.

d) Ersatzfreiheitsstrafe und § 53 Abs. II StGB

Auf den ersten Blick lassen die §§ 53, 54 StGB nicht erkennen, ob **129**
auch eine **Ersatzfreiheitsstrafe**, die gem. § 43 StGB an die Stelle einer

[430] So auch Küper NJW 1975, 547 (548); Börtzler, LM Anm. zu § 74 StGB 1969, Nr. 1.

uneinbringlichen Geldstrafe tritt, in die Bildung von Gesamtstrafen einbezogen werden kann. Unter Hinweis auf eine sonst bestehende Schlechterstellung des Verurteilten vertritt ein Teil der Kommentarliteratur[431] deshalb die Auffassung, daß aus einer Ersatzfreiheitsstrafe und einer in demselben Urteil festgesetzten Freiheitsstrafe eine Gesamtfreiheitsstrafe zu bilden ist: Unterbleibe die Verhängung einer aus Freiheitsstrafe und Ersatzfreiheitsstrafe gebildeten Gesamtfreiheitsstrafe, dann stehe sich der Verurteilte möglicherweise zunächst bei getrennter Verhängung von Freiheitsstrafe und Geldstrafe besser; im Falle der Uneinbringlichkeit der Geldstrafe müsse er jedoch entgegen dem Grundgedanken der §§ 53ff StGB und des Gesamtstrafenprinzips (Asperation) an Freiheitsstrafe die Summe beider Strafen verbüßen, während er nach den Regeln der Gesamtstrafenbildung (§ 54 Abs. III StGB) mit einer im Vergleich zur Summe beider Strafen niedrigeren Gesamtfreiheitsstrafe belegt würde. Um Unzuträglichkeiten mit der für den Täter zunächst günstigeren gesonderten Verhängung von Freiheitsstrafe und Geldstrafe zu vermeiden, soll danach im Urteil bereits eine bedingte Gesamtstrafe verhängt werden[432]: „Der Angeklagte wird zu einem Jahr Freiheitsstrafe und zu einer Geldstrafe von 150 Tagessätzen in Höhe von ..., für den Fall der Uneinbringlichkeit der Geldstrafe zu einer Gesamtfreiheitsstrafe von fünfzehn Monaten verurteilt".

130 Die Bildung und Verhängung einer aus Ersatzfreiheitsstrafe(n) und in demselben Strafverfahren festgesetzten Freiheitsstrafe(n) bestehenden (bedingten!) Gesamtfreiheitsstrafe ist entgegen dieser Ansicht jedoch **unzulässig**[433]. Ihrem eigentlichen (funktional-strafzumessungsrechtlichen) Sinne nach versteht sich die Ersatzfreiheitsstrafe als ein besonderes Sanktionsmittel zur Durchsetzung und Realisierung des staatlichen Strafanspruchs. In dieser Funktion gewährleistet sie zum einen die (notwendige) Wirksamkeit der Geldstrafe als (echte) kriminalstrafrechtliche Sanktion, indem sie als potentiell zu verbüßende Freiheitsstrafe den zahlungsfähigen, aber zahlungsunwilligen Verurteilten zur Zahlung der Geldstrafe anhält. Zum anderen übernimmt sie für den Fall, daß eine Zahlung der Geldstrafe (i. S. von Uneinbringlichkeit) dennoch ausbleibt und bei Zahlungsunfähigkeit des Verurteilten, mangels anderer geeigneter **kriminalstrafrechtlicher** Ersatzsanktionen die Verwirklichung der

---

[431] SCHÖNKE/SCHRÖDER (STREE), § 53 Rdn. 26, 27; SK-SAMSON, § 53 Rdn. 15; auch CRAMER, Strafensystem, JurA 1970, 183ff (210).

[432] So SCHÖNKE/SCHRÖDER (STREE), § 53 Rdn. 27.

[433] Im Ergebnis ebenso die vorherrschende Auffassung in Schrifttum und Rechtsprechung, vgl. DREHER/TRÖNDLE, § 53 Rdn. 2; JESCHECK, Strafrecht AT, § 68 II 3; LK-VOGLER, § 53 Rdn. 18; vgl. auch LG Flensburg GA 1984, 577.

mit der verhängten Geldstrafe ursprünglich verknüpften Strafzwecke[434]. Die Ersatzfreiheitsstrafe ist deshalb nicht lediglich Beuge- oder Zwangsmittel, um die Bezahlung der Geldstrafe durchzusetzen[435]. Ihre Qualität als echte Freiheitsstrafe[435] bezieht sie freilich **allein** aus ihrer **Ersatzfunktion**.

Von maßgeblicher Bedeutung ist weiter, daß die Bildung einer hypo- **131**
thetischen Gesamtfreiheitsstrafe ein Zusammentreffen von Freiheitsstrafe und Geldstrafe i. S. d. § 53 Abs. II StGB voraussetzt. Verhängt aber das Gericht in diesem Fall aus allgemeinen strafzumessungsrechtlichen Gründen (oben Rdn. 117 ff) gerade keine Gesamtfreiheitsstrafe, sondern erkennt es wegen der **besonderen** Umstände des Einzelfalls zweckbetont auf Freiheitsstrafe und Geldstrafe gesondert, wäre die Verhängung einer hypothetischen Gesamtfreiheitsstrafe strafzumessungsrechtlich geradezu widersinnig. Eine „Schlechterstellung" des Verurteilten ist mit der getrennten Verhängung von Freiheits- und Geldstrafe mit der Folge einer additiven Vollstreckung von Freiheitsstrafe und Ersatzfreiheitsstrafe bei Uneinbringlichkeit der Geldstrafe im übrigen nicht verbunden. Nach dem in § 43 StGB ausdrücklich hervorgehobenen Umrechnungsmaßstab[436] von 1 : 1 (1 Tag Freiheitsstrafe = 1 Tagessatz) entspricht das Strafübel der Ersatzfreiheitsstrafe in seinen Wirkungen de iure dem mit der „umrechnungsäquivalenten" Geldstrafe verbundenen Strafübel. Die „Strafsumme" aus Freiheitsstrafe und Geldstrafe stimmt danach mit der „Strafsumme" aus Freiheitsstrafe und Ersatzfreiheitsstrafe überein. Vergleichsweise „schlechter" steht der Verurteilte nur in bezug auf eine (bedingte) Gesamtfreiheitsstrafe, doch ist ein solcher „Vergleich" mangels identischer Vergleichsbasis fehlerhaft[437]. Die eine Sanktionsentscheidung — aus Freiheitsstrafe und Ersatzfreiheitsstrafe gebildete, bedingte Gesamtfreiheitsstrafe — und die andere Sanktionsentscheidung — geson-

---

434 Vgl. statt aller LK-Tröndle, § 43 Rdn. 1; Schönke/Schröder (Stree), § 43 Rdn. 1.

435 Vgl. BGHSt 20, 13 (16); LK-Tröndle, § 43 Rdn. 2 mit weiteren Nachweisen in Anm. 7.

436 Zur Problematik dieses Umrechnungsmaßstabes vgl. statt aller LK-Tröndle, § 43 Rdn. 4 mit Nachweisen.

437 Das übersehen die in Anm. 431 Genannten. Die Behauptung der „Schlechterstellung" als Argument für eine Einbeziehung der Ersatzfreiheitsstrafe in die Gesamtstrafenbildung gerät denn auch in die Nähe einer petitio principii: Was erst noch zu beweisen wäre (Einbeziehung der Ersatzfreiheitsstrafe in die Gesamtstrafe), dient als Anknüpfungspunkt für die Annahme einer sonst gegebenen Schlechterstellung, mit deren Hilfe wiederum die Notwendigkeit einer Einbeziehung dargetan wird. Eine solche Erwägung verkehrt das Gesamtstrafenprinzip in eine „Meistbegünstigungsklausel".

derte Verhängung von Freiheits- und Geldstrafe – sind daher inkomparable strafzumessungsrechtliche Größen[437].

132 Gegen eine Einbeziehung der Ersatzfreiheitsstrafe in die Gesamtstrafenbildung spricht schließlich, daß in der Frage einer etwaigen Vollstreckungsaussetzung gem. §§ 56, 57, 57a StGB nicht die Einzelstrafe(n), sondern die Gesamtfreiheitsstrafe maßgebend ist[438], andererseits aber die Bewährungsaussetzung einer Ersatzfreiheitsstrafe im Anwendungsbereich des § 56 StGB ausgeschlossen und im Anwendungsbereich der §§ 57ff StGB zumindest fragwürdig ist[439]. Im Prinzip unlösbare Probleme ergeben sich darüber hinaus, wenn der Verurteilte während der Verbüßung einer aus Freiheitsstrafe und Ersatzfreiheitsstrafe ermittelten Gesamtfreiheitsstrafe auf die ursprünglich gesondert ausgeurteilte Geldstrafe (teilweise) Zahlungen erbringt[440]. Treffen in demselben Strafverfahren verwirkte Freiheitsstrafe(n) und verwirkte Geldstrafe(n) i. S. d. § 53 Abs. II StGB zusammen, scheidet nach alledem die Verhängung einer gem. §§ 53 Abs. II, S. 1; 54 StGB aus Freiheits- und Ersatzfreiheitsstrafe(n) gebildeten Gesamtfreiheitsstrafe als sanktionsrechtliche Systemwidrigkeit aus[433].

e) Zu § 53 Abs. II, S. 2, HS. 2 StGB

133 Treffen Freiheitsstrafe und **mehrere** verwirkte Geldstrafen zusammen, und kommt die Verhängung einer (fakultativen) Gesamtfreiheitsstrafe gem. § 53 Abs. II, S. 1 StGB aus allgemeinen strafzumessungsrechtlichen Gründen nicht in Betracht, dann **ist** hinsichtlich der Geldstrafen nach § 53 Abs. II, S. 2, HS. 2 StGB auf eine Gesamtgeldstrafe zu erkennen. § 53 Abs. II, S. 2, HS. 2 StGB steht jedoch einem „splitting" der mehreren Geldstrafen nicht entgegen[441]. Es besteht deshalb die Möglichkeit, gem. § 53 Abs. II, S. 1 StGB auf eine Gesamtfreiheitsstrafe zu erkennen, in die ein Teil der mehreren Geldstrafen und eine (Einzel- oder Gesamt-) Freiheitsstrafe einbezogen ist, und hinsichtlich des verbleibenden Teils der mehreren Geldstrafen nach § 53 Abs. II, S. 2, HS. 1 StGB gesondert auf eine gem. § 53 Abs. II, S. 2, HS. 2 StGB festgesetzte Gesamtgeldstrafe

---

438 Vgl. statt aller SCHÖNKE/SCHRÖDER (STREE), § 56 Rdn. 11.

439 Vgl. hier statt aller DREHER/TRÖNDLE, § 57 Rdn. 2a und LK-RUSS, § 56 Rdn. 4; § 57 Rdn. 4 mit zahlreichen Nachweisen aus der Rechtsprechung in Anm. 2; vgl. auch OLG Stuttgart MDR 1986, 1043f mit dem Hinweis darauf, daß die Neuregelungen des 23. Strafrechtsänderungsgesetzes „erst recht" dafür sprechen, daß die Vollstreckung des Restes einer Ersatzfreiheitsstrafe (nach wie vor) nicht zur Bewährung ausgesetzt werden kann.

440 Vgl. BayObLG MDR 1971, 860; LG Flensburg GA 1984, 577.

441 Dazu SCHÖNKE/SCHRÖDER (STREE), § 53 Rdn. 21.

zu erkennen. Eine solche Sanktionsentscheidung kann strafzumessungsrechtlich angezeigt sein, wenn mit der Gesamtfreiheitsstrafe mehrere Vorsatztaten, mit der gesonderten Gesamtgeldstrafe dagegen „nebensächliche" Fahrlässigkeitstaten erfaßt werden sollen[441]. Ausgeschlossen ist jedoch eine Aufspaltung der Einzelgeldstrafe als solcher in der Absicht, einen nach Tagessätzen bestimmten Anteil zur Bildung einer Gesamtfreiheitsstrafe gem. § 53 Abs. II, S. 1 StGB heranzuziehen und im Umfang der Restmenge von Tagessätzen gem. § 53 Abs. II, S. 2, HS. 1 StGB gesondert auf eine reduzierte (und deshalb unangemessene, neue) Geldstrafe zu erkennen[441]. Im übrigen resultiert aus dem strafzumessungsrechtlich möglichen Ineinandergreifen der Regeln des § 53 Abs. I StGB und des § 53 Abs. II StGB eine Vielfalt differenzierter Sanktionsentscheidungen. Sie läßt sich naturgemäß nicht vollständig und abschließend beschreiben[442].

III. Gesamtstrafe und Nebenfolgen

Für den Bereich der Idealkonkurrenz bestimmt § 52 Abs. IV StGB, daß **134**
auf Nebenstrafen, Nebenfolgen und Maßnahmen i. S. d. § 11 Abs. I Nr. 8 StGB erkannt werden muß oder kann, wenn eines der anwendbaren Gesetze sie vorschreibt oder zuläßt. Nach § 53 Abs. III StGB **gilt** diese Regelung im Bereich der Realkonkurrenz **entsprechend**. Wie bei der Idealkonkurrenz die einzelnen handlungseinheitlich verletzten Strafgesetze behalten auch bei der Realkonkurrenz die mehreren selbständigen Straftaten trotz Gesamtstrafenprinzips ihre **Eigenbedeutung**[443]. **Voraussetzung** dafür, daß auf Nebenstrafen, Nebenfolgen und Maßnahmen i. S. d. § 11 Abs. I Nr. 8 StGB erkannt werden muß oder kann, ist **nicht**, daß die jeweils in Betracht kommenden Nebenstrafen etc. im Rahmen **jedes** verletzten Strafgesetzes vorgeschrieben oder zulässig sind. Ausreichend ist vielmehr, daß von den mehreren (handlungsmehrheitlich) verwirklichten gesetzlichen Straftatbeständen lediglich ein **einziges** Strafgesetz die Verhängung einer Nebenstrafe etc. zwingend oder als möglich vorsieht. Das ergibt sich unmittelbar aus der im Bereich von Handlungsmehrheit und Realkonkurrenz insoweit **gleichsinnig** anzuwendenden Bestimmung des § 52 Abs. IV StGB[444].

Gem. §§ 53 Abs. III, 52 Abs. IV StGB sind die Nebenstrafen, Neben- **135**
folgen und Maßnahmen **neben** der ausgeurteilten **Gesamtstrafe**, **nicht**

---

442 Vgl. aber den Überblick bei BÖRTZLER, LM Anm. zu § 74 StGB 1969, Nr. 1.

443 LK-VOGLER, § 53 Rdn. 19; SCHÖNKE/SCHRÖDER (STREE), § 53 Rdn. 29; vgl. ferner DREHER/TRÖNDLE, § 53 Rdn. 5.

444 So auch LK-VOGLER, § 53 Rdn. 19; SCHÖNKE/SCHRÖDER (STREE), § 53 Rdn. 29.

neben einer der in die Gesamtstrafe einbezogenen jeweils verwirkten **Einzelstrafe** zu verhängen. Dies folgt nicht unmittelbar aus § 52 Abs. IV StGB[445], sondern aus der gem. § 53 Abs. III StGB für die Situation der Realkonkurrenz angeordneten **analogen** Anwendung des § 52 Abs. IV StGB: An die Stelle der nach § 52 Abs. I StGB zu verhängenden **einen** Strafe tritt entsprechend der im Vergleich zur Idealkonkurrenz andersartigen Grundstruktur der Realkonkurrenz die Gesamtstrafe i. S. d. §§ 53 Abs. I; 53 Abs. II, S. 1 StGB. Die Einzelstrafen gehen in dieser Gesamtstrafe auf, so daß die verhängten Nebenstrafen etc. nur noch als Nebenstrafen etc. der Gesamtstrafe erscheinen können[446]. Deshalb entfallen die neben einer Gesamtstrafe verhängten Nebenstrafen, Nebenfolgen und Maßnahmen, wenn das Urteil in seinem Gesamtstrafenausspruch aufgehoben wird[447]. Erkennt das Gericht nach erneuter Verhandlung wiederum auf eine Gesamtstrafe, treten die zuvor entfallenen Nebenstrafen etc. nicht etwa „automatisch" wieder neben die Gesamtstrafe. Muß oder kann mit Rücksicht auf die in die „neue" Gesamtstrafe einbezogenen Einzelstrafen wiederum auf sie erkannt werden, setzt ihre Verhängung eine erneute Prüfung und Entscheidung voraus[447]. Trotz Aufhebung des Gesamtstrafenausspruchs sind etwaige Nebenstrafen, Nebenfolgen und/oder Maßnahmen jedoch dann neben der „neu" erkannten Gesamtstrafe **aufrechtzuerhalten**, wenn das eingelegte Rechtsmittel die der verhängten Nebenstrafe etc. zugrunde liegenden Feststellungen nicht ergreift, so daß der Rechtsfolgenausspruch für die Einzeltaten, die zur Verhängung der Nebenstrafe etc. führte, infolge eingetretener Rechtskraft bestehen blieb[448]. Dies ergibt sich aus dem Rechtsgedanken der im Falle von Rechtsmittelbeschränkungen und Teilaufhebungen in Rechtsmittelverfahren sinngemäß anwendbaren Nebenfolgenregelung gem. § 55 Abs. II StGB. Die verhängte Nebenstrafe etc. erscheint insoweit als fortgeltender Bestandteil des in Rechtskraft erwachsenen Rechtsfolgenausspruchs für die Einzeltat und nicht als Bestandteil des Gesamtstrafenausspruchs. Entsprechendes gilt für den Fall, daß auf Nebenstrafen etc. neben einer gesondert ausgeurteilten Einzelstrafe erkannt war und die Aufhebung des **einheitlichen** Strafausspruchs gem. § 53 Abs. II, S. 2 StGB lediglich den weiteren (Einzel- oder Gesamt-)Strafausspruch betrifft[448].

---

[445] Anders aber wohl SCHÖNKE/SCHRÖDER (STREE), § 53 Rdn. 30.

[446] Vgl. LK-VOGLER, § 53 Rdn. 19; im Ergebnis ebenso SCHÖNKE/SCHRÖDER (STREE), § 53 Rdn. 30; SK-SAMSON, § 53 Rdn. 17.

[447] Vgl. BGHSt 14, 381 (382/3) = BGH NJW 1960, 1870.

[448] Vgl. dazu BGH NJW 1979, 2113/4; ferner DREHER/TRÖNDLE, § 53 Rdn. 5; vgl. auch LK-VOGLER, § 53 Rdn. 21 unter Hinweis auf BGH Urt. v. 18. 11. 1960 – 4 StR 238/60; SCHÖNKE/SCHRÖDER (STREE), § 54 Rdn. 23.

1. Bedeutung der Einzeltat

Ob im Einzelfall gem. § 53 Abs. III, 52 Abs. IV StGB tatsächlich auf Nebenstrafen etc. erkannt werden muß oder kann, hängt allerdings nicht von der festgesetzten Gesamtstrafe ab. Maßgeblich ist **allein** die (handlungsmehrheitlich) begangene **Einzeltat**. Nach dem durch sie verletzten „einzelnen" Strafgesetz sowie nach Art und Höhe der verwirkten Einzelstrafe beurteilt sich, ob eine Nebenstrafe etc. an sich zulässig ist und verhängt werden muß oder kann[449]. Es genügt daher nicht, daß erst die im Vergleich zu den Einzelstrafen gem. § 54 Abs. I, S. 2 StGB **erhöhte** Gesamtstrafe, die (zeitlichen) Voraussetzungen einer Nebenstrafe etc. erfüllt[450]. **136**

a) *Führungsaufsicht*

Sieht ein durch eine Einzeltat verletztes Strafgesetz beispielsweise die Anordnung von **Führungsaufsicht** besonders vor (vgl. etwa §§ 129a Abs. VII; 181 b; 218 Abs. II, S. 3; 228; 239 c; 245; 256; 262; 263 Abs. V; 321 StGB), kommt die Verhängung von Führungsaufsicht als Maßnahme i. S. d. §§ 11 Abs. I Nr. 8, 52 Abs. IV, 53 Abs. III StGB neben einer Gesamtstrafe gem. § 68 Abs. I, Ziff. 2 StGB nur dann (fakultativ) in Betracht, wenn die durch die Einzeltat verwirkte Einzelfreiheitsstrafe mindestens sechs Monate beträgt. Das gilt ausnahmslos für alle Fälle, in denen die verwirkten Einzelstrafen auf Strafgesetzen beruhen, die Führungsaufsicht als Rechtsfolge überhaupt nicht vorsehen. Auf Führungsaufsicht darf aber auch dann nicht als Maßnahme i. S. d. §§ 53 Abs. III, 52 Abs. IV StGB neben einer Gesamtstrafe erkannt werden, wenn die in die Gesamtstrafe einbezogenen und das Mindestmaß von sechs Monaten Freiheitsstrafe nicht erreichenden Einzelstrafen durch Einzeltaten verwirkt sind, für die das (oder die) verletzte(n) Strafgesetz(e) jeweils die Anordnung von Führungsaufsicht besonders vorsieht(sehen)[451]. **137**

b) *Verlust der Amtsfähigkeit*

Auf Art und Höhe der durch eine (handlungsmehrheitlich begangene) Einzeltat verwirkten Einzelstrafe und nicht auf Art und Höhe einer etwaigen Gesamtstrafe kommt es an, wenn in Frage steht, ob die Neben- **138**

---

449 Vgl. BGHSt 12, 85 (87); BGH GA 1958, 367 (368); BGH NJW 1968, 115 (116); ferner LK-VOGLER, § 53 Rdn. 20; SCHÖNKE/SCHRÖDER (STREE), § 53 Rdn. 30.

450 So LACKNER, § 53, 4 a.

451 So überzeugend LK-HANACK, § 68 Rdn. 6 gegen DREHER/TRÖNDLE, § 68 Rdn. 3; SCHÖNKE/SCHRÖDER (STREE), § 68 Rdn. 7.

folgen gem. § 45 StGB eintreten[452]. Entsprechendes gilt für die Nebenfolge der Aberkennung der Fähigkeit, öffentliche Ämter zu bekleiden, nach § 358 StGB. Auf diese Nebenfolge kann gem. §§ 53 Abs. III, 52 Abs. IV StGB nur dann (neben der Gesamtstrafe) erkannt werden, wenn mit der Begehung zumindest einer der in § 358 StGB genannten Straftaten eine Einzelfreiheitsstrafe von mindestens sechs Monaten verwirkt ist. Wie im Falle des § 68 Abs. I, Ziff. 2 StGB ist auch dann nicht das Maß der Gesamtfreiheitsstrafe, sondern ausschließlich das einer Einzelstrafe entscheidend, wenn die Gesamtstrafe aus Einzelstrafen resultiert, die ausnahmslos durch einzelne in § 358 StGB bezeichnete Straftaten verwirkt sind[453]. Es ist dies nicht nur eine sachlogische Konsequenz des Gesamtstrafenprinzips, sondern nach der analogen, die Besonderheiten der Realkonkurrenz und der Gesamtstrafenregelung sinngemäß umsetzenden Anwendung des § 52 Abs. IV StGB geboten. Hinzu kommt, daß die im Vergleich zu § 45 Abs. I StGB geringere Mindestvoraussetzung einer nur sechsmonatigen Freiheitsstrafe in bezug auf die in § 358 StGB genannten Straftaten einen besonderen Sinn hat: Sie soll zum Ausdruck bringen, daß die Straftat, deretwegen auf eine Nebenfolge gem. §§ 358, 45 Abs. II, 45 Abs. I StGB erkannt werden kann, nicht dem Bereich der leichten Kriminalität entstammen darf, sondern zumindest in den Grenzbereich zwischen leichter und mittlerer Kriminalität gehören muß. Soweit an vergleichbare Straftaten **beamtenrechtliche Disziplinarmaßnahmen** anknüpfen, handelt es sich nicht um Nebenstrafen etc. i. S. d. §§ 53 Abs. III, 52 Abs. IV StGB. Die Konkretisierung der den zu verhängenden Disziplinarmaßnahmen zu Grunde liegenden **beamtenrechtlichen** Vorschriften kann daher ergeben, daß die Voraussetzung einer Mindestfreiheitsstrafe generell oder im Einzelfall auch dann erfüllt ist, wenn eine entsprechend hohe Gesamtfreiheitsstrafe verhängt wird[454].

c) Sicherungsverwahrung

139 Wird jemand wegen einer vorsätzlichen Straftat (= Anlaßtat) zu **zeitiger** Freiheitsstrafe von mindestens zwei Jahren verurteilt, ordnet das Gericht gem. § 66 Abs. I StGB neben der Strafe **Sicherungsverwahrung** an, wenn weitere in § 66 Abs. I Ziff. 1—3 StGB genannte Voraussetzungen erfüllt sind. Der Sache nach handelt es sich bei dem gesetzlichen Straftat-

---

[452] So auch DREHER/TRÖNDLE, § 45 Rdn. 6; LK-SCHÄFER, § 45 Rdn. 12; SCHÖNKE/SCHRÖDER (STREE), § 45 Rdn. 3.

[453] So mit Recht auch DREHER/TRÖNDLE, § 358 i. V. m. § 45 Rdn. 6; anders dagegen SCHÖNKE/SCHRÖDER (CRAMER), § 358 Rdn. 2; SK-RUDOLPHI, § 358 Rdn. 2; vgl. auch LK-SCHÄFER, § 358 Rdn. 5.

[454] Vgl. BGH NStZ 1981, 342/3.

bestand, den die Anlaßtat verwirklicht, um ein i. S. d. §§ 52 Abs. IV, 53 Abs. III StGB anwendbares Gesetz, das die Verhängung von Sicherungsverwahrung als Maßnahme (§ 11 Abs. I Nr. 8 StGB) vorschreibt. Wie in den Fällen anderer Nebenstrafen, Nebenfolgen und Maßnahmen stellt sich somit auch im Zusammenhang mit der Anordnung von Sicherungsverwahrung die Frage, ob die in § 66 Abs. I StGB genannte Mindestvoraussetzung einer Freiheitsstrafe von zwei Jahren bei Vorliegen von Realkonkurrenz bereits erfüllt ist, wenn die Gesamtstrafe die erforderliche Mindesthöhe erreicht, die verschiedenen Einzelstrafen aber geringer bemessen sind. Der „noch mögliche Wortsinn" des § 66 Abs. I (vor Ziff. 1) StGB widerspräche einer Argumentation, wonach es allein auf die Höhe der Gesamtstrafe ankommt, zwar nicht. Sie ist jedoch unvereinbar mit den Regeln der §§ 52 Abs. IV, 53 Abs. III StGB. Auf Sicherungsverwahrung kann dementsprechend nur dann erkannt werden, wenn wegen der Anlaßtat eine **zeitige Einzelfreiheitsstrafe** von mindestens zwei Jahren verhängt wird[455]. Dieses Verständnis der Mindeststrafe in § 66 Abs. I (vor Ziff. 1) StGB folgt im übrigen auch aus einer allein sachgerechten funktional-teleologischen Gesetzeskonkretisierung des § 66 StGB, die sowohl die der unterschiedlichen Formulierung in § 66 Abs. I und II StGB zukommende Bedeutung als auch das (kriminalpolitische) Zweckprogramm des § 66 StGB genügend beachtet[456]. Die durch das 23. Strafrechtsänderungsgesetz vom 13. 4. 1986 eingeführte Gesamtstrafenfähigkeit der lebenslangen Freiheitsstrafe hat die Anwendungsvoraussetzungen des § 66 Abs. I (und II) StGB inhaltlich ebenfalls **nicht** verändert. Zwar scheidet nach dem Wortlaut des § 66 StGB eine Anordnung von Sicherungsverwahrung neben lebenslanger Freiheitsstrafe aus[457]. Soweit aber in einem Falle, in dem (eine oder mehrere) lebenslange Freiheitsstrafe(n) **und** weitere zeitige Freiheitsstrafen verwirkt sind, gem. §§ 54 Abs. I, S. 1; 53 Abs. I StGB (einmalig) auf lebenslange Freiheits-

---

455 Im Ergebnis h. M., vgl. etwa BGH NJW 1972, 834; BGH NJW 1972, 1869; BGH MDR (Holtz) 1980, 272; Tröndle, Rechtsprechung, GA 1973, 289 ff (307); BGH NStZ (Mösl) 1982, 453 ff (456); Beyer, Sicherungsverwahrung, NJW 1971, 1597 (1598); Dreher/Tröndle, § 66 Rdn. 4; Horstkotte, Reform, JZ 1970, 152 ff (155); Lackner, § 66, 3 a; Lenckner, Sicherungsverwahrung, 199 ff (202); LK-Hanack, § 66 Rdn. 44; Schönke/Schröder (Stree), § 66 Rdn. 16; SK-Horn, § 66 Rdn. 4; vgl. auch BGH MDR (Holtz) 1982, 447.

456 So reicht nach der Formulierung des § 66 Abs. II StGB für die Mindestvoraussetzung einer dreijährigen Freiheitsstrafe eine Verurteilung zu einer mindestens dreijährigen **Gesamtfreiheitsstrafe** aus, vgl. statt aller LK-Hanack, § 66 Rdn. 63 mit weiteren Nachweisen.

457 Vgl. nur BGH NStZ 1986, 476 mit Anm. Maatz.

strafe als Gesamtstrafe zu erkennen ist, hindert die Einbeziehung der zeitigen Freiheitsstrafen in die lebenslange Gesamtfreiheitsstrafe die Anwendung des § 66 StGB **nicht**. Allein maßgeblich ist, ob die verwirkten zeitigen Einzelfreiheitsstrafen den formellen und materiellen Voraussetzungen des § 66 Abs. I oder II StGB genügen. Auf die letztlich erkannte (lebenslange) Gesamtfreiheitsstrafe kommt es dagegen nicht an. Die Anordnung der Sicherungsverwahrung ist dementsprechend **neben** dem Gesamtstrafenausspruch in die Urteilsformel aufzunehmen[458].

140 Eine bereits im Zusammenhang mit der Anordnung von Führungsaufsicht und Nebenfolgen gem. §§ 45, 358 StGB beschriebene, ähnliche Gesamtstrafenproblematik betrifft die gem. § 66 Abs. I, Ziff. 1 StGB notwendige zweifache Vorverurteilung zu Freiheitsstrafe von jeweils mindestens einem Jahr. Zwar gilt gem. § 66 Abs. III, S. 1 StGB eine Verurteilung zu Gesamtstrafe als eine einzige Verurteilung i. S. d. § 66 Abs. I, Ziff. 1 StGB. Nach der Rechtsprechung des BGH (= h. M.) genügt jedoch eine Verurteilung zu einer Gesamtfreiheitsstrafe von mindestens einem Jahr jedenfalls dann **nicht** den Voraussetzungen des § 66 Abs. I Ziff. 1 StGB, wenn **lediglich eine** der den verwirkten Einzelstrafen zugrunde liegende **Einzeltat als Symptomtat**[459] zu werten ist, für diese Symptomtat aber eine Einzelfreiheitsstrafe von **weniger** als einem Jahr festgesetzt ist[460]. Nicht anders zu beurteilen ist das handlungsmehrheitliche (realkonkurrierende) Zusammentreffen mehrerer Symptomtaten. Wird für jede dieser Symptomtaten auf Freiheitsstrafe unter einem Jahr erkannt, sind die Voraussetzungen des § 66 Abs. I, Ziff. 1 StGB nicht erfüllt, und zwar auch dann nicht, wenn die aus den „symptomatischen" Einzelstrafen gebildete Gesamtstrafe die Mindesthöhe von einem Jahr erreicht[461]. Dies ergibt sich zum einen aus dem Grundgedanken des § 66 StGB, wonach die Sicherungsverwahrung als „ultima ratio" nur gegen solche Täter zu verhängen ist, deren auf einem Hang zum Verbrechen beruhende Gefährlichkeit sich bereits in Straftaten von einer gewissen Schwere geäußert hat[462]. Darüber hinaus resultierte

---

458 Vgl. BGH NStZ 1986, 475 (L) mit BGH NStZ 1986, 476 und die sich auf beide BGH-Entscheidungen beziehende Anm. von MAATZ NStZ 1986, 476/7, sowie BGH MDR 1986, 1040 ff.

459 Vgl. hierzu ausführlich LK-HANACK, § 66 Rdn. 162 ff.

460 Vgl. BGHSt 24, 243 (246/247); BGHSt 24, 345 (346); SCHÖNKE/SCHRÖDER (STREE), § 66 Rdn. 10 mit weiteren Nachweisen.

461 So auch BGHSt 24, 345 (346/7); vgl. weiter BGHSt 30, 220 (221/222); BGH NJW 1972, 1869 und die vorherrschende Auffassung in der Literatur, vgl. die Nachweise bei LK-HANACK, § 66 Rdn. 32; anders DREHER, Urteilsbesprechung, MDR 1972, 826 ff; wie die h. M. jedoch DREHER/TRÖNDLE, § 66 Rdn. 5; vgl. noch LENCKNER, Sicherungsverwahrung, 199 ff (202).

462 So BGHSt 24, 345 (347).

aber auch aus einer Anwendung der §§ 52 Abs. IV, 53 Abs. III StGB auf die den Vorverurteilungen gem. § 66 Abs. I, Ziff. 1 StGB zugrunde liegenden mehreren Einzeltaten eben dasselbe Ergebnis.

d) Übrige Nebenfolgen

Was als sachbestimmte Folgen einer gem. § 53 Abs. III StGB an den **141** besonderen Regeln der Realkonkurrenz orientierten entsprechenden (analogen) Anwendung des § 52 Abs. IV StGB beispielhaft für die Führungsaufsicht, den Verlust der Amtsfähigkeit und die Sicherungsverwahrung verdeutlicht worden ist, gilt sinngemäß auch für alle anderen Nebenstrafen, Nebenfolgen und Maßnahmen. Dazu zählen das Fahrverbot (§ 44 StGB), die Einziehung gem. § 74 Abs. II Nr. 1[463] und das Jagdverbot (§ 41 BJagdG) als Nebenstrafen, der Verlust des Stimmrechts und der Wählbarkeit (§ 45 StGB) sowie die Bekanntgabe von Verurteilungen (§§ 165, 200 StGB) als weitere Nebenfolgen und schließlich außer den übrigen Maßnahmen der Besserung und Sicherung, etwa der Entziehung der Fahrerlaubnis gem. §§ 69, 69a StGB, der Verfall, die Einziehung und die Unbrauchbarmachung als Maßnahmen i. S. d. § 11 Abs. I, Nr. 8 StGB. Auf sie ist ausnahmslos nur dann zu erkennen, wenn ihre Voraussetzungen von einer einzigen der handlungsmehrheitlich begangenen Straftaten erfüllt sind und entsprechend eines der realkonkurrierenden Strafgesetze ihre Verhängung obligatorisch oder fakultativ vorsieht.

2. Einheitliche Entscheidung

Neben der Gesamtstrafe und nicht neben einer der in die Gesamtstrafe **142** einbezogenen jeweils verwirkten Einzelstrafe sind die Nebenstrafen, Nebenfolgen und Maßnahmen auszusprechen (vgl. oben Rdn. 135). Fraglich bleibt insoweit allerdings, in welcher Form über die etwaige Verhängung von Nebenstrafen etc. zu entscheiden ist. Von Bedeutung ist diese Frage insbesondere dann, wenn es bei Handlungsmehrheit und Realkonkurrenz zu einer Häufung von Nebenstrafen, Nebenfolgen und Maßnahmen kommt, weil die jeweils „anwendbaren Gesetze" insgesamt mehrere, auch verschiedene Nebenfolgen etc. oder dieselbe Nebenfolge etc. mehrfach vorsehen. Nach der Grundidee des Gesamtstrafenprinzips ist neben der ausgeurteilten Gesamtstrafe stets **einheitlich** auf etwaige Nebenstrafen, Nebenfolgen oder/und Maßnahmen zu erkennen[464].

---

463 Vgl. BGH NJW 1983, 2710, 2711.

464 Vgl. dazu SCHÖNKE/SCHRÖDER (STREE), § 53 Rdn. 30, 31.

143 Treffen mit den durch die Straftaten verletzten Strafgesetzen verschiedene Nebenstrafen, verschiedene Nebenfolgen, verschiedene Maßnahmen i. S. d. § 11 Abs. I, Nr. 8 StGB, Nebenstrafe(n) und Nebenfolge(n), Nebenfolge(n) und Maßnahme(n), Nebenstrafe(n) und Maßnahme(n) oder Nebenstrafe(n), Nebenfolge(n) und Maßnahme(n) zusammen, sind die verschiedenen Nebenstrafen etc. zwar **nebeneinander** zu verhängen. Neben der Gesamtstrafe geschieht dies jedoch in einer einzigen Entscheidung. In solchen Fällen müssen freilich die Urteilsgründe für jede der verhängten Nebenstrafen, Nebenfolgen und/oder Maßnahmen erkennen lassen, aufgrund welcher Einzeltat(en) auf die verschiedenen Nebenstrafen etc. erkannt worden ist[465].

144 Sehen in bezug auf die mehreren Einzeltaten die „anwendbaren Strafgesetze" jeweils dieselbe Nebenstrafe etc. vor, kann oder muß gem. §§ 52 Abs. IV, 53 Abs. III StGB auf eben diese Nebenstrafe etc., und zwar **nur einmal** erkannt werden[466]. Das gilt auch dann, wenn mehrere unter sich „gleichartige" Nebenstrafen etc. mit mehreren anderen verschiedenartigen Nebenstrafen etc. zusammentreffen. Ist wegen der mehreren Einzeltaten beispielsweise ein Fahrverbot gem. § 44 StGB mehrfach und der Verlust der Amtsfähigkeit i. S. d. §§ 45, 358 StGB mehrfach verwirkt, sind Fahrverbot und Verlust der Amtsfähigkeit nebeneinander (Rdn. 143), aber jeweils **nur einmal** zu verhängen. Lassen die Nebenstrafen, Nebenfolgen und/oder Maßnahmen eine Differenzierung nach Laufzeiten, Dauer und Fristen zu, kann der Umstand, daß eine Nebenstrafe etc. mehrfach verwirkt ist, allerdings als Zumessungsgesichtspunkt erhebliche Bedeutung erlangen. Treffen mehrere Verkehrsstraftaten i. S. d. § 44 Abs. I StGB zusammen, und ist mit jeder einzelnen Verkehrsstraftat jeweils ein Fahrverbot für die Dauer von einem Monat verwirkt, wird neben der Gesamtstrafe zwar nur **einmal** auf ein Fahrverbot erkannt; unter Berücksichtigung der **mehrfachen** Verwirkung des Fahrverbots kann die Gesamtdauer des nur einmal verhängten Fahrverbots jedoch mit mehr als mit einem Monat bestimmt werden[467]. Entsprechendes gilt für die einheitlich verhängte „Entziehung der Fahrerlaubnis" gem. § 69 StGB und die Bemessung der Sperrfrist gem. § 69 a StGB. In allen diesen Fällen bewirkt die Einheitlichkeit der Entscheidung über die Nebenstrafen etc., daß etwaige **gesetzliche Höchstgrenzen** nicht über-

---

465 In diesem Sinne BGHSt 12, 85 (87).

466 Vgl. Dreher/Tröndle, § 53 Rdn. 5; BayObLG VRS 51, 221 (222); RGSt 36, 88 (89); ferner LK-Vogler, § 53 Rdn. 20; Schönke/Schröder (Stree), § 53 Rdn. 31; vgl. auch RGSt 74, 4 (5/6).

467 So auch LK-Vogler, § 53 Rdn. 20.

schritten werden dürfen[468]. Erkennt das Gericht wegen mehrerer Verkehrsstraftaten i. S. d. § 44 Abs. I StGB auf eine Gesamtstrafe, so darf trotz mehrfach verwirkten Fahrverbots das neben der Gesamtstrafe einheitlich ausgesprochene Fahrverbot nicht länger als mit drei Monaten Dauer bemessen werden[469]. Entsprechend ist eine einheitliche Sperrfrist gem. §§ 69; 69 a Abs. I, S. 1 StGB auf höchstens fünf Jahre zu begrenzen[470].

Erkennt das Gericht im Falle eines Zusammentreffens von Freiheits- **145**
und Geldstrafe gem. § 53 Abs. II, S. 2, HS. 1 StGB oder aus anderen zulässigen Gründen **nicht** auf eine Gesamtstrafe, fehlt der innere Grund für eine **Einheitlichkeit** der Entscheidung über etwaige Nebenstrafen, Nebenfolgen und Maßnahmen i. S. d. § 11 Abs. I, Ziff. 8 StGB. Dem hat eine gem. § 53 Abs. III StGB **sinnentsprechende** Anwendung des § 52 Abs. IV StGB Rechnung zu tragen. Wird deshalb aus allgemeinen, aber gravierenden (vgl. oben Rdn. 117 ff) Strafzumessungsgesichtspunkten beispielsweise wegen zweier Verkehrsstraftaten i. S. d. § 44 Abs. I StGB, durch die jeweils ein Fahrverbot von einem Monat verwirkt ist, gem. § 53 Abs. II, S. 2, HS. 1 StGB gesondert auf Freiheitsstrafe und Geldstrafe erkannt, ist **nicht** lediglich **einmal**, sondern **neben** der Freiheitsstrafe **und neben** der Geldstrafe getrennt jeweils auf ein Fahrverbot von je einem Monat zu erkennen. Entsprechend ist bei der Entziehung der Fahrerlaubnis und der Verhängung mehrerer Sperrfristen i. S. d. §§ 69, 69 a StGB zu verfahren. Soweit gem. §§ 53 Abs. II, S. 2, HS. 1; 53 Abs. II, S. 2, HS. 2 StGB anstelle der gesondert verhängten Einzelstrafen auf Gesamtstrafen zu erkennen ist, verbleibt es dabei, daß in bezug auf die jeweilige Gesamtstrafe die möglicherweise mehrfach verwirkten Nebenstrafen etc. nur **einmal** festgesetzt werden. Wie die Gesamtgeldstrafe und die Gesamtfreiheitsstrafe werden die neben die jeweiligen Gesamtstrafen tretenden in sich einheitlichen Entscheidungen über etwaige Nebenstrafen im Verhältnis zueinander **getrennt** ausgesprochen. Wird etwa neben der Gesamtfreiheitsstrafe gem. §§ 69, 69 a StGB auf eine Sperrfrist von drei Jahren und neben der Gesamtgeldstrafe auf eine Sperrfrist von einem Jahr erkannt, beginnen beide Fristen mit der Rechtskraft der Entscheidung zu laufen. Erwächst nur der Gesamtfreiheitsstrafenausspruch in Rechtskraft, beginnt die darauf bezogene Sperrfrist mit Eintritt dieser Teilrechtskraft zu laufen, während die Sperrfrist hinsichtlich der Gesamtgeldstrafe von dem Ausgang des Rechtsmittelver-

---

468 Dazu BGHSt 24, 205 (207) für einen Fall der nachträglichen Gesamtstrafenbildung.

469 Vgl. statt aller Schönke/Schröder (Stree), § 44 Rdn. 27.

470 Vgl. statt aller Schönke/Schröder (Stree), § 69 a Rdn. 27.

fahrens abhängig ist. Sie kann daher entsprechend der Dauer des Rechtsmittelverfahrens später zu laufen beginnen und neben der anderen Sperrfrist ablaufen. Die Sachlage ist vergleichbar jenen Fällen, in denen in getrennten Verfahren Entscheidungen über Nebenstrafen etc. getroffen werden mit der Folge, daß diese Nebenstrafen etc. mit der jeweiligen (zeitlich regelmäßig unterschiedlichen) Rechtskraft der Entscheidung wirksam werden[471].

146 **Rechtsprechung und Lehre** vertreten in der vorstehend beschriebenen Fragestellung freilich den **gegenteiligen** Standpunkt[472]. Danach ist auch dann, wenn etwa gem. § 53 Abs. II, S. 2, HS. 1 StGB keine Gesamtstrafe festgesetzt, sondern Freiheits- und Geldstrafe gesondert verhängt werden, hinsichtlich der insgesamt verwirkten, etwaigen mehreren Nebenstrafen, Nebenfolgen und/oder Maßnahmen stets **nur einheitlich** zu entscheiden. Die mehrfache Anordnung gleichartiger Nebenstrafen, Nebenfolgen und Maßnahmen hat daher zu unterbleiben. Diese Ansicht der h. M. ist indessen nur eine Behauptung: Weder in der Rechtsprechung noch in der Literatur findet sich für sie eine sachliche Begründung[472].

---

[471] Vgl. BGHSt 24, 205 (207): nebeneinander laufende Sperrfristen.

[472] So SCHÖNKE/SCHRÖDER (STREE), § 53 Rdn. 33 unter Berufung auf BayObLG VRS 51, 221 (222/223); BayObLG VRS 51, 221 (222/223) unter Berufung auf SCHÖNKE/SCHRÖDER (STREE), § 53 Rdn. 33; ebenso LK-VOGLER, § 53 Rdn. 20 bei und in Anm. 11 unter Berufung auf BayObLG VRS 51, 221 (223), SCHÖNKE/SCHRÖDER (STREE), § 53 Rdn. 33 und SK-SAMSON, § 53 Rdn. 17; ebenso SK-SAMSON, § 53 Rdn. 17 ohne weiteren Nachweis; vgl. aber LACKNER, § 53, 4 b („neben den Einzelstrafen nur im Falle der Kummulation“).

B

Die Bildung der Gesamtstrafe

Anders als § 53 StGB betrifft § 54 StGB nicht die Voraussetzungen einer Gesamtstrafe, sondern die Art und Weise der Gesamtstrafen**bildung**. Ergänzt durch den „Umwandlungsschlüssel" von 1 : 1 im Falle der Bildung einer Gesamtstrafe aus Freiheits- und Geldstrafe (§ 54 Abs. III StGB) beschreibt § 54 Abs. I, S. 2 StGB den Vorgang der Gesamtstrafenbildung nach seiner **methodischen Struktur**: Erhöhung der höchsten Einzelstrafe. § 54 Abs. II StGB gibt konkrete und abstrakte Grenzmarken des Strafrahmens an, innerhalb dessen das Maß der Gesamtstrafe angesiedelt sein muß. § 54 Abs. I, S. 3 StGB schließlich bestimmt nachdrücklich, daß die Bildung der Gesamtstrafe im Verhältnis zur Festsetzung der Einzelstrafen einen eigenen, besonderen Regeln folgenden **Akt der Strafzumessung**[1] darstellt. Bei der in § 54 Abs. I, S. 2 StGB für die verschiedenen Fälle des handlungsmehrheitlichen Zusammentreffens mehrerer Straftaten **zwingend vorgeschriebenen** Bildung einer i. S. d. § 53 Abs. I, II StGB obligatorischen und/oder fakultativen Gesamtstrafe handelt es sich um eine rechtsfolgengestaltende gesetzliche Verwirklichung des **Asperationsprinzips**[2]. Vom Prinzip der Asperation (Verschärfungsgrundsatz) nimmt § 53 Abs. II, S. 2, HS. 1 StGB unter besonderen strafzumessungsrechtlichen Voraussetzungen nur das Zusammentreffen von Freiheits- und Geldstrafe aus: Die im Einzelfall gesondert ausgeurteilte (Einzel- oder Gesamt-)Geldstrafe tritt **kumulativ** zur verhängten (Einzel- oder Gesamt-)Freiheitsstrafe hinzu[3]. Der Verweisung auf § 52 Abs. IV StGB entsprechend **verbindet** § 53 Abs. III StGB das den §§ 53 ff StGB zugrunde liegende Asperationsprinzip mit dem sog. **Kombinationsprinzip**[4] mit der schon erwähnten Folge, daß neben einer Gesamtstrafe auf Nebenstrafen, Nebenfolgen und/oder Maßnahmen i. S. d. § 11 Abs. I, Nr. 8 StGB erkannt werden kann oder muß, sofern eines der anwendbaren Strafgesetze dies zuläßt oder vorschreibt. **147**

Zur Bildung einer Gesamtstrafe geeignet ist **nicht nur** die **zeitige** Freiheits- und die Geldstrafe. Nach § 54 Abs. I, S. 1 StGB ist entgegen früherem Recht eine Gesamtstrafe auch in Fällen des Zusammentreffens mehrerer lebenslanger Freiheitsstrafen, einer lebenslangen mit einer zeitigen Freiheitsstrafe, mehrerer lebenslanger mit einer oder mehreren **148**

---

[1] Vgl. E 1962, amtl. Begründung, S. 194; BGHSt 24, 268 (269 f).
[2] Dazu statt aller LK-Vogler, § 53 Rdn. 1 ff; § 54 Rdn. 1.
[3] Zum Kumulationsprinzip vgl. Blei, Strafrecht AT, § 90 III, 1; SK-Samson, Vor § 52 Rdn. 5.
[4] Vgl. dazu statt aller SK-Samson, Vor § 52 Rdn. 7, 8.

zeitigen Freiheitsstrafen und einer oder mehrerer lebenslanger Freiheitsstrafen mit einer oder mehreren Geldstrafen (§ 53 Abs. II, S. 1 StGB) zu bilden. Naturgemäß entfällt dabei die dem Asperationsprinzip entsprechende Erhöhung der höchsten verwirkten Einzelstrafe. Stets ist auf **eine** lebenslange Freiheitsstrafe als Gesamtstrafe zu erkennen[5]. Mit der Einbeziehung der lebenslangen Freiheitsstrafe in die Gesamtstrafenregelung der §§ 53, 54 StGB hat der Gesetzgeber somit die in vielerlei Hinsicht fragwürdige Notwendigkeit beseitigt, neben einer verwirkten lebenslangen Freiheitsstrafe **kumulativ** auf eine oder mehrere weitere lebenslange und/oder zeitige Freiheitsstrafen (bzw. Geldstrafen) zu erkennen. Die übrigen verwirkten Einzelstrafen (dazu können auch weitere lebenslange Freiheitsstrafen zählen) behalten allerdings ihre relative Eigenbedeutung insbesondere als Entscheidungskriterien in der Frage, ob gem. § 57 a StGB der verbliebene Rest einer lebenslangen Gesamtfreiheitsstrafe zur Bewährung ausgesetzt werden kann (vgl. auch § 57 b StGB)[6].

I. Die erhöhte Einsatzstrafe

149 Die Bildung der Gesamtstrafe versteht sich gem. § 54 Abs. I, S. 2 und 3 StGB (in allen übrigen Fällen als der eigentlichen Regel) entgegen noch immer weit verbreiteter — revisionsgerichtlich aus prozeß- und anderen ökonomischen Gründen freilich bedenklich selten gerügter — instanzrichterlicher Vorstellung und Urteilsabsetzungspraxis als ein **komplexer Vorgang rationaler Strafzumessung**. Gedanklich gliedert sich dieser durch § 54 Abs. I, S. 2 und S. 3 StGB festgeschriebene Strafzumessungsvorgang in vier Abschnitte: Festsetzung der verwirkten Einzelstrafen, Bestimmung der sog. Einsatzstrafe, Bildung des Gesamtstrafrahmens, Festsetzung der Gesamtstrafe. Die Zerlegung des Strafzumessungsvorgangs in die genannten vier Abschnitte hat nicht nur didaktische Ordnungsfunktion. Die Reihenfolge der Zumessungsabschnitte ist vielmehr unter dem Aspekt der Gerechtigkeitsmaxime und der Prozeßökonomie sachlich begründet und insofern verbindliche methodische Richtlinie für die Bestimmung einer **schuldangemessenen** Gesamtstrafe. Hiermit

---

[5] Vgl. dazu auch den Entwurf eines Strafrechtsänderungsgesetzes vom 14. 1. 1985, BT-Drs. X, 2720 mit amtl. Begründung, S. 10 (zu Nummer 3).

[6] Vgl. zu dieser Problematik Gross, Entwurf, StrVert 1983, 81 ff (84/5); zur Frage der Verfassungsgemäßheit der Regelung vgl. Beckmann, Aussetzung, NJW 1983, 537 ff (543); Stree, Schuldschwereklausel, NStZ 1983, 289 ff (292/3); von Bubnoff, Mehrfachtäter, JR 1982, 441 ff (444 ff); kritisch auch Dreher/Tröndle, § 54 Rdn. 1.

nicht zu vereinbaren ist die in der instanzgerichtlichen Entscheidungspraxis häufig anzutreffende, zumeist unreflektierte Unbefangenheit im Umgang mit unmethodisch gewonnenen Strafzumessungserwägungen. Eine Mißachtung des beschriebenen „Vierschritts" im Vorgang der Gesamtstrafenbildung indessen erhöht das ohnehin jede Straffestsetzung zumindest latent begleitende und für die (gesellschaftliche) Konsensfähigkeit des gesamten Strafrechts fatale Risiko ungleicher Strafzumessung[7].

1. Die Einzelstrafen

Danach sind zunächst für die verschiedenen gem. § 53 StGB handlungsmehrheitlich begangenen Straftaten den Strafzumessungsregeln des § 46 StGB entsprechende[8] **Einzelstrafen** festzusetzen. Unter Berücksichtigung aller in Betracht kommenden allgemeinen und besonderen Strafschärfungs- und Strafmilderungsgründe[9] muß jede konkret verwirkte Einzelstrafe innerhalb des von den anwendbaren Strafgesetzen vorgegebenen Strafrahmens liegen[10]. Die für die Zumessung der jeweiligen Einzelstrafen notwendigen Schuldfeststellungen sind nicht global, sondern in bezug auf jede Einzeltat gesondert zu treffen. Das gilt nicht nur für den Fall, daß die mehreren Straftaten rechtsgutsverschiedene Straftatbestände verwirklichen, sondern auch dann, wenn die verletzten Strafgesetze dasselbe Rechtsgut schützen und ebenso, wenn die mehreren Straftaten jeweils denselben Straftatbestand erfüllen. Grundsätzlich sind Bezugnahmen auf vorhergehende, jedoch für eine andere Einzeltat getroffene (strafzumessungsrelevante) Feststellungen **unzulässig**. Strafschärfende oder strafmildernde Umstände, die ummittelbar den Schuldgehalt einer einzelnen Straftat betreffen, sind im Rahmen der Einzelstrafzumessung bei der jeweils konkreten Straftat zu berücksichtigen und zu verwerten. Sie dürfen nicht der strafzumessungsrechtlichen Gesamtwürdigung i. S. d. § 54 Abs. I, S. 3 StGB überlassen bleiben[11]. Ergeben die Feststellungen, daß in bezug auf eine von mehreren Einzelstraftaten beispielsweise die Voraussetzungen des § 21 StGB oder des § 23 Abs. II StGB vorliegen, und will das Gericht von der gesetzlich eingeräumten Milderungsmöglichkeit gem. § 49 Abs. I StGB Gebrauch machen, dann **150**

---

[7] Hierzu grundlegend STRENG, Relative Gerechtigkeit, S. 1 ff, 28 ff, 281 ff.
[8] Offen gelassen von E 1962, amtl. Begründung, S. 194.
[9] Vgl. BGH NJW 1966, 509, 510.
[10] Vgl. schon RGSt 25, 297 ff (308/309).
[11] So die h. M., vgl. BGH NJW 1966, 509, 510; ferner DREHER/TRÖNDLE, § 54 Rdn. 1 a; LK-HIRSCH, § 46 Rdn. 108; LK-VOGLER, § 54 Rdn. 2, 10; SCHÖNKE/SCHRÖDER (STREE), § 53 Rdn. 10.

sind diese Strafzumessungserwägungen bei der Festsetzung der Einzelstrafe für die betroffene Einzeltat anzustellen. Es wäre rechtsfehlerhaft, die etwaige Strafmilderung erst bei der Festsetzung der Gesamtstrafe eintreten zu lassen[11].

151 Auf der anderen Seite dürfen Strafzumessungsgesichtspunkte, die zwar den Gesamtkomplex der mehreren Straftaten betreffen, aber aus dem Bezugsrahmen einer einzelnen Straftat herausfallen, nicht in den Vorgang der Einzelstrafzumessung einbezogen werden. In der Regel erstreckt sich deshalb die einzeltatbezogene Strafzumessung ausschließlich auf solche strafzumessungsrelevanten Umstände, die sich unmittelbar und allein aus der jeweiligen Einzeltat ergeben[12]. Unter strafzumessungsrechtlichem (materiellrechtlichem) und methodischem Blickwinkel erweist sich die erstinstanzlich vielfach beliebte „Zumessungspraxis", zunächst intuitiv und spontan eine ungefähre Höhe der Gesamtstrafe ins Auge zu fassen und anschließend rechnerisch passende, mit „sicheren" rationalen (!) Strafzumessungserwägungen verbrämte „Einzelstraffiktionen" festzusetzen, dementsprechend als unverantwortlich fehlerhaft[13], mögen die verhängten Einzelstrafen und ebenso die Gesamtstrafe nach Art und Höhe auch noch so plausibel sein und gar einer regelgerechten Überprüfung standhalten. Keineswegs weniger sachwidrig festgesetzt ist eine Einzelstrafe, wenn sie das Ergebnis einer Vermengung von unzulässigen „Rückwärtsberechnungen" mit fehlerfreien Strafzumessungserwägungen darstellt. Die Einzelstrafen sind eben keine bloßen Rechnungsgrößen[14], sondern im Wege eines eigenen, auf die jeweiligen Einzeltaten bezogenen Zumessungsverfahrens ermittelte, **selbständige** Strafen[15].

152 Die verschiedenen, in demselben Strafverfahren (§ 53 Abs. I StGB) abzuurteilenden Einzeltaten sind allerdings für die Zumessung der jeweils konkreten Einzelstrafe **nicht** völlig **bedeutungslos**[16]. Zwar beruht die Festsetzung der Einzelstrafen auf einer einzeltatbezogenen Strafzumessung. Diese einzeltatbezogene Strafzumessung stellt jedoch **keineswegs** eine im Sinne des Gesamtstrafenprinzips „artspezifische", von den

---

[12] BGHSt 24, 268 (270/271); vgl. auch LK-Vogler, § 53 Rdn. 4, § 54 Rdn. 10; Schönke/Schröder (Stree), § 53 Rdn. 10; ferner BGH NJW 1966, 509, 510.

[13] Vgl. oben Rdn. 8; ebenso LK-Vogler, § 54 Rdn. 2.

[14] So schon RGSt 44, 302 (306); vgl. weiter BGH NJW 1966, 509 (510); BGHSt 12, 1 (6/7); BGHSt 24, 268 (269); LK-Vogler, § 54 Rdn. 2; Schönke/Schröder (Stree), § 54 Rdn. 21.

[15] Vgl. nur BGHSt 1, 252 (253); ferner vorerst statt aller Schönke/Schröder (Stree), § 54 Rdn. 22 ff.

[16] Vgl. etwa LK-Hirsch, § 46 Rdn. 108; LK-Vogler, § 54 Rdn. 10, 11; Schönke/Schröder (Stree), § 54 Rdn. 15; BGHSt 24, 268 (271).

Regeln des § 46 StGB abweichende Einzelstrafzumessung dar. Für sie sind die Grundsätze des § 46 StGB in derselben Weise verbindlich wie für jede andere Strafzumessung[8]. Daß gem. § 54 Abs. I, S. 3 StGB die Zumessung der Gesamtstrafe besonderen (zusätzlichen) Regeln folgt, ändert daran nichts. Dementsprechend kann bei der Festsetzung von Einzelstrafen der Umstand der Tathäufung gleichartiger oder verschiedenartiger Straftaten als Zumessungsgesichtspunkt gem. § 46 StGB durchaus **einzeltatbezogene Bedeutung** haben. Vielfach zulässig, bisweilen sogar geboten ist es nach § 46 StGB, im Rahmen der Strafzumessung für eine einzelne Straftat eines bis dahin unbestraften Täters die Tat je nach den Einzelumständen als „einmalige Entgleisung" strafmildernd zu berücksichtigen[17]. Nichts anderes gilt mit „umgekehrtem Vorzeichen" für den Fall mehrerer nacheinander begangener Straftaten. Die zweite, dritte und/oder jede weitere, insbesondere planvoll begangene gleichartige Straftat kann sich deshalb in bezug auf die vorhergehende(n) Straftat(en) im Vorgang der jeweiligen Einzelstrafzumessung straferhöhend auswirken. Sind beispielsweise in einem Strafverfahren vier Betrugstaten abzuurteilen, die sämtlichst durch das „modellhafte" Vorgehen des Täters — unter Ausnutzung sexuell bestimmter Liebesverhältnisse veranlaßt der Täter die betroffenen Frauen zu vermögensschädigenden Anlagegeschäften zugunsten eines gut „entlohnenden" Geschäftspartners — geprägt werden, hindert die noch ausstehende Gesamtstrafzumessung nicht die Festsetzung einer wegen der vorhergehenden Tat erhöhten Einzelstrafe für den zweiten, dritten und vierten Betrug[18].

Danach ist zwar jede Einzeltat gesondert für sich zu bewerten[19]. Es **153**
ist aber nicht notwendig, die Einzelstrafe so zu bemessen, als ob die anderen, gleichzeitig abzuurteilenden Straftaten überhaupt nicht begangen worden wären[20]. Die Berücksichtigung derselben tatsächlichen Gegebenheiten sowohl bei der Einzel- als auch bei der Gesamtstrafzumessung verstößt weder gegen die Strafzumessungsregeln des § 46 StGB noch gegen ein Doppelverwertungsverbot i. S. d. § 46 Abs. III StGB[21].

---

17 So auch LK-HIRSCH, § 46 Rdn. 108.

18 Den jeweils nachfolgenden Straftaten kommt allerdings keine linear fortschreitende Erhöhungswirkung zu.

19 Vgl. LK-VOGLER, § 54 Rdn. 10.

20 In diesem Sinne aber DREHER, Doppelverwertung, JZ 1957, 155 ff (157/158); DREHER/TRÖNDLE, § 54 Rdn. 6, freilich mit gewissen Einschränkungen im Hinblick auf § 47 StGB; vgl. auch JAKOBS, Strafrecht AT, 33. Abschnitt, Rdn. 18 bei und in Anm. 31; JESCHECK, Strafrecht AT, § 68 III, 1 a, c; SK-SAMSON, § 54 Rdn. 9.

21 So überzeugend BRUNS, Gesamtdarstellung, S. 473; DERS., Strafzumessungsrecht, S. 140, 189/190; DERS., Doppelverwertung, 353 ff (374/375); ferner

Es ist vielmehr möglich, daß ein und dieselbe Strafzumessungs**tatsache** unter strafzumessungs**rechtlichem** Blickwinkel unterschiedliche Bedeutung erlangt, je nachdem ob im strafzumessungsrechtlichen Sinngehalt der Strafzumessungstatsache der Akzent auf einzeltatbezogene oder auf andere, den Gesamtkomplex aller Straftaten betreffende Sinnelemente gelegt wird. Eine in bezug auf die jeweils konkrete Einzeltat oder auf den Gesamtkomplex aller abzuurteilenden Straftaten differenzierte Verwertung derartiger „doppelfunktioneller" Strafzumessungstatsachen[22] ist im Rahmen einer mehrschichtigen Strafzumessung gem. §§ 53, 54 StGB nicht nur zulässig, sondern von der Sache her auch geboten. In diesem Sinne ist das **Gesamtbild** aller gleichzeitig abzuurteilenden Taten — obwohl primär ein wesentlicher Aspekt der Gesamtstrafzumessung — **bereits bei der Zumessung der Einzelstrafen** und nicht erst bei der Zumessung der Gesamtstrafe zu berücksichtigen[23].

154 Entgegen einer im Schrifttum dezidiert geäußerten, aber vereinzelt gebliebenen Auffassung[24] **kann** die Strafzumessungstatsache der **Häufung von Straftaten** deshalb für die Frage der Unerläßlichkeit einer (kurzen) Freiheitsstrafe gem. § 47 StGB von Bedeutung sein[25]. Nach den Bestimmungen der §§ 46, 47 StGB versteht es sich allerdings von selbst, daß die Festsetzung von Einzelfreiheitsstrafen unter sechs Monaten stets einer **besonderen** Begründung bedarf[26]. Der bloße Hinweis auf die Tatsache der Häufung von Straftaten allein ist in der Regel ebensowenig eine hinreichende Strafzumessungserwägung für die Festsetzung von Einzelfreiheitsstrafen unter sechs Monaten wie der Verweis auf mehrere, in demselben Verfahren bereits festgesetzte Einzelfreiheitsstrafen gem. § 47 StGB[26]. Das gilt unabhängig davon, ob auf die verschiedenen Einzelfreiheitsstrafen ausschließlich nach § 47 StGB oder teilweise nach § 47 StGB, zum anderen Teil allgemein nach § 46 StGB erkannt wird. Zwar kann gem. §§ 53 Abs. I; 54 Abs. I, S. 2 StGB ohne weiteres eine

---

SCHWELING, Gesamtstrafe, GA 1955, 289 ff (292, 298); vgl. noch LK-HIRSCH, § 46 Rdn. 108; LK-VOGLER, § 54 Rdn. 8, 10; BGHSt 8, 205 (210).

22 BRUNS, Strafzumessungsrecht, S.140, 189/190 spricht in der Sache ähnlich insoweit von **„doppelrelevanten"** Strafzumessungstatsachen.

23 BGH Urt. v. 17. 5. 1982 — 2 StR 136/82.

24 SK-HORN, § 47 Rdn. 6.

25 So die wohl h. M. in Rechtsprechung und Lehre, vgl. BGHSt 24, 268 (271); OLG Saarbrücken NJW 1975, 1040 (1041); OLG Hamm NJW 1977, 2087 (2087/8); DREHER/TRÖNDLE, § 54 Rdn. 6, § 47 Rdn. 10; LK-HIRSCH, § 47 Rdn. 8, 23; LK-VOGLER, § 54 Rdn. 9, 13 und § 53 Rdn. 4; SCHÖNKE/SCHRÖDER (STREE), § 53 Rdn. 10, § 47 Rdn. 8.

26 BGH Beschl. v. 25. 5. 1982 — 1 StR 159/82 bei MÖSL NStZ 1982, 453 (zu den §§ 47 bis 51 StGB); BGH StrVert 1982, 366 (Leitsatz).

Gesamtfreiheitsstrafe aus einer oder mehreren Einzelfreiheitsstrafen gem. § 47 StGB und einer oder mehreren längeren Einzelfreiheitsstrafen gem. § 46 StGB gebildet werden. Die strafzumessungsrechtliche Begründung der verhängten Gesamtfreiheitsstrafe macht jedoch in keinem Falle eine besondere Begründung der (kurzen) Einzelfreiheitsstrafen entbehrlich. Das ergibt sich zum einen bereits aus der nach dem Gesamtstrafenprinzip strukturtypischen (relativen) Eigenständigkeit der Einzelstrafen, für Einzelfreiheitsstrafen unter sechs Monaten darüber hinaus und zusätzlich aber aus dem Ausnahmecharakter der „kurzen" Freiheitsstrafe.

Soweit die Strafzumessungstatsache der Häufung von Straftaten als **155** Argument für die Unerläßlichkeit einer Freiheitsstrafe in ihrer „zweiten Funktion" primär die Zumessung der Gesamtstrafe betrifft, läuft sie in gewisser Weise „ins Leere", sofern die der Gesamtstrafenbildung zugrunde liegenden (festgesetzten) Einzelstrafen sämtlichst Geldstrafen sind: § 47 StGB gilt nach dem Wortsinn der Vorschrift und nach den Regeln der Zumessungsmethodik gem. §§ 53, 54 StGB nur für die Einzelstrafe, dagegen nicht für die Gesamtstrafe[27]. Es ist daher nicht möglich, aus mehreren Einzel**geldstrafen** wegen der Häufung der Straftaten gem. §§ 47, 53 ff StGB auf eine Gesamtfreiheitsstrafe unter sechs Monaten zu erkennen. Zulässig und mit den Regeln der Gesamtstrafenbildung vereinbar ist die Verhängung einer Gesamtfreiheitsstrafe unter sechs Monaten — freilich resultiert dies nicht aus einer Anwendung des § 47 StGB erst bei der Bildung der Gesamtstrafe — nur dann, wenn sich unter den mehreren Einzelstrafen zumindest eine gem. § 47 StGB festgesetzte Freiheitsstrafe befindet[28]. Beim Zusammentreffen von einer oder mehreren Einzelfreiheitsstrafen gem. § 47 StGB mit einer oder mehreren nach § 47 StGB festgesetzten Einzelgeldstrafen ist zwar gem. § 53 Abs. II, S. 2, HS. 1 StGB eine gesonderte Verhängung von (Einzel- oder Gesamt-)Freiheitsstrafe und (Einzel- oder Gesamt-)Geldstrafe denkbar, unter strafzumessungsrechtlichen Gesichtspunkten aber wenig sinnvoll[29], es sei denn, es lägen im Einzelfall ganz besondere strafzumessungsrechtliche Ausnahmegesichtspunkte vor. Allein der Umstand, daß ein Teil der Einzeltaten vorsätzlich, ein anderer Teil fahrlässig begangen worden ist mit der Folge, daß gem. § 47 StGB (kurze) Freiheitsstrafen

---

[27] Vgl. BGHSt 24, 164 (165); BGH MDR (DALLINGER) 1970, 380; BGH NJW 1971, 1415; BGH VRS 39, 95; LK-HIRSCH, § 47 Rdn. 8; LK-VOGLER, § 54 Rdn. 13; SCHÖNKE/SCHRÖDER (STREE), § 47 Rdn. 8; SK-HORN, § 47 Rdn. 6; offen bleibt die Frage, ob es kriminalpolitisch sinnvoll (gewesen) wäre, § 47 StGB auch auf die Gesamtstrafe für anwendbar zu erklären.

[28] Vgl. auch LK-HIRSCH, § 46 Rdn. 108.

[29] Vgl. auch BGH MDR (DALLINGER) 1970, 380; ferner HansOLG Hamburg MDR 1970, 437.

für die Vorsatztaten und für die Fahrlässigkeitstaten mehrere Geldstrafen als Einzelstrafen festgesetzt wurden, stellt einen solchen Ausnahmegesichtspunkt nicht dar. Allerdings können Fallkonstellationen, in denen nicht ausschließlich nach § 47 StGB festgesetzte Einzelfreiheits- und Einzelgeldstrafen, sondern teilweise nach den allgemeinen Regeln des § 46 StGB und teilweise gem. § 47 StGB festgesetzte Einzelfreiheits- und/oder Einzelgeldstrafen zusammentreffen, eine andere strafzumessungsrechtliche Beurteilung erfordern bzw. zulassen.

156 Abgesehen von der Tathäufung können als „doppelfunktionelle" Strafzumessungstatsachen des weiteren die persönlichen und wirtschaftlichen Verhältnisse des Täters, sein Vorleben und seine aus der Einzeltat sprechende Gesinnung sowie die im übrigen in § 46 Abs. II StGB genannten und ähnliche Umstände in Betracht kommen. Auch insoweit darf sich die Einzelstrafzumessung stets nur auf den jeweils einzeltatbezogenen Sinngehalt der verwerteten Strafzumessungstatsache stützen[30]. Eine undifferenzierte Vermengung einzeltatbezogener mit solchen Strafzumessungsgesichtspunkten, die den Gesamtkomplex aller abzuurteilenden Straftaten betreffen, würde im Rechtsmittelverfahren dazu führen, daß bei Aufhebung einer Einzelstrafe auch die übrigen Einzelstrafen, bei Aufhebung der Gesamtstrafe auch die Einzelstrafen mitaufgehoben werden müßten, weil sich nicht ausschließen ließe, daß sich die aufgehobene Strafe bestimmend auf die Festsetzung der anderen Strafen ausgewirkt hat[31]. Es liegt auf der Hand, daß auf diesem Wege die (relative) strafzumessungs- und verfahrensrechtliche Selbständigkeit der Einzelstrafen verloren ginge und damit die auf dem Gesamtstrafensystem beruhenden Regeln der Realkonkurrenz prinzipiell in Frage gestellt wären. Soll daher z. B. im Rechtsmittelverfahren wegen einer Einzelstrafe bei deren Wegfall der Bestand der übrigen Einzelstrafen unangetastet bleiben, müssen die Entscheidungsgründe deutlich erkennen lassen, wie sich im Rahmen der strafzumessungsrechtlichen Beurteilung und Auswertung „doppelfunktioneller" Strafzumessungstatsachen die alle Straftaten betreffenden Aspekte von den einzeltatbezogenen Zumessungskriterien abgrenzen. Diese und sonstige (ausschließlich einzeltatbezogene) für die Festsetzung der Einzelstrafen maßgebenden (bestimmenden, vgl. § 267 Abs. III, S. 1 StPO) Strafzumessungserwägungen sind in den Urteilsgründen in (revision-)rechtlich nachprüfbarer Form darzulegen[32].

---

[30] Vgl. BGHSt 24, 268 (270).

[31] Vgl. auch Dreher/Tröndle, § 54 Rdn. 6; LK-Vogler, § 54 Rdn. 10.

[32] Vgl. schon BGH LM Nr. 4 zu § 74 StGB; BGHSt 24, 268 (271) mit Anm. Jagusch NJW 1972, 454; OLG Hamm NJW 1977, 2087; vgl. ferner Dreher/Tröndle, § 54 Rdn. 6; LK-Vogler, § 54 Rdn. 2.

Dazu gehört, daß **alle** in die Bildung der Gesamtstrafe einzubeziehenden bzw. einbezogenen Einzelstrafen und ihre Festsetzung den Entscheidungsgründen entnommen werden können. Ist auch nur eine der Einzelstrafen nicht angegeben, leidet die Verhängung der Gesamtstrafe an einem sachlich-rechtlichen Fehler, der zur Aufhebung des Gesamtstrafenausspruchs nötigt[33]. Nur in Ausnahmefällen ist es denkbar, daß das **Revisions**gericht eine in den Entscheidungsgründen versehentlich nicht aufgeführte Einzelstrafe von sich aus festsetzen und die Gesamtstrafe gleichwohl bestehen lassen kann, etwa wenn es allein darum geht, in bezug auf eine Einzeltat als Einzelstrafe die Mindeststrafe festzusetzen[34]. Dagegen kann das **Berufungs**gericht ohne Verstoß gegen das Verschlechterungsverbot nachträglich selbst Einzelstrafen festsetzen, wenn das erstinstanzliche Gericht bei der Bildung einer Gesamtstrafe die Einzelstrafen zwar verhängt, sie aber in den Urteilsgründen nicht ausgewiesen hat, und es auf prozessual zulässige Weise nicht mehr feststellbar ist, welche Einzelstrafen tatsächlich festgesetzt wurden[35]. **157**

Formelhafte Wendungen genügen in dem strafzumessungsrechtlich ohnehin so sensiblen Bereich der Gesamtstrafenbildung unter keinen Umständen den Anforderungen einer hinreichenden Entscheidungsbegründung. Das gilt für die Urteilsausführungen zur Gesamt- und zur Einzelstrafzumessung gleichermaßen. Besonderer tatrichterlicher Beliebtheit erfreuen sich undifferenzierte „Globalbetrachtungen" zur Strafzumessung, aus denen in rechtlich unüberprüfbarer Weise unvermittelt die Festsetzungen der Einzelstrafen entspringen. Von entscheidungsbegründenden Strafzumessungserwägungen kann dabei keine Rede sein, zumal wenn — wie häufig — die der Vorschrift des § 46 StGB entnommenen Strafzumessungskriterien lediglich umformuliert und noch nicht einmal ansatzweise auf die Einzeltat konkretisiert sind. Als hinreichend begründete Einzelstrafzumessung ist eine in tatrichterlichen Urteilsgründen ebenfalls nicht selten anzutreffende Verquickung globaler Strafzumessungserwägungen mit formelhaften Abschlußbemerkungen zur tat- und schuldangemessenen Strafe freilich noch weniger geeignet. Zur Veranschaulichung unzulässiger (angeblich einzeltatbezogener) Strafzu- **158**

---

[33] So BGHSt 4, 345 (346); LK-Vogler, § 54 Rdn. 2; Schönke/Schröder (Stree), § 53 Rdn. 11; vgl. auch BGH VRS 60, 192; BGHSt 30, 93 (96/97); BGH Beschl. v. 29. 11. 1978 — 3 StR 400/78.

[34] Vgl. LK-Vogler, § 54 Rdn. 2 unter Berufung auf BGH Urt. v. 8. 7. 1969 — 1 StR 116/69; anders aber Dreher/Tröndle, § 54 Rdn. 5 unter Berufung auf BGH Urt. v. 27. 9. 1983 — 4 StR 564/83; vgl. auch BGH Beschl. v. 19. 6. 1979 — 5 StR 288/79; weitere Nachweise bei BGHSt 30, 93 (95); vgl. noch BGH Beschl. v. 14. 1. 1975 — 1 StR 652/74.

[35] So OLG Frankfurt NJW 1973, 1057.

messungsbegründungen mögen einige Beispiele keineswegs besonders ausgesuchter Kammerurteile dienen:

159 **Beispiel 1:** „Bei der Bemessung der Strafen im einzelnen war zu Lasten des Angeklagten zu berücksichtigen, daß er auch über die rückfallbegründenden Straftaten hinaus umfangreich vorbestraft ist. Auch die umfangreiche Verbüßung von Strafhaft hat den Angeklagten nicht von erneuten Straftaten abgehalten. Auch mußte sich zu seinen Lasten auswirken, daß über die von ihm gemachte Beute hinaus durch die Taten erheblicher Sachschaden entstanden ist. Zugunsten des Angeklagten konnte berücksichtigt werden, daß er in desolaten persönlichen Verhältnissen lebt und keinen Halt hat. Auch war er teilweise geständig. Darüber hinaus konnte sich zu Gunsten des Angeklagten auswirken, daß sämtliche Taten längere Zeit zurückliegen.

Unter Berücksichtigung all dieser Umstände ... (insgesamt) hält die Kammer für jede der Taten eine Freiheitsstrafe von einem Jahr für tat- und schuldangemessen."

Beispiel 2: „Die Kammer läßt sich im wesentlichen von folgenden Strafzumessungserwägungen leiten:
Zugunsten des Angeklagten wirkte sich aus, daß er sich nach langem Leugnen der Taten zu einem Geständnis durchgerungen hat. Das Geständnis hat die Kammer in vollem Umfang zu seinen Gunsten gewertet, obgleich der Angeklagte sich zu diesem Geständnis erst in dem Augenblick durchringen konnte, als der Zeuge Z 1 zu seiner Vernehmung erschien. Das anschließende Verhalten des Angeklagten hat jedoch erkennen lassen, daß er zu den von ihm begangenen Taten steht und diese bereut.

Zu Lasten des Angeklagten mußte sich auswirken, daß er bisher in erheblichem Umfang strafrechtlich in Erscheinung getreten ist. Zu Lasten des Angeklagten mußte sich ferner auswirken, daß er bereits ca. 6 Wochen nach der Tat zu Lasten des Zeugen Z 1, deretwegen er vorübergehend festgenommen war, bereits die Tat zum Nachteil des Zeugen Z 2 beging.

Unter Berücksichtigung aller für und gegen den Angeklagten sprechenden Umstände hielt die Kammer folgende Einzelstrafen für tat- und schuldangemessen:
Tat Z 1: Freiheitsstrafe von zwei Jahren und sechs Monaten
Tat Z 2: Freiheitsstrafe von zwei Jahren und sechs Monaten."

Beispiel 3: „Zugunsten des Angeklagten konnte die Strafkammer berücksichtigen, daß er hinsichtlich der festgestellten Straftaten geständig war. Die Kammer hat auch berücksichtigt, daß der Angeklagte in seiner sozialen Reife erheblich zurückgeblieben ist. Ein Pkw stellt für ihn in seiner besonderen Persönlichkeitsstruktur jedenfalls unter einem gewissen Alkoholeinfluß, den die Strafkammer deshalb strafmildernd berücksichtigt hat, einen schwer beherrschbaren Anreiz zur Begehung von Straftaten dar. Allerdings beschränkt sich das strafrechtlich bedeutsame Verhalten des Angeklagten nicht darauf, ein Fahrzeug zu entwenden, um damit zu fahren. Solche Straftaten sind häufiger insbesondere bei jüngeren Menschen vorzufinden, die unbedingt ein Auto fahren wollen. Der Angeklagte hat auch aus einem Fahrzeug Gegenstände entwendet, ohne das Fahrzeug selbst zu fahren. Gleichwohl ist feststellbar, daß bei den hier zu beurteilenden Straftaten immer in irgendeiner Form ein Pkw „beteiligt“ war.

Die Kammer mußte die einzelnen Straftaten in ihrer Bedeutung, die auch gekennzeichnet ist durch die angerichteten Schäden, bewerten. Es war auch zu berücksichtigen, in welcher Weise die zur Verurteilung führenden Straftaten früheren anderen Verurteilungen bzw. Hauptverhandlungen folgten.

Danach hält die Strafkammer folgende Einzelstrafen für schuldangemessen: für Tat 1 eine Freiheitsstrafe von sieben Monaten, für Tat 2 eine Freiheitsstrafe von drei Monaten, für Tat 3 eine Freiheitsstrafe von sieben Monaten, für Tat 4 eine Freiheitsstrafe von sieben Monaten, für Tat 5 eine Freiheitsstrafe von einem Jahr, für Tat 6 eine Freiheitsstrafe von sieben Monaten, für Tat 7 eine Freiheitsstrafe von acht Monaten.“

Man mache einmal die Probe aufs Exempel und versuche, für die jeweils ausgeworfenen Einzelstrafen die i. S. d. § 267 Abs. III, S. 1 StPO **bestimmenden** Strafzumessungserwägungen in den drei Beispielen authentischer Urteilsbegründungen festzustellen: ein undurchführbares und aussichtsloses Unterfangen.

2. Die Einsatzstrafe

Zwischen der (den) Einzelstrafe(n) und der sog. Einsatzstrafe besteht in der Sache kein Gegensatz oder Unterschied. Auch die sog. Einsatzstrafe ist eine Einzelstrafe. Ihre begriffliche Hervorhebung als **Einsatz**strafe beruht lediglich darauf, daß sie **allein** im Vorgang der Gesamtstrafzumessung als dessen Grundlage und als strafzumessungsrechtlicher Ausgangspunkt zur Bildung der Gesamtstrafe **eingesetzt** wird[36]. **Einsatzstrafe** kann gem. § 54 Abs. I, S. 2 StGB stets nur die der Höhe und Art nach **schwerste** Einzelstrafe sein[37]. Findet sich unter den ausgeworfenen Einzelstrafen eine lebenslange Freiheitsstrafe, erübrigt sich eine begriffliche Differenzierung zwischen Einsatz- und Einzelstrafe: § 54 Abs. I, S. 1 StGB bestimmt ausdrücklich, daß bei Zusammentreffen mit lebenslanger Freiheitsstrafe auf die lebenslange Freiheitsstrafe **als Gesamtstrafe** zu erkennen ist. Die lebenslange Freiheitsstrafe versteht sich danach gewissermaßen als Einzelstrafe mit Doppelcharakter, und zwar als Einsatzstrafe (naturgemäß ohne die Möglichkeit einer Erhöhung i. S. d. § 54 Abs. I, S. 2 StGB) und zugleich als Gesamtstrafe. Wie auch sonst im Falle des Zusammentreffens zeitiger Freiheitsstrafen oder Geldstrafen bzw. zeitiger Freiheitsstrafen mit Geldstrafen sind die neben der (den) **160**

[36] Unklar und begrifflich fehlerhaft daher GEPPERT, Grundzüge, Jura 1982, 358 ff, 418 ff (419) bei und in Anm. 76 ff.

[37] Dazu auch LK-VOGLER, § 54 Rdn. 3; SCHÖNKE/SCHRÖDER (STREE), § 54 Rdn. 3 ff; SK-SAMSON, § 54 Rdn. 3.

lebenslangen Freiheitsstrafe(n) festgesetzten Einzelstrafen und deren strafzumessungsrechtliche Gründe im Urteil einzeln aufzuführen und darzulegen. Neben die gem. § 54 Abs. I, S. 1 StGB als Gesamtstrafe verhängte lebenslange Freiheitsstrafe ist **nicht** auf eine weitere, aus den übrigen Einzelstrafen gebildete Gesamtstrafe zu erkennen[38]. Ebenso ist neben den festgesetzten und in den Entscheidungsgründen dargelegten Einzelstrafen unter Aussparung der als Gesamtstrafe verhängten lebenslangen Freiheitsstrafe keine weitere „fiktive", gem. § 54 Abs. I, S. 2 StGB aus den anderen Einzelstrafen gebildete Gesamtstrafe nach Höhe und Zumessungsgründen zu benennen.

161 Treffen ausschließlich zeitige Freiheitsstrafen oder zeitige Freiheitsstrafen mit Geldstrafe(n) zusammen, so ist nach der Regel des § 54 Abs. I, S. 2 StGB bei der Bestimmung der für die Bildung der Gesamtstrafe maßgeblichen Einsatzstrafe zwischen gleichartigen und ungleichartigen Einzelstrafen zu unterscheiden. Sind die verwirkten Einzelstrafen sämtlichst **gleichartig,** dann ist die quantitativ höchste Einzelstrafe[39] die Einsatzstrafe. Beim Zusammentreffen gleichartiger Einzelstrafen ist somit stets die quantitativ höchste Freiheitsstrafe i. S. d. § 38 StGB, unbeschadet der Regelung in § 13 Abs. I WStG[40] der quantitativ höchste Strafarrest und die quantitativ höchste Geldstrafe i. S. d. § 40 StGB die Einsatzstrafe. Sind mehrere gleichartige Einzelstrafen gleichermaßen die höchsten Einzelstrafen, ist eine beliebige der jeweils gleich höchsten Einzelstrafen die Einsatzstrafe.

162 Sind die verwirkten Einzelstrafen **ungleichartig**, ist gem. § 54 Abs. I, S. 2 StGB die der Art nach schwerste Einzelstrafe die Einsatzstrafe. Treffen in bezug auf jede Straftat mehrere Einzelstrafen zusammen, sind aus der Gesamtmenge der verwirkten Einzelstrafen zunächst die der Art nach schwersten Einzelstrafen auszusondern. Aus der so gewonnenen Menge unter sich gleichartiger Strafen ergibt sich als Einsatzstrafe dann die quantitativ höchste Einzelstrafe. Die **der Art nach schwerste** Einzelstrafe ist ausnahmslos die Freiheitsstrafe[41]. Treffen Freiheitsstrafe(n) und Geldstrafe(n) zusammen, kommt als Einsatzstrafe deshalb immer nur die (quantitativ höchste) Einzelfreiheitsstrafe in Betracht, mag die Geldstrafe auch noch so hoch sein und die gem. § 43 StGB entsprechende Ersatzfreiheitsstrafe nach dem Umwandlungsschlüssel der §§ 43, S. 2; 54 Abs. III StGB jede verwirkte Einzelfreiheitsstrafe rechnerisch (bei weitem)

---

[38] Vgl. oben Rdn. 148.

[39] Vgl. Schönke/Schröder (Stree), § 54 Rdn. 4.

[40] Dazu Schölz, Wehrstrafgesetz, § 13 Rdn. 3 ff.

[41] Vgl. auch Cramer, Strafensystem, JurA 1970, 183 ff (211); Dreher/Tröndle, § 54 Rdn. 2; LK-Vogler, § 54 Rdn. 3; Schönke/Schröder (Stree), § 54 Rdn. 5; SK-Samson, § 54 Rdn. 3.

übersteigen. Dieser absolute Schwerevorrang der Freiheitsstrafe vor der Geldstrafe hat unmißverständlich im Zweckprogramm des § 47 StGB gesetzlichen Ausdruck gefunden. Im übrigen macht § 54 Abs. III StGB deutlich, daß die Ersatzfreiheitsstrafe nur und nur bei der Summation der verwirkten Einzelstrafen und damit bei der Bildung des Gesamtstrafrahmens begrenzende Funktion hat[42]. Die der Art nach mildeste Strafe ist **stets** die Geldstrafe[43]. Auch der Strafarrest nach §§ 9 ff WStG ist eine der Art nach schwerere (militärstrafrechtliche) Sanktion als Geldstrafe (vgl. § 11 WStG). Dagegen ist der Strafarrest gem. § 9 WStG milder als Freiheitsstrafe i. S. d. § 38 StGB[44]. Das ergibt sich zum einen aus § 12 WStG zum anderen aus §§ 13 Abs. I, S. 1; 13 Abs. II WStG und aus dem Charakter des Strafarrestes als sog. Besinnungsstrafe[45].

3. Der Gesamtstrafrahmen

Die Gesamtstrafe wird in Fällen des Zusammentreffens zeitiger Freiheits- **163**
strafen oder des Zusammentreffens von zeitigen Freiheits- und Geldstrafen entsprechend dem Asperationsprinzip gem. § 54 Abs. I, S. 2 StGB durch eine **Erhöhung der Einsatzstrafe** gebildet. Eine von dieser Grundregel abweichende und mit ihr unter keinem (strafzumessungsrechtlichen) Gesichtspunkt zu vereinbarende Festsetzung der Gesamtstrafe stellt die Verminderung der Summe aller Einzelstrafen dar[46]. Ohne Rücksicht darauf, daß in Einzelfällen die erhöhte Einsatzstrafe zahlenmäßig und „rechnerisch" mit der verminderten Summe aller Einzelstrafen übereinstimmen **kann**, verstößt der Ablauf der Gesamtstrafenbildung immer dann gegen § 54 Abs. I, S. 2 StGB, wenn statt der nach Art und Höhe schwersten Einzelstrafe die Summe aller Einzelstrafen zum Ausgangspunkt der Gesamtstrafenbildung gemacht wird. Ein solcher sachlich-rechtlicher Fehler nötigt in der Rechtsmittelinstanz zur Aufhebung des Gesamtstrafenausspruchs.

Zwar bestimmt § 54 Abs. I, S. 2 StGB, **daß** durch Erhöhung der nach **164**
Art und Höhe schwersten Einzelstrafe die Gesamtstrafe zu bilden ist. In welchem Umfang die Einsatzstrafe zu erhöhen ist, folgt aber nicht aus § 54 Abs. I, S. 2 StGB, sondern aus § 54 Abs. I, S. 3 StGB: Die als

---

[42] Vgl. auch DREHER/TRÖNDLE, § 54 Rdn. 2; ferner CRAMER, Strafensystem, JurA 1970, 183 ff (211).

[43] SK-SAMSON, § 54 Rdn. 3; h. M.

[44] BGHSt 12, 244 (246); vgl. auch CRAMER, Strafensystem, JurA 1970, 183 ff (211).

[45] Hierzu SCHÖLZ, Wehrstrafgesetz, § 9 Rdn. 3.

[46] Dazu BGH DAR (MARTIN) 1967, 89 ff (95, 96); DREHER/TRÖNDLE, § 54 Rdn. 2; LK-VOGLER, § 54 Rdn. 2; SCHÖNKE/SCHRÖDER (STREE), § 54 Rdn. 17.

Gesamtstrafe festgesetzte erhöhte Einsatzstrafe ist das Ergebbis einer spezifischen Gesamtstrafzumessung (unten Rdn. 178 ff). Diese Gesamtstrafzumessung erfolgt innerhalb eines bestimmten Gesamtstrafrahmens, dessen Mindestmaß durch § 54 Abs. I, S. 2 StGB bestimmt ist, und dessen (konkrete und abstrakte) Höchstgrenzen durch § 54 Abs. II StGB fixiert sind[47].

165 a) Das **Mindestmaß** des Gesamtstrafrahmens stimmt mit dem Strafmaß der **geringstmöglich erhöhten Einsatzstrafe**[48] überein. Soll eine Gesamtstrafe aus mehreren zusammentreffenden **Einzelfreiheitsstrafen** gebildet werden, richtet sich das Mindestmaß des Gesamtstrafrahmens daher nach den §§ 38 Abs. II, 39 StGB. Ist beispielsweise eine **Gesamtfreiheitsstrafe** aus Einzelfreiheitsstrafen von drei, vier, sieben und acht Monaten zu ermitteln, ergeben die §§ 38 Abs. II, 39 StGB im Zusammenwirken mit § 54 Abs. I, S. 2 StGB ein Mindestmaß des Gesamtstrafrahmens von acht Monaten und einer Woche (Einsatzstrafe + 1 Strafeinheit gem. § 39, HS. 1 StGB = 8 Monate + 1 Woche). Treffen dagegen **Einzelfreiheitsstrafen** von einem Jahr, zwei Jahren, sechs und acht Monaten zusammen, bestimmt sich das Mindestmaß des Gesamtstrafrahmens nach § 39, HS. 2 StGB: zwei Jahre und ein Monat (Einsatzstrafe + 1 Strafeinheit gem. § 39, HS. 2 StGB = 2 Jahre + 1 Monat). Entsprechendes gilt, wenn beim Zusammentreffen von **Einzelfreiheitsstrafe(n) und Einzelgeldstrafe(n)** gem. § 53 Abs. II, S. 1 StGB auf eine **Gesamtfreiheitsstrafe** erkannt wird. Unter Berücksichtigung des Umwandlungsschlüssels gem. § 54 Abs. III StGB ergibt sich als Untergrenze des Gesamtstrafrahmens im Falle einer Gesamtstrafenbildung etwa aus Einzelfreiheitsstrafen von sechs und acht Monaten sowie Einzelgeldstrafen von sechzig und neunzig Tagessätzen (= 60 bzw. 90 Tage Freiheitsstrafe, § 54 Abs. III StGB) ein Strafmaß von acht Monaten und einer Woche (Einsatzstrafe + 1 Strafeinheit gem. § 39, HS. 1 StGB, da sämtliche Einzelstrafen bei Berücksichtigung des § 54 Abs. III StGB als Einzelfreiheitsstrafen unter 1 Jahr anzusehen sind). Treffen beispielsweise Einzelgeldstrafen von zwanzig und dreißig Tagessätzen mit Einzelfreiheitsstrafen zusammen, von denen zumindest eine entweder ein Jahr oder mehr beträgt, also etwa zwei Jahre, kommt § 39, HS. 2 StGB zur Anwendung: Als untere Grenze des Gesamtstrafrahmens ergibt sich im Beispielsfall ein Strafmaß von zwei Jahren und einem Monat (= Einsatzstrafe + 1 Strafeinheit nach § 39, HS. 2 StGB, da die Geldstrafen gem. § 54 Abs. III StGB mit 20 bzw. 30 Tagen Freiheitsstrafe in Ansatz zu bringen sind). Treffen **lediglich Einzelgeldstrafen** zusammen, so

---

[47] Vgl. dazu auch JAKOBS, Strafrecht AT, 33. Abschnitt, Rdn. 18.

[48] Anders, aber unzutreffend DREHER/TRÖNDLE, § 54 Rdn. 2 (Einsatzstrafe).

daß gem. § 53 Abs. I StGB auf eine **Gesamtgeldstrafe** zu erkennen ist, bestimmt sich das Mindestmaß des Gesamtstrafrahmens nach § 40 StGB i. V. m. § 54 Abs. I, S. 2 StGB: Zur Einsatzgeldstrafe ist **eine Strafeinheit**, gem. § 40 Abs. I StGB also **ein Tagessatz** hinzuzuzählen[49].

Das absolute Mindestmaß eines Gesamtstrafrahmens ergibt sich für **166**
den Fall der Bildung einer Gesamt**freiheitsstrafe** aus §§ 38 Abs. II; 39; 54 Abs. I, S. 2 StGB mit einem Monat und einer Woche, für den Fall der Bildung einer Gesamt**geldstrafe** aus §§ 40 Abs. I; 54 Abs. I, S. 2 StGB mit sechs Tagessätzen. Auf die Fälle der gesonderten Verhängung von Gesamtfreiheitsstrafe und Gesamtgeldstrafe i. S. d. §§ 53 Abs. II, S. 2; 53 Abs. I; 53 Abs. II, S. 2, HS. 2 StGB finden die vorstehend beschriebenen Grundregeln zur Bestimmung der Untergrenze des Gesamtstrafrahmens ebenfalls Anwendung[50].

Ausnahmsweise bestimmt sich das Mindestmaß des Gesamtstrafrah- **167**
mens **nicht** nach §§ 54 Abs. I, S. 2; 39, HS. 2 StGB, wenn etwa Einzelfreiheitsstrafen von einem Jahr und von einem Monat oder eine Einzelfreiheitsstrafe von einem Jahr mit einer oder mehreren Einzelgeldstrafe(n) von zwanzig und/oder zehn und/oder dreißig Tagessätzen etc. zusammentreffen. Nach der Erhöhungsregel des § 54 Abs. I, S. 2 StGB wäre in solchen Fällen die mit einem Jahr bemessene Einzelfreiheitsstrafe als Einsatzstrafe um eine Strafeinheit und damit gem. § 39, HS. 2 StGB um einen Monat zu erhöhen. Mit der auf diese Weise vorgenommenen geringstmöglichen Erhöhung der Einsatzstrafe kollidiert indessen die Höchstgrenzenregel des § 54 Abs. II, S. 1 StGB. Zutreffend halten Rechtsprechung und Lehre[51] insoweit die Höchstgrenzenregelung des § 54 Abs. II, S. 1 StGB für die vorrangige Norm und lassen die Bemessungsregel des § 39, HS. 1 StGB zurücktreten mit der Folge, daß in derartigen Fallkonstellationen das Mindestmaß des Gesamtstrafrahmens ein Jahr

---

[49] Vgl. zum Ganzen DREHER/TRÖNDLE, § 54 Rdn. 2; LK-TRÖNDLE, § 39 Rdn. 2; LK-VOGLER, § 54 Rdn. 5; SCHÖNKE/SCHRÖDER (STREE), § 39 Rdn. 4; § 54 Rdn. 6 ff; SK-HORN, § 39 Rdn. 3; SK-SAMSON, § 54 Rdn. 5; vgl. ferner BGH NJW 1957, 1643.

[50] Das Mindestmaß des Gesamtstrafrahmens bei Strafarrest nach dem WStG bestimmt sich entsprechend § 39 StGB, vgl. SCHÖLZ, Wehrstrafgesetz, § 9 Rdn. 10. Das absolute Mindestmaß bei der Bildung eines Gesamtstrafarrests gem. § 9 WStG ergibt sich aus §§ 9 Abs. I WStG; 39, HS. 1 StGB mit 3 Wochen. Zu weiteren Regeln der Gesamtstrafenbildung bei Zusammentreffen von Strafarrest und Freiheitsstrafe vgl. SCHÖLZ, Wehrstrafgesetz, § 13 Rdn. 3 ff.

[51] Vgl. BGHSt 16, 167 (168); OLG Hamm NJW 1979, 117 (118 a. E.); DREHER/TRÖNDLE, § 39 Rdn. 6; LACKNER, § 54, 1 b; LK-TRÖNDLE, § 39 Rdn. 2; LK-VOGLER, § 54 Rdn. 5; SCHÖNKE/SCHRÖDER (STREE), § 39 Rdn. 4; SK-HORN, § 39 Rdn. 3; SK-SAMSON, § 54 Rdn. 5.

und eine Woche (nicht jedoch ein Jahr und ein Tag) beträgt und die Gesamtfreiheitsstrafe unter Anwendung des § 54 Abs. I, S. 3 StGB beispielsweise auf ein Jahr und zwei/drei Wochen festgesetzt werden kann.

168 Eine weitere **Abweichung** von den Bemessungsregeln der §§ 38 Abs. II, 39 StGB und § 40 StGB sowie der Erhöhungsregel des § 54 Abs. I, S. 2 StGB kann sich für die untere Begrenzung des Gesamtstrafrahmens und die festgesetzte Gesamtstrafe aufgrund des Verschlechterungsverbots gem. §§ 331 Abs. I, 358 Abs. II StPO ergeben[52]. Treffen z. B. eine Einzelfreiheitsstrafe von sechs Monaten und eine Einzelgeldstrafe von dreißig Tagessätzen zusammen, ergibt sich nach § 54 Abs. III StGB i. V. m. §§ 54 Abs. I, S. 2; 39, HS. 1 StGB ein Mindestmaß des Gesamtstrafrahmens von sechs Monaten und einer Woche Freiheitsstrafe. Verhängt der Tatrichter unter Verstoß gegen die Regeln der Gesamtstrafenbildung eine Gesamtfreiheitsstrafe von sechs Monaten und fünf Tagen (!), muß es — wenn nur der Angeklagte oder die Staatsanwaltschaft zu seinen Gunsten ein Rechtsmittel eingelegt hat — in der Rechtsmittelinstanz wegen des zu Gunsten des Angeklagten wirkenden Verschlechterungsverbots dabei sein Bewenden haben. Auf eine Gesamtfreiheitsstrafe von nur sechs Monaten und damit auf eine Besserstellung des Angeklagten zu erkennen, verstieße gegen die bindende Erhöhungsregel des § 54 Abs. I, S. 2 StGB. Andererseits übersteigt die geringstmögliche Erhöhung der Einsatzstrafe, das Mindestmaß des Gesamtstrafrahmens also, die ausgeurteilte Gesamtfreiheitsstrafe. §§ 331 Abs. I, 358 Abs. II StPO stehen daher einer (im Blick auf § 54 Abs. I, S. 3 StGB zusätzlich fragwürdigen) Festsetzung der Gesamtfreiheitsstrafe auf sechs Monate und eine Woche entgegen. Im Ergebnis muß es auch in der Rechtsmittelentscheidung bei der tatrichterlich verhängten Gesamtfreiheitsstrafe von sechs Monaten und fünf Tagen verbleiben[53].

169 Grundsätzlich besteht in Fällen des Zusammentreffens mehrerer Einzelgeldstrafen kein Anlaß, bei der Fixierung der Untergrenze des Gesamtstrafrahmens auf die Höhe der einzelnen Tagessätze bzw. auf das Produkt von Tagessatzanzahl und Tagessatzhöhe (Geldstrafenendbetrag) Bedacht zu nehmen. Stets ist die Einzelgeldstrafe mit der höchsten Tagessatzanzahl die Einsatzstrafe[54], so daß nach § 40 Abs. I StGB das Mindestmaß des Gesamtstrafrahmens durch die Summe aus Einsatzgeldstrafe und einem Tagessatz bestimmt wird: Da für die Bemessung der Tagessatzhöhe der verwirkten Einzelgeldstrafen **und** der nach §§ 53 Abs. I; 54 Abs. I,

---

[52] Vgl. dazu etwa BGHSt 8, 203 (204/205); BayObLG NJW 1971, 1193 (1194).

[53] Beispiel nach BGH Urt. v. 15. 6. 1977 — 2 StR 762/76; vgl. auch Dreher/Tröndle, § 54 Rdn. 2; Schönke/Schröder (Stree), § 54 Rdn. 6.

[54] Vgl. auch BGHSt 27, 359 (362).

S. 2, 3 StGB festzusetzenden Gesamtgeldstrafe gleichermaßen die Nettoeinkommensverhältnisse des Angeklagten **zum Zeitpunkt der letzten mündlichen Verhandlung** (Urteilsverkündung)[55] den Ausschlag geben, kann der Geldstrafenendbetrag der Untergrenze des Gesamtstrafrahmens in keinem Falle den Geldstrafenendbetrag der Gesamtstrafe übersteigen, **wenn und weil** die Höhe des Tagessatzes der einzelnen Geldstrafen **wie** der Gesamtstrafe **gleich** ist.

Die Bemessung der Tagessatzhöhe nach dem Nettoeinkommensprinzip **170** des § 40 Abs. II StGB führt jedoch dazu, daß die Wirkung von Geldstrafen (und auch einer Gesamtgeldstrafe) mit zunehmend höher werdender Anzahl von Tagessätzen bei gleichbleibender Tagessatzhöhe nicht arithmetisch, sondern progressiv steigt[56]. Je höher die Tagessatzanzahl bemessen wird, desto eher und gravierender gerät diese progressive Steigerung und Fühlbarkeit des durch den Geldstrafenendbetrag erzeugten Leidensdrucks in Konflikt mit § 46 Abs. I, S. 2 StGB, wonach die Wirkungen, die von der Strafe für das künftige Leben des Täters in der Gesellschaft zu erwarten sind, berücksichtigt werden müssen[57]. Zutreffend warnt deshalb der BGH vor einer Gefahr der Entsozialisierung bei Geldstrafen, die nach ihrem Endbetrag den Rahmen der zumutbaren wirtschaftlichen, finanziellen Belastung des Verurteilten sprengen[58]. Löst man den Normenkonflikt zwischen § 40 Abs. II StGB und § 46 Abs. I, S. 2 StGB mit der Rechtsprechung des BGH und einem Teil der Lehre[59] dahingehend auf, daß dem progressiv steigernden Rigorismus des Tagessatzsystems **nur** durch eine entsprechende Senkung der Tagessatzhöhe entgegenge-

---

[55] Vgl. statt aller SCHÖNKE/SCHRÖDER (STREE), § 40 Rdn. 10.

[56] Dazu LK-TRÖNDLE, § 40 Rdn. 57 ff; VOGLER, Tagessatzsystem, JR 1978, 353 ff (354); BGHSt 26, 325 ff (329/330); vgl. ferner LACKNER, § 40, 6 b, cc; SK-HORN, § 40 Rdn. 13, 14.

[57] Vgl. BGHSt 26, 325 ff (330/331); DREHER/TRÖNDLE, § 40 Rdn. 24; LK-TRÖNDLE, § 40 Rdn. 57; SCHÖNKE/SCHRÖDER (STREE), § 40 Rdn. 5; vgl. weiter auch LACKNER, § 40, 6 b, cc; HORN, Zwischenbilanz, JR 1977, 95 ff (99); SK-HORN, § 40 Rdn. 13, 14.

[58] Vgl. BGHSt 26, 325 ff (329/330).

[59] Vgl. die Nachweise in Anm. 57; anders aber FRANK, Geldstrafensystem, NJW 1976, 2399 ff (2331); GREBING, Probleme, ZStW 88 (1976), 1049 ff (1088 f); DERS., Tagessatz-Geldstrafe, JZ 1976, 745 ff (750 f); D. MEYER NJW 1976, 2219/20; DERS., Höhe des Tagessatzes, MDR 1981, 275 ff (276); vgl. ferner auch HORN, Zwischenbilanz, JR 1977, 95 ff (98); KADEL, Verschlechterungsverbot, S. 27, 35; TRÖNDLE, Geldstrafe, ZStW 86 (1974), 545 ff (557) und demgegenüber LK-TRÖNDLE, § 40 Rdn. 57 bei und in Anm. 171; VOGLER, Tagessatzsystem, JR 1978, 353 ff (354 f) — alle mit weiteren Nachweisen zum Streitstand.

wirkt werden kann[60], sind Fallgestaltungen denkbar, in denen bei der Bildung einer Gesamtgeldstrafe wegen ihrer hohen Anzahl der Tagessätze die Tagessatzhöhe geringer bemessen wird als die Tagessatzhöhe der verwirkten Einzelgeldstrafen. Prinzipiell nicht ausgeschlossen ist demnach eine Gesamtstrafenentscheidung, die in bezug auf die Anzahl der Tagessätze i. S. d. §§ 54 Abs. I, S. 2; 53 Abs. I; 40 Abs. I StGB zwar sachrichtig getroffen ist, jedoch in ihrem Endbetrag hinter dem Endbetrag der Untergrenze des Gesamtstrafrahmens zurückbleibt. In diesen und **nur in diesen Fällen** ist zur Bestimmung der unteren Grenze des Gesamtstrafrahmens außer auf die um eine Strafeinheit erhöhte Tagessatzanzahl **auch** auf die **Tagessatzhöhe** der Einsatzstrafe zurückzugreifen. Das Mindestmaß des Gesamtstrafrahmens ergibt sich danach abweichend von der Regel aus dem Produkt der gem. § 40 Abs. II StGB bemessenen Tagessatzhöhe und der um mindestens einen Tagessatz erhöhten Tagessatzanzahl der Einsatzstrafe[61]. Diesen Geldstrafenendbetrag darf der Geldstrafenendbetrag der mit verminderter Tagessatzhöhe ausgeurteilten Gesamtgeldstrafe **nicht** unterschreiten[62].

171 b) Die **konkrete Höchstgrenze** des Gesamtstrafrahmens ergibt sich aus § 54 Abs. II, S. 1 StGB: Die Gesamtstrafe darf die Summe der Einzelstrafen nicht erreichen. Zur Bestimmung des konkreten Höchstmaßes des Gesamtstrafrahmens ist also die Summe der Einzelstrafen um eine Strafeinheit zu mindern. Treffen ausschließlich Einzelfreiheitsstrafen zusammen, deren Summe unter einem Jahr bleibt, ergibt sich als konkretes Höchstmaß des Gesamtstrafrahmens in entsprechender Anwendung des § 39, HS. 1 StGB der Abzugsbetrag aus der Summe der Einzelstrafen und einer Woche Freiheitsstrafe. Übersteigt die Summe der Einzelfreiheitsstrafen das Maß von einem Jahr, gilt die Regel des § 39, HS. 2 StGB sinngemäß, so daß sich die konkrete Obergrenze des Gesamtstrafrahmens nach der um einen Monat verminderten Summe der Einzelfreiheitsstrafen bestimmt.

---

[60] Der tatrichterlichen Strafzumessung muß die Entscheidung überlassen bleiben, bei welcher Tagessatzanzahl unter Berücksichtigung der wirtschaftlichen Verhältnisse des Verurteilten eine solche Absenkung der Tagessatzhöhe gem. § 46 Abs. I, S. 2 StGB notwendig ist. Eine für alle Fälle einheitliche Mindestanzahl von Tagessätzen (z. B. 90 Tagessätze, vgl. SK-Horn, § 40 Rdn. 13) läßt sich nicht festlegen und ist strafzumessungsrechtlich nicht begründbar. Allerdings erfordert die Absenkung der Tagessatzhöhe eine um so ausführlichere und substanzreichere strafzumessungsrechtliche Begründung, je geringer die an sich hohe Tagessatzanzahl ist.

[61] Vgl. auch Dreher/Tröndle, § 54 Rdn. 4; ferner Roos, Tagessatzhöhe, NJW 1976, 1483 ff (1484); HansOLG Hamburg MDR 1976, 419.

[62] Zur auch insoweit möglichen weiteren Begrenzungswirkung der §§ 331 Abs. I, 358 Abs. II StPO in der Rechtsmittelinstanz vgl. Rdn. 168.

Beträgt die Summe der Einzelfreiheitsstrafen genau ein Jahr, führte eine entsprechende Anwendung des § 39, HS. 2 StGB zu einem konkreten Höchstmaß des Gesamtstrafrahmens von elf Monaten. Dieses Ergebnis verträgt sich jedoch nicht mit dem gem. § 39, HS. 1 StGB höher anzusetzenden konkreten Höchstmaß des Gesamtstrafrahmens, wenn sich die Summe der Einzelfreiheitsstrafen etwa auf elf Monate und drei Wochen beliefe. Abweichend von der Regel des § 39, HS. 2 StGB ist deshalb in Anlehnung an die Bemessungsvorschrift des § 39, HS. 1 StGB in Fällen, in denen die Summe der Einzelfreiheitsstrafen exakt ein Jahr beträgt, gem. § 54 Abs. II, S. 1 StGB das konkrete Höchstmaß des Gesamtstrafrahmens auf elf Monate und drei Wochen festzusetzen. **172**

Ähnlich bestimmt sich die konkrete Obergrenze des Gesamtstrafrahmens, wenn die Summe der Einzelfreiheitsstrafen mehr als ein Jahr, aber nicht mehr als ein Jahr und drei Wochen umfaßt. Auch insoweit ist die konkrete Höchstgrenze des Gesamtstrafrahmens auf elf Monate und drei Wochen festzusetzen, da nach der Regel des § 39, HS. 2 StGB an sich als eine Strafeinheit insgesamt ein Monat Freiheitsstrafe von der Einzelstrafensumme abzusetzen ist. Gem. § 39, HS. 1 StGB gilt als Strafeinheit bei Freiheitsstrafen unter einem Jahr jedoch eine Woche. Durch die Höchstgrenzenregelung des § 54 Abs. II, S. 1 StGB können daher bei bestimmten Höhen der Einzelstrafensumme die Bemessungsvorschriften des § 39 StGB in Widerspruch geraten. Zu lösen ist dieser Regelungskonflikt, indem zunächst nach § 39, HS. 2 StGB die Summe der Einzelfreiheitsstrafen von nicht mehr als einem Jahr und drei Wochen grundsätzlich um einen Monat, bei einer Einzelstrafensumme von weniger als einem Jahr und drei Wochen gem. § 39, HS. 1 StGB jedoch nur bis zur Höhe von elf Monaten und drei Wochen vermindert wird. In diesem korrigierenden Sinne greift § 39, HS. 1 StGB strafmaßerhöhend in die Bemessungsregel des § 39, HS. 2 StGB ein, wenn die Absenkung der Einzelstrafensumme um eine Strafeinheit gem. § 39, HS. 2 StGB unmittelbar in den Bemessungsbereich des § 39, HS. 1 StGB hineinführt. **173**

Die **Summe der Einzelstrafen** wird beim Zusammentreffen **gleichartiger** Strafen im Wege einfacher Addition ermittelt[63]. Obwohl im Verhältnis zwischen Freiheitsstrafe und Strafarrest gem. § 9 WStG die Freiheitsstrafe die der Art nach schwerere Sanktion ist, gilt für die Bestimmung der Einzelstrafensumme im Falle des Zusammentreffens von Freiheitsstrafe und Strafarrest i. S. d. WStG, daß ohne weitere Umwandlung ebenfalls durch einfache Addition eine Einzelfreiheitsstrafensumme zu bilden ist: § 13 WStG läßt erkennen, daß Freiheitsstrafe und **174**

[63] Vgl. auch LK-Vogler, § 54 Rdn. 5; Schönke/Schröder (Stree), § 54 Rdn. 7 ff.

wehrstrafrechtlicher Strafarrest in bezug auf die Dauer des Freiheitsentzuges als gleichwertig anzusehen sind[64]. Treffen demgegenüber Einzelfreiheitsstrafe(n) mit -geldstrafe(n) zusammen, und ist gem. § 53 Abs. II, S. 1 StGB auf eine Gesamtfreiheitsstrafe zu erkennen, errechnet sich die Summe der Einzelstrafen, indem (der Summe) der Einzelfreiheitsstrafe(n) nach dem Umwandlungsmodus des § 54 Abs. III StGB für die (additiv ermittelte) Gesamtzahl aller Tagessätze als Freiheitsstrafe dieselbe Anzahl von Tagen hinzugerechnet wird. Auch insoweit sind bei der Ermittlung der jeweils konkreten Höchstgrenze des Gesamtstrafrahmens freilich die Bemessungsregeln des § 39 StGB und damit die unterschiedlichen Strafeinheiten von einer Woche und einem Monat je nach Höhe der Einzelstrafensumme zu beachten[65].

175 c) Die **abstrakte Höchstgrenze** des Gesamtstrafrahmens legt § 54 Abs. II, S. 2 StGB fest. Danach darf die zeitige Gesamtfreiheitsstrafe entsprechend § 38 Abs. II StGB das Maß von fünfzehn Jahren nicht übersteigen. Das abstrakte Höchstmaß des Gesamtstrafrahmens beträgt bei der Gesamtgeldstrafe hingegen **das Doppelte** des in § 40 Abs. I, S. 2 StGB angegebenen Geldstrafenhöchstmaßes, nämlich 720 Tagessätze. Unerheblich ist dabei, ob es sich um eine Gesamtgeldstrafe nach § 53 Abs. I StGB oder um eine gem. § 53 Abs. II, S. 2, HS. 2 StGB aus gesondert verhängten Einzelgeldstrafen (§ 53 Abs. II, S. 2, HS. 1 StGB) und/oder weiteren selbständigen Einzelgeldstrafen gebildete Gesamtgeldstrafe handelt[66].

176 Sofern bei der Bildung einer Gesamtfreiheitsstrafe bereits eine Einzelfreiheitsstrafe das für **zeitige** Freiheitsstrafen durch § 38 Abs. II StGB gesetzlich fixierte Höchstmaß von fünfzehn Jahren und damit die abstrakte Höchstgrenze des Gesamtstrafrahmens erreicht, laufen die Regeln der Gesamtstrafenbildung gem. § 54 Abs. I, S. 2 und 3 StGB „leer". Stets handelt es sich bei einer Einzelfreiheitsstrafe von fünfzehn Jahren um die **Einsatzstrafe** und — da sie wegen § 38 Abs. II StGB nicht mehr erhöht werden kann[67] — zugleich um die Gesamtfreiheitsstrafe. In einem solchen Falle sind allerdings wie auch sonst im Vorgang der Gesamtstrafenbildung sämtliche anderen Einzelfreiheits- und/oder Einzelgeldstrafen festzusetzen. Sie sind nach Art und Höhe sowie nach den maßgebenden (bestimmenden) Zumessungserwägungen in den Entschei-

---

[64] Ebenso CRAMER, Strafensystem, JurA 1970, 187 ff (211, Anm. 114); DREHER/TRÖNDLE, § 54 Rdn. 3; LK-VOGLER, § 54 Rdn. 5; SCHÖNKE/SCHRÖDER (STREE), § 54 Rdn. 8.

[65] Vgl. statt aller SCHÖNKE/SCHRÖDER (STREE), § 54 Rdn. 9.

[66] So auch DREHER/TRÖNDLE, § 54 Rdn. 4; LK-VOGLER, § 54 Rdn. 6.

[67] BGH MDR (DALLINGER) 1971, 545; ferner SCHÖNKE/SCHRÖDER (STREE), § 54 Rdn. 11; SK-SAMSON, § 54 Rdn. 6.

dungsgründen darzulegen, weil sie nach Einlegung von Rechtsmitteln und bei entsprechend veränderter Verfahrenslage eigenständige Bedeutung etwa für die Bildung einer neuen Gesamtstrafe erlangen können. Daß sie sich auf die Festsetzung der „ursprünglichen" Gesamtfreiheitsstrafe von fünfzehn Jahren nicht auswirken konnten, ändert an diesem Darlegungs- und Begründungszwang nichts[68].

Eine den besonderen wehrstrafrechtlichen Funktionen des Strafarre- **177**
stes gem. § 9 WStG Rechnung tragende von § 54 Abs. II StGB abweichende Bestimmung abstrakter Höchstgrenzen sieht § 13 WStG vor. Nach § 13 Abs. I, S. 1 WStG tritt an die Stelle von Gesamtstrafarrest eine Gesamtfreiheitsstrafe, wenn nach den Regeln der Gesamtstrafenbildung gem. § 54 StGB aus mehreren Einzelstrafarresten ein Gesamtstrafarrest von mehr als sechs Monaten zu bilden wäre. Diese an die Stelle eines (gedachten) Gesamtstrafarrestes tretende Gesamtfreiheitsstrafe darf gem. § 13 Abs. I, S. 2 WStG das Maß von **zwei** Jahren nicht übersteigen. Ist gem. § 13 Abs. II, S. 2 WStG beim Zusammentreffen von zeitiger Freiheitsstrafe und Strafarrest **gesondert** auf Freiheitsstrafe und Strafarrest zu erkennen, darf gem. § 13 Abs II, S. 3 WStG die durch Addition zu ermittelnde Summe der Einzelsanktionen die Höhe einer sonst zu bildenden Gesamtfreiheitsstrafe nicht übersteigen. Die Einzelsanktionen sind in diesem Falle in bezug auf die „fiktive" Gesamtfreiheitsstrafe proportional so zu kürzen, daß ihre Summe und die sonst zu bildende Gesamtstrafe gleich hoch ist[69]. Treffen Einzelfreiheitsstrafe mit Einzelstrafarresten nach § 9 WStG zusammen, verbleibt es dagegen bei der abstrakten Höchstgrenze des Gesamtstrafrahmens von fünfzehn Jahren Freiheitsstrafe (§§ 38 Abs. II; 54 Abs. II, S. 2 StGB)[70].

II. Die Gesamtstrafzumessung

Was nützt eine sorgfältige und in den Urteilsausführungen sachgerecht **178**
begründete Einzelstrafzumessung, wenn es zum Schluß heißt[71]:

> „Aus beiden Einzelstrafen (zwei Jahre, sechs Monate und drei Jahre) war gem. § 54 StGB unter angemessener Erhöhung der Einsatzstrafe von drei Jahren eine Gesamtstrafe zu bilden. Unter nochmaliger Abwägung aller für und gegen den Angeklagten sprechenden Umstände erschien eine Gesamtfreiheitsstrafe von vier Jahren tat- und schuldangemessen".

---

[68] Vgl. auch LK-Vogler, § 54 Rdn. 6.

[69] Näher dazu Schölz, Wehrstrafgesetz, § 13 Rdn. 3 ff.

[70] Vgl. auch Schönke/Schröder (Stree), § 54 Rdn. 12.

[71] In diesem Sinne auch Bruns, Gesamtdarstellung, S. 145 ff, 470 ff; Ders., Strafzumessungsrecht, S. 187/188.

oder:

> „Aus den Einzelstrafen von drei Jahren und sechs Monaten, sechs Monaten und acht Monaten Freiheitsstrafe hat die Kammer unter nochmaliger Abwägung aller den Angeklagten be- und entlastenden Umstände unter Berücksichtigung der Grundsätze der Gesamtstrafenbildung nach § 54 StGB eine Gesamtfreiheitsstrafe von vier Jahren gebildet, die sich als schuldangemessene Reaktion auf die Taten des Angeklagten darstellt".

oder (zwei Einzelfreiheitsstrafen von je zwei Jahren und sechs Monaten):

> „Unter Berücksichtigung der Grundsätze der Gesamtstrafenbildung hat die Kammer nach nochmaliger Abwägung aller Umstände eine Gesamtfreiheitsstrafe von drei Jahren und sechs Monaten als schuldangemessene Reaktion auf die Taten des Angeklagten für erforderlich gehalten".

oder (sechs Einzelfreiheitsstrafen von je einem Jahr):

> „Aus diesen Einzelstrafen hat die Kammer nach zusammenfassender Würdigung der Person des Angeklagten und sämtlicher abzuurteilenden Straftaten eine Gesamtfreiheitsstrafe von drei Jahren und drei Monaten gebildet".

oder (vier Einzelfreiheitsstrafen von je neun Monaten, zwei Einzelfreiheitsstrafen von je zehn Monaten und je acht Monaten, eine Einzelfreiheitsstrafe von sechs Monaten):

> „Nach erneuter Abwägung aller für und gegen den Angeklagten sprechenden Umstände erschien der Kammer eine Gesamtfreiheitsstrafe von zwei Jahren und sechs Monaten tat- und schuldangemessen, aber auch unbedingt erforderlich, um den Angeklagten zukünftig von weiteren Straftaten abzuhalten".

oder (zwei Einzelfreiheitsstrafen von je einem Jahr und neun Monaten):

> „Gemäß § 54 StGB hat die Kammer unter nochmaliger besonderer Berücksichtigung der für den Angeklagten sprechenden Umstände eine Gesamtfreiheitsstrafe von zwei Jahren und drei Monaten für unbedingt erforderlich, aber auch ausreichend angesehen".

oder (vier Einzelfreiheitsstrafen von je vier Monaten):

> „Unter nochmaliger Berücksichtigung sämtlicher Umstände bildet die Kammer in zusammenfassender Würdigung der Person des Täters und der einzelnen Straftaten aus den Einzelfreiheitsstrafen eine Gesamtfreiheitsstrafe von sechs Monaten".

179 Nichts beweist schlagender und eindrucksvoller die Sinnlosigkeit korrekter und differenzierter Einzelstrafzumessungen als solche ernüchternden Beispiele tatrichterlicher „Strafzumessungskunst", die auch gegenwärtig in der alltäglichen instanzrichterlichen Entscheidungspraxis durchweg üblich ist. Es ist heute nicht anders als zu Zeiten jener für die strafzumessungsrechtliche Bewältigung des Gesamtstrafenproblems so verheerenden[72] Entscheidung des BGH vom 6. Oktober 1955 (BGHSt 8, 205 ff): Wo der Tatrichter zur Gesamtstrafzumessung nichts zu sagen weiß, weil er (angeblich) dazu nichts zu sagen braucht, wo also die Sprachlosigkeit des Strafzumessungsrichters[72] lediglich (Urteils-) Zeilen schindet, da bleibt das Recht des Angeklagten und aller weiteren am Strafverfahren beteiligten Personen zu erfahren, warum aus dem zuweilen außerordentlich weiten Gesamtstrafrahmen gerade die herausgegriffene Strafe als Gesamtstrafe festgesetzt wurde, in rechtsstaatlich bedenklicher Weise „auf der Strecke". Offenbar dienen die unter strafzumessungsrechtlichem Blickwinkel ausgesprochen falschen[73] Urteilsgründe in BGHSt 8, 205 ff immer noch als eine Art „Alibilegitimation" für nichtssagende und formelhafte Verpackungen der bloßen Höhenzahl einer ausgeurteilten Gesamtstrafe.

Bekanntlich hat ja der BGH in jener fragwürdigen Entscheidung die Anforderungen an eine strafzumessungsrechtliche Begründung der Gesamtstrafe praktisch „auf Null reduziert" und ausgeführt: **180**

> Innerhalb des Gesamtstrafrahmens „hat das Gericht die Gesamtstrafe nach pflichtgemäßem Ermessen zu bestimmen, dessen Ausübung **nur bei besonderem Anlaß** (!) noch für sich allein näher zu begründen ist. Ein solcher Anlaß besteht im allgemeinen nur, **wenn die Gesamtstrafe der oberen oder unteren Grenze** des Zulässigen nahekommt, ohne daß der Grund dafür schon aus der Art der Taten, der Person des Verurteilten oder aus den Gründen für die Einzelstrafen ... ohnedies hervorgeht. Weitere Anforderungen an die gesonderte Begründung der Gesamtstrafe sind nicht zu stellen, zumal **da das Ansinnen an den Tatrichter, innerhalb eines weitgespannten Strafrahmens überzeugend darzulegen, warum die Gesamtstrafe gerade diese und nicht eine abweichende Dauer hat, unerfüllbar (!!) ist** und weitere allgemeine Grundsätze, von dem erwähnten abgesehen, dafür kaum aufgestellt werden können. Dies würde auf eine **ungesetzliche (!) Einengung des tatrichterlichen Ermessens hinauslaufen** und die berechtigten Bemühungen um sachgemäße und erschöpfende Begründung der Strafzumessung dort, wo sie wirklich verlangt werden muß, **nur behindern und entwerten** (!)"[74].

Wen wundert es angesichts solcher Äußerungen aus revisionsrichterlichem Munde, daß in der Folgezeit das strafzumessungsrechtliche Problem der Gesamtstrafenbildung — statistisch gesehen — ad acta gelegt werden konnte, weil sich fortan die tatrichterliche Gesamtstrafzumessung

---

[72] Vgl. statt aller HASSEMER, Strafzumessung, 95 ff (110/111); der Kritik zustimmend BRUNS, Strafzumessungsrecht, S. 274 ff; DERS., Literaturbericht, ZStW 92 (1980), 723 ff (740/741).

[73] So auch BRUNS, Strafzumessungsrecht, S. 274 ff; DERS., Gesamtdarstellung, S. 148; HASSEMER, Strafzumessung, 95 ff (110/111).

[74] BGHSt 8, 205 ff (210/211); Hervorhebungen vom Verf.

im „begründungsfreien" Mittelbereich des Gesamtstrafrahmens bewegte und deshalb materiell- und formellrechtliche Angriffe gegen die Art, wie die festgesetzte Gesamtstrafe gebildet wurde und gegen ihre (unzureichende) Begründung völlig zwecklos waren[75]. Nicht übersehen werden darf dabei allerdings, daß die Entscheidung des BGH auf dem „Leidensweg" der Rechtsprechung zur Lösung des strafzumessungsrechtlichen Problems der Gesamtstrafenbildung prozessuale und materiellrechtliche Resignation[76] ausdrückte und die tatrichterliche Gesamtstrafzumessung in die gefährliche Nähe einer zumessungsrechtlichen Willkürentscheidung rückte. Dieses Urteil (auch noch positiv) als eine Entscheidung zu kennzeichnen, die besonderes Verständnis für die Begründungsnöte der Tatrichter zeigt[77], verharmlost die strafzumessungs- und prozeßrechtliche Fehlerhaftigkeit der für das Problem der tatrichterlichen Gesamtstrafzumessung wesentlichen Urteilsgründe auf groteske Weise.

181 Ein flüchtiger Blick auf die auch 1955 schon bekannten **originären**, nur für die Gesamtstrafe eigentümlichen, und **derivativen**, aus den Einzelstrafzumessungen ableitbaren Gesichtspunkte der Gesamtstrafzumessung[78] hätte genügt, um zu erkennen, daß es **kein** unerfüllbares Ansinnen an den Tatrichter ist, innerhalb eines weitgespannten Strafrahmens **materiellrechtlich** überzeugend darzulegen, warum die festgesetzte Gesamtstrafe gerade diese und keine abweichende Dauer hat. Eine weitere kurze Beschäftigung mit dem Sinngehalt des § 267 Abs. III, S. 1 StPO hätte die Erkenntnis erbracht, daß die Angabe der **bestimmenden** Gesichtspunkte der Gesamtstrafzumessung **stets** und nicht allein bei besonderem Anlaß eine Begründung der festgesetzten Gesamtstrafe erfordert. Daß auch gegenwärtig die begriffliche Unterscheidung zwischen originären und derivativen Gesamtstrafzumessungsgründen ebenso wie die hinter dieser begrifflichen Differenzierung stehenden Sachfragen bei den weitaus meisten mit Gesamtstrafzumessungen befaßten Tatrichtern so gut wie unbekannt sind, läßt erkennen, wie unberechtigt optimistisch die bisweilen anzutreffende Einschätzung ist, es habe sich seit BGHSt 8, 205 ff manches geändert[79]. Die Gründe für diese vor allem unter rechts-

---

[75] Vgl. auch BRUNS, Strafzumessungsrecht, S. 274.

[76] So zutreffend charakterisiert von DREHER, Doppelverwertung, JZ 1957, 155 ff (157).

[77] So etwa SEIBERT, Strafzumessungsfehler, MDR 1959, 258 ff (259); demgegenüber aber Bedenken auch bei JESCHECK, Rechtsprechungsübersicht, GA 1958, 1 ff (9/10).

[78] Vgl. nur die Zusammenstellung bei SCHWELING, Gesamtstrafe, GA 1955, 289 ff (291 ff); vgl. auch SCHORN, Gesamtstrafe, JR 1964, 45 ff (46); ferner GEERDS, Konkurrenz, S. 372 ff (375/76).

[79] So aber BRUNS, Strafzumessungsrecht, S. 188.

staatlichen Aspekten unbegreifliche Verweigerungshaltung — in der Tat: es geht primär um tatrichterliche **Attitüden** insbesondere zur Gesamtstrafzumessung — sind vielfältig. Sie resultieren teilweise aus den Nachwirkungen von BGHSt 8, 205 ff, zum großen Teil aber auch aus der bis in die jüngste Zeit großzügigen Urteilskontrolle durch den BGH, der sich oftmals nicht scheut, auf BGHSt 8, 205 ff zu verweisen, statt sich von dieser Entscheidung eindeutig zu distanzieren[80]. Der immer wieder anzutreffende Rekurs auf BGHSt 8, 205 ff ist um so erstaunlicher, als der BGH selbst unmittelbar nach Inkrafttreten des 1. StrRG im Anschluß an die neue Regelung der Gesamtstrafenbildung in einer wegweisenden Grundsatzentscheidung über „Bewertungsgrundsätze und Begründungserfordernis bei der Gesamtstrafenbildung"[81] unmißverständlich erklärte, daß die Bestimmung der Gesamtstrafe **ein gesonderter Strafzumessungsvorgang** und die Gesamtstrafenbildung im Urteil ebenfalls **gesondert** (!) zu begründen ist[82]. Erforderlich ist danach eine Begründung der Gesamtstrafzumessung, „die dem Revisionsgericht eine rechtliche Nachprüfung ermöglicht und dem Angeklagten die bestimmenden Gesichtspunkte für die verhängte Gesamtstrafe erkennbar macht"[82].

1. Materiellrechtliche Aspekte der Gesamtstrafzumessung

Die Bildung der Gesamtstrafe ist keine Rechenaufgabe[83]. Die Einzelstra- **182**
fen sind ebensowenig wie die dann verhängte Gesamtstrafe bloße Rechnungsgrößen[84]. Ähnlich wie die verwirkten Einzelstrafen im Wege einer differenzierten Einzelstrafzumessung festgesetzt sind, beruht die ausgeurteilte Gesamtstrafe auf einem besonderen, eigenständigen Prozeß der Gesamtstrafzumessung. Dessen strafzumessungsrechtliche Typizität und Originalität ergibt sich aus § 54 Abs. I, S. 3 StGB, aus der gesetzlich ausdrücklich vorgeschriebenen **zusammenfassenden Würdigung** der Täterpersönlichkeit und der festgestellten Einzeltaten. Es ist die abschließende Beurteilung des Täters und seiner Taten, die Gesamtbetrachtung aller, nicht selten wechselseitig aufeinander bezogenen Strafzumessungs-

---

[80] Vgl. dazu nur die unveröffentlichte Entscheidung BGH Urt. v. 3.8. 1977 — 2 StR 252/77: „Nach der ständigen Rechtsprechung des Bundesgerichtshofs bedarf es nur aus **besonderem Anlaß** einer näheren Begründung der Höhe der Gesamtstrafe, so wenn diese „der oberen oder unteren Grenze des Zulässigen nahekommt" (BGHSt 8, 211; 24, 271)"; vgl. ferner die entsprechenden Nachweise bei BRUNS, Strafzumessungsrecht, S. 275 bei und in Anm. 18.

[81] So der Titel von BGHSt 24, 268 ff.

[82] BGHSt 24, 268 ff (269, 271).

[83] BGHSt 12, 1 ff (6/7).

[84] Vgl. BGHSt 25, 81 ff (84); ferner BGH NJW 1966, 509.

kriterien der Gesamtstrafe, die das Wesen der Gesamtstrafzumessung ausmacht[85]. Dementsprechend betonte schon die Entwurfsbegründung des E 1962, daß bei der Zumessung einer Gesamtstrafe mit den in § 46 StGB beschriebenen allgemeinen Strafzumessungsgründen nicht auszukommen ist: Es müsse vielmehr beachtet werden, daß die Einzeltaten Ausfluß einer einheitlichen Täterpersönlichkeit und deshalb nicht als bloße Summe, sondern als **Inbegriff** zu beurteilen seien. Diesem Inbegriff von einzelnen Straftaten derselben Täterpersönlichkeit könne eine selbständige Bedeutung zukommen[86].

183 In seiner schon erwähnten Grundsatzentscheidung über Bewertungsgrundsätze und Begründungserfordernisse bei der Bildung der Gesamtstrafe[81] griff der BGH die Strafzumessungserwägungen der Reformgesetzgebung auf, machte sie sich zu eigen und hob hervor, daß § 54 Abs. I, S. 3 StGB (vormals § 75 Abs. I, S. 2 StGB) **eigene, über § 46 StGB hinausgehende** Bewertungsgrundsätze enthält. Danach sind bei der Gesamtstrafzumessung „namentlich das Verhältnis der einzelnen Straftaten zueinander, insbesondere ihr Zusammenhang, ihre größere oder geringere Selbständigkeit, ferner die Häufigkeit der Begehung, die Gleichheit oder Verschiedenheit der verletzten Rechtsgüter und der Begehungsweisen sowie das Gesamtgewicht des abzuurteilenden Sachverhalts zu berücksichtigen“[87]. Unter Berücksichtigung der sog. Progressivempfindlichkeit (die mit der Strafdauer überproportional steigende Strafwirkung)[88] ist für die Gesamtstrafzumessung (im Rahmen der zusammenfassenden Würdigung der Täterpersönlichkeit) neben der Strafempfänglichkeit vor allem die größere oder geringere Schuld im Hinblick auf das **Gesamtgeschehen** sowie die Frage von Bedeutung, „ob die mehreren Straftaten einem kriminellen Hang bzw. bei Fahrlässigkeitstaten einer allgemeinen gleichgültigen Einstellung entspringen oder ob es sich um Gelegenheitsdelikte ohne innere Verbindung handelt“[87]. Bei der Würdigung der Täterpersönlichkeit eines Serientäters kann zu dessen Ungunsten beispielsweise berücksichtigt werden, „daß er trotz Aufdekkung seiner Straftaten und der Einleitung eines Verfahrens sein strafbares Verhalten bedenkenlos fortgesetzt oder sogar in der Erwartung gehandelt hat, die weiteren Taten würden aufgrund des sogenannten Asperations-

---

[85] Vgl. dazu schon SCHWELING, Gesamtstrafe, GA 1955, 289 ff (297); umfassend BRUNS, Strafzumessungsrecht, S. 187 ff; DERS., Gesamtdarstellung, S. 470 ff; ferner GEERDS, Konkurrenz, S. 373 ff; aus der Kommentarliteratur statt aller LK-VOGLER, § 54 Rdn. 7 ff; SCHÖNKE/SCHRÖDER (STREE), § 54 Rdn. 14 ff.

[86] E 1962, amtliche Begründung, S. 193, 194.

[87] BGHSt 24, 268 ff (269/270); vgl. auch OLG Hamm NJW 1977, 2087/88.

[88] Dazu etwa BRUNS, Strafzumessungsrecht, S. 188; GEERDS, Konkurrenz, S. 375/376; SCHWELING, Gesamtstrafe, GA 1955, 289 ff (292/3).

prinzips bei der Bildung der Gesamtstrafe nicht ins Gewicht fallen und damit praktisch straflos bleiben"[87].

Die funktionelle Abgestuftheit der Strafzumessungsvorgänge bei der **184** Bildung der Gesamtstrafe und die in der Sache entsprechende Differenzierung zwischen originären und derivativen Gründen der Gesamtstrafzumessung bringen es mit sich, daß bestimmte (doppelfunktionelle[89]) Strafzumessungs**tatsachen**, die bereits bei der Beurteilung der mehreren Einzeltaten auf spezifisch einzeltatbezogene Weise bewertet und insoweit für die Einzelstrafzumessung verwertet wurden, im Vorgang der Gesamtstrafzumessung **noch einmal**, wenn auch auf andere Art be- und verwertet werden. Gegen diese nochmalige Bewertung derselben Strafzumessungs**tatsachen** im Vorgang der Gesamtstrafzumessung bestehen entgegen einer in der Literatur verbreiteten Auffassung[90] keine Bedenken, weil im Vorgang der Gesamtstrafzumessung dieselbe Strafzumessungstatsache **ausschließlich** in ihrer **Auswirkung auf den Gesamtkomplex** aller Einzeltaten strafzumessungsrechtlich verwertet wird. Die mehrfache, aber verschiedenartige Verwertung derselben (doppelfunktionellen) Strafzumessungstatsachen verletzt deshalb bei der Gesamtstrafzumessung ebenso wie bei den Einzelstrafzumessungen weder das Doppelverwertungsverbot des § 46 Abs. III StGB noch irgendein anderes, dem § 46 Abs. III StGB nachgebildetes Doppelverwertungsverbot[91]. Diesen Standpunkt vertritt auch der BGH[92], wenn er darauf verweist, daß sich eine völlige Trennung der für die Einzel- und Gesamtstraffestsetzung maßgeblichen Gesichtspunkte nicht durchführen läßt und betont, daß diese Gesichtspunkte einmal isoliert für die Einzeltat, zum anderen in ihrer Auswirkung auf die Gesamtheit der Taten „zusammenfassend" zu berücksichtigen sind[92].

Abgesehen von diesen grundlegenden materiellrechtlichen Erwägun- **185** gen zur Gesamtstrafzumessung hat die Rechtsprechung eine Reihe weite-

---

89 Vgl. dazu oben Rdn. 153 ff.

90 Vgl. zunächst die Nachweise in Anm. 20. Häufig wird übersehen, daß sich die nochmalige Verwertung und Bewertung eines Tatumstandes auf dessen **tatsächliche Gegebenheit**, hingegen nicht auf dessen Normativität bezieht. Es trifft deshalb nicht zu, daß sich Tatumstände, die im Vorgang der Einzelstrafzumessung strafschärfend berücksichtigt werden, zwingend auch im Vorgang der Gesamtstrafzumessung strafschärfend, und zwar erneut und zusätzlich straferhöhend auswirken. Entsprechendes gilt für strafmildernde Gesichtspunkte; vgl. aber demgegenüber Dreher, Doppelverwertung, JZ 1957, 155 ff (157).

91 Dazu die Nachweise in Anm. 21.

92 Vgl. dazu BGHSt 24, 268 ff (270); ferner Bruns, Gesamtdarstellung, S. 473; Ders., Strafzumessungsrecht, S. 140, 189/90.

rer, bei der Bildung der Gesamtstrafe stets zu beachtender Strafzumessungsregeln entwickelt. Unzulässig ist es beispielsweise[93], die festgesetzten Einzelstrafen zu addieren, von der Summe der Einzelstrafen einen (im Grunde willkürlich) bestimmten Betrag abzuziehen und im Urteilstenor das rechnerisch ermittelte Ergebnis als zugemessene (!) Gesamtstrafe auszuwerfen: § 54 Abs. I, S. 2 StGB schreibt ausdrücklich vor, daß die Gesamtstrafe **durch Erhöhung der Einsatzstrafe** zu bilden ist. Wegen Verstoßes gegen diese Regel der Gesamtstrafenbildung ist es ebenso rechtsfehlerhaft, die Einzelstrafen jeweils im gleichen Verhältnis zu kürzen und die Summe der proportional gekürzten Strafbeträge als Gesamtstrafe zu verhängen[94]. Den Anforderungen einer Gesamtstrafzumessung i. S. d. § 54 Abs. I, S. 3 StGB genügt eine Gesamtstrafenbildung auch dann nicht, wenn zwar die Einsatzstrafe gem. § 54 Abs. I, S. 2 StGB erhöht, der Erhöhungsbetrag aber (irrational) im Wege einer Rechenoperation gefunden wird, etwa wenn mit Ausnahme der Einsatzstrafe alle übrigen Einzelstrafen gedanklich um jeweils 80% gekürzt, die Einsatzstrafe um die Summe der Kürzungsbeträge erhöht und die so erhöhte Einsatzstrafe als Gesamtstrafe festgesetzt wird[95]. Rechtsfehlerhaft ist eine Gesamtstrafzumessung ferner, wenn sie sich in der Bestimmung des rechnerischen Mittelwerts zwischen der geringstmöglichen und höchstzulässigen Strafhöhe der zu bildenden Gesamtstrafe erschöpft[96]. Unabhängig von der „operationalen" Methodik der Gesamtstrafenbildung im einzelnen, **kann** ein mit der Revision (erfolgreich) zu rügender materiellrechtlicher Zumessungsfehler darin liegen, daß bei der Bildung der Gesamtstrafe die Einsatzstrafe nur geringfügig erhöht wird, obwohl die (zahlreichen) übrigen Einzelstrafen annähernd gleich hoch festgesetzt wurden[97]. Entsprechendes gilt für den umgekehrten Fall: Die Erhöhung der Einsatzstrafe bis zur Obergrenze des Gesamtstrafrahmens kann Ausdruck einer rechtsfehlerhaften Gesamtstrafzumessung sein. Die Möglichkeit eines Zumessungsfehlers in diesem Sinne liegt vor allem dann nahe, wenn die Spanne zwischen der Einsatzstrafe und der Summe aller Einzelstrafen signifikant groß ist[98]. Deshalb setzen solche von dem in

---

93 Vgl. etwa BGH DAR (Martin) 1967, 95/6; RGSt 44, 302 ff (303).

94 Vgl. dazu etwa Bruns, Strafzumessungsrecht, S. 188 bei und in Anm. 12; Ders., Gesamtdarstellung, S. 475 bei und in Anm. 15; Geerds, Konkurrenz, S. 377 bei und in Anm. 771 mit Rechtsprechungsnachweisen.

95 Vgl. zum Ganzen auch LK-Vogler, § 54 Rdn. 2, 12; Schönke/Schröder (Stree), § 54 Rdn. 17; RGSt 44, 302 ff (303).

96 OLG Köln NJW 1963, 1513.

97 Vgl. schon BGHSt 5, 57 ff (59); 8, 205 ff (210, 211); vgl. auch BGHSt 24, 268 ff (271); ferner Schönke/Schröder (Stree), § 54 Rdn. 17.

98 Vgl. etwa OLG Köln NJW 1953, 1684.

der strafgerichtlichen Praxis üblichen Maß deutlich abweichende Gesamtstrafzumessungen – sollen sie revisionsrechtlicher Kontrolle standhalten – in der Mehrzahl aller Fälle stets voraus, daß die zu Grunde liegenden Sachverhalte strafzumessungsrechtliche Ausnahmesituationen betreffen.

Besteht zwischen den mehreren Einzelstraftaten ein enger zeitlicher, **186**
sachlicher und situativer Zusammenhang, dann muß die Erhöhung der Einsatzstrafe in der Regel geringer ausfallen als in anderen Fällen vergleichbar vieler und gleichhoher Einzelstrafen[99]. Dies gilt ohne Rücksicht darauf, ob und in welchem Umfang der zeitliche, sachliche und situative Zusammenhang zwischen den verschiedenen Straftaten bereits bei der Einzelstrafzumessung als Zumessungskriterium Verwendung fand. Stellt die das Maß einer gesetzlichen Mindeststrafe berücksichtigende Zumessung einer Einzelstrafe den Gesamtumständen nach eine besondere Härte dar, darf sie im Vorgang der Gesamtstrafzumessung nicht dadurch ausgeglichen werden, daß im Ergebnis eine mildere Gesamtstrafe festgesetzt wird[100]. Derartige „heimliche", aus den Urteilsgründen nicht ersichtliche Billigkeitskorrekturen laufen auf unzulässige Durchbrechungen gesetzlicher Strafrahmen hinaus und verstoßen insoweit gegen Grundregeln der Strafzumessung[101]. Grundregeln der Strafzumessung sind desweiteren verletzt, wenn im Rahmen der Gesamtstrafzumessung zur Höhe der ausgeurteilten Gesamtstrafe vorsorglich ausgeführt wird, daß auch für den Fall eines etwaigen Nichterwiesenseins der einen oder anderen Einzeltat auf dieselbe Gesamtstrafe erkannt worden wäre[102]. Dagegen ist der (neue) Tatrichter nach Aufhebung einer Einzelstrafe in der Rechtsmittelinstanz nicht gehindert, auf die ursprüngliche Gesamtstrafe zu erkennen, wenn und weil ihn seine eigene Gesamtstrafzumessung zu diesem Ergebnis führt[103]. Das Verschlechterungsverbot der §§ 331 Abs. I, 358 Abs. II StPO steht dem nicht entgegen[104]: Nur

---

[99] Vgl. BGH Beschl. v. 7. 6. 1985 – 2 StR 193/85.

[100] Anders aber wohl OLG Köln NJW 1953, 1684/5.

[101] So mit Recht LK-Vogler, § 54 Rdn. 12.

[102] Vgl. BGH LM Nr. 17 zu § 74 StGB; vgl. auch Lackner, § 54, 2; LK-Vogler, § 54 Rdn. 12.

[103] BGHSt 7, 86 (87); LK-Vogler, § 54 Rdn. 12, 14; Schönke/Schröder (Stree), § 54 Rdn. 22.

[104] Anders Dreher/Tröndle, § 54 Rdn. 5 mit Hinweis auf den nicht vergleichbaren Fall, daß ein Verstoß gegen § 358 Abs. II StPO vorliegt, wenn nach alleiniger Rechtsmitteleinlegung des Angeklagten der (neue) Tatrichter zwar nicht die Gesamtstrafe, wohl aber die Einzelstrafen zum Nachteil des Rechtsmittelführers verändert; vgl. auch BGHSt 1, 252 (253/254).

die Gesamtstrafe ist erkannte Strafe i. S. d. § 46 StGB[105] und sie verändert sich nicht zum Nachteil des Angeklagten[106].

187 Unter welchen Voraussetzungen die Vollstreckung einer zwei Jahre nicht übersteigenden Gesamtfreiheitsstrafe von mehr als einem Jahr gem. § 56 Abs. II StGB zur Bewährung ausgesetzt werden kann, wenn beispielsweise nur in bezug auf eine der mehreren Einzeltaten oder gar bei keiner der mehreren Einzeltaten die gem. § 56 Abs. II StGB zur Bewährungsaussetzung erforderlichen „besonderen Umstände" feststellbar sind, hat der BGH in einer Grundsatzentscheidung vom 22. 10. 1980 (BGHSt 29, 370 ff) weitgehend geklärt. Ohne Rücksicht darauf, ob in die Gesamtstrafe nur Einzelfreiheitsstrafen von nicht mehr als einem Jahr einbezogen sind, ob in die Gesamtstrafe nur teilweise oder sämtlichst Einzelfreiheitsstrafen von mehr als einem Jahr einbezogen und ob „besondere Umstände" in bezug auf keine, einige oder nur eine der abgeurteilten Einzeltaten festzustellen sind, ist für die Annahme „besonderer Umstände" i. S. d. § 56 Abs. II StGB bei Anwendung der §§ 58, 56 StGB allein eine **Gesamt**würdigung der Persönlichkeit des Täters und aller in Betracht kommenden Einzelstraftaten maßgebend. Im Einzelfall ist somit zu fragen, ob bei einer Gesamtwürdigung der von dem Angeklagten begangenen Straftaten und seiner Persönlichkeit gesagt werden kann, daß Umstände von besonderem Gewicht vorliegen, die eine Strafaussetzung trotz des insgesamt erheblichen Unrechts- und Schuldgehalts als nicht unangebracht und als den allgemeinen, vom Strafrecht geschützten Interessen nicht zuwiderlaufend erscheinen lassen[107].

2. Formellrechtliche Aspekte der Gesamtstrafzumessung

188 Wie schon häufiger betont, versteht sich die Bildung der Gesamtstrafe gem. § 54 Abs. I S. 3 StGB als ein funktionell von den Einzelstrafzumessungen abgehobener und über sie hinausgehender **eigenständiger** Strafzumessungsvorgang, der in spezifischer Weise das Ganze der mehreren

---

105 BGHSt 25, 81 (84).

106 BGHSt 7, 86 (87); zum prozessualen Verhältnis zwischen der Gesamtstrafe und den Einzelstrafen und ihren Funktionen bei der Strafvollstreckung und Strafverbüßung vgl. statt aller Dreher/Tröndle, § 54 Rdn. 5; LK-Vogler, § 54 Rdn. 14 ff; Schönke/Schröder (Stree), § 54 Rdn. 19 ff; SK-Samson, § 54 Rdn. 10.

107 BGHSt 29, 370 ff (375) zu § 56 Abs. II a. F. StGB; vgl. dazu auch Bruns, Strafzumessungsrecht, S. 189; Schönke/Schröder (Stree), § 58 Rdn. 3; ferner LK-Russ, § 58 Rdn. 4 ff. Auch nach Änderung des § 56 Abs. II StGB durch das 23. Strafrechtsänderungsgesetz vom 13. 4. 1986 hat die Entscheidung BGHSt 29, 370 ff ihre grundlegende Bedeutung behalten.

Einzelstraftaten im Rahmen einer strafzumessungsrechtlichen Gesamtwürdigung von Taten und Täter zu erfassen hat. Aus dieser Eigenständigkeit und Besonderheit der Gesamtstrafzumessung resultiert nicht nur ein die Zumessungskriterien des § 46 StGB sachlich erweiterndes Mehr an strafzumessungsrechtlichen Bewertungsgrundsätzen. Vielmehr folgt aus der (materiellrechtlichen) Eigenständigkeit der Gesamtstrafzumessung ein verfahrensrechtlicher **Zwang** zur **gesonderten Begründung** der Gesamtstrafzumessung. Ebenso wie auf die Festsetzung der Einzelstrafen findet deshalb § 267 Abs. III, S. 1 StPO auch auf die Bildung der Gesamtstrafe unmittelbar Anwendung[108].

Der formellrechtliche Begründungszwang für die Gesamtstrafe gem. **189**
§ 267 Abs. III, S. 1 StPO besagt zunächst, daß die festgesetzte Gesamtstrafe **stets** mit einer zumessungsrechtlichen Begründung versehen werden muß[109]. Die in BGHSt 8, 205 ff (210/211) höchstrichterlich vertretene Auffassung, wonach die Gesamtstrafe grundsätzlich keiner eigenen zumessungsrechtlichen Begründung bedarf, widerspricht daher dem Sinngehalt des § 267 Abs. III, S. 1 StPO. Verfahrensrechtlich ist dem Begründungszwang für die Gesamtstrafe freilich schon genügt, wenn die für die Gesamtstraffestsetzung **bestimmenden** Zumessungskriterien in den Urteilsausführungen dargelegt sind. Eine erschöpfende Darstellung sämtlicher im Vorgang der Gesamtstrafzumessung mitbedachter Erwägungen ist dagegen nicht erforderlich[110]. Insbesondere fordert § 267 Abs. III, S. 1 StPO **nicht**, um der bloßen Vollständigkeit willen **alle** in § 46 StGB ausdrücklich genannten sowie die sich aus einer Ganzheitsbeurteilung i. S. d. § 54 Abs. I, S. 3 StGB zusätzlich ergebenden Strafzumessungsgesichtspunkte in den Urteilsgründen zu erörtern[111]. Andererseits muß die Begründung der Gesamtstrafe **in jedem Falle** differenziert und substantiiert sein. Die ausgeurteilte Gesamtstrafe als „erforderliche und angemessene Sühne" oder sonstwie floskelhaft zu bezeichnen, ist keine Begründung und schon gar keine Darlegung der die Art und Höhe einer Gesamtstrafe bestimmenden Strafzumessungskriterien[111].

In „einfachen" Fällen ist die festgesetzte Gesamtstrafe vielfach schon **190**
dann i. S. d. § 267 Abs. III, S. 1 StPO ausreichend begründet, wenn die „hauptsächlichen", wesentlichen oder „vorrangig maßgeblichen" Erwä-

---

[108] Ganz h. M., vgl. etwa BGHSt 24, 268 ff (271); BRUNS, Strafzumessungsrecht, S. 274 ff; DERS., Gesamtdarstellung, S. 145 ff; KMR (PAULUS), § 267 Rdn. 86; KK-HÜRXTHAL, § 267 Rdn. 28; LK-VOGLER, § 54 Rdn. 8, 9; LÖWE/ROSENBERG (GOLLWITZER), § 267 Rdn. 75; SCHÖNKE/SCHRÖDER (STREE), § 54 Rdn. 18.

[109] So BGHSt 24, 268 ff (271); KK-HÜRXTHAL, § 267 Rdn. 28.

[110] BGHSt 24, 268 ff (271); BRUNS, Strafzumessungsrecht, S. 275; KK-HÜRXTHAL, § 267 Rdn. 24.

[111] So KK-HÜRXTHAL, § 267 Rdn. 24 mit Rechtsprechungsnachweisen.

gungen zur Gesamtstrafzumessung, die zumessungsrechtlichen „Leitgesichtspunkte" also, im Urteil wiedergegeben sind[111]. Entgegen der Ansicht des BGH[112] ist es jedoch **nicht zulässig**, sich im Rahmen der Gesamtstrafzumessung auf Zumessungsgesichtspunkte, die im Vorgang der Einzelstrafzumessung bereits erwogen sind, lediglich zu beziehen. Eine erneute Darlegung solcher Erwägungen im Kontext der Gesamtstrafzumessung stellt **keine** (unnötige) Wiederholung dar, weil beispielsweise die schon bei den Einzelstrafzumessungen berücksichtigten persönlichen und wirtschaftlichen Verhältnisse des Täters im besonderen Sinnzusammenhang der Gesamtstrafzumessung eine völlig andere zumessungsrechtliche Bedeutung erlangen können. Die funktionale Differenz zwischen den auf die Gesamtstrafe und den auf die Einzelstrafe bezogenen Strafzumessungsakten bewirkt, daß ein und dieselbe Strafzumessungstatsache je nach dem strafzumessungsrechtlichen Sinnzusammenhang, in den sie einbezogen ist, **prinzipiell** unterschiedlich zu beurteilen und zu bewerten ist. Bezugnahmen auf bereits im Zusammenhang mit Einzelstrafzumessungen **festgestellte** (Zumessungs-)**Tatsachen** sind im Rahmen einer Gesamtstrafzumessung indessen möglich[113]. Die Verschiedenheit der die Einzelstrafen und die Gesamtstrafen betreffenden Strafzumessungsvorgänge hat im übrigen auch die Unzulässigkeit[114] jener verbreiteten Urteilsabsetzungspraxis zur Folge, schon aus Gründen einer übersichtlichen und gefälligen Darstellung der Urteilsausführungen eine Reihe bestimmender Strafzumessungsgründe für eine Mehrzahl oder gar alle Einzelstrafen und die Gesamtstrafe zusammengefaßt (und gewissermaßen „vor die Klammer gezogen") darzulegen.

191 Es liegt in der Natur des strafprozessualen Begründungszwangs für die Gesamstrafe, daß die Darlegung der i. S. d. § 267 Abs. III, S. 1 StPO „bestimmenden" Zumessungskriterien in den Entscheidungsgründen um so eingehender und ausführlicher sein muß, je mehr sich die festgesetzte Gesamtstrafe der oberen oder unteren Grenzmarke des Gesamtstrafrahmens nähert[115]. Eine die Summe der Einzelstrafen fast erreichende Gesamtstrafe bedarf deshalb **besonderer** strafzumessungsrechtlicher Begründung. Der bloße Hinweis, daß die Gesamtstrafe „unter Berücksichtigung der gesamten Umstände und der Persönlichkeit dieses Angeklagten" gebildet worden sei, und daß „eine geringere Strafe dem Unrechts- und Schuldgehalt nicht gerecht und auch die erforderliche Abschreckungswirkung für den Angeklagten verfehlen" würde, genügt bei derart

---

[112] Vgl. BGHSt 24, 268 ff (271).

[113] In diesem Sinne wohl auch Bruns, Strafzumessungsrecht, S. 275: „Feststellungen".

[114] Anders dagegen Löwe/Rosenberg (Gollwitzer), § 267 Rdn. 75.

[115] BGHSt 24, 268 ff (271); Bruns, Strafzumessungsrecht, S. 275.

hohen Gesamtstrafen weder den verfahrensrechtlichen Begründungserfordernissen gem. § 267 Abs. III, S. 1 StPO noch den Anforderungen einer zureichenden sachlichrechtlichen Begründung der Gesamtstrafzumessung[116]. Ähnlich reicht es nicht aus, neben der formelhaften Wendung „unter erneuter zusammenfassender Würdigung aller für und gegen den Angeklagten sprechenden Umstände“ in den Urteilsgründen lediglich auszuführen, die Gesamtfreiheitsstrafe von zwei Jahren und sechs Monaten sei „das Mindeste dessen, was als Ahndung geboten erscheine“, wenn das Höchstmaß des Gesamtstrafrahmens bei zwei Jahren und sieben Monaten liegt[117]. Einen schweren Verfahrensmangel stellt es ferner dar, wenn eine nur unwesentlich unter der Höchstgrenze des Gesamtstrafrahmens angesiedelte Gesamtstrafe zumessungsrechtlich allein damit begründet wird, daß die festgesetzte Gesamtstrafe dem Unrechts- und Schuldgehalt der abgeurteilten Straftaten bei einer „Gesamtschau der Persönlichkeit des Verurteilten“ entspricht[118]. Einer **besonderen** strafzumessungsrechtlichen Begründung bedarf die Gesamtstrafe auch, wenn die festgesetzte Gesamtstrafe die Einsatzstrafe nur **geringfügig** überschreitet. Dies gilt verstärkt für Fallgestaltungen, in denen die Summe der Einzelstrafen die Höhe der Einsatzstrafe auffällig übersteigt. Eine gem. § 267 Abs. III, S. 1 StPO hinreichende Begründung derart niedriger Gesamtstrafen setzt voraus, daß die in den Entscheidungsgründen dargelegten, die Gesamtstrafe bestimmenden Zumessungskriterien die zumessungsrechtlichen Besonderheiten des konkreten Einzelfalls verständlich machen[119]. Einer ausführlichen substantiierten Begründung bedarf die festgesetzte Gesamtstrafe gem. § 267 Abs. III, S. 1 StPO des weiteren in allen Fällen, in denen erst die Einbeziehung einer Geldstrafe zu einer der Höhe und den entsprechenden sonstigen Voraussetzungen der §§ 56, 58 StGB nach nicht mehr „aussetzungsfähigen“ Gesamtfreiheitsstrafe führt[120].

Unzureichend sowohl unter materiellrechtlichen als auch unter formellrechtlichen Aspekten ist eine strafzumessungsrechtliche Begründung **192**
der Gesamtstrafe stets, wenn die im Urteil vorgenommene Darlegung der (bestimmenden) Zumessungserwägungen nicht erkennen läßt, welche

---

[116] BGH StrVert 1983, 237.

[117] BGH Beschl. v. 3. 7. 1985 – 3 StR 196/85.

[118] Vgl. OLG Düsseldorf StrVert 1983, 333 (in einem Falle nachträglicher Gesamtstrafenbildung).

[119] Vgl. auch KK-Hürxthal, § 267 Rdn. 25.

[120] BGH Beschl. v. 10. 6. 1985 – 4 StR 264/85; BGH Beschl. v. 18. 10. 1985 – 4 StR 559/85; ferner KMR (Paulus), § 267 Rdn. 86; anders KK-Hürxthal, § 267 Rdn. 28, der unzutreffend in derartigen Fällen eine nähere Begründung lediglich **empfiehlt.**

der Erwägungen sich zu Lasten und welche sich zu Gunsten des Verurteilten ausgewirkt haben[121]. Die in den Entscheidungsgründen zahlreicher Strafurteile enthaltene Formulierung „Bei der Strafzumessung ist ferner berücksichtigt worden ..." signalisiert deshalb eine formell- und materiellrechtlich zu beanstandende strafzumessungsrechtliche Begründung der verhängten Gesamtstrafe.

193 Eine strikte Differenzierung zwischen den formellrechtlichen und materiellrechtlichen Anforderungen an eine „revisionssichere" Begründung der Gesamtstrafe läßt sich im übrigen nicht vornehmen. Soweit § 267 Abs. III, S. 1 StPO den formellrechtlichen Begründungszwang für die Gesamtstrafe (wie auch sonst für Einzelstrafen) darauf beschränkt, daß nur die das Tatgericht bestimmenden Kriterien der Gesamtstrafzumessung aus den Urteilsgründen hervorgehen müssen, kann zwar der Eindruck entstehen, die Anforderungen an eine formellrechtlich zureichende Begründung der Gesamtstrafzumessung seien geringer als die materiellrechtlichen Begründungserfordernisse. Die in den Urteilsgründen angeführten Zumessungserwägungen müssen jedoch so sachhaltig sein, daß dem Revisionsgericht — wie schon erwähnt — eine **rechtliche** Nachprüfung der Gesamtstrafzumessung möglich ist[122]. Was im einzelnen die Gesamtstrafzumessung **bestimmt**, beurteilt sich daher ausschließlich nach zumessungsrechtlichen (materiellrechtlichen) Gesichtspunkten. Was als „bestimmend" für die Gesamtstrafzumessung in den Urteilsgründen dargelegt sein muß, richtet sich demzufolge nach den inhaltlichen Mindestanforderungen an eine materiellrechtlich ausreichende Begründung der Gesamtstrafe. In den praktischen Auswirkungen für die notwendige Reichhaltigkeit und Ausführlichkeit der zumessungsrechtlichen Erwägungen besteht somit kein Unterschied zwischen dem formell- und materiellrechtlichen Begründungszwang, dem die Bildung und Festsetzung einer Gesamtstrafe ausnahmslos unterliegt.

---

[121] Vgl. BGH Beschl. v. 25. 7. 1985 — 2 StR 301/85.

[122] Vgl. BGHSt 24, 268 ff (271); Bruns, Strafzumessungsrecht, S. 275; KK-Hürxthal, § 267 Rdn. 25, 28.

C

Die nachträgliche Bildung der Gesamtstrafe

Für den Grundfall der Gesamtstrafenbildung nach den §§ 53, 54 StGB setzt § 53 Abs. I StGB voraus, daß die mehreren realkonkurrierenden Straftaten gleichzeitiger Aburteilung unterliegen. Aus den unterschiedlichsten Gründen (vgl. Rdn. 104) ist jedoch das erkennende Gericht oftmals nicht imstande, alle gesamtstrafenfähige Straftaten in demselben Strafprozeß zu verhandeln und abzuurteilen. Von den Zufälligkeiten der tatsächlichen und/oder rechtlichen Verfahrensgestaltung dürfen freilich keine dem Angeklagten nachteiligen Wirkungen ausgehen. Dem sanktionsrechtlichen Sinn der Asperation entsprechend räumt § 55 StGB deshalb die Möglichkeit ein, eine unterbliebene Gesamtstrafenbildung nachzuholen, wenn mehrere realkonkurrierende Straftaten zwar nicht gleichzeitig abgeurteilt wurden, nach ihren Begehungszeitpunkten aber in demselben Strafverfahren hätten abgeurteilt werden können[1]. Die Vorschrift über die nachträgliche Bildung der Gesamtstrafe beruht danach auf dem Grundgedanken, „daß Taten, die bei gemeinsamer Aburteilung nach §§ 53, 54 StGB behandelt worden wären, auch bei getrennter Aburteilung dieselbe Behandlung erfahren sollen, so daß der Täter im Endergebnis weder besser noch schlechter gestellt ist“[2]. In begrenztem Maße durchbricht die nachträgliche Bildung der Gesamtstrafe gem. § 55 StGB also die in Rechtskraft erwachsene Sanktionsentscheidung früherer Urteile. **194**

I. Voraussetzungen nachträglicher Gesamtstrafenbildung

Strukturtypisch setzt die nachträgliche Bildung einer Gesamtstrafe gem. § 55 Abs. I, S. 1 StGB voraus, daß ein bereits rechtskräftig Verurteilter wegen einer anderen Straftat, die er vor der früheren Verurteilung begangen hat, (erneut) verurteilt wird. Unabhängig von den maßgebenden Zeitpunkten der früheren Verurteilung und der zuvor begangenen anderen Straftat bestimmt sich die materiellrechtliche Zulässigkeit der nachträglichen Gesamtstrafenbildung stets danach, daß die nunmehr (später) abzuurteilende Straftat bereits in dem früheren Strafverfahren **195**

---

[1] Vgl. statt aller SCHÖNKE/SCHRÖDER (STREE), § 55 Rdn. 1.

[2] BGHSt 32, 190 (193) nach Vorlegung durch BayObLG NStZ 1983, 411 f; vgl. ferner schon BGHSt 7, 180 (181); 8, 203 (204/5); 15, 66 (69); 17, 173 (174/5).

hätte Berücksichtigung finden können: sie muß daher **vor** der früheren Verurteilung begangen worden sein. Auf Straftaten, die **nach** dem früheren Urteil begangen sind, findet § 55 StGB keine Anwendung, weil das frühere Urteil diese (später begangenen) Straftaten „nicht hätte erfassen können und das spätere Urteil das frühere nur insoweit ergänzen und vervollständigen soll, als es selbst schon hätte ergehen können“[3].

1. Die frühere Verurteilung

196 Ob die nunmehr (später) abzuurteilende Straftat **vor** der früheren Verurteilung begangen worden ist, bestimmt sich zunächst nach dem Sinngehalt, der dem Begriff „frühere Verurteilung“ im Recht der Gesamtstrafenbildung zugewiesen ist. Als „frühere Verurteilung“ gilt gem. § 55 Abs. I, S. 2 StGB das **Urteil** in dem früheren Verfahren, in dem die zugrunde liegenden **tatsächlichen Feststellungen letztmals** geprüft werden konnten. Qualitativ setzt die „frühere Verurteilung“ damit ausnahmslos ein **Urteil** voraus. Der **Beschluß** als weitere Form gerichtlicher Entscheidungen genügt in keinem Falle den Merkmalsanforderungen einer „früheren Verurteilung“. Das gilt auch dann, wenn eine richterliche Entscheidung zwar (äußerlich) als Urteil bezeichnet ist, inhaltlich aber lediglich die Qualität eines Beschlusses aufweist. Umgekehrt handelt es sich bei einer fälschlicherweise als Beschluß bezeichneten richterlichen Entscheidung, die aufgrund einer vollständig durchgeführten Hauptverhandlung ergeht und das Strafverfahren endgültig abschließt oder abschließen soll, stets um ein Urteil. Nicht von der (äußerlichen) Bezeichnung, sondern allein vom sachlichen Gehalt einer richterlichen Entscheidung hängt es ab, ob ein Urteil oder ein Beschluß vorliegt[4].

197 Als „frühere Verurteilung“ kommen des weiteren nur **Sachurteile**, Urteile also, die materiellrechtlich über den staatlichen Strafanspruch entscheiden, der materiellen Rechtskraft fähig sind und die Strafklage verbrauchen[5], in Betracht. Dagegen scheiden **Prozeßurteile**, die das Strafverfahren ohne Sachentscheidung beenden und – sofern das Prozeßhindernis behoben werden kann – eine erneute Anklage wegen derselben Tat nicht ausschließen[5], als „frühere Verurteilung“ aus. Dies ergibt sich unmittelbar aus dem Wortsinn des § 55 Abs. I, S. 2 StGB, wonach die „frühere Verurteilung“ eine gerichtliche Entscheidung über **tatsächliche** Feststellungen darstellt.

---

[3] LK-Vogler, § 55 Rdn. 4 mit Nachweisen.

[4] Vgl. BGHSt 25, 242 (243); ferner KK-Hürxthal, § 260 Rdn. 15 mit weiteren Nachweisen.

[5] So KK-Hürxthal, § 260 Rdn. 16, 48.

Da es im Rahmen der nachträglichen Bildung einer Gesamtstrafe darum geht, ob und in welchem Umfang die eine Strafe in eine andere einbezogen werden kann, versteht sich die „frühere Verurteilung" i. S. d. § 55 Abs. I StGB folgerichtig als **tatrichterliches** Sachurteil[6]. Inhaltlich umfaßt das tatrichterliche Sachurteil tatsächliche Feststellungen zum Schuldspruch **und** zum Rechtsfolgenausspruch[7]. Bei dem gem. § 55 Abs. I, S. 2 StGB als „frühere Verurteilung" geltenden Urteil in dem früheren Verfahren, in dem die zugrunde liegenden Feststellungen **letztmals** geprüft werden konnten, handelt es sich im Ergebnis daher um das im früheren Strafverfahren **letzte tatrichterliche Sachurteil, das sich mit der Schuld und/oder (nur noch) mit der Straffrage befaßte**[8]. **198**

a) Zu den **tatrichterlichen** Sachurteilen in diesem Sinne zählen nicht nur erstinstanzliche (Sach-)Urteile. Auch das in der Berufungsinstanz ergangene (Sach-)Urteil[9] gehört ebenso wie das weitere Urteil in derselben Sache nach Zurückverweisung zur erneuten Verhandlung und Entscheidung an den erstinstanzlichen Richter oder das Berufungsgericht durch das Revisionsgericht zu den tatrichterlichen (Sach-)Urteilen[9]. Das gilt auch für den Fall, daß nach Aufhebung eines Teilfreispruchs durch das Revisionsgericht die Sache zur erneuten Verhandlung und Entscheidung zurückverwiesen wird und das Verfahren nunmehr zu einer Verurteilung führt[10]. **Tatrichterliches** (Sach-)Urteil ist weiter das im Wiederaufnahmeverfahren ergehende (verurteilende) Urteil[11]. Die Sach- und Verfahrenslage nach rechtskräftigem Wiederaufnahmebeschluß gem. § 370 Abs. II StPO stimmt unter dem Aspekt der nachträglichen Gesamtstrafenbildung exakt mit der nach Zurückverweisung der Sache zur erneuten Verhandlung und Entscheidung durch die Revisionsinstanz überein; denn auch das auf (Freiheits- oder Geld-)Strafe erkennende Urteil im Wiederaufnahmeverfahren setzt notwendig (erneute) tatsächliche Feststellungen zur Schuld- und/oder Straffrage voraus[12]. Als tatrich- **199**

---

[6] Vgl. auch BGHSt 15, 66 (69).

[7] Vgl. dazu KK-Hürxthal, § 260 Rdn. 28 ff, insbes. 29 ff, 36 ff.

[8] So die allgemeine Auffassung, vgl. BGHSt 15, 66 (69/70); 17, 173 (175); LK-Vogler, § 55 Rdn. 4; Schönke/Schröder (Stree), § 55 Rdn. 7; SK-Samson, § 55 Rdn. 3.

[9] Vgl. BGHSt 15, 66 (69); Dreher/Tröndle, § 55 Rdn. 4; Lackner, § 55, 1 a; LK-Vogler, § 55 Rdn. 4; Schönke/Schröder (Stree), § 55 Rdn. 8.

[10] Vgl. BGH NJW 1983, 1131 = BGH JR 1984, 121 mit Anm. Bloy JR 1984, 123 ff; ferner Lackner, § 55, 1 a; Schönke/Schröder (Stree), § 55 Rdn. 1.

[11] BayObLGSt 1981, 159 = BayObLG JR 1982, 335 mit Anm. Stree JR 1982, 336 ff.

[12] Vgl. auch Stree JR 1982, 336/7; ferner Dreher/Tröndle, § 55 Rdn. 2; Lackner, § 55, 1 a; Schönke/Schröder (Stree), § 55 Rdn. 11.

terliches (Sach-)Urteil i. S. d. § 55 Abs. I StGB kommen schließlich noch solche gerichtlichen Entscheidungen in Betracht, die **inhaltlich** einem (Sach-)Urteil **gleichstehen**[13]. Dies trifft nach den §§ 407 ff StPO insbesondere für den **Strafbefehl** zu. Auch ihm liegen — freilich summarische — tatsächliche Feststellungen zur Schuld- und/oder Straffrage zugrunde.

200 Soweit sich tatrichterliche Urteile nach ihren tatsächlichen Feststellungen auf die Schuld- und/oder Straffrage beziehen, handelt es sich um (tatrichterliche) **Sachurteile**[14]. Den Anforderungen eines tatrichterlichen Sachurteils genügt daher eine (Sach-)Entscheidung über die Strafaussetzung zur Bewährung[15]. Sie ist Teil der Entscheidung über die Strafe und damit über den Umfang des staatlichen Strafanspruchs. Dies gilt ohne Rücksicht darauf, welche Rechtsnatur dem Institut der Strafaussetzung zur Bewährung gem. § 56 StGB zuzuschreiben ist[15]. Als (tatrichterliches) Sachurteil ist weiter die Entscheidung über eine Verwarnung mit Strafvorbehalt gem. § 59 StGB[16] sowie über das Absehen von Strafe gem. § 60 StGB anzusehen. Zahlungserleichterungen gem. § 42 StGB betreffen — soweit sie nicht im Vollstreckungsverfahren nachgeholt werden — die Straffrage. Die Entscheidung über Zahlungserleichterungen erfordert entsprechende tatsächliche Feststellungen, so daß auch ihr der Charakter eines (tatrichterlichen) Sachurteils zukommt[17]. Ebenso gehört eine in vorheriger Instanz unterbliebene und dann nachgeholte Entscheidung über die Bildung einer Gesamtstrafe zum Kreis der tatrichterlichen Sachurteile[18], weil die (nachgeholte) Bildung der Gesamtstrafe schon im Blick auf den Vorgang der (originären) Gesamtstrafzumessung als eine Entscheidung zur Straffrage eigene tatsächliche Feststellungen erfordert. Tatsächliche Feststellungen zur Schuld- und/oder Straffrage enthalten ferner das auf Strafe erkennende Urteil im Wiederaufnahmeverfahren

---

13 Vgl. DREHER/TRÖNDLE, § 55 Rdn. 1; LACKNER, § 55, 1a unter Hinweis auf BGH LM Nr. 1 zu § 335 a. F. StGB.

14 Statt aller SCHÖNKE/SCHRÖDER (STREE), § 55 Rdn. 7.

15 BGHSt 15, 66 (70); DREHER/TRÖNDLE, § 55 Rdn. 4; LACKNER, § 55, 1a; LK-VOGLER, § 55 Rdn. 6; SCHÖNKE/SCHRÖDER (STREE), § 55 Rdn. 9.

16 Vgl. DREHER/TRÖNDLE, § 55 Rdn. 4; LK-VOGLER, § 55 Rdn. 6.

17 Anders SCHÖNKE/SCHRÖDER (STREE), § 55 Rdn. 9; ferner OLG Celle NdsRpfl 1979, 207; DREHER/TRÖNDLE, § 55 Rdn. 4.

18 BGHSt 15, 66 (71); OLG Celle NJW 1973, 2214; vgl. auch OLG Karlsruhe GA 1974, 347; DREHER/TRÖNDLE, § 55 Rdn. 4; LACKNER, § 55, 1a; LK-VOGLER, § 55 Rdn. 6; SCHÖNKE/SCHRÖDER (STREE), § 55 Rdn. 9; a. A. OLG Hamm NJW 1954, 324; GA 1959, 183; BayObLG NJW 1956, 480 unter Berufung auf BGHSt 4, 366 und BGH NJW 1953, 389 — kritisch hierzu BGHSt 16, 66 (71).

und – zufolge seinem gem. § 409 StPO notwendigen Inhalt – der Strafbefehl. Auch bei ihnen handelt es sich deshalb um (tatrichterliche) Sachurteile i. S. d. § 55 Abs. I StGB.

Dagegen erfüllt das nur auf rechtliche Nachprüfung abhebende Revisionsurteil nicht die Voraussetzungen eines tatrichterlichen Sachurteils[19]. Ebenso stellt die Verwerfung einer Berufung als unzulässig kein tatrichterliches Sachurteil dar[20]. Dies gilt ferner für die Verwerfung der Berufung wegen ungenügend entschuldigten Ausbleibens des Angeklagten gem. § 329 Abs. I, S. 1 StPO[21]: die Verwerfung der Berufung hat in diesen Fällen expressis verbis ohne Verhandlung zur Sache zu erfolgen. Soweit eine unterbliebene Gesamtstrafenbildung im Verfahren nach § 460 StPO nachgeholt wird, fehlt der Entscheidung (Beschluß!) die inhaltliche Qualität eines Urteils, so daß bereits aus diesem Grunde ein Gesamtstrafenbeschluß gem. § 460 StPO als „tatrichterliches Sachurteil" und „frühere Verurteilung" i. S. d. § 55 Abs. I StGB nicht in Betracht kommen kann[22]. **201**

b) Über den **maßgeblichen Zeitpunkt**, bis zu dem die nunmehr (später) abzuurteilende Straftat im früheren Strafverfahren hätte berücksichtigt werden können, macht § 55 Abs. I StGB keine genauen Angaben. Zwar ist dieser Zeitpunkt gem. § 55 Abs. I, S. 2 StGB durch das „Urteil" (im früheren Verfahren), in dem die zugrunde liegenden tatsächlichen Feststellungen letztmals geprüft werden konnten, bestimmt. Damit aber ist der für die nachträgliche Bildung einer Gesamtstrafe erforderliche **zeitliche Zusammenhang** zwischen den Straftaten, die im früheren Verfahren gemeinsam hätten abgeurteilt werden können, nicht hinreichend klar begrenzt. Aus dem Grundgedanken des Asperationsprinzips und dem Normzweck des § 55 StGB ergibt sich allerdings, daß zeitlich unter „Urteil" i. S. d. § 55 Abs. I, S. 2 StGB **diejenige Prozeßsituation** zu verstehen ist, in der es dem Gericht des früheren Strafverfahrens – „rechtzeitige" Anklageerhebung vorausgesetzt – letztmalig möglich gewesen wäre, über die jetzt abzuurteilende Tat zu verhandeln und zu entscheiden. **202**

Dieses Verfahrensstadium ist das der Urteilsverkündung[23] i. S. d. § 268 StPO. Das gilt sowohl für den Regelfall der sich unmittelbar an die **203**

---

[19] Vgl. statt aller LK-Vogler, § 55 Rdn. 4 mit Nachweis.

[20] BGHSt 15, 66 (69).

[21] BGHSt 17, 173 (175); anders bei fehlerhafter Entscheidung nach § 329 Abs. I StPO, vgl. etwa Dreher/Tröndle, § 55 Rdn. 4 unter Hinweis auf LG Krefeld MDR 1971, 1026; ebenso LK-Vogler, § 55 Rdn. 4.

[22] OLG Karlsruhe GA 1974, 347; Dreher/Tröndle, § 55 Rdn. 4; LK-Vogler, § 55 Rdn. 6; Schönke/Schröder (Stree), § 55 Rdn. 9.

[23] So auch BGHSt 15, 66 (69/70); Schönke/Schröder (Stree), § 55 Rdn. 6, 7.

mündliche Verhandlung mit den Verfahrensbeteiligten anschließenden, nur durch eine Beratung von ihr getrennten Urteilsverkündung als auch für den Fall der Urteilsverkündung in einem der mündlichen Verhandlung nachfolgenden Verkündungstermin gem. § 268 Abs. III, S. 2 StPO, so daß der Eintritt der Rechtskraft der „früheren Verurteilung" als maßgeblicher Zeitpunkt für die Frage, ob die jetzt abzuurteilende Tat **vor** der „früheren Verurteilung" begangen war, von vornherein ausscheidet[24]. Die Urteilsverkündung ist stets Bestandteil der Hauptverhandlung[25]. Geschlossen werden kann die Hauptverhandlung daher erst, wenn das Urteil **vollständig** eröffnet, die Urteilsverkündung also **beendet** ist[26]. Eine vollständige Eröffnung des Urteils setzt gem. § 268 Abs. II StPO die Verlesung der Urteilsformel **und** die Verlesung der (schriftlichen) Urteilsgründe bzw. die mündliche Mitteilung ihres wesentlichen Inhalts voraus[27]. Urteilsformel und Urteilsgründe gehören danach als Teile eines einheitlichen Ganzen zusammen[28]. Die Verkündung eines Urteils ist dementsprechend erst beendet, wenn die mündliche Bekanntgabe der Urteilsgründe abgeschlossen ist. Bis zu diesem Zeitpunkt kann das Gericht seine getroffene Entscheidung ändern oder ergänzen[29]. Es **kann** insbesondere aufgrund von Anregungen und Anträgen der anderen Verfahrensbeteiligten noch während der Eröffnung der Urteilsgründe mit der weiteren Verkündung des Urteils innehalten und wieder in die Verhandlung und Beweisaufnahme eintreten[29]. Nach Abschluß der Urteilsverkündung, und das heißt: nach dem letzten Satz, mit dem die Bekanntgabe der Urteilsgründe nach der erkennbaren Vorstellung des Richters endet, ist dagegen jede sachliche Änderung oder Ergänzung des dann ergangenen Urteils unzulässig[30]. Abgesehen von offensichtlichen Verkündungsversehen wie Zähl-, Schreib- und/oder Abfassungsfehler, die in entsprechender Anwendung des § 319 Abs. I ZPO einer Berichtigung zugänglich sind[31], lassen sich sonstige Abänderungen des Urteils

---

[24] Seit RGSt 3, 213 ständige Rechtsprechung, vgl. SCHÖNKE/SCHRÖDER (STREE), § 55 Rdn. 6.

[25] Vgl. KK-HÜRXTHAL, § 260 Rdn. 1; KK-ENGELHARDT, § 268 Rdn. 7; KLEINKNECHT/MEYER, § 260 Rdn. 1.

[26] Vgl. LÖWE/ROSENBERG (GOLLWITZER), § 268 Rdn. 2.

[27] Vgl. BGHSt 25, 333 (335/6); ferner KK-ENGELHARDT, § 268 Rdn. 3, 4, 12; LÖWE/ROSENBERG (GOLLWITZER), § 268 Rdn. 17, 24.

[28] BGHSt 25, 333 (335); LÖWE/ROSENBERG (GOLLWITZER), § 268 Rdn. 17.

[29] BGHSt 25, 333 (335/6); vgl. ferner KK-HÜRXTHAL, § 260 Rdn. 12, 13; LÖWE/ROSENBERG (GOLLWITZER), § 268 Rdn. 37, 38.

[30] Vgl. statt aller KLEINKNECHT/MEYER, § 260 Rdn. 6, 7; LÖWE/ROSENBERG (GOLLWITZER), § 268 Rdn. 38 mit weiteren Nachweisen.

[31] Vgl. dazu KK-ENGELHARDT, § 268 Rdn. 13; KLEINKNECHT/MEYER, § 260 Rdn. 7; KMR (MÜLLER), § 268 Rdn. 4, 15; LÖWE/ROSENBERG (GOLLWITZER), § 268 Rdn. 18, 42 ff mit zahlreichen Nachweisen.

nach dessen Verkündung nur noch im Rechtsmittelverfahren durchsetzen.

Bis zum Ende der Urteilsverkündung und damit bis zum erkennbaren **204**
Abschluß der mündlichen Urteilsbegründung[32] besteht demnach die Möglichkeit, im Rahmen eines erneuten Eintritts in die mündliche Verhandlung und Beweisaufnahme weitere tatsächliche Feststellungen zur Schuld- und/oder Straffrage zu treffen. Unter dem Aspekt des letztmöglichen Zeitpunkts, bis zu dem begangene Straftaten im „früheren" Strafverfahren noch hätten berücksichtigt werden können, verstehen sich die „frühere Verurteilung" i. S. d. § 55 Abs. I, S. 1 und 2 StGB und ebenso das „Urteil" i. S. d. § 55 Abs. I, S. 2 StGB somit als „Schluß der Urteilsverkündung". **Vor der früheren Verurteilung begangen sind** deshalb alle, aber auch nur solche **Straftaten, die bis zum Schlußsatz der Urteilsverkündung** des letzten tatrichterlichen Sachurteils im früheren Verfahren begangen waren[33].

Auf alle Arten von Strafverfahren bezieht sich dieses am Grundgedan- **205**
ken der Asperation und des § 55 StGB orientierte funktional-zeitliche Verständnis der „früheren Verurteilung" gem. § 55 Abs. I StGB. So kommt etwa im Falle eines **Wiederaufnahmeverfahrens** als maßgeblicher Zeitpunkt zur Berücksichtigung begangener Straftaten allein das Ende der Urteilsverkündung des im Wiederaufnahmeverfahren ergehenden Urteils in Betracht, nicht dagegen der Schlußsatz der Urteilsverkündung des ursprünglichen Urteils, und zwar unabhängig davon, ob das Urteil des Wiederaufnahmeverfahrens das ursprüngliche Urteil aufrechterhält oder abändert[34].

War das frühere Verfahren ein **Strafbefehlsverfahren**, bestimmt sich **206**
der für die nachträgliche Gesamtstrafenbildung entscheidende Zeitpunkt der „früheren Verurteilung" ebenfalls ausschließlich nach der prozessual letztmöglichen Einbeziehung tatsächlicher Feststellungen zur Schuld- und/oder Straffrage. Der Zeitpunkt, bis zu dem vom Gericht letztmals geprüft und untersucht werden kann, ob ein Täter noch weitere Straftaten begangen hat, die dann gem. § 53 Abs. I StGB gleichzeitiger Aburteilung unterliegen, ist bei einer Verurteilung durch Strafbefehl entgegen verbrei-

---

[32] BGHSt 25, 333 (336).

[33] Vgl. in diesem Sinne (jedoch ungenau) DREHER/TRÖNDLE, § 55 Rdn. 4; LACKNER, § 55, 1 a; LK-VOGLER, § 55 Rdn. 4; SCHÖNKE/SCHRÖDER (STREE), § 55 Rdn. 7; SK-SAMSON, § 55 Rdn. 3.

[34] BayObLGSt 1981, 159 = BayObLG JR 1982, 335 mit Anm. STREE JR 1982, 336 ff; vgl. ferner DREHER/TRÖNDLE, § 55 Rdn. 2; SCHÖNKE/SCHRÖDER (STREE), § 55 Rdn. 11.

teter Ansicht[35] der des **richterlichen Erlasses**[36] und **nicht** der seiner (nichtrichterlichen) **Zustellung** an den Verurteilten[35]. Auch der BGH[37] stellt in der Frage, ob eine nachträgliche Gesamtstrafenbildung zulässig ist, für den Fall des Strafbefehls als früherer Verurteilung auf den **Erlaß des Strafbefehls** ab mit der zutreffenden Begründung, daß es insoweit allein auf die **Situation des „früheren Richters"** und **nicht** auf die **des Verurteilten** bzw. Angeklagten ankommt. Völlig unerheblich, weil dem Recht der Gesamtstrafenbildung fremd, ist die Erwägung, den Zeitpunkt für eine noch mögliche Einbeziehung von Straftaten (Strafen) danach zu bestimmen, ob und inwieweit der Strafbefehl dem Verurteilten gegenüber eine Warnfunktion entfalten konnte[38] (was naturgemäß frühestens mit der erfolgreichen Zustellung an ihn denkbar ist)[37].

207 Damit verlagert sich die Zeitpunkt- und Zulässigkeitsproblematik der nachträglichen Gesamtstrafenbildung für den Fall des Strafbefehls als „früherer Verurteilung" i. S. d. § 55 Abs. I StGB auf die Frage, **wann genau** der Strafbefehl **erlassen** war. Insoweit ist wie in der Prozeßsituation der Urteilsverkündung (Rdn. 203 ff) unter dem allein maßgeblichen Aspekt der (nachträglichen) Gesamtstrafenbildung als „Erlaß des Strafbefehls" der Zeitpunkt zu verstehen, bis zu dem sich **letztmals** (neue) tatsächliche Feststellungen zur Schuld- und/oder Straffrage auf die (endgültige) Strafbefehlsentscheidung hätten auswirken können. Dieser Zeitpunkt ist **nicht identisch mit** dem der **Unterzeichnung** des Strafbefehls[39] durch das erkennende Gericht: Zum einen ist die Wirksamkeit eines Strafbefehls nicht ausgeschlossen, wenn die Unterzeichnung ohne Datumsangabe erfolgt, unleserlich ist oder sogar gänzlich fehlt[40]. Zum anderen kann der in den Geschäftsgang gegebene und unterzeichnete Strafbefehl auch noch nach Unterzeichnung durch den erkennenden

---

35 So LACKNER, § 55, 1 a; LK-VOGLER, § 55 Rdn. 7; SCHÖNKE/SCHRÖDER (STREE), § 55 Rdn. 10; SIEG, Nachträgliche Gesamtstrafenbildung, NJW 1975, 530 f; OLG München bei REMMELE, Warnfunktion, NJW 1974, 1855.

36 BGHSt 33, 230 (232) = BGH NJW 1986, 200 = BGH MDR 1985, 860 (auf Anfrage hat der 1. Strafsenat erklärt, daß dem die Entscheidung BGHSt 6, 122 (124) = NJW 1954, 1376, auf die sich die zu Anm. 35 Genannten beziehen, **nicht** entgegensteht); DREHER/TRÖNDLE, § 55 Rdn. 1; MAURACH/GÖSSEL, Strafrecht AT II, § 56 IV B 1 a (Rdn. 90); REMMELE, Nachträgliche Gesamtstrafenbildung, NJW 1974, 486 f; DERS., Warnfunktion, NJW 1974, 1855 f.

37 BGHSt 33, 230 (232) = BGH NJW 1986, 200 = BGH MDR 1985, 860.

38 So aber OLG München bei REMMELE, Warnfunktion, NJW 1974, 1855.

39 So BGHSt 33, 230 (232) = BGH NJW 1986, 200 = BGH MDR 1985, 860; vgl. auch THEUNE, Zum Strafzumessungsrecht, NStZ 1986, 153 ff (158).

40 Vgl. dazu KK-MÜLLER, § 409 Rdn. 2; LÖWE/ROSENBERG (SCHÄFER), § 409 Rdn. 4.

Richter geändert werden[41]. Soweit der BGH mit Hinweis auf § 5 Abs. I Nr. 4 BZRG bzw. § 78 c Abs. 2 StGB und § 33 Abs. II OWiG den Tag der Unterzeichnung des Strafbefehls als entscheidend ansieht[39], ist seiner Rechtsprechung daher **nicht** zu folgen.

Bindungswirkung im Sinne inhaltlicher Unabhänderlichkeit kommt **208** der Strafbefehlsentscheidung erst dann zu, wenn sie zum Zweck der Zustellung oder sonstigen Bekanntmachung abgesandt worden ist, d. h. wenn sie aus dem Bereich des Gerichts herausgegeben ist, und zwar ohne Rücksicht darauf, ob dies mit oder ohne entsprechende richterliche Verfügung geschieht[42]. Solange sich die Entscheidung im gerichtsinternen Geschäftsgang befindet, hat der Strafbefehl nach außen noch keine Wirksamkeit erlangt[43]. Er kann deshalb jederzeit zurückgenommen, ergänzt oder in sonstiger Weise (inhaltlich) geändert werden. Bis zum Zeitpunkt der Absendung des Strafbefehls hat das Gericht im übrigen nicht nur die Möglichkeit, seine Entscheidung zu ändern, sondern auch eine **Verpflichtung**[44], weiteres (neues) tatsächliches Vorbringen bzw. weitere tatsächliche Feststellungen — und sei es entscheidungskorrigierend — zu berücksichtigen. **Erlassen** ist ein **Strafbefehl** als „frühere Verurteilung" i. S. d. § 55 Abs. I StGB folglich erst, wenn die richterliche Strafbefehlsentscheidung den Innenbereich des Gerichts verläßt, wenn also — wie regelmäßig — die Geschäftsstelle die Entscheidung mit Abvermerk und Datum zur Zustellung oder Mitteilung an einen Verfahrensbeteiligten in den Gerichtsauslauf gibt[45].

c) Das letzte tatrichterliche Sachurteil im früheren Verfahren bzw. die **209** der „früheren Verurteilung" gleichstehenden Entscheidungen müssen

---

[41] Vgl. statt aller KK-Müller, § 409 Rdn. 12; Kleinknecht/Meyer, § 409 Rdn. 11; Löwe/Rosenberg (Schäfer), § 409 Rdn. 38; vgl. aber KMR (Paulus), Vor § 33 Rdn. 28, 22.

[42] So auch KK-Maul, § 33 Rdn. 4; Kleinknecht/Meyer, Vor § 33 Rdn. 8; OLG Celle MDR 1976, 508; BayObLG MDR 1977, 778; BayObLG MDR 1980, 336; OLG Hamburg NJW 1963, 874; OLG Hamburg MDR 1970, 949; weitergehend (Bekanntgabe) Löwe/Rosenberg (Wendisch), § 33 Rdn. 12 mit Nachweisen in dort. Anm. 1; anders KMR (Paulus), Vor § 33 Rdn. 28; vgl. dort auch den Theorieüberblick ab Rdn. 21 ff; ferner die Nachweise bei Löwe/Rosenberg (Wendisch), § 33 Rdn. 12 in Anm. 2.

[43] OLG Celle MDR 1976, 508/9; BayObLG MDR 1977, 778.

[44] OLG Celle MDR 1976, 508/9.

[45] Diesem Verständnis des Erlasses eines Strafbefehls i. S. d. § 55 StGB steht nicht entgegen, daß ein Strafbefehl bereits mit Unterzeichnung durch den zuständigen Richter, d. h. mit seinem „aktenmäßigen Erlaß" einspruchsfähig ist; vgl. BGHSt 25, 187 (189/90); ferner KK-Müller, § 409 Rdn. 12. Die Frage des Strafbefehlserlasses beurteilt sich unter verschiedenen rechtlichen Gesichtspunkten entsprechend differenziert.

gem. § 55 Abs. I, S. 1 StGB („rechtskräftig Verurteilter") **rechtskräftig** sein. Nur solche Strafen sollen und dürfen zur nachträglichen Gesamtstrafenbildung herangezogen werden, deren Bestand nicht mehr in Frage gestellt werden kann. Anderenfalls bestünde die Gefahr, daß einer (nachträglichen) Gesamtstrafenbildung durch den späteren Wegfall einer einbezogenen Einzelstrafe der Boden entzogen wird — ein mit dem Grundgedanken des § 55 StGB unvereinbares und deshalb sinnwidriges Ergebnis, das vor allem dann unerträglich ist, wenn die Gesamtstrafe beim nachträglichen Wegfall der Einzelstrafe bereits in Rechtskraft erwachsen wäre und nur noch im Wege eines Wiederaufnahmeverfahrens zu Gunsten des Verurteilten gem. § 359 Ziff. 5 StPO beseitigt werden könnte[46]. Mangels fehlender Rechtskraft der „früheren Verurteilung" dürfen allerdings auch solche Einzelstrafen nicht in eine (nachträgliche) Gesamtstrafenbildung einbezogen werden, die bereits zur Bildung einer anderen Gesamtstrafe in einem noch nicht rechtskräftigen Urteil herangezogen wurden[47]. Verfahrensmäßig sind solche Einzelstrafen, mögen sie je für sich auch (bereits) rechtskräftig entschieden sein, so zu behandeln, als wären sie noch nicht rechts- und bestandskräftig. Erst mit Rechtskraft der Gesamtstrafenentscheidung werden sie über den prozessualen Weg einer Auflösung der „früheren" Gesamtstrafe einer nachträglichen Gesamtstrafenbildung zugänglich. Eine die Rechtskraft der Gesamtstrafe im „früheren Urteil" außer Acht lassende, unter Einbeziehung der zur früheren Gesamtstrafenbildung herangezogenen (rechtskräftigen) Einzelstrafen nachträgliche Bildung der Gesamtstrafe stellte dagegen einen Verstoß gegen das Verbot der Doppelbestrafung dar[47].

210 Von der die Einbeziehung noch nicht rechts- und bestandskräftiger Einzelstrafen in die nachträgliche Gesamtstrafenbildung gem. § 55 Abs. I StGB **ausschließenden Funktion** des Rechtskrafterfordernisses der „früheren Verurteilung" strikt zu trennen, ist die ganz andere Frage, ob rechtskräftige (Einzel-)Strafen in die nachträgliche Bildung einer Gesamtstrafe **immer und ausnahmslos** einbezogen werden **müssen** und — noch weitergehend — ob bei Vorliegen rechtskräftiger Einzelstrafen sowie der sonstigen Voraussetzungen stets gem. § 55 Abs. I StGB eine Gesamtstrafe (nachträglich) zu bilden ist[48]. Nach einhelliger Auffassung in Rechtsprechung und Lehre ist die Anwendung des § 55 StGB und damit die nachträgliche Bildung einer Gesamtstrafe im Rahmen

[46] Hierzu BGHSt 23, 98 (100/1); ferner LK-Vogler, § 55 Rdn. 21; Schönke/Schröder (Stree), § 55 Rdn. 32.

[47] BGHSt 20, 292 (293/4); Schönke/Schröder (Stree), § 55 Rdn. 33; vgl. ferner BGHSt 9, 190 (192).

[48] Vgl. hierzu insbesondere Küper, Nachträgliche Gesamtstrafenbildung, MDR 1970, 885 ff.

einer Hauptverhandlung mit abschließendem Urteil zwingend, sofern die Voraussetzungen des § 55 Abs. I StGB erfüllt sind[49]. Die nachträgliche Bildung der Gesamtstrafe darf daher **nicht ohne weiteres** dem Beschlußverfahren gem. § 460 StPO überlassen bleiben. In engen Grenzen läßt dieser Grundsatz indessen Ausnahmen zu[49].

In diesem Sinne ist eine nachträgliche Gesamtstrafenbildung gem. § 55 **211**
Abs. I StGB unzulässig, wenn sich die strikte Anwendung des § 55 Abs. I StGB mit seinem Grundgedanken in Widerspruch setzte. Das **kann** etwa der Fall sein, wenn zwar rechtskräftig ausgeurteilte, aber in ihrem Bestand gleichwohl noch nicht gesicherte Einzelstrafen in eine (nachträgliche) Gesamtstrafenbildung einbezogen werden[50]. Von einer Anwendung des § 55 Abs. I StGB ist deshalb abzusehen, wenn aufgrund eines **aussichtsreichen Wiedereinsetzungsgesuchs** damit zu rechnen ist, daß die Rechtskraft des früheren Urteils keinen Bestand haben wird[51]. Von Bedeutung ist dabei allein die Erfolgsaussicht des Wiedereinsetzungsgesuchs und die damit verbundene Erwartung, daß die Rechtskraft der „früheren Verurteilung" wieder beseitigt wird[52]. Unerheblich ist dagegen, ob das mit dem Wiedereinsetzungsgesuch verbundene Rechtsmittel erfolgversprechend zu sein scheint; das für die (nachträgliche) Gesamtstrafenbildung zuständige Gericht müßte sonst über den Ausgang des Rechtsmittelverfahrens eine ihm in der Sache nicht zustehende Entscheidung treffen, die ihm angesichts der eigenen prozessual unzureichenden Erkenntnisquellen gar nicht möglich ist[52]. Aus demselben Grunde **genügt** z. B. die aus der **Revisionserstreckung** auf rechtskräftig verurteilte Mitangeklagte gem. § 357 StPO resultierende Bestandsunsicherheit von (nicht mit eigenem Rechtmittel angegriffenen) Einzelstrafen ebenso wie die durch einen lediglich **zulässigen** Wiederaufnahmeantrag (§§ 367, 368 StPO) in Frage gestellte Bestandssicherheit von im übrigen rechtskräftigen Einzelstrafen **nicht** den Voraussetzungen einer möglichen und — unter dem Aspekt der normzweckentsprechend zu vermeidenden Schlechterstellung des Verurteilten sogar — gebotenen Nichtanwendung

---

49 Dazu BGHSt 12, 1 (5 ff); BGHSt 23, 98 (100/1); BGH StrVert 1983, 60; ferner KÜPER, Nachträgliche Gesamtstrafenbildung, MDR 1970, 885 ff (886); DREHER/TRÖNDLE, § 55 Rdn. 7; LK-VOGLER, § 55 Rdn. 35 ff; SCHÖNKE/SCHRÖDER (STREE), § 55 Rdn. 72; vgl. auch KK-CHLOSTA, § 460 Rdn. 6.

50 Ähnlich KÜPER, Nachträgliche Gesamtstrafenbildung, MDR 1970, 885 ff (887 f).

51 So BGHSt 23, 98 (100/1); KÜPER, Nachträgliche Gesamtstrafenbildung, MDR 1970, 885 ff (890); ebenso LK-VOGLER, § 55 Rdn. 36; SCHÖNKE/SCHRÖDER (STREE), § 55 Rdn. 32, 72.

52 So mit Recht BGHSt 23, 98 (100/1).

des § 55 Abs. I StGB[53]. Die Rechtskraft der „früheren Verurteilung" ist im übrigen verbindlich: das zur nachträglichen Bildung einer Gesamtstrafe berufene Gericht darf weder ihre materiellrechtliche noch ihre formellrechtliche „Richtigkeit" überprüfen. So ist es nicht Sache des auf die nachträglich gebildete Gesamtstrafe erkennenden Gerichts, das „frühere Urteil" darauf zu überprüfen, ob ihm ein Verfahrenshindernis, z. B. aufgrund eines Auslieferungsvertrags, entgegengestanden hat[54].

212 Der entscheidende Zeitpunkt, bis zu dem die Rechtskraft und Bestandssicherheit der (Gesamt- oder) Einzelstrafe eingetreten sein muß, bestimmt sich nach der abschließenden Entscheidung über die nachträglich gebildete Gesamtstrafe im jetzigen (späteren) Verfahren. Dieser Zeitpunkt ist erreicht, wenn die im jetzigen (späteren) Urteil ausgesprochene (nachträglich gebildete) Gesamtstrafe **rechtskräftig** wird[55]. Die fehlende Rechtskraft der „früheren Verurteilung" hindert deshalb nicht die Anwendung des § 55 Abs. I StGB, wenn feststeht, daß die Rechtskraft der „früheren Verurteilung" **vor** der Rechtskraft der Entscheidung nach § 55 StGB eintritt. Einer Revision, die darauf gestützt ist, daß der Tatrichter zur Bildung einer Gesamtstrafe eine Strafe aus einem nicht rechtskräftigen Urteil herangezogen hat, wird infolgedessen die Grundlage entzogen, wenn dieses „frühere Urteil" bis zur Entscheidung des Revisionsgerichts rechtskräftig wird[56]. **Nicht ausgeschlossen** ist die Anwendung des § 55 StGB dagegen, wenn lediglich eine Entscheidung über die **etwaige Vollstreckungsaussetzung** der Strafe zur Bewährung im „früheren Urteil" **noch nicht rechtskräftig** ist. Dies ergibt sich aus dem Sachzusammenhang zwischen den §§ 53ff StGB und § 58 StGB, wonach das die nachträglich gebildete Gesamtstrafe ausurteilende Gericht die Frage einer etwaigen Vollstreckungsaussetzung erneut prüfen und entscheiden muß[57].

2. Die jetzt (später) abzuurteilende Straftat

213 Ob die jetzt (später) abzuurteilende Straftat i. S. d. § 55 Abs. I StGB **vor** der „früheren Verurteilung" begangen worden ist, richtet sich nicht nur

---

53 Ebenso Küper, Nachträgliche Gesamtstrafenbildung, MDR 1970, 885ff (889); vgl. auch für den zugelassenen Wiederaufnahmeantrag LK-Vogler, § 55 Rdn. 36 unter Hinweis auf BGH Urt. v. 23. 5. 1967 — 5 StR 184/67.

54 Vgl. BGH MDR 1982, 1031 = BGH NStZ 1983, 167; BGH LM Nr. 9 zu § 55 StGB 1975; ferner BGHSt 8, 269 (271 a. E.); Lackner, § 55, 1a; Schönke/Schröder (Stree), § 55 Rdn. 32.

55 Ebenso Dreher/Tröndle, § 55 Rdn. 2; im gleichen Sinne wohl LK-Vogler, § 50 Rdn. 21; Schönke/Schröder (Stree), § 55 Rdn. 32.

56 BGH LM Nr. 7 zu § 79 StGB a. F.

57 Vgl. BGH NJW 1956, 1567/8; Dreher/Tröndle, § 55 Rdn. 2; LK-Vogler, § 55 Rdn. 21.

nach dem Sinngehalt, der dem Begriff der „früheren Verurteilung“ im Recht der Gesamtstrafenbildung zukommt. Vielmehr hängt die Anwendbarkeit des § 55 Abs. I StGB auch davon ab, ob und daß die jetzt (später) abzuurteilende Tat **vor** der „früheren Verurteilung“ **begangen** worden ist. **Wann genau** i. S. d. § 55 Abs. I, S. 1 StGB die jetzt abzuurteilende Straftat „vor der früheren Verurteilung begangen“ ist, läßt sich dem Gesetz unmittelbar nicht entnehmen. Nach der Rechtsprechung und einem Teil des Schrifttums[58] richtet sich der Zeitpunkt „begangen“ i. S. d. § 55 Abs. I, S. 1 StGB nach der **Beendigung** der jetzt (später) abzuurteilenden Straftat. Bislang ist diese Auffassung jedoch ohne (zureichende) Begründung geblieben.

In der Sache selbst überzeugt die wohl h. M. überdies nicht. Das **214** Abstellen auf die materielle Vollendung (= Beendigung) der jetzt (später) abzuurteilenden Straftat widerspricht dem Grundgedanken des § 55 Abs. I StGB, weil eine mögliche Mitberücksichtigung und Aburteilung von Strafen in dem früheren Verfahren nicht deren materielle Tatvollendung voraussetzt[59]. Zwar ist im Sachbereich des § 55 Abs. I StGB die Differenzierung zwischen der sog. formellen Vollendung einer Straftat[60] als der Erfüllung sämtlicher Merkmale des gesetzlichen Straftatbestandes und der sog. materiellen Vollendung als dem über die eigentliche Tatbestandsverwirklichung hinausgehenden tatsächlichen Abschluß des gesamten Tatgeschehens (einschließlich der Realisierung etwaiger mit der Tat verknüpften Absichten)[61] und ihre Bedeutung für die nachträgliche Gesamtstrafenbildung noch nicht eigens problematisiert worden. Gleichwohl läßt sich kaum bezweifeln, daß Straftaten bereits dann einer Aburteilung unterliegen, wenn sie (lediglich) formell vollendet sind[59]. Im Sachzusammenhang der nachträglichen Bildung einer Gesamtstrafe ist deshalb die nunmehr (später) zur Aburteilung anstehende Straftat **vor** der „früheren Verurteilung“ i. S. d. § 55 Abs. I StGB **begangen**, wenn sie bis zum Zeitpunkt der „früheren Verurteilung“ **formell vollendet**[62] war. Soweit es sich bei der jetzt (später) abzuurteilenden Straftat um einen (unbeendeten oder beendeten) Versuch handelt, ist danach allein

---

[58] Vgl. RGSt 59, 168 (169); BGHSt 9, 370 (383); BGH StrVert 1981, 621; OLG Hamm DAR 1969, 162; Dreher/Tröndle, § 55 Rdn. 4; Lackner, § 55, 1 c; LK-Vogler, § 55 Rdn. 8; vgl. auch Maurach/Gössel, Strafrecht AT II, § 56 IV B 1 a (Rdn. 90); Schönke/Schröder (Stree), § 55 Rdn. 12.

[59] In diesem Sinne SK-Samson, § 55 Rdn. 4; vgl. auch Bringewat, Gesamtstrafe und Fortsetzungszusammenhang, JZ 1979, 556 ff (556).

[60] Dazu statt aller Schönke/Schröder (Eser), Vor § 22 Rdn. 2.

[61] Vgl. statt aller Schönke/Schröder (Eser), Vor § 22 Rdn. 4.

[62] So SK-Samson, § 55 Rdn. 4; Bringewat, Gesamtstrafe und Fortsetzungszusammenhang, JZ 1979, 556 ff (556).

maßgeblich, ob die gesetzlichen Merkmale eines (strafbaren) Versuchs gem. § 22 StGB durch das Handeln oder Unterlassen des Täters vor der „früheren Verurteilung" erfüllt waren[63].

215 a) Auch für den Fall, daß die (mögliche) Aburteilung einer Straftat den Eintritt einer objektiven Bedingung der Strafbarkeit voraussetzt, kommt es in der Frage, ob die jetzt (später) abzuurteilende Straftat **vor** der „früheren Verurteilung" **begangen** war, auf den Zeitpunkt der formellen Vollendung, nicht auf den des tatsächlichen Eintritts der objektiven Strafbarkeitsbedingung an. Allerdings sind dabei die unterschiedlichen Auffassungen zur Rechtsnatur der objektiven Bedingungen der Strafbarkeit zu beachten[64]. Geht man mit der gegenwärtig vorherrschenden Ansicht[65] davon aus, daß die objektiven Bedingungen der Strafbarkeit zwar als materielle Strafbarkeitsvoraussetzungen, nicht aber als Merkmale des Unrechtstatbestandes zu qualifizieren sind, dann ist der Eintritt oder Nichteintritt einer objektiven Bedingung der Strafbarkeit für die (formelle) Vollendung der Straftat bedeutungslos. Gem. § 55 Abs. I StGB **vor** der „früheren Verurteilung" begangen ist nach diesem Verständnis der objektiven Bedingungen der Strafbarkeit eine Straftat daher schon dann, wenn das Tatverhalten mit Ausnahme der objektiven Bedingung der Strafbarkeit sämtliche übrigen Merkmale des gesetzlichen Straftatbestandes **vor** der „früheren Verurteilung" verwirklicht[66]. Daß eine gemeinsame Aburteilung mit den anderen Straftaten im früheren Verfahren tatsächlich nicht hätte erfolgen können, weil die objektive Bedingung der Strafbarkeit erst nach der „früheren Verurteilung" eintrat, schließt eine Anwendung des § 55 StGB nicht aus. Entsprechendes gilt für **Antragsdelikte**, wenn die Tat i. S. formeller Tatvollendung vor der „früheren Verurteilung" begangen, der zur Strafverfolgung und

[63] Die weitergehende Auffassung von SK-SAMSON, § 55 Rdn. 4, wonach es für das „Begehen" der Straftat schon ausreicht, daß – bei Strafbarkeit des Versuchs – die Tat wenigstens versucht war, der Taterfolg und sein tatsächlicher Eintritt für die Anwendbarkeit des § 55 StGB jedoch irrelevant sind, ist abzulehnen: Wo der Taterfolg zu den Merkmalen des gesetzlichen Straftatbestandes gehört, ist die Tat i. S. d. § 55 Abs. I StGB formell vollendet und damit „begangen", wenn der Taterfolg auch tatsächlich bewirkt ist.

[64] Vgl. hierzu statt aller LK-JESCHECK, Vor § 13 Rdn. 79 f; SCHÖNKE/SCHRÖDER (LENCKNER), Vor § 13 Rdn. 124 ff jeweils mit Nachweisen und Überblick über die Problemdiskussion.

[65] Vgl. SCHÖNKE/SCHRÖDER (LENCKNER), Vor § 13 Rdn. 124 a und dortige Nachweise.

[66] Vgl. auch BayObLG wistra 1983, 162/4; ferner DREHER/TRÖNDLE, § 55 Rdn. 4; SCHÖNKE/SCHRÖDER (STREE), § 55 Rdn. 12.

möglichen Aburteilung erforderliche Strafantrag dagegen erst **nach** dem Urteil im früheren Verfahren gestellt ist[67].

b) Ob und wann eine **fortgesetzte Tat** vor der „früheren Verurteilung" i. S. d. § 55 Abs. I StGB begangen ist, beurteilt sich unter Berücksichtigung der konkurrenzrechtlichen Eigenheiten des Fortsetzungszusammenhangs **ebenfalls** nach dem Zeitpunkt der **formellen Tatvollendung**. Demgegenüber stellen Rechtsprechung und ein Teil der Lehre auf den Zeitpunkt der **Beendigung** ab und identifizieren den Zeitpunkt der materiellen Tatvollendung des fortgesetzten Delikts mit dem der Beendigung des letzten Teilakts der Fortsetzungstat[68]. Für die besondere Konstellation einer Fortsetzungstat, deren Einzelakte teils vor, teils nach der „früheren Verurteilung" i. S. d. § 55 Abs. I StGB verwirklicht sind, schließt die h. M. daher konsequent die — auch die lediglich sinnentsprechende — Anwendung des § 55 Abs. I StGB und damit zugleich **jede** Möglichkeit zur nachträglichen Bildung einer Gesamtstrafe aus. Über die fragwürdige (vgl. Rdn. 213/4) Bestimmung des maßgeblichen Zeitpunkts der Tatbegehung durch den der Beendigung i. S. einer materiellen Tatvollendung hinaus verkennt die h. M. bei der Übertragung ihrer Zeitpunktbestimmung auf das fortgesetzte Delikt allerdings dessen spezifische konkurrenzrechtliche Funktion und prozessuales Erscheinungsbild[69]. Etwaige Auswirkungen dieser Eigenheiten des Fortsetzungszusammenhangs auf die Bestimmung des Zeitpunktes der Tatbegehung gem. § 55 Abs. I StGB bleiben in der Argumentation der h. M. völlig außer Betracht. Sie ist deshalb abzulehnen. **216**

Vor der „früheren Verurteilung" begangen ist eine Fortsetzungstat stets dann, wenn die formelle Vollendung des **letzten** Teilakts der Fortsetzungsreihe noch vor dem Urteil im früheren Verfahren bewirkt ist. **Nach** der „früheren Verurteilung" begangen und für die nachträgliche Bildung einer Gesamtstrafe nicht geeignet ist eine Fortsetzungstat, wenn die formelle Vollendung des **ersten** Teilakts der Fortsetzungsreihe erst **nach** dem Urteil im früheren Verfahren bewirkt ist, es sei denn, es handele sich bei dem ersten Einzelakt der Fortsetzungstat um einen (beendeten oder unbeendeten) Versuch (dann kommt es darauf an, wann das zur Annahme eines strafbaren Versuchs erforderliche letzte Merkmal des gesetzlichen Versuchstatbestandes verwirklicht ist). Hat der Verur- **217**

---

67 So auch SCHÖNKE/SCHRÖDER (STREE), § 55 Rdn. 12.

68 So etwa RGSt 59, 168 (169); BGHSt 9, 370 (383); OLG Hamm DAR 1969, 162; DREHER/TRÖNDLE, § 55 Rdn. 4; LACKNER, § 55, 1 c; LK-VOGLER, Vor § 52 Rdn. 77 u. § 55 Rdn. 8; MAURACH/GÖSSEL, Strafrecht AT II, § 56 IV B 1 a (Rdn. 90).

69 Vgl. dazu BRINGEWAT, Gesamtstrafe und Fortsetzungszusammenhang, JZ 1979, 556 ff.

teilte einen Teil der in Fortsetzungszusammenhang stehenden Einzeltaten **vor und nach** der „früheren Verurteilung" begangen, läßt sich die Frage, ob die Fortsetzungstat insgesamt **vor** der „früheren Verurteilung" begangen worden ist, nicht mehr nur durch einen Rückgriff auf die doch am **Leitbild der Einzeltat** (!) orientierten Verwirklichungsstufen der formellen oder materiellen Tatvollendung klären. Man kann zwar davon sprechen, daß die Fortsetzungstat als Tatkomplex mit der (formellen oder materiellen) Vollendung der letzten Einzeltat „beendet" ist. Man muß sich jedoch darüber im klaren sein, daß mit diesem Ende der Fortsetzungstat nur der Abschluß eines Tatgeschehens gemeint ist, das unter konkurrenzrechtlichen und prozeßökonomischen Aspekten **gedanklich** (!) als Handlungs- bzw. Unterlassungseinheit einen Sinnzusammenhang bildet. Deshalb läßt sich der tatsächliche Abschluß einer Fortsetzungstat nicht mit dem Begriff der (formellen oder materiellen) Tatvollendung identifizieren, und deshalb lassen sich mit der (formellen oder materiellen) Tatvollendung der letzten Einzeltat als (formelle oder materielle) Vollendung der Fortsetzungstat als solcher nicht die Rechtswirkungen verknüpfen, die sonst von der (formellen oder materiellen) Vollendung einer Einzeltat ausgehen[70]. Im Sachbereich der nachträglichen Bildung einer Gesamtstrafe kommt es vielmehr darauf an, die materiellstrafrechtlich (konkurrenzrechtlich) und prozessual **typische Einheitlichkeit** des Fortsetzungszusammenhangs auf die Zeitpunktbestimmung der „vor der früheren Verurteilung" begangenen Fortsetzungstat durchgreifen zu lassen und dadurch dem Grundgedanken und Normzweck des § 55 Abs. I StGB sachgeboten Rechnung zu tragen[71]. Im Ergebnis führt diese Argumentation dazu, eine Fortsetzungstat, deren Einzelakte teils vor und teils nach der „früheren Verurteilung" verwirklicht sind, in ihrer Gesamtheit im Zeitpunkt der formellen Vollendung der **ersten** Einzeltat des Fortsetzungszusammenhangs als begangen anzusehen. Dementsprechend ist eine teils vor, teils nach der „früheren Verurteilung" verwirklichte Fortsetzungstat i. S. d. § 55 Abs. I StGB **vor** der „früheren Verurteilung" **begangen**, wenn die erste Einzeltat des Fortsetzungsdelikts **vor** dem Urteil im früheren Verfahren formell vollendet war[72].

---

70 Vgl. in diesem Sinne JESCHECK, Beendigung, 683 ff (689, 696 ff); KÜHL, Beendigung, S. 198 f; SCHÖNKE/SCHRÖDER (ESER), Vor § 22 Rdn. 9.

71 Dazu BRINGEWAT, Gesamtstrafe und Fortsetzungszusammenhang, JZ 1979, 556 ff (557, 559).

72 SK-SAMSON, § 55 Rdn. 4 wendet § 55 Abs. I StGB **analog** an und kommt so in diesen Fällen ebenfalls zur nachträglichen Bildung einer einheitlichen Gesamtstrafe. Zur Kritik an der analogen Anwendung des § 55 Abs. I StGB vgl. BRINGEWAT, Gesamtstrafe und Fortsetzungszusammenhang, JZ 1979, 556 ff (557).

Zu einem noch anderen Ergebnis gelangt eine weitere, bislang vereinzelt gebliebene Auffassung[73]. Danach spaltet die „frühere Verurteilung" i. S. d. § 55 Abs. I StGB eine vor und nach dieser Verurteilung verwirklichte Fortsetzungstat wegen der relativen Selbständigkeit ihrer Einzelakte auf, so daß die vor dem Urteil im früheren Verfahren begangenen Einzeltaten in eine nachträgliche Gesamtstrafenbildung einzubeziehen sind, die nach der Aburteilung im früheren Verfahren begangenen Einzeltaten hingegen einer eigenen (neuen) Gesamtstrafenbildung bzw. der Festsetzung einer weiteren Einzelstrafe unterliegen. In mehrfacher Hinsicht überzeugt indessen auch diese Ansicht nicht. Zum einen sprengt sie die materiellstrafrechtlich und prozessual **typische** Einheitlichkeit des Fortsetzungszusammenhangs an einer Stelle, wo es nach dem Grundgedanken des § 55 Abs. I StGB und dem Sinn des Asperationsprinzips weder erforderlich noch zulässig ist. Zum anderen liegt ihr unausgesprochen eine durch nichts zu belegende Fiktion zu Grunde: Genaugenommen müßte aus ihrer Sicht die „frühere Verurteilung" nämlich rückwirkend eine auf die vom Täter in Aussicht genommene Anzahl von Einzeltaten bezogene Reduzierung des urspünglich gefaßten Gesamt- oder Fortsetzungsvorsatzes zur Folge haben und des weiteren bewirken, daß der Täter für die restlichen Teilakte **nach** der „früheren Verurteilung" einen neuen Gesamt- bzw. Fortsetzungsvorsatz faßt[74]. Beides ist indes nicht begründbar. **218**

c) **Entgegen** der h. M. in Rechtsprechung und Lehre[75] bestimmt sich der Zeitpunkt „vor der früheren Verurteilung begangen" gem. § 55 Abs. I StGB auch im Falle einer **Dauerstraftat** (vgl. Rdn. 28ff) **nicht nach** deren **materieller, sondern** nach ihrer **formellen Tatvollendung**. Für die Frage, ob das Dauerdelikt — rechtzeitige Anklageerhebung vorausgesetzt — bereits im früheren Verfahren hätte (mit-)abgeurteilt werden können, kommt es nur darauf an, daß zum Zeitpunkt des letzten tatrichterlichen Sachurteils durch ein Handeln oder Unterlassen des Täters ein andauernder rechtswidriger Zustand geschaffen war. Ob und in welcher Weise — etwa durch häufige erneute Verwirklichung des gesetzlichen Straftatbestandes — der rechtswidrige Zustand aufrechterhalten bzw. (später) aufgehoben wird, ist für die mögliche Berücksichtigung bei der Gesamtstrafenbildung im Urteil des „früheren Verfahrens" **219**

---

73 Vgl. Schönke/Schröder (Stree), § 55 Rdn. 12.

74 Vgl. hierzu noch Bringewat, Gesamtstrafe und Fortsetzungszusammenhang, JZ 1979, 556ff (559/60).

75 OLG Hamm NJW 1954, 324; OLG Hamm NJW 1957, 1937; BGH Urt. v. 19.1. 1972 — 3 StR 331/71; Dreher/Tröndle, § 55 Rdn. 4; Lackner, § 55, 1c; LK-Vogler, § 55 Rdn. 8; Maurach/Gössel, Strafrecht AT II, § 56 IV B 1a (Rdn. 90); Schönke/Schröder (Stree), § 55 Rdn. 12.

ohne Belang. Entscheidend ist allein, daß bereits mit der Herbeiführung des rechtswidrigen Dauerzustandes sämtliche Merkmale des jeweils betroffenen Straftatbestandes erfüllt sind und sich der Täter bereits zu diesem Zeitpunkt wegen eines Dauerdeliktes strafbar gemacht hat[76]. Das Stadium zwischen der formellen und materiellen Vollendung einer Dauerstraftat versteht sich angesichts typischer Verhaltensweisen zur Aufrechterhaltung des rechtswidrigen Dauerzustandes **konkurrenzrechtlich** zwar als (tatbestandliche) Handlungseinheit (im engeren Sinne). Aus dieser die Anwendung der Regeln über Idealkonkurrenz eröffnenden, also lediglich in bezug auf § 52 StGB (!) funktionalen Einheitlichkeit der Dauerstraftat läßt sich jedoch für die Bestimmung des Zeitpunkts ihrer Begehung im Kontext der nachträglichen Gesamtstrafenbildung nichts herleiten.

220 Als ähnlich irrelevant für die Zeitpunktbestimmung der Tatbegehung i. S. d. § 55 Abs. I StGB erweist sich der unter dem Aspekt des Strafklageverbrauchs und der Rechtskraft wesentliche Umstand, daß die Verurteilung (= das letzte tatrichterliche Urteil[77]) wegen eines Dauerdelikts den bis über die Verurteilung hinaus kontinuierlich aufrechterhaltenen rechtswidrigen Dauerzustand unterbricht: Bekanntlich erfaßt ja die Verurteilung in derartigen Fallkonstellationen nur die Schaffung und Aufrechterhaltung des rechtswidrigen Dauerzustandes bis zum Urteilszeitpunkt, so daß eine erneute — die Aufrechterhaltung des rechtswidrigen Zustandes nach dem „ersten" Urteil umfassende — Verurteilung möglich ist[78]. Anders als bei der Frage nach dem maßgeblichen Zeitpunkt der gem. § 55 Abs. I StGB „begangenen" Dauerstraftat beruht diese Unterbrechungswirkung der (letzten tatrichterlichen) Verurteilung auf ihrer **Prozeßtatsächlichkeit** und damit auf der faktischen Berücksichtigung des begangenen Dauerdelikts. Im Rahmen des § 55 Abs. I StGB geht es allein um die **tatsächliche Nichtberücksichtigung** der Dauerstraftat im Urteil des früheren Verfahrens und die an diese ganz andere Prozeßsituation geknüpfte „hypothetische" Fragestellung, ob eine gemeinsame Aburteilung im früheren Verfahren jedenfalls **möglich** gewesen wäre. Im Ergebnis verbleibt es deshalb dabei, daß gem. § 55 Abs. I StGB eine Dauerstraftat vor der „früheren Verurteilung" begangen ist, wenn die gesetzlichen Tatbestandsmerkmale des Dauerdelikts durch die Schaffung eines rechtswidrigen (Dauer-)Zustandes erstmals vollständig verwirklicht sind, mithin die Dauerstraftat **formell vollendet** ist.

---

[76] Vgl. dazu statt aller LK-Vogler, Vor § 52 Rdn. 17ff; Schönke/Schröder (Stree), Vor § 52 Rdn. 81 ff.

[77] OLG Hamm NJW 1973, 1851/2; BayObLG GA 1978, 81.

[78] Vgl. statt aller LK-Vogler, Vor § 52 Rdn. 22 mit Rdn. 92 f; Schönke/Schröder (Stree), Vor § 52 Rdn. 87 mit Rdn. 68 ff.

d) Die Regeln zur Bestimmung des Zeitpunkts der Tatbegehung i. S. d. § 55 Abs. I StGB verstehen sich als Konkretisierung des aus dem Asperationsprinzip folgenden Grundgedankens der nachträglichen Gesamtstrafenbildung. Stellen sich bei Anwendung dieser Regeln nichtbehebbare Zweifel darüber ein, ob eine Straftat i. S. d. § 55 Abs. I StGB „vor der früheren Verurteilung begangen", also (nach h. M. materiell, nach hier dargelegter Auffassung formell) vollendet ist, greift der Satz in dubio pro reo ein. Es ist dann davon auszugehen, daß die Tat **vor** der „früheren Verurteilung" begangen war[79]. **221**

3. Die Zäsurwirkung der früheren Verurteilung

Eine in der tatrichterlichen Prozeßpraxis alltägliche Entscheidungssituation betrifft den im Recht der Gesamtstrafenbildung besonderen Fall, daß **vor und nach** einer („früheren") Verurteilung begangene Straftaten im laufenden (dem späteren zweiten) Verfahren zur Aburteilung stehen. Bei dieser schon im Zusammenhang mit den §§ 53, 54 StGB beschriebenen (vgl. Rdn. 105 f) Fallkonstellation fragt es sich, ob das Gericht des „späteren" (zweiten) Strafverfahrens auf eine **einheitliche**, alle Einzelstrafen des „früheren" (ersten) und des „späteren" Verfahrens einbeziehende **Gesamtstrafe** erkennen muß oder darf, oder ob in demselben (zweiten) Verfahren nachträglich auf **eine Gesamtstrafe** für alle vor dem „früheren" (ersten) Urteil begangenen Straftaten (möglicherweise unter Auflösung einer im „früheren" Urteil verhängten Gesamtstrafe in ihre Einzelstrafen) **und zugleich** auf **eine weitere Einzel- oder Gesamtstrafe** für die nach der „früheren" Verurteilung begangene(n) Straftat(en) zu erkennen ist. **222**

a) Nach der ständigen Rechtsprechung des RG, des BGH und der Obergerichte[80] bewirkt die „frühere Verurteilung" eine **Zäsur** derart, daß nur die vor der ersten (früheren) Verurteilung begangenen Straftaten in eine nachträgliche Gesamtstrafenbildung einzubeziehen sind, während für die nach der „früheren Verurteilung" begangene(n) Straftat(en) eine eigene (Einzel- oder Gesamt-)Strafe festzusetzen ist. Denselben Stand- **223**

---

[79] Vgl. unter Berufung auf OLG Oldenburg GA 1960, 28 etwa DREHER/TRÖNDLE, § 55 Rdn. 4; LACKNER, § 55, 1 c; LK-VOGLER, § 55 Rdn. 9; SCHÖNKE/SCHRÖDER (STREE), § 55 Rdn. 13.

[80] Vgl. zuletzt BGHSt 33, 367 (368) = BGH NJW 1986, 440/1 = BGH MDR 1986, 247; BGHSt 32, 190 (193); BGHSt 33, 230 (232) = BGH NJW 1986, 200 = BGH MDR 1985, 860; weitere Nachweise bei LK-VOGLER, § 55 Rdn. 12 mit Anm. 10; SCHÖNKE/SCHRÖDER (STREE), § 55 Rdn. 14.

punkt vertritt ein Großteil der Lehre[81]. Im Widerspruch zu dieser h. M. soll nach anderer Auffassung[82] unter Vorrang des § 53 StGB für alle Straftaten des „früheren" (ersten) und des „späteren" (zweiten) Verfahrens, ggf. unter Auflösung einer im „früheren Urteil" verhängten Gesamtstrafe, eine einheitliche Gesamtstrafe im „späteren" Urteil ausgeworfen werden. Eine dritte „mittlere" Ansicht pflichtet der h. M. im Grundsatz bei, schließt eine Zäsurwirkung der „früheren Verurteilung" jedoch dann aus, wenn diese Verurteilung nach Art des(r) abgeurteilten Delikts(e) nicht geeignet sein konnte, auf den Täter einen warnenden Appell auszuüben[83]. Das soll beispielsweise der Fall sein, wenn die „früher" abgeurteilte Tat in ihrem Unrechts- und/oder Schuldgehalt erheblich hinter den vorher und nachher begangenen Straftaten zurückbleibt[84]. Als **sachgerecht umgesetzt** erweist sich die Grundidee der Asperation und Gesamtstrafenregelung freilich allein in der von der Rechtsprechung seit jeher vertretenen Auffassung. Mit der h. M. ist deshalb in einem Falle, in dem vor und nach der „früheren Verurteilung" Straftaten begangen wurden, die Gegenstand eines späteren (zweiten) Verfahren sind, ausschließlich und strikt § 55 StGB anzuwenden. Die „frühere Verurteilung" entfaltet danach eine Zäsurwirkung derart, daß die vor der früheren (ersten) Verurteilung begangenen Straftaten zusammen mit den im früheren (ersten) Urteil abgeurteilten Straftaten in eine (nachträgliche) Gesamtstrafenbildung einzubeziehen sind, dagegen für die nach der „früheren Verurteilung" begangene(n) Straftat(en) eine eigenständige weitere (Einzel- oder Gesamt-)Strafe festzusetzen ist. Als „frühere Verurteilung" mit Zäsurwirkung kommen im übrigen Urteile und urteilsgleiche Entscheidungen, also insbesondere auch Strafbefehle[85] in Betracht.

224 b) Hiergegen wird vor allem eingewandt[86], die Annahme einer durch die (erste) „frühere Verurteilung" bewirkten Zäsur stehe nicht im Ein-

81 Vgl. nur BENDER, Doppelte Gesamtstrafe, NJW 1964, 807 ff (808); BRINGEWAT, Gesamtstrafe und Fortsetzungszusammenhang, JZ 1979, 556 ff (558); DREHER/TRÖNDLE, § 55 Rdn. 5; JAKOBS, Strafrecht AT, 33. Abschnitt, Rdn. 19; JESCHECK, Strafrecht AT, § 68 III 2; LACKNER, § 55, 2c; LK-VOGLER, § 55 Rdn. 13 (mit Einschränkungen); MAURACH/GÖSSEL, Strafrecht AT II, § 56 IV B 1 a (Rdn. 90).

82 So SACKSOFSKY, Doppelte Gesamtstrafe, NJW 1963, 894 ff (895); SK-SAMSON, § 53 Rdn. 9.

83 SCHÖNKE/SCHRÖDER (STREE), § 55 Rdn. 16.

84 SCHÖNKE/SCHRÖDER (STREE), § 55 Rdn. 16; als Einschränkung der h. M. findet sich diese Ausnahme auch bei LK-VOGLER, § 55 Rdn. 13 — vgl. auch Anm. 81.

85 Zur Zäsurwirkung des Strafbefehls vgl. BGHSt 33, 230 (232) = BGH NJW 1986, 200 = BGH MDR 1985, 860.

86 So die wesentlichen Erwägungen bei SACKSOFSKY, Doppelte Gesamtstrafe, NJW 1963, 894 ff; ebenso auch SK-SAMSON, § 53 Rdn. 9.

klang mit der in § 53 StGB statuierten Pflicht, bei **gleichzeitiger** Aburteilung mehrerer Straftaten auf (**nur**) eine Gesamtstrafe zu erkennen. Darüber hinaus solle § 55 StGB, aus dessen Stellung im Gesetz bereits zu erkennen sei, daß er § 53 StGB **nachgeordnet** sei, zu Gunsten des Verurteilten eine **zusätzliche** Ausdehnung der Möglichkeit zur Bildung einer Gesamtstrafe für Taten, die nicht gleichzeitig abgeurteilt werden, schaffen. Unter keinen Umständen dürfe die Anwendung des § 55 StGB einen Nachteil bringen, was aber nicht auszuschließen sei, wenn gem. § 55 StGB zwei selbständige, letztlich zu addierende Gesamtstrafen gebildet werden. Dem Asperationsprinzip entspreche allein die Festsetzung einer einheitlichen Gesamtstrafe. Es sei daher im Sinne einer begrenzten Ausdehnung des § 55 StGB davon auszugehen, daß die „frühere Verurteilung" wie eine Klammer die vor dieser und die danach begangenen Straftaten im späteren (zweiten) Verfahren mit der (den) bereits abgeurteilten Straftat(en) verbindet. Den Intentionen des Gesetzgebers werde durch die Bildung einer insgesamt einheitlichen Gesamtstrafe am besten Rechnung getragen[86].

Diese pro „Einheits"-Gesamtstrafe[87] vorgebrachten Erwägungen **225**
überzeugen ebensowenig wie die Behauptung, die von der Rechtsprechung und einem Großteil der Lehre vertretene Auffassung verstoße gegen das Gesetz. Im Gegenteil: Die der h. M. entgegengehaltene Rechtsverletzung fällt angesichts des Regelungszusammenhangs zwischen den §§ 53, 54 StGB und § 55 StGB auf die für eine „Einheits"-Gesamtstrafe plädierende Lehrmeinung zurück. Fragwürdig ist bereits ihr Ausgangspunkt, wonach im Spannungsverhältnis zwischen § 53 StGB und § 55 StGB einer Vorschrift, und zwar dem § 53 StGB der **Vorrang** einzuräumen ist. Zieht man den Wortlaut beider Vorschriften zu Rate, dann mag durchaus davon gesprochen werden, daß zwischen § 53 StGB und § 55 StGB ein „gewisses Spannungsverhältnis"[88] besteht. Dieses Spannungsverhältnis hat jedoch nicht die Bedeutung einer Kollisionsproblematik im Sinne eines **echten Normenkonflikts**, der in der Tat nur durch einen etwaigen Vorrang der einen Vorschrift vor der anderen Bestimmung aufzulösen wäre. Es handelt sich vielmehr um einen lediglich „rechtsanwendungsrechtlichen Konflikt" zweier Vorschriften, der wegen ihres gesetzlichen Wortlauts prinzipiell unlösbar, angesichts ihres Regelungszwecks indessen zu beseitigen ist[89]. Als typische und regelmäßige Entscheidungssituation im Strafverfahren liegt § 53 StGB als Leitbild

---

[87] BENDER, Doppelte Gesamtstrafe, NJW 1964, 807 ff (807).

[88] So SCHÖNKE/SCHRÖDER (STREE), § 55 Rdn. 15.

[89] Vgl. Rdn. 106; ferner BRINGEWAT, Gesamtstrafe und Fortsetzungszusammenhang, JZ 1979, 556 ff (558).

die gleichzeitige Aburteilung mehrerer selbständiger Straftaten zu Grunde. Für diese durch keinen weiteren prozeßtatsächlichen oder -rechtlichen Gesichtspunkt besonders ausgestaltete Entscheidungssituation ordnet § 53 StGB an, daß (überhaupt) auf eine Gesamtstrafe zu erkennen ist. Auch § 55 StGB hat eine typische prozessuale Entscheidungssituation im Auge, und zwar ein (zweites) Strafverfahren, in dem über Straftaten verhandelt und entschieden wird, die **ausnahmslos** bereits bei der (ersten) „früheren Verurteilung" hätten berücksichtigt werden können, weil sie vor der „früheren Verurteilung" begangen waren. Die (Ergänzungs-)Funktion des § 55 StGB erschöpft sich also darin, zufallsbedingte Unverträglichkeiten der „technischen" Verfahrensgestaltung für eine eindeutig festliegende Entscheidungssituation zu korrigieren. Auf diese Weise soll den prozessualen Zufälligkeiten der Verbindung und Trennung von Strafsachen jedenfalls insoweit entgegengewirkt werden, als sich solche Zufälligkeiten und Unwägbarkeiten im Gesamtergebnis der verhängten Strafen nachteilig für den Verurteilten auswirken könnten. Dieser Funktion entsprechend stellt § 55 StGB **keine materielle Erweiterung** des in § 53 StGB realisierten Gesamtstrafenprinzips dar. Die gesetzlich eingeräumte Möglichkeit zur nachträglichen Bildung einer Gesamtstrafe gewährleistet nicht mehr als die sachlich gebotene, **vollständige** Realisierung des Asperations- und Gesamtstrafenprinzips. Mit § 55 StGB läßt sich nachholen, was an sich schon gem. § 53 StGB hätte entschieden werden können und müssen. Der Sache nach bezieht § 55 StGB daher die (nachträgliche) Bildung einer Gesamtstrafe zeitlich auf die Sanktionsentscheidung gem. § 53 StGB zurück. Dementsprechend ist bei Anwendung des § 55 StGB materiellrechtlich und zeitlich allein die Entscheidungssituation der Aburteilung gem. § 53 StGB i. S. d. „früheren Verurteilung" gem. § 55 Abs. I StGB maßgeblich. Zu einer Kollision zwischen § 53 StGB und § 55 StGB im Sinne eines **echten** Normenkonflikts kann es nach diesem Verständnis des § 55 StGB als „rechts- und prozeßtechnischer" Ergänzung des § 53 StGB von vornherein nicht kommen. Ein anderes Verständnis des § 55 StGB ließe sich im übrigen weder mit dem — wie gezeigt — funktional abgestuften Regelungszusammenhang zwischen den §§ 53, 55 StGB noch mit ihrem gesetzlichen Sinn vereinbaren.

226 Der Umstand, daß wegen des Wortlauts der §§ 55, 53 StGB in ein und demselben (in bezug auf eine Vorverurteilung (zweiten) „späteren") Strafverfahren sowohl eine Entscheidungssituation gem. §§ 53, 55 StGB als auch eine weitere originäre Entscheidungssituation gem. § 53 StGB zusammentreffen **können**, führt materiellrechtlich unter keinem denkmöglichen Aspekt zu einer insgesamt einheitlichen, aus sämtlichen Einzelstrafen der früheren Verurteilung (nach Auflösung einer etwaigen dort ausgeurteilten Gesamtstrafe), der oder den nachträglich zu berücksichtigenden Einzelstrafe(n) und den darüber hinaus festzusetzenden weiteren Einzelstrafen zu bildenden Gesamtstrafe. Auch dieses Zusammentreffen verschiedentypischer Entscheidungssituationen ist Ausdruck prozessualer Zufälligkeiten. Wären die Entscheidung gem. §§ 53, 55 StGB und die weitere Entscheidung gem. § 53 StGB in getrennten Verfahren zu treffen, müßte — materiellrechtlich zwingend — auf zwei verschiedene Gesamtstrafen erkannt werden. Nichts anderes kann gelten, wenn aus Gründen der Verfahrensgestaltung beide Sanktionsentscheidungen in ein und demselben Verfahren getroffen werden. Mit der Verhängung zweier unterschiedlich begründeter Gesamtstrafen erleidet der Verurteilte deshalb auch keine über die Anwendung des § 55 StGB erzeugte, dem Asperationsgrundsatz widersprechende Benachteiligung[90]. Daß die Addition zweier eigenständiger Gesamtstrafen regelmäßig höher ausfallen wird als die Erhöhung der Einsatzstrafe im Falle der (teilweise nachträglichen) Bildung einer einheitlichen Gesamtstrafe, ist ohne Belang; denn die dem Prinzip der Asperation folgende gesetzliche Konzeption der Gesamtstrafenregelung wird nicht von einer unausgesprochenen „Meistbegünstigungsklausel" beherrscht. Würde desungeachtet das Gesetz die Möglichkeit einer nachträglichen Gesamtstrafenregelung **nicht** einräumen, wäre bei gleicher Sach- und Prozeßlage stets zumindest auf zwei verschiedene Gesamtstrafen zu erkennen. Von einer Benachteiligung des Verurteilten durch Anwendung des § 55 StGB in einem (zweiten) „späteren" Verfahren, in dem auch über Straftaten entschieden wird, die nach der (ersten) „früheren Verurteilung" begangen waren, kann somit keine Rede sein.

c) **Ohne Ausnahme** gilt dies für **jeden** Fall eines „späteren" — **227**
konkret anhängigen — Strafverfahrens, in dem über Straftaten entschieden wird, die teils vor, teils nach einer „früheren Verurteilung" begangen sind. Eine Zäsur mit der Folge zweier (oder mehrerer) verschiedener Gesamtstrafen bewirkt die „frühere Verurteilung" i. S. d. § 55 Abs. I StGB deshalb auch dann, wenn die im „früheren Verfahren" abgeurteilte Tat im Unrechtsgehalt erheblich hinter den vor und nach dem „früheren" Urteil begangenen Straftaten zurückbleibt[91]. Bei Verhängung zweier Gesamtstrafen in ein und demselben anhängigen Strafverfahren ist der Täter eben nicht — auch nicht ausnahmsweise — wesentlich benachteiligt, weil die Anwendung des § 55 StGB im Grunde nur die Bildung derjenigen Gesamtstrafe ermöglicht, auf die zum Zeitpunkt der „früheren Verurteilung" ohnehin hätte erkannt werden müssen. Soweit in derarti-

---

[90] So aber SACKSOFSKY, Doppelte Gesamtstrafe, NJW 1963, 894 ff (894/5); SK-SAMSON, § 53 Rdn. 9.

[91] Anders LK-VOGLER, § 55 Rdn. 13.

gen Fällen gleichwohl in Anlehnung an die konkurrenzrechtliche Figur der „Idealkonkurrenz durch Klammerwirkung" eine „Einheits"-Gesamtstrafe für allein sachgerecht gehalten wird, wenn und weil die Verurteilung wegen einer im Unrechtsgehalt wesentlich hinter den vor und nach der „früheren Verurteilung" begangenen Delikten zurückbleibenden Straftat nicht geeignet war, auf den Täter einen warnenden Appell auszuüben[92], sind die (Ergänzungs-)Funktion des § 55 StGB und der Sachgehalt der Gesamtstrafenregelung verkannt. Von nur untergeordneter Bedeutung ist dabei, daß ein Ausschluß der Zäsurwirkung der „früheren Verurteilung" eine gesetzlich nicht gewollte Privilegierung von Mehrfachtätern zur Folge hätte[93]. Ebensowenig kann entscheidend ins Gewicht fallen, daß mit dem Ausschluß der Zäsurwirkung auf Umwegen die „Einheitsstrafe" unzulässigen Eingang in das Erwachsenenstrafrecht findet[94]. Als „problemlösendes" Argument **untauglich** ist vielmehr die für eine Zäsurwirkung der „früheren Verurteilung" offenbar als stets erforderlich angesehene **Warnfunktion** des „früheren Urteils". Ob und inwieweit die „frühere Verurteilung" geeignet war oder nicht geeignet war, auf den Täter einen warnenden Appell auszuüben, ist für die Frage der (teilweise auch nachträglichen) Bildung einer einheitlichen Gesamtstrafe oder der Bildung zweier selbständiger (Gesamt- bzw. Einzel-)Strafen in demselben anhängigen Verfahren völlig belanglos[95]. Der Gesichtspunkt einer etwaigen Warnfunktion der „früheren Verurteilung" mag im Vorgang der **Gesamtstrafzumessung** ein beachtliches Zumessungskriterium sein. Dem Recht der Gesamtstrafenbildung gem. §§ 53, 54 StGB und gem. § 55 StGB ist hingegen die mögliche oder ausgeschlossene Warnfunktion der „früheren Verurteilung" als sachbegründete Erwägung für oder gegen eine „Einheits"-Gesamtstrafe fremd[96]. Vor allem aus diesem Grunde sind nach alledem die sog. Mittelmeinungen zur Zäsurwirkung der gem. § 55 Abs. I StGB „früheren Verurteilung" ebenfalls als sachlich unzutreffend abzulehnen.

---

[92] So ausdrücklich SCHÖNKE/SCHRÖDER (STREE), § 55 Rdn. 16; vgl. auch BENDER, Doppelte Gesamtstrafe, NJW 1964, 807 ff (808).

[93] Dies betonen aber BENDER, Doppelte Gesamtstrafe, NJW 1964, 807 ff (808) und ihm folgend BGHSt 33, 367 (368) = BGH NJW 1986, 440 (441) = BGH MDR 1986, 247/8.

[94] Hierauf hebt aber BGHSt 33, 367 (368) = BGH NJW 1986, 440 (441) = BGH MDR 1986, 247/8 ab.

[95] BRINGEWAT, Gesamtstrafe und Fortsetzungszusammenhang, JZ 1979, 556 ff (559).

[96] So auch BGHSt 33, 230 (232) = BGH NJW 1986, 200 = BGH MDR 1985, 860 unter Berufung auf REMMELE, Warnfunktion, NJW 1974, 1855/6.

d) Die Zäsurwirkung der „früheren Verurteilung" entfällt auch dann nicht, wenn sich die im Urteil des „früheren Verfahrens" festgesetzte Einzel- oder Gesamtstrafe i. S. d. § 55 Abs. I, S. 1 StGB (vollständig) erledigt (dazu Rdn. 230ff) hat, d. h. bis zur nachträglichen Bildung der Gesamtstrafe bereits (vollständig) vollstreckt, verjährt oder erlassen ist[97]. Die Rechtsprechung des BGH ist insoweit nicht einheitlich[98]. Mit BGHSt 33, 367 (369/70) ist jedoch davon auszugehen, daß die Zäsurwirkung einer Vorverurteilung (früheren Verurteilung) nicht durch die Erledigung der darin festgesetzten Einzel- oder Gesamtstrafe aufgehoben ist. Die Frage, ob dem Urteil im früheren Verfahren eine Zäsurwirkung zukommt oder nicht, hängt ausschließlich von der **zeitlichen Abfolge** der begangenen und im anhängigen Verfahren zur Aburteilung anstehenden Straftaten und in diesem **chronologischen** Sinne davon ab, daß die jetzt abzuurteilenden Straftaten teils vor, teils nach der früheren Verurteilung **begangen** sind. Für den Zeitpunkt der Tatbegehung, die damit verbundene Möglichkeit zur nachträglichen Gesamtstrafenbildung und die etwaige Zäsurwirkung der „früheren Verurteilung" **unerheblich** ist demgegenüber der Umstand, daß die im früheren Urteil festgesetzte Einzel- oder Gesamtstrafe aufgrund ihrer (vollständigen) Erledigung i. S. d. § 55 Abs. I StGB in die (nachträgliche) **Bildung** der Gesamtstrafe nicht mehr einbezogen werden kann. Über eine etwaige Zäsurwirkung der „früheren Verurteilung" sagt daher die mangelnde Gesamtstrafenfähigkeit einer auf dieser Vorverurteilung beruhenden, aber gem. § 55 Abs. I, S. 1 StGB bereits erledigten Strafe nichts aus[99]. Obwohl es sich demnach bei der Zäsurwirkung und der mangelnden Gesamtstrafenfähigkeit der bereits erledigten Strafe um **sinnverschiedene**, wenn nicht gar heterogene Aspekte derselben „früheren Verurteilung" handelt, verliert die im früheren Urteil festgesetzte, aber bereits erledigte Strafe nicht völlig an Bedeutung. Die in der Unmöglichkeit der (nachträglichen) Gesamtstrafenbildung liegende **Härte** ist nämlich bei der Zumessung der im konkreten, anhängigen Verfahren festzusetzenden Einzel- oder Gesamtstrafe auszugleichen[100]. **228**

---

[97] Anders Schönke/Schröder (Stree), § 55 Rdn. 16; nur grds. anders (BGHSt 33, 367ff zust.) auch Dreher/Tröndle, § 55 Rdn. 5.

[98] Wie hier BGHSt 33, 367 (369/70) = BGH NJW 1986, 440/1 = BGH MDR 1986, 247/8; a. A. (keine Zäsurwirkung) dagegen BGH NJW 1982, 2080/1; BGHSt 32, 190 (193) = BGH NJW 1984, 375; BGH Urt. v. 10.7. 1985 – 3 StR 124/85; Maatz NJW 1987, 478/9.

[99] Anders BGH NJW 1982, 2080/1; vgl. auch Maatz NJW 1987, 478f.

[100] Vgl. vorerst BGHSt 31, 102 (103); BGHSt 33, 131 (132); BGH StrVert 1984, 72; BGHSt 33, 367 (370).

229 e) Bleiben im „späteren", konkret anhängigen Strafverfahren anders nicht behebbare Zweifel, ob von den mehreren zur Aburteilung stehenden, zumindest teilweise nach der „früheren Verurteilung" begangenen Straftaten eine oder einige vor der „früheren Verurteilung" begangen wurden, ist nach dem Grundsatz in dubio pro reo stets davon auszugehen, daß jene Straftat(en) **vor** der „früheren Verurteilung" begangen worden ist (sind). Es ist in derartigen Fällen mit der im „früheren Urteil" festgesetzten (Einzel- oder Gesamt-)Strafe eine Gesamtstrafe zu bilden und auf eine weitere (Einzel- oder Gesamt-)Strafe zu erkennen[101]. **Keine** Anwendung findet der Grundsatz in dubio pro reo auf die wegen verbliebener tatsächlicher Zweifel möglicherweise offengehaltene Entscheidung, ob mit der (Einzel- oder aufzulösenden Gesamt-)Strafe im „früheren Urteil" oder der (den) Einzelstrafe(n) für die anderen abzuurteilende(n) Straftat(en) eine Gesamtstrafe zu bilden ist[102]. Die Wahl der dem Täter im Sanktionsergebnis günstigeren Entscheidungsalternative ist von der Entscheidungsregel in dubio pro reo nicht gedeckt, weil mit der Wahl der tätergünstigeren Entscheidungsmöglichkeiten **nicht Tatsachenzweifel beseitigt** werden. Es wird dabei vielmehr aufgrund der nicht behobenen Tatsachenzweifel eine in Wirklichkeit nicht vorhandene sanktions**rechtliche** Entscheidungsbeliebigkeit in unzulässiger Weise mit Hilfe des in-dubio-Satzes auf die im strafzumessungsrechtlichen Gesamtergebnis tätergünstigste Entscheidungsmöglichkeit reduziert.

4. Die Zäsurwirkung mehrerer Vorverurteilungen

230 Je nach zeitlicher Verteilung mehrerer begangener Straftaten und mehrerer rechtskräftiger Vorverurteilungen sind Fallkonstellationen denkbar, in denen von den mehreren Vorverurteilungen als verschiedenen „früheren Verurteilungen" gem. § 55 Abs. I StGB entsprechend **unterschiedliche Zäsurwirkungen** ausgehen. Stehen beispielsweise im anhängigen Strafverfahren mehrere Straftaten zur Aburteilung, die jeweils **vor** einer bereits rechtskräftigen Vorverurteilung begangen sind, bewirkt die erste Vorverurteilung eine erste Zäsur, die danach folgende und ausschließlich **nach** der ersten Vorverurteilung begangene Straftaten umfassende zweite Vorverurteilung eine zweite Zäsur, die der zweiten Vorverurteilung folgende und ausschließlich nach der zweiten Vorverurteilung begangene

---

[101] Anders SCHÖNKE/SCHRÖDER (STREE), § 55 Rdn. 17a.

[102] In diesem Sinne aber SCHÖNKE/SCHRÖDER (STREE), § 55 Rdn. 17a.

Straftaten umfassende dritte Vorverurteilung eine dritte Zäsur u. s. w.[103]. Die im konkreten Strafverfahren zu verhandelnden Straftaten sind dementsprechend nach der zeitlichen Reihenfolge ihrer Begehungszeitpunkte der jeweils zugehörigen Vorverurteilung zuzuordnen. Mit der in der jeweiligen Vorverurteilung festgesetzten Einzelstrafe ist dann gem. § 55 Abs. I StGB nachträglich eine Gesamtstrafe zu bilden, so daß die Sanktionsentscheidung im konkreten Verfahren aus **mehreren** gem. § 55 Abs. I StGB nachträglich gebildeten Gesamtstrafen **nebst** einer gem. §§ 53, 54 StGB gebildeten Gesamtstrafe (für Straftaten, die nach der letzten Vorverurteilung begangen waren) oder einer nach § 52 StGB festgesetzten Einzelstrafe bestehen kann. Enthielten die zäsierenden Vorverurteilungen selbst bereits gem. §§ 53, 54 StGB gebildete Gesamtstrafen, sind dementsprechend nach deren Auflösung in die zugrunde liegenden Einzelstrafen mit diesen Einzelstrafen und den nunmehr verhängten Einzelstrafen der Zäsurwirkung der jeweils in Betracht kommenden Vorverurteilung Rechnung tragende „neue“ Gesamtstrafen zu bilden. Ohne Rücksicht auf die Fallgestaltung im einzelnen kommt es für die Sanktionsentscheidung im anhängigen Strafverfahren stets darauf an, daß die etwaigen mehreren Gesamtstrafen gem. § 55 Abs. I StGB **ausschließlich** aus den Strafen einer Vorverurteilung und den nunmehr festgesetzten Strafen der **vor** der jeweiligen Vorverurteilung begangenen Straftaten gebildet werden[103].

a) Liegen zwei Vorverurteilungen vor, auf die § 55 Abs. I StGB nicht **231**
anwendbar ist, weil die abgeurteilte(n) Straftat(en) des zweiten Verfahrens **nach** der Verurteilung im ersten Verfahren begangen ist (sind), entfalten beide Vorverurteilungen eine Zäsurwirkung. Steht im anhängigen dritten Strafverfahren eine Straftat zur Aburteilung, die **vor** der ersten **und** damit **auch vor** der zweiten Vorverurteilung begangen ist, kann wegen der Zäsurwirkung der ersten Vorverurteilung eine Gesamtstrafe gem. § 55 Abs. I StGB nur aus der jetzt festzusetzenden Strafe und der (den) in der Vorverurteilung ausgesprochenen Strafe(n) gebildet werden. Obwohl die konkret abzuurteilende Straftat ebenfalls **vor** der zweiten Vorverurteilung begangen war, kann die darin verhängte Strafe **nicht** in die Gesamtstrafenbildung einbezogen werden. Die zweite Vorverurteilung wird durch die Zäsurwirkung der ersten Vorverurteilung von der nachträglichen Bildung einer Gesamtstrafe – bildlich gesprochen – ausgesperrt, so daß neben der im dritten Verfahren verhängten, nachträglich gebildeten Gesamtstrafe die im zweiten Verfahren ausgeurteilte

[103] Vgl. dazu Dreher/Tröndle, § 55 Rdn. 5; Lackner, § 55, 2b und c; LK-Vogler, § 55 Rdn. 14; Schönke/Schröder (Stree), § 55 Rdn. 17 jeweils mit Nachweisen aus der Rechtsprechung.

Einzel- oder Gesamtstrafe bestehen bleibt. Der Umstand, daß die konkret abzuurteilende Straftat des dritten Strafverfahrens vor beiden Vorverurteilungen begangen war und — isoliert betrachtet — in bezug auf beide Vorverurteilungen an sich die Voraussetzungen des § 55 Abs. I StGB erfüllt wären, ist nicht geeignet, die Sanktionsentscheidungen aller drei Verfahren zu **verklammern**. **Unzulässig** ist in derartigen Fällen deshalb die (nachträgliche) Bildung einer **einheitlichen**, die Strafen der ersten, zweiten und jetzigen dritten Verurteilung einbeziehenden Gesamtstrafe[104].

232 b) Auf eine gem. § 55 Abs. I StGB nachträglich aus den Strafen der ersten und zweiten Vorverurteilung sowie der(n) konkret verwirkten Strafe(n) gebildete **einheitliche** Gesamtstrafe ist dagegen im anhängigen dritten Strafverfahren zu erkennen, wenn die nunmehr (im dritten Verfahren) abzuurteilende(n) Straftat(en) vor beiden Vorverurteilungen begangen **und** die zweite Vorverurteilung gem. § 55 Abs. I StGB auf eine die Strafe(n) der ersten Vorverurteilung einbeziehende Gesamtstrafe lautete[105]. Die Verhängung einer solchen einheitlichen Gesamtstrafe im anhängigen „dritten" Strafverfahren setzt allerdings voraus, daß im „zweiten" Strafverfahren § 55 Abs. I StGB **tatsächlich angewandt** wurde und dementsprechend die „zweite" Vorverurteilung auf eine die Strafe(n) der ersten Vorverurteilung umfassende, nachträglich gebildete Gesamtstrafe erkannt hat[106]. Nicht ausreichend ist, daß im Verhältnis zwischen der ersten und zweiten Vorverurteilung eine Anwendung des § 55 Abs. I StGB **lediglich möglich** wäre, den Erfordernissen einer nachträglichen Gesamtstrafenbildung also nur „an sich" genügt ist[107]. Soweit die trotz Vorliegens aller Voraussetzungen des § 55 Abs. I StGB in der „zweiten" Vorverurteilung unterbliebene nachträgliche Bildung der Gesamtstrafe nach eingetretener Rechtskraft der „ersten" und „zweiten" Vorverurteilung im Nachtragsverfahren gem. § 460 StPO nachgeholt wird, ist freilich die Möglichkeit, im „dritten" anhängigen Verfahren auf eine im soeben beschriebenen Sinne einheitliche Gesamtstrafe zu erkennen, wieder eröffnet: Der Gesamtstrafenbeschluß gem. § 460 StPO tritt (ohne eigene Zäsurwirkung) unter dem Aspekt der anstehenden

---

104 So die h. M., vgl. statt aller LK-Vogler, § 55 Rdn. 14; anders nur LG Frankenthal NJW 1967, 794/5 mit abl. Anm. Mecker NJW 1967, 1382/3.

105 Vgl. statt aller Dreher/Tröndle, § 55 Rdn. 5; LK-Vogler, § 55 Rdn. 14; Schönke/Schröder (Stree), § 55 Rdn. 17.

106 Zur fehlerhaften Nichtanwendung des § 55 StGB und den Folgen für die Zäsurwirkung vgl. LG Koblenz NStZ 1981, 392/3; LG Ulm NStZ 1984, 361/2 mit Anm. Sick.

107 In diesem Sinne aber wohl LK-Vogler, § 55 Rdn. 14.

Sanktionsentscheidung im „dritten" Verfahren materiellrechtlich an die Stelle der „zweiten" Vorverurteilung.

c) In allen diesen Fällen ist jedoch stets zu beachten, daß die Verhängung einer einheitlichen, aus den im „ersten", „zweiten" und jetzigen „dritten" Strafverfahren ausgeurteilten bzw. verwirkten Strafen gem. § 55 Abs. I StGB gebildeten Gesamtstrafe im anhängigen „dritten" Verfahren ausgeschlossen ist, wenn die konkret abzuurteilende(n) Straftat(en) nicht **vor**, sondern erst **nach** der „ersten" Vorverurteilung begangen ist (sind)[108]. Wurde die jetzt (im „dritten" Verfahren) abzuurteilende Straftat nach der „ersten", aber vor der „zweiten" Vorverurteilung, in die gem. § 55 Abs. I StGB die Strafe(n) aus der „ersten" Vorverurteilung einbezogen sind, begangen, darf daher aus der jetzt verwirkten Strafe und der(n) Strafe(n) der „zweiten" Vorverurteilung (nachträglich) **keine** Gesamtstrafe gebildet werden, obwohl den Voraussetzungen einer nachträglichen Gesamtstrafenbildung im Verhältnis zwischen der verwirkten Strafe für die jetzt abzuurteilende Straftat und den Strafen der „zweiten" Vorverurteilung genügt ist[108]. Entsprechend darf der Tatrichter aus der Strafe für die von ihm abgeurteilte Tat und der Strafe aus der „zweiten" Vorverurteilung keine Gesamtstrafe bilden, wenn die abgeurteilte Tat zwischen zwei rechtskräftigen Vorverurteilungen zu Strafen, die gem. § 460 StPO auf eine Gesamtstrafe zurückzuführen sind, begangen war[109]. Immer dann, wenn in die „frühere" zweite Verurteilung eine Strafe gem. § 55 Abs. I StGB hätte einbezogen werden können, die in einer noch „früheren ersten Verurteilung ausgesprochen worden ist, geht (allein) von der **ersten** der Vorverurteilungen eine Zäsurwirkung aus (sog. **Zäsurwirkung des ersten Urteils**)[109]. Daraus ergibt sich, daß im anhängigen „dritten" Verfahren für die zwischen zwei rechtskräftigen Vorverurteilungen begangene(n) Straftat(en) neben der bestehen bleibenden „alten" Gesamtstrafe aus der „zweiten" Vorverurteilung auf eine selbständige „neue" (Einzel- oder Gesamt-)Strafe zu erkennen ist. Der Sache nach ist also die „zweite" auf § 55 Abs. I StGB beruhende Vorverurteilung als in die „erste" Vorverurteilung **zurückprojiziert** zu begreifen. Folgerichtig ist die zwischen den beiden Vorverurteilungen begangene Straftat gesamtstrafenrechtlich dann so zu betrachten, als ob sie **nach** der (aus der „ersten" und „zweiten" Vorverurteilung gewissermaßen 233

---

[108] Vgl. BGHSt 32, 190 (193); ferner DREHER/TRÖNDLE, § 55 Rdn. 5; LACKNER, § 55, 2 b und c; LK-VOGLER, § 55 Rdn. 14; SCHÖNKE/SCHRÖDER (STREE), § 55 Rdn. 17 jeweils mit Nachweisen.

[109] BGHSt 32, 190 (193) = BGH MDR 1984, 240 = BGH NStZ 1984, 260 = BGH LM StGB 1975, Nr. 10 zu § 55 (Leitsatz, mit Anm. PELCHEN); ferner die Rechtsprechungsnachweise bei LK-VOGLER, § 55 Rdn. 14 mit Anm. 13.

zusammengesetzten) „ersten" und einzigen Vorverurteilung begangen wäre.

234 d) Die gewiß nicht seltenen und zudem typischen tatrichterlichen Entscheidungsprobleme, die im Zusammenhang mit der nachträglichen Bildung von Gesamtstrafen und den damit verbundenen etwaigen Zäsurwirkungen von Vorverurteilungen auftreten können, lassen sich exemplarisch an zwei informativen landgerichtlichen Sanktionsentscheidungen[110] verdeutlichen:

235 da) In einem vom **LG Koblenz** entschiedenen Falle[111] war der Angeklagte vom AG am 12. 11. 1979 wegen einer am 27. 3. 1979 begangenen Tat rechtskräftig zu einer Freiheitsstrafe von sechs Monaten verurteilt worden. Am 29. 2. 1980 verurteilte ihn das AG-Schöffengericht wegen einer am 8. 9. 1979 begangenen Tat rechtskräftig zu einer Freiheitsstrafe von einem Jahr. Beide Einzelstrafen wurden sodann gem. § 460 StPO durch rechtskräftigen Beschluß vom 29. 5. 1980 auf eine (nachträglich gebildete) Gesamtstrafe von einem Jahr und drei Monaten zurückgeführt. Unter Auflösung der mit dem Beschluß vom 29. 5. 1980 festgesetzten Gesamtstrafe und unter Einbeziehung der Freiheitsstrafe von einem Jahr aus dem Urteil vom 29. 2. 1980 verurteilte ihn das LG durch rechtskräftiges Urteil vom 9. 1. 1981 wegen siebzehn tatmehrheitlich vom 2. 12. 1979 bis 12. 2. 1980 begangenen und realkonkurrierenden Straftaten zu einer Gesamtfreiheitsstrafe von vier Jahren und sprach zugleich aus, daß neben dieser Gesamtfreiheitsstrafe die Freiheitsstrafe von sechs Monaten aus dem Urteil vom 12. 11. 1979 bestehen bleibe. Mit Urteil vom 16. 4. 1981 verhängte die erkennende Strafkammer des LG Koblenz wegen einer vom 30. 11. 1979 bis 24. 4. 1980, also vor der Verurteilung vom 9. 1. 1981 begangenen fortgesetzten Betrugsstraftat eine eigene Strafe, weil nach ihrer Ansicht keine der bisherigen Strafen in eine nachträgliche Gesamtstrafenbildung mit der zuletzt verhängten Strafe einzubeziehen war[111].

236 In der zeitlichen Reihenfolge der verschiedenen Urteile bzw. des Beschlusses nach § 460 StPO entfalten **nur** die Vorverurteilungen vom 12. 11. 1979 und vom 9. 1. 1981 als „frühere Verurteilungen" i. S. d. § 55 Abs. I StGB unterschiedliche Zäsurwirkungen. Mit Urteil vom 29. 2. 1980 hätte das AG-Schöffengericht gem. § 55 Abs. I StGB auf eine nachträglich gebildete Gesamtstrafe erkennen können und müssen. In diese nachträglich gebildete Gesamtstrafe hätte die Freiheitsstrafe von sechs Monaten aus dem Urteil des AG vom 12. 11. 1979 und die im Urteil vom 29. 2. 1980 verhängte Einzelfreiheitsstrafe einbezogen werden müssen, da auf diese Einzelfreiheitsstrafe wegen einer Straftat erkannt wurde, die **vor** dem Urteil vom 12. 11. 1979, nämlich am 8. 9. 1979 begangen war. Da dem AG-Schöffengericht bei seiner Verurteilung vom

---

[110] Vgl. LG Koblenz NStZ 1981, 392/3 und LG Ulm NStZ 1984, 361/2 mit Anm. Sick.

[111] Vgl. zum Sachverhalt LG Koblenz NStZ 1981, 392.

29.2. 1980 offenbar das Urteil des AG vom 12.11. 1979 nicht bekannt war und es deshalb § 55 Abs. I StGB nicht anwandte, ist rechtsfehlerfrei im Nachtragsverfahren gem. § 460 StPO die im Urteil vom 29.2. 1980 unterbliebene nachträgliche Gesamtstrafenbildung nachgeholt worden. Gegenstand des späteren („dritten") Verfahrens, das mit dem rechtskräftigen Urteil des LG vom 9.1. 1981 abschloß, waren Straftaten, die vom 2.12. 1979 bis zum 12.2. 1980, also zwischen der „ersten" Vorverurteilung vom 12.11. 1979 und der „zweiten" Vorverurteilung vom 29.2. 1980 (und vor dem Gesamtstrafenbeschluß gem. § 460 StPO) begangen wurden. Solange die Einzelfreiheitsstrafen aus den Vorverurteilungen vom 12.11. 1979 und 29.2. 1980 noch nicht gem. § 460 StPO auf eine Gesamtstrafe zurückgeführt waren, hätte das LG wegen der insoweit auch der „zweiten" Vorverurteilung zukommenden Zäsurwirkung mit der im Urteil vom 29.2. 1980 ausgeworfenen Einzelfreiheitsstrafe und den im „dritten" Verfahren festgesetzten siebzehn weiteren Einzelstrafen gem. § 55 Abs. I StGB eine Gesamtfreiheitsstrafe (nachträglich) bilden und auf sie erkennen können. Nachdem aber mit Beschluß vom 29.5. 1980, also vor dem Abschluß des „dritten" Strafverfahrens am 9.1. 1981 die Nichtberücksichtigung des § 55 Abs. I StGB im Urteil vom 29.2. 1980 korrigiert war, konnte nur noch die „erste" Vorverurteilung als „frühere" Verurteilung i.S.d. § 55 Abs. I StGB eine Zäsur bewirken[112].

Soweit das LG in seinem Urteil vom 9. 1. 1981 unter Auflösung der **237**
durch Beschluß vom 29.5. 1980 (nachträglich) festgesetzten Gesamtstrafe auf eine **andere** Gesamtstrafe erkannte, die unter Einbeziehung der siebzehn Einzelstrafen aus dem „dritten" Verfahren und der Einzelfreiheitsstrafe aus dem Urteil vom 29.2. 1980 nachträglich gebildet war, lag daher eine rechtsfehlerhafte Anwendung des § 55 Abs. I StGB vor[113]. Gleichwohl wurde die in der Sanktionsentscheidung materiellrechtlich unzutreffende Verurteilung vom 9.1. 1981 rechtskräftig. Für die Frage, ob im konkret anhängigen, letzten Verfahren, das mit dem Urteil vom 16.4. 1981 abschloß, unter etwaiger Einbeziehung von Strafen aus der Vorverurteilung vom 9.1. 1981 erneut gem. § 55 Abs. I StGB auf eine nachträglich gebildete Gesamtstrafe zu erkennen war, ist der Eintritt der Rechtskraft des Urteils vom 9.1. 1981 belanglos. Insbesondere **verändert** das rechtskräftige Urteil vom 9.1. 1981 **nicht** den gesamtstrafenrechtlichen Funktionszusammenhang der verschiedenen Vorverurteilungen. Der Umstand, daß im Urteil vom 9.1. 1981 fälschlicherweise von einer Zäsurwirkung der in Wirklichkeit „zweiten" Vorverurteilung vom 29.2. 1980 ausgegangen wurde, hat deshalb nicht zur Folge, daß mit Eintritt

112 Vgl. BGHSt 32, 190 (193).

113 Ebenso LG Koblenz NStZ 1981, 392.

der Rechtskraft des Urteils vom 9. 1. 1981 der Vorverurteilung vom 29. 2. 1980 nunmehr tatsächlich eine Zäsurwirkung zukommt, die das LG Koblenz im letzten, anhängigen Verfahren hätte beachten müssen[114]. Ausschlaggebend für die Möglichkeit und Notwendigkeit einer (nachträglichen) Gesamtstrafenbildung ist nicht die prozessuale Sachlage und äußere Verfahrensgestaltung, sondern **ausschließlich die materielle Rechtslage**[115].

238 Danach aber verbleibt es bei der Zäsurwirkung der „ersten" Vorverurteilung vom 12. 11. 1979 und der „dritten" Vorverurteilung vom 9. 1. 1981. Da die im letzten, anhängigen Verfahren zu verhandelnde fortgesetzte Betrugsstraftat in der Zeit zwischen dem 30. 11. 1979 bis zum 24. 4. 1980, also vor der „dritten" Vorverurteilung vom 9. 1. 1981 begangen war, hätte die erkennende Strafkammer gem. § 55 Abs. 1 StGB unter Auflösung der im Urteil vom 9. 1. 1981 verhängten Gesamtstrafe auf eine „neue", andere Gesamtstrafe erkennen müssen. Dabei wäre zu beachten gewesen, daß die Gesamtstrafe der Vorverurteilung vom 9. 1. 1981 fehlerhaft gebildet war. Das LG Koblenz hätte nach Auflösung dieser fehlerhaft gebildeten Gesamtstrafe deshalb im letzten anhängigen Verfahren eine (nachträglich gebildete) Gesamtstrafe festsetzen müssen, in die lediglich die Einzelstrafen für die vom 2. 12. 1979 bis 12. 2. 1980 tatmehrheitlich begangenen Straftaten und die Einzelstrafe für die vom 30. 11. 1979 bis zum 24. 4. 1980 begangene fortgesetzte Betrugsstraftat hätten einbezogen werden dürfen. Gleichzeitig hätte das LG Koblenz im Urteil vom 16. 4. 1981 aussprechen müssen, daß die nicht in die „neue" Gesamtstrafe einbezogene Einzelfreiheitsstrafe von einem Jahr neben der ausgeurteilten Gesamtstrafe bestehen bleibt. Damit verbunden ist freilich, daß die Einzelfreiheitsstrafe aus dem Urteil vom 12. 11. 1979 und die aus dem Urteil vom 29. 2. 1980 nicht mehr — wie ursprünglich im Beschluß vom 29. 5. 1980 geschehen — auf eine (nachträglich gebildete) Gesamtfreiheitsstrafe zurückgeführt werden kann[116]. Diese durch eine fehlerhafte Rechtsanwendung erzeugte, erst jetzt eingetretene Unmöglichkeit einer (nachträglichen) Gesamtstrafenbildung und die darin

---

[114] Anders aber LG Koblenz NStZ 1981, 392.

[115] So besonders deutlich BGHSt 32, 190 (193) unter zustimmender Wiedergabe von BayObLG NStZ 1983, 411/2.

[116] Zutreffend schließt das LG Koblenz NStZ 1981, 392/3 eine Wiederherstellung des Beschlusses vom 29. 5. 1980 im Sinne einer über § 55 StGB bewerkstelligten Korrektur der fehlerhaften Anwendung des § 55 StGB aus. Der Sachbehandlung im übrigen ist dagegen nicht zuzustimmen; vgl. auch OLG Düsseldorf JMBl NRW 1958, 140; OLG Koblenz MDR 1975, 73; ferner OLG Karlsruhe MDR 1987, 165.

liegende (unbillige) Härte ist jedoch im Vorgang der Gesamtstrafzumessung des „letzten“ Verfahrens auszugleichen[117].

db) Mit ähnlichen Fragestellungen sah sich das **LG Ulm** in einem Fall konfrontiert, in dem es ebenfalls um die Auswirkungen einer für fehlerhaft gehaltenen Anwendung des § 55 Abs. 1 StGB ging[118]. Gegen den schon mehrfach bestraften Angeklagten erließ das AG am 17. 8. 1979 wegen einer im März 1979 begangenen Fortsetzungstat einen Strafbefehl, der rechtskräftig wurde. Die festgesetzte Geldstrafe war am 28. 12. 1979 bezahlt. Am 8. 6. 1982 (rechtskräftig seit dem 19. 10. 1982) verurteilte das AG-Schöffengericht den Angeklagten wegen dreier Taten, die am 3. 12. 1977, am 5. 12. 1979 und am 26. 4. 1980 begangen waren. Für die Tat vom 3. 12. 1977 setzte das AG-Schöffengericht eine Einzelfreiheitsstrafe von vier Monaten, für die Tat vom 5. 12. 1979 eine solche von zwei Monaten und für die Tat vom 26. 4. 1980 ebenfalls eine Einzelfreiheitsstrafe von zwei Monaten fest. Aus den beiden Einzelfreiheitsstrafen von je zwei Monaten bildete das AG-Schöffengericht eine Gesamtfreiheitsstrafe von drei Monaten. Die Einzelfreiheitsstrafe von vier Monaten bezog das AG-Schöffengericht nicht in die Gesamtstrafenbildung ein unter Hinweis auf die Zäsurwirkung des Strafbefehls vom 17. 8. 1979. Mit Urteil vom 1. 2. 1984 setzte das LG Ulm für ein tateinheitlich am 20. 11. 1981 begangenes Vergehen des Betrugs und der Untreue eine Einzelfreiheitsstrafe von zehn Monaten, für zwei weitere am 1. 6. 1982 tateinheitlich begangene Straftaten eine Einzelfreiheitsstrafe von acht Monaten und wegen einer am 14. 4. 1983 begangenen Straftat eine Einzelfreiheitsstrafe von einem Jahr fest. Unter Auflösung der Gesamtstrafe im Urteil des AG-Schöffengerichts vom 8. 6. 1982 (19. 10. 1982) und unter Einbeziehung aller drei darin festgesetzten Einzelstrafen bildete das LG Ulm aus den im eigenen Verfahren festgesetzten Einzelstrafen gem. § 55 Abs. I StGB eine Gesamtfreiheitsstrafe von einem Jahr und sechs Monaten. Dabei sah es die Rechtsauffassung des AG-Schöffengerichts im Urteil vom 8. 6. 1982 (19. 10. 1982), wonach wegen der Zäsurwirkung des Strafbefehls vom 17. 8. 1979 die verhängte Einzelfreiheitsstrafe von vier Monaten für die Tat vom 3. 12. 1977 nicht in die im übrigen zu bildende Gesamtstrafe einzubeziehen sei, als unzutreffend an[119]. Darüber hinaus erkannte das LG Ulm auf eine selbständige weitere Einzelfreiheitsstrafe von einem Jahr für die Tat vom 14. 4. 1983. **239**

Nach der Chronologie des erlassenen Strafbefehls vom 17. 8. 1979 und der ergangenen Urteile vom 8. 6. 1982 (19. 10. 1982) bzw. 1. 2. 1984 sowie den dazugehörigen Straftaten kam sowohl dem Strafbefehl vom 17. 8. 1979 als urteilsgleicher „erster“ Vorverurteilung als auch dem schöffengerichtlichen Urteil vom 8. 6. 1982 (rechtskräftig seit dem 19. 10. 1982) als „zweiter“ Vorverurteilung eine Zäsurwirkung zu. Diese Zäsur- **240**

[117] Vgl. hierzu vorerst statt aller DREHER/TRÖNDLE, § 55 Rdn. 7 mit Nachweisen; ferner auch OLG Schleswig NStZ 1981, 438 (L).

[118] Vgl. dazu LG Ulm NStZ 1984, 361/2 mit Anm. SICK.

[119] Die gegen das Urteil des LG Ulm gerichtete Revision verwarf der BGH (BGH Beschl. v. 16. 5. 1984 – 1 StR 228/84) gem. § 349 Abs. II StPO.

wirkung sowohl der „ersten" als auch der „zweiten" Vorverurteilung beruht auf der „besonderen" Gestaltung des dem Urteil vom 8. 6. 1982 (19. 10. 1982) zugrunde liegenden Strafverfahrens, in dem nicht nur Straftaten, die **nach** der „ersten" Vorverurteilung begangen waren, sondern auch eine Straftat, die **vor** der „ersten" Vorverurteilung begangen war, zur Aburteilung anstanden. Ist im „zweiten" Strafverfahren über Straftaten zu verhandeln, die teils vor, teils nach der „ersten" Vorverurteilung begangen sind, dann ist regelmäßig gem. § 55 Abs. 1 StGB unter Einbeziehung der Strafe aus der „ersten" Vorverurteilung auf eine nachträglich gebildete **und** — selbständig danebenstehend — auf eine weitere Einzel- oder gem. §§ 53, 54 StGB gebildete Gesamtstrafe zu erkennen (vgl. Rdn. 223). Nach der hier mit BGHSt 33, 367 (369/70)[120] für allein sachrichtig gehaltenen Auffassung, daß die Zäsurwirkung einer Vorverurteilung **nicht** durch eine Straferledigung i. S. d. § 55 Abs. I StGB aufgehoben wird[121], hat das AG-Schöffengericht in seinem Urteil vom 8. 6. 1982 (19. 10. 1982) deshalb zu Recht unter Anwendung des § 55 Abs. I StGB auf eine selbständige Einzelstrafe (für die Tat vom 3. 12. 1977) neben der gem. §§ 53, 54 StGB aus den Einzelstrafen für die Taten vom 5. 12. 1979 und 26. 4. 1980 gebildeten und ausgesprochenen Gesamtstrafe erkannt. An einer „echten" nachträglichen Gesamtstrafenbildung i. S. d. § 55 Abs. I StGB derart, daß die im Strafbefehl vom 17. 8. 1979 ausgesprochene Geldstrafe in die Gesamtstrafenbildung einbezogen wäre, sah sich das AG-Schöffengericht zwar gehindert, weil zum Zeitpunkt seines Urteils die Geldstrafe schon vollständig bezahlt, gem. § 55 Abs. I StGB also (vollständig) erledigt war. Zutreffend hat das AG-Schöffengericht aber auf die gleichwohl verbliebene Zäsurwirkung der „ersten" Vorverurteilung abgestellt und — das sei hier unterstellt — die in der Unmöglichkeit der (nachträglichen) Gesamtstrafenbildung liegende Härte im Zumessungsvorgang der Einzelstrafe für die Tat vom 3. 12. 1977 ausgeglichen. Dementsprechend wäre das LG Ulm unter Berücksichtigung der Zäsurwirkung sowohl des Strafbefehls vom 17. 8. 1979 als auch des schöffengerichtlichen Urteils vom 8. 6. 1982 (19. 10. 1982) gehalten gewesen, in seinem eigenen Urteil auf eine wegen des Begehungszeitpunkts der Tat vom 14. 4. 1983 (also nach dem 8. 6. 1982 bzw. 19. 10. 1982 begangen) selbständige Einzelstrafe und auf eine Gesamtstrafe zu erkennen, die unter Auflösung der Gesamtstrafe im schöffengerichtlichen Urteil vom 8. 6. 1982 bzw. 19. 10. 1982 aus den Einzelstrafen für die Taten vom 5. 12. 1979, 26. 4. 1980 (beide vom AG-

---

120 BGH NJW 1986, 440/1 = BGH MDR 1986, 247/8.

121 Anders BGH NJW 1982, 2080 = BGH NStZ 1982, 377; BGHSt 32, 190 (193) = BGH NJW 1984, 375.

Schöffengericht festgesetzt), 20. 11. 1981 und 1. 6. 1982 (beide vom LG Ulm festgesetzt) gem. § 55 Abs. I StGB zu bilden war. Die vom AG-Schöffengericht unter Anwendung des § 55 Abs. I StGB verhängte Einzelstrafe für die Tat vom 3. 12. 1977 hätte dagegen bestehen bleiben, das Urteil vom 8. 6. 1982 (19. 10. 1982) insoweit also aufrechterhalten bleiben müssen.

Geht man wie offensichtlich auch das LG Ulm mit der vor allem vom **241** 1. und 4. Strafsenat des BGH vertretenen gegenteiligen Auffassung[122] davon aus, daß die Zäsurwirkung einer Vorverurteilung entfällt, wenn die durch die Vorverurteilung verhängte Strafe i. S. d. § 55 Abs. I StGB erledigt ist, dann hatte das AG-Schöffengericht in seinem Urteil vom 8. 6. 1982 (19. 10. 1982) zum einen § 55 Abs. I StGB fehlerhaft angewendet und zum anderen §§ 53, 54 StGB rechtsfehlerhaft nicht (ausreichend) berücksichtigt. Weiter kam eine Zäsurwirkung dann **allein** dem schöffengerichtlichen Urteil vom 8. 6. 1982 (19. 10. 1982) zu. In seinem Urteil vom 1. 2. 1984 mußte das LG Ulm demnach zunächst auf eine neben einer etwaigen Gesamtstrafe selbständige Einzelfreiheitsstrafe für die Tat vom 14. 4. 1983 erkennen. Außerdem konnte und mußte das LG Ulm gem. § 55 Abs. I StGB eine weitere Gesamtfreiheitsstrafe verhängen, die unter Auflösung der Gesamtstrafe im schöffengerichtlichen Urteil vom 8. 6. 1982 (19. 10. 1982) aus **sämtlichen** Einzelfreiheitsstrafen dieser Vorverurteilung und den „gesamtstrafenfähigen" Einzelfreiheitsstrafen der vor dem Urteil vom 8. 6. 1982 (19. 10. 1982) begangenen Straftaten vom 20. 11. 1981 und 1. 6. 1982 zu bilden war. Der mit der materiellrechtlich gebotenen nachträglichen Gesamtstrafenbildung gem. § 55 Abs. I StGB stets einhergehende und in dem für die nachträgliche Gesamtstrafenbildung erforderlichen, beschränkten Umfang zulässige Eingriff[123] in die Rechtskraft des schöffengerichtlichen Urteils vom 8. 6. 1982 (19. 10. 1982) erfaßte nicht nur die dort gebildete Gesamtstrafe, sondern auch die daneben verhängte (wenn auch unter rechtsfehlerhafter Anwendung des § 55 Abs. I StGB festgesetzte) Einzelstrafe. Dies folgt einmal mehr aus dem Grundsatz, daß nicht die äußere Verfahrenslage, sondern die materielle Rechtslage für die Frage maßgebend ist,ob und in welchem Umfang (nachträglich) eine Gesamtstrafe zu bilden ist. Daß mit der gem. § 55 Abs. I StGB sachrichtig (nachträglich) gebildeten Gesamtstrafe im Urteil des LG Ulm vom 1. 2. 1984 eo ipso auch die (angenommene) rechtsfehlerhafte Anwendung des § 55 Abs. I StGB durch das AG-Schöffengericht entfiel, ist lediglich ein Begleiteffekt[124] der nachträgli-

---

122 Vgl. die Nachweise in Anm. 121 und bei BGHSt 33, 367 (369/70).

123 BGHSt 7, 180 (181); BGHSt 9, 5 (8).

124 In diesem Sinne auch Sick NStZ 1984, 362; vgl. ferner OLG Karlsruhe MDR 1987, 165.

chen Gesamtstrafenbildung und keineswegs eine mit den Mitteln des § 55 Abs. I StGB bezweckte Korrektur[125] einer im „früheren" Verfahren rechtsfehlerhaften Anwendung der Regeln über die (nachträgliche) Gesamtstrafenbildung.

II. Grenzen nachträglicher Gesamtstrafenbildung

242 Die nachträgliche Bildung einer Gesamtstrafe ist **ausgeschlossen**, wenn sich die einzubeziehende Strafe aus dem „früheren" Urteil vor der „späteren" Verurteilung (im gegenwärtigen Verfahren) vollständig erledigt hat. Die gesetzlich festgelegten Grenzen der nachträglichen Gesamtstrafenbildung bestimmt § 55 Abs. I, S. 1 StGB abschließend: **Vollstrekkung**, **Verjährung** und **Erlaß** der (früheren) Strafe hindern ihre Einbeziehung in eine nachträgliche Gesamtstrafenbildung auch dann, wenn die sonstigen Voraussetzungen des § 55 StGB vorliegen. Diese gesetzliche Beschränkung der nachträglichen Gesamtstrafenbildung ist sachgerecht. Nur die Einzelstrafe, die noch nicht bzw. noch nicht vollständig erledigt ist, vermag der ihr zukommenden strukturtypischen, strafzumessungsrechtlichen Funktion im Vorgang der Gesamtstrafzumessung zu genügen. In Kollision mit dem Grundgedanken der nachträglichen Gesamtstrafenbildung gerät die Grenzformel des § 55 Abs. I, S. 1 StGB jedoch insoweit, als mit ihr das „Ob" einer nachträglichen Gesamtstrafenbildung von der prozessualen Gestaltung des „späteren" Verfahrens abhängt. Zutreffend ist deshalb darauf aufmerksam gemacht worden, daß die nachträgliche Bildung einer Gesamtstrafe gem. § 55 StGB letztlich doch wieder von Zufälligkeiten der jeweils offenen Verfahrensgestaltung bestimmt wird[126]. So sind beispielsweise weder der Zeitraum zwischen dem „früheren" und „späteren" Verfahren noch die Dauer des „späteren" Verfahrens selbst von vornherein festgelegt oder zeitlich begrenzt[126]. Was die gesetzlich vorgesehene Möglichkeit zur nachträglichen Gesamtstrafenbildung recht eigentlich bezweckt, nämlich aus prozessualen Gründen zufallsbedingte nachteilige Sanktionsentscheidungen zu vermeiden, wird durch die gesetzlich bestimmten Grenzen der nachträglichen Gesamtstrafenbildung daher zumindest teilweise wieder in Frage gestellt

---

[125] Das wäre in der Tat unzulässig, vgl. LG Koblenz NStZ 1981, 392/3; in diesem Sinne auch OLG Karlsruhe MDR 1987, 165: keine **unmittelbare** Korrektur, sondern mit Auflösung der früher gebildeten Gesamtstrafe verbundene **mittelbare** Folge.

[126] So unter Hinweis auf MERKEL, VDA V, S. 392 vor allem SCHÖNKE/SCHRÖDER (STREE), § 55 Rdn. 19; vgl. ferner SCHRADER, Bildung einer Gesamtstrafe, MDR 1974, 718 ff (719).

und unterlaufen. Dieser inhaltlichen Ungereimtheit des § 55 StGB[127] ist im Rahmen des Möglichen und Zulässigen bei der Konkretisierung der „Grenzformel" Rechnung zu tragen. Sie ist so weit wie möglich in der konkreten Strafzumessung aufzufangen.

1. Die Erledigung der früheren Strafe

Als „frühere" Strafe, die gem. § 55 Abs. I, S. 1 StGB noch nicht vollständig bzw. endgültig vollstreckt, verjährt oder erlassen sein darf, kommen Einzel- und Gesamtstrafen in Betracht. In bezug auf die Erledigungsarten des § 55 Abs. I, S. 1 StGB stellt die „frühere" Gesamtstrafe ebenso wie eine „frühere" Einzelstrafe eine Einheit dar[128]. Daß sich die „frühere" Strafe noch nicht vollständig erledigt hat, ist im Urteil des „späteren" Verfahrens **ausdrücklich** festzustellen[129]. Dagegen schadet es nicht, wenn im Urteil des „späteren" Verfahrens eine ausdrückliche Feststellung, daß die Strafe aus der Vorverurteilung vollständig erledigt ist, fehlt. Allerdings muß sich dann zumindest aus den Urteilsgründen mit hinreichender Sicherheit ergeben, daß die Erledigungsfrage nicht übersehen und die konkludente Annahme der vollständigen Erledigung der „früheren" Strafe nicht auf rechtsirrigen Erwägungen beruht[130]. **243**

Vollständig **vollstreckt** ist eine Freiheitsstrafe, wenn sie vollständig verbüßt wurde. Soweit der Vollzug anderer Freiheitsentziehungen auf die Strafe anzurechnen ist (vgl. § 67 Abs. IV StGB), gilt die Strafe für die Dauer dieses „anderen" Freiheitsentzuges als verbüßt und damit i. S. d. § 55 Abs. I, S. 1 StGB als vollstreckt[131]. Hervorzuheben ist aber, daß es in der Erledigungsfrage ausschließlich auf die Erledigung der „früheren" **Strafe** und nicht auf die Erledigung etwaiger Maßregeln ankommt[132]. Eine Geldstrafe ist vollstreckt, wenn sie (vollständig) bezahlt ist oder — bei Uneinbringlichkeit der Geldstrafe (vgl. § 43 StGB, § 459 e StPO) — die Ersatzfreiheitsstrafe verbüßt ist. Entsprechendes gilt für alternative, die Vollstreckung von Ersatzfreiheitsstrafen vermeidende, andere „Ersatzsanktionen" im Falle ihrer ordnungsgemäß festgestellten Erledigung. Ob die „frühere" Strafe i. S. d. § 55 Abs. I, S. 1 StGB endgültig **verjährt** ist, ergibt sich aus den Verjährungsfristen der Vollstrek- **244**

---

[127] Lackner, § 55, 1 b: Reformbedürftige Vorschrift.

[128] Vgl. BayObLG NJW 1957, 1810; Schönke/Schröder (Stree), § 55 Rdn. 21, § 54 Rdn. 20.

[129] So RGSt 74, 387 (391).

[130] So Dreher/Tröndle, § 55 Rdn. 3; LK-Vogler, § 55 Rdn. 15; vgl. auch BGH NJW 1957, 509.

[131] Vgl. Schönke/Schröder (Stree), § 55 Rdn. 22.

[132] Dazu auch Pohlmann, Vollstreckung, Rpfleger 1970, 233 ff (233/4).

kungsverjährung gem. §§ 79, 79 b StGB. Auch der **Straferlaß** hindert die Einbeziehung der „früheren" Strafe in eine nachträgliche Gesamtstrafenbildung nur, wenn er die „frühere" Strafe vollständig erfaßt und endgültig ist. Ein etwaiger Teilerlaß ist keine Erledigung i. S. d. § 55 Abs. I, S. 1 StGB. Die Anordnung gem. § 459 f StPO, wonach die Vollstreckung einer Ersatzfreiheitsstrafe trotz Uneinbringlichkeit der Geldstrafe zu unterbleiben hat, stellt keinen Straferlaß und damit keine Erledigung der Geldstrafe dar. Ebenso wie nach voller Verbüßung einer Ersatzfreiheitsstrafe ist die Geldstrafe jedoch auch dann (vollständig) erledigt, wenn der Verurteilte eine Bewährungszeit nach Aussetzung des Restes einer Ersatzfreiheitsstrafe gem. § 57 StGB durchgestanden hat und die Strafe gem. §§ 57, Abs. III, 56 g StGB erlassen ist. Maßgebend für die endgültige Erledigung einer Strafe sind indessen nicht nur die Erlaßvorschriften des StGB wie etwa § 56 g Abs. I StGB für den Fall einer ohne Widerruf abgelaufenen Strafaussetzung zur Bewährung. Als Straferlaß i. S. d. § 55 Abs. I, S. 1 StGB sind auch eine allgemeine Amnestie oder eine Begnadigung anzusehen[133], sofern sie die „frühere" Strafe vollständig erfassen und die mit ihnen verbundene Straferledigung endgültig ist. Eine nur **bedingte** Begnadigung hindert deshalb die nachträgliche Gesamtstrafenbildung nicht[134].

2. Der maßgebliche Erledigungszeitpunkt

245 Vollstreckung, Verjährung oder Erlaß der „früheren" Strafe schließen die Möglichkeit zur nachträglichen Bildung einer Gesamtstrafe freilich nur aus, wenn die vollständige bzw. endgültige Erledigung der „früheren" Strafe **vor** der „späteren" Verurteilung im „zweiten" Strafverfahren eintritt. Dies ergibt sich ohne weiteres aus der für eine nachträgliche Gesamtstrafenbildung typischen Verfahrens- und Urteilschronologie. Aus dem Wortsinn des § 55 Abs. I, S. 1 StGB läßt sich hingegen der für die Zulässigkeit einer nachträglichen Gesamtstrafenbildung **maßgebliche Erledigungszeitpunkt** der „früheren" Strafe nicht unmittelbar ableiten. Insbesondere in den Fällen „gestreckter" Strafverfahren mit mehreren richterlichen Entscheidungen (etwa erstinstanzliches Urteil, Berufungsurteil, Revisionsentscheidung) kann die „Grenzformel" des § 55 Abs. I, S. 1 StGB zu Anwendungsproblemen führen, wenn und weil sich die Strafe aus der Vorverurteilung zu irgendeinem beliebigen Zeitpunkt im Laufe des „späteren" (nunmehrigen) Strafverfahrens erledigt, etwa zwischen dem erstinstanzlichen Urteil und dem Berufungsur-

---

[133] So auch LK-Vogler, § 55 Rdn. 16; Schönke/Schröder (Stree), § 55 Rdn. 24.
[134] Vgl. auch OLG Hamm JMBl NRW 1952, 35.

teil, dem Berufungsurteil und der Revisionsentscheidung oder zwischen dem erstinstanzlichen Urteil und einer Revisionsentscheidung[135]. In dieser strittigen Frage des maßgeblichen Erledigungszeitpunktes überlagern sich materiell- und verfahrensrechtliche Aspekte. Sie betreffen zum einen die Einheitlichkeit des gesamten Strafverfahrens bis hin zur Rechtskraft der letzten richterlichen Entscheidung[136], zum anderen die materiellrechtliche Gegebenheit, daß die Bildung der Gesamtstrafe und dementsprechend auch die nachträgliche Bildung einer Gesamtstrafe **stets** eine richterliche **Entscheidung zur Straffrage** ist, die besondere tatsächliche Feststellungen erfordern **kann**[137]. Im Rahmen der nachträglichen Bildung einer Gesamtstrafe ist die Erledigung der „früheren" Strafe ein Bestandteil der Sanktionsentscheidung, der auf tatsächlichen Feststellungen beruht[138]. Der maßgebliche Erledigungszeitpunkt, der Zeitpunkt also, bis zu dem die „frühere" **Strafe** jedenfalls noch nicht vollständig vollstreckt, endgültig verjährt oder erlassen sein darf, bezieht sich somit notwendigerweise auf eine **tatrichterliche Entscheidung**. Bei der „späteren" Verurteilung im jetzigen („zweiten") Strafverfahren als dem von § 55 Abs. I, S. 1 StGB ungenau markierten Erledigungszeitpunkt handelt es sich daher um die **Verkündung des letzten tatrichterlichen Sachurteils** im „späteren" (gegenwärtigen) Strafverfahren, das sich mit der Schuld- und/oder Straffrage zu befassen hat. Diese Zeitpunktbestimmung entspricht der h. M. in Rechtsprechung und Lehre[139].

In dem Bemühen, etwaigen aus den Zufälligkeiten der Prozeßgestaltung und des Verfahrensablaufs resultierenden nachteiligen Sanktionsentscheidungen entgegenzuwirken, stellt eine von der h. M. abweichende Auffassung[140] zur Bestimmung des maßgeblichen Erledigungszeitpunktes gem. § 55 Abs. I, S. 1 StGB auf die letzte richterliche Entscheidung vor dem Eintritt der Rechtskraft ab[140]. Danach versteht sich die „spätere" Verurteilung als letzte Entscheidung, in der eine durch die Vorinstanz erfolgte Gesamtstrafenbildung — falls sich inzwischen die frühere Strafe erledigt — beseitigt werden kann. Dies brauche keine tatrichterliche Entscheidung zu sein. Vielmehr müsse auch der Revisionsrichter die nachträgliche Gesamtstrafe aufheben, wenn sich im Laufe des Revisions- 246

---

135 Vgl. dazu LK-Vogler, § 55 Rdn. 17; Schönke/Schröder (Stree), § 55 Rdn. 25.

136 Vgl. auch Schönke/Schröder (Stree), § 55 Rdn. 25.

137 BGHSt 15, 66 (71).

138 Vgl. dazu auch SK-Samson, § 55 Rdn. 7.

139 RGSt 32, 7 (9); 39, 275 (277); 74, 387 (391); BGHSt 2, 230 (232); 4, 366 (368); 12, 94 (95); 15, 66 (71); Jescheck, Strafrecht AT, § 68 III 2; Lackner, § 55, 1 b; LK-Vogler, § 55 Rdn. 17; SK-Samson, § 55 Rdn. 6.

140 Schönke/Schröder (Stree), § 55 Rdn. 19, 25.

verfahrens die frühere Strafe erledigt habe. Es fehle dann an den materiellrechtlichen Voraussetzungen des § 55 StGB. Insoweit sei die Entscheidungssituation nicht anders, als wenn während des Revisionsverfahrens eines der dem Urteil zugrunde liegenden Strafgesetze aufgehoben worden wäre[140]. Diese Argumentation überzeugt indessen nicht. Zunächst leuchtet nicht ein, daß die jeweils während des Revisionsverfahrens eintretende Straferledigung i. S. d. § 55 Abs. I, S. 1 StGB und die Aufhebung eines dem vorinstanzlichen Urteil zugrunde liegenden Strafgesetzes aus der Sicht des Revisionsgerichts eine in der Sache letztlich identische Entscheidungssituation sein soll. Rechtsanwendungsrechtlich und rechtsmethodologisch handelt es sich im Gegenteil um grundverschiedene Entscheidungssituationen: Die auf eingetretener Straferledigung beruhende Unanwendbarkeit des § 55 StGB läßt sich mit der Aufhebung eines Strafgesetzes, dessen Anwendbarkeit infolge seiner Aufhebung jeder richtlichen Prüfung entzogen ist, schlechterdings nicht vergleichen. Darüber hinaus ist völlig übersehen, daß die eingetretene Straferledigung zwar nicht ausdrücklich festgestellt, aber doch aus dem Zusammenhang der Urteilsgründe ersichtlich sein muß. Die Frage der Straferledigung erfordert demnach immer **tatsächliche** Feststellungen[141]. Die revisionsgerichtliche Kontrolle eines Urteils umfaßt hingegen dessen Überprüfung **nur in rechtlicher**, nicht in tatsächlicher Hinsicht. Als „spätere" Verurteilung im „gegenwärtigen" Strafverfahren kann das Revisionsurteil als letzte richterliche Entscheidung vor Eintritt der Rechtskraft deshalb nicht in Betracht kommen.

247 Mit der strafzumessungsrechtlichen Funktion und dem Wortsinn des § 55 Abs. I, S. 1 StGB ebenfalls nicht zu vereinbaren ist eine weitere von der h. M. abweichende Ansicht[142], wonach unter Verurteilung im „späteren" (laufenden) Strafverfahren das Urteil erster Instanz zu verstehen ist[142]. Ob dieses Verständnis vom „späteren" Urteil die (methodologischen) Grenzen zulässiger Gesetzeskonkretisierung überschreitet[143], mag dahingestellt bleiben. Ungenügend beachtet ist in ihm gewiß der formellrechtliche Aspekt des maßgeblichen Erledigungszeitpunktes, der im Kontinuum eines **einheitlichen** Strafverfahrens als „spätere" Verurteilung die zeitlich letzte Möglichkeit zur nachträglichen Bildung einer Gesamtstrafe ausweist. Die Straferledigung i. S. d. § 55 Abs. I, S. 1 StGB ist im übrigen für sich genommen ein so erheblicher strafzumessungsrechtlicher Umstand, daß von ihm insbesondere im Falle längerer Straf-

---

141 Vgl. auch SK-Samson, § 55 Rdn. 7.

142 Schrader, Bildung einer Gesamtstrafe, MDR 1974, 718ff (719).

143 So Lackner, § 55, 1b; OLG Frankfurt Beschl. v. 4. 4. 1973 — 2 Ss 489/72 zit. bei Schrader, Bildung einer Gesamtstrafe, MDR 1974, 718ff (718).

verfahren entscheidende Impulse für die „spätere" Sanktionsentscheidung ausgehen können, und zwar ohne Rücksicht darauf, ob es sich dabei um die Verhängung einer Einzel-, Gesamt- oder nachträglich gebildeten Gesamtstrafe handelt.

Kommt es demnach für den maßgeblichen Erledigungszeitpunkt **248**
i. S. d. § 55 Abs. I, S. 1 StGB auf die Verkündung des letzten, mit der Schuld und/oder Straffrage befaßten tatrichterlichen Sachurteils an, so ergibt sich daraus beispielsweise, daß eine in erster Instanz vorgenommene Gesamtstrafenbildung gem. § 55 StGB im Urteil der Berufungsinstanz nicht aufrechterhalten bleiben darf, wenn sich zwischen beiden Urteilen die Strafe aus der Vorverurteilung gem. § 55 Abs. I, S. 1 StGB vollständig erledigt hat[144]. **Entgegen** der h. M. in Rechtsprechung und Lehre[145] scheidet die nachträgliche Bildung einer Gesamtstrafe auch dann aus[146], wenn sich das letzte tatrichterliche Urteil **nach Zurückverweisung** der Sache durch das Revisionsgericht nur noch mit der Nachholung einer rechtsfehlerhaft unterbliebenen nachträglichen Bildung einer Gesamtstrafe beschäftigt und sich vor Verkündung dieses letzten tatrichterlichen Urteils die „frühere" Strafe erledigt. Das Argument des BGH[147], in derartigen Fällen müsse von der Regel, daß das letzte von mehreren tatrichterlichen Urteilen in demselben Strafverfahren dafür maßgeblich ist, ob sich die „frühere" Strafe i. S. d. § 55 Abs. I, S. 1 StGB erledigt hat, eine Ausnahme zugelassen werden, weil sonst der mit der Revision zutreffend gerügte Rechtsfehler, daß im angefochtenen Urteil eine Gesamtstrafe entgegen § 55 StGB nicht gebildet worden sei, nicht mehr beseitigt werden kann, ist eine allein von Billigkeitserwägungen getragene Inkonsequenz und überzeugt nicht. Auch wenn nach revisiongerichtlicher Zurückverweisung der Sache in die Vorinstanz „nur noch" die rechtsfehlerhaft unterbliebene nachträgliche Bildung einer Gesamtstrafe nachgeholt wird, stellt diese lediglich nachgeholte nachträgliche Bildung einer Gesamtstrafe und die darauf basierende urteilsförmige Sanktionsentscheidung eine **eigenständige** (neue) Entscheidung zur Straffrage

---

[144] So die h. M., vgl. statt aller LK-Vogler, § 55 Rdn. 18; Schönke/Schröder (Stree), § 55 Rdn. 26; SK-Samson, § 55 Rdn. 6.

[145] BGHSt 15, 66 (71); BGH Beschl. v. 23. 2. 1977 — 3 StR 22/77; BGH Beschl. v. 28. 8. 1980 — 4 StR 412/80; BGH NStZ 1982, 377; BGH StrVert 1982, 569; OLG Stuttgart MDR 1983, 337/8; LK-Vogler, § 55 Rdn. 18; im Ergebnis ebenso BGHSt 4, 366 (368); Dreher/Tröndle, § 55 Rdn. 3; Lackner, § 55, 1 b.

[146] Wie hier OLG Schleswig MDR 1981, 866/7 = OLG Schleswig NStZ 1981, 438 (L) mit der Begründung, daß eine analoge Anwendung des § 55 StGB nicht zulässig ist.

[147] So BGHSt 15, 66 (71).

und somit ein tatrichterliches Sachurteil dar, das in bezug auf eine zuvor eingetretene Erledigung der „früheren" Strafe nicht anders zu beurteilen ist als das letzte tatrichterliche Sachurteil in allen übrigen „Regelfällen". Die rechtsfehlerhaft unterbliebene nachträgliche Bildung einer Gesamtstrafe unterscheidet sich im Blick auf die strafzumessungsrechtlich relevante Straferledigung gem. § 55 Abs. I, S. 1 StGB in keiner Weise von anderen Zufälligkeiten der Prozeßgestaltung mit vergleichsweise nachteiligen Auswirkungen, die nach einhelliger Auffassung jedenfalls nicht durch § 55 StGB selbst aufzufangen sind.

249 Die inzwischen verfestigte Rechtsprechung des BGH, daß die Nachholung einer unter Verletzung des § 55 StGB nicht vorgenommenen nachträglichen Gesamtstrafenbildung nach revisionsgerichtlicher Zurückverweisung auch dann noch möglich und erforderlich ist, wenn die „frühere" Strafe aus der Vorverurteilung sich bis zum letzten tatrichterlichen Urteil erledigt hat[148], beruht überdies auf einem zirkelhaften Austausch einer in der Sache unzutreffenden Begründung: Ursprünglich rechtfertigte der 2. Strafsenat des BGH die Nachholung der fehlerhaft unterbliebenen nachträglichen Gesamtstrafenbildung trotz zwischenzeitlicher Erledigung der „früheren" Strafe damit, daß diese nachzuholende Entscheidung zur (nachträglich gebildeten) Gesamtstrafe kein tatrichterliches Urteil darstelle und deshalb als „spätere" Verurteilung i. S. d. § 55 Abs. I, S. 1 StGB (§ 79 a. F. StGB) nicht anzusehen sei[149]. Von dieser in der Sache unzutreffenden Auffassung rückte derselbe Strafsenat später ab, behielt seine Rechtsprechung im Ergebnis jedoch bei[150]. Anstelle der bisherigen Begründung verwies der Senat auf ein Urteil des 5. Strafsenats[151] und dessen beiläufig geäußerte Anerkennung einer „von der Rechtsprechung zugelassenen Ausnahme" (von der Regel, daß das letzte tatrichterliche Urteil maßgbend ist). Belegt wird diese von der Rechtsprechung zugelassene Ausnahme in BGHSt 12, 94 (95) indes mit der (Rück-) Verweisung auf BGHSt 4, 366 (368) und damit auf die vom 2. Strafsenat in BGHSt 15, 66 (71) doch gerade als unzutreffend aufgegebene Auffassung, die Entscheidung zur Gesamtstrafe sei kein tatrichterliches Urteil. Da die verschiedenen Strafsenate des BGH auch später diesen Fragenkomplex nicht ausdrücklich erörtert haben[152], sondern die Rechtsprechung des 2. Strafsenats in BGHSt 15, 66 (71) immer wieder nur dem Ergebnis nach übernahmen und bestätigten, ist der BGH bis heute die

---

148 Vgl. die Nachweise in Anm. 145.

149 BGHSt 4, 366 (368).

150 BGHSt 15, 66 (71).

151 BGHSt 12, 94 (95).

152 Vgl. nur BGH Beschl. v. 23. 2. 1977 – 3 StR 22/77; BGH NStZ 1982, 377; BGH StrVert 1982, 569.

Begründung dafür schuldig geblieben, warum die Nachholung einer fehlerhaft unterbliebenen Gesamtstrafenbildung gem. § 55 StGB **ausnahmsweise** keine die Möglichkeit zur nachträglichen Gesamtstrafenbildung einschränkende Funktion eines (letzten tatrichterlichen) Urteils im „späteren" (laufenden) Verfahren hat[153].

3. Der sog. Härteausgleich

Soweit die Zufälligkeiten des Verfahrensablaufs und der Prozeßgestaltung dazu führen daß „an sich" zur nachträglichen Bildung einer Gesamtstrafe geeignete „frühere" Strafen nur deshalb nicht in eine nachträgliche Gesamtstrafenbildung einbezogen werden, weil sie sich vor dem „späteren" Urteil im laufenden Strafverfahren vollständig erledigen, **kann** diese Nichtberücksichtigung der erledigten Strafe bei der konkreten Sanktionsentscheidung des „jetzigen" Strafverfahrens den Verurteilten erheblich benachteiligen. Am Grundgedanken des § 55 StGB orientiert besteht bei derartigen, allein aus prozessualen Gründen zufallsbedingten Fallkonstellationen die Gefahr, daß die nicht mögliche Anwendung des § 55 StGB den Verurteilten, verglichen mit einer sonst zu verhängenden nachträglich gebildeten Gesamtstrafe, im Ergebnis wesentlich schlechter stellt. Dies trifft grundsätzlich für alle in § 55 Abs. I, S. 1 StGB genannten Formen der Straferledigung zu. Allerdings ist im Einzelfall und insbesondere in der Frage, wie und in welchem Umfange etwaige Sanktionsnachteile aus Gründen der materiellen Gerechtigkeit zu beseitigen sind, zwischen der Vollstreckung, der Verjährung und dem Erlaß der „früheren" Strafe zu differenzieren[154]. **250**

a) Für die in der tatrichterlichen Entscheidungspraxis am häufigsten auftretende Form der Straferledigung gem. § 55 Abs. I, S. 1 StGB, der **vollständigen Vollstreckung** einer Freiheitsstrafe durch Verbüßung bzw. einer Geldstrafe durch Bezahlung oder Verbüßung der Ersatzfreiheitsstrafe, ist in Rechtsprechung und Lehre anerkannt, daß die infolge der Straferledigung ausgeschlossene Einbeziehung der „früheren" Strafe in eine nachträgliche Gesamtstrafenbildung zwangsläufig eine den Verurteilten im Ergebnis schlechter stellende Sanktionsentscheidung be- **251**

[153] Auch das die Rechtsprechung des BGH anführende und bestätigende Schrifttum hat eine zureichende Begründung der angeblichen Ausnahme bislang nicht erarbeitet. Die Annahme des OLG Schleswig MDR 1981, 866/7, wonach der BGH seine Auffassung wohl auf eine analoge Anwendung des § 55 StGB stützt, ist nach den Urteilsausführungen in BGHSt 12, 94 (95) und in BGHSt 15, 66 (71) nicht begründbar (Regel-Ausnahme-Verhältnis).

[154] Vgl. auch BGH NStZ 1983, 261.

wirkt[155]. Die darin liegende (unbillige) Härte, die freilich **nur** auf der prozessualen Zufälligkeit beruhen darf, daß eine „frühere" Strafe wegen ihrer (zwischenzeitlichen) Erledigung **nicht mehr** zur nachträglichen Bildung einer Gesamtstrafe herangezogen werden **kann**, **muß** nach der ständigen Rechtsprechung des BGH bei der Zumessung der nunmehr (im „späteren" Urteil) zu verhängenden Strafe **ausgeglichen werden**[155]. Erforderlich ist weiter, daß dieser sog. **Härteausgleich** aus dem Zusammenhang der Entscheidungsgründe des „jetzigen" Urteils ersichtlich ist[156]. Die tatrichterliche Pflicht zum **erkennbaren Härteausgleich** besteht im übrigen für jeden Fall einer wegen zwischenzeitlich eingetretener Strafvollstreckung nicht mehr möglichen nachträglichen Gesamtstrafenbildung mit der „früheren" Strafe. Erledigt sich die „frühere" Strafe durch vollständige Strafvollstreckung **nach** revisionsgerichtlicher Zurückverweisung der Sache, aber **vor** dem nunmehr zu verkündenden (letzten tatrichterlichen) Urteil, das sich ausschließlich mit der zutreffend gerügten fehlerhaften Nichtanwendung des § 55 StGB zu befassen hätte, ist deshalb etwaigen Sanktionsnachteilen entgegen der Auffassung des BGH[157] nicht mit einer voraussetzungswidrigen, auf unschlüssigen Regel-Ausnahme-Erwägungen[158] beruhenden Anwendung des § 55 StGB, sondern wie in allen anderen „Regelfällen" auch mit einem entsprechenden Härteausgleich zu begegnen[159].

252 Wie und in welchem Umfang das zur (letzten tatrichterlichen) Verurteilung im „späteren" (laufenden) Verfahren zuständige Gericht den Härteausgleich vornimmt, ist ausschließlich eine Frage der Strafzumessung[160]. Zutreffend betont deshalb die Rechtsprechung des BGH, daß die Art und Weise sowie das Maß der aus dem Härteausgleich resultierenden Strafmilderung im Ermessen des Tatrichters steht[161]. Dieses tatrichter-

---

155 BGHSt 2, 230 (233); 12, 94 (95); 31, 102 (103); 33, 131 (132); BGH GA 1979, 189; ferner die Nachweise in BGHSt 31, 102 (103); Dreher/Tröndle, § 55 Rdn. 7; Lackner, § 55, 1 b; Schönke/Schröder (Stree), § 55 Rdn. 28; SK-Samson, § 55 Rdn. 8.

156 So BGHSt 31, 102 (103); BGH Beschl. v. 3..9. 1975 — 2 StR 400/75; Dreher/Tröndle, § 55 Rdn. 7 mit weiteren Nachweisen.

157 Vgl. oben Rdn. 248 bei und in Anm. 145 mit dortigen Nachweisen.

158 Vgl. oben Rdn. 249.

159 So auch OLG Schleswig MDR 1981, 866/7 = OLG Schleswig NStZ 1981, 438 (L).

160 In diesem Sinne auch BGHSt 31, 102 (103) = BGH NStZ 1983, 260 mit abl. Anm. Loos; BGHSt 33, 131 (132) = BGH NJW 1985, 1231; ferner Vogt JR 1983, 250, dessen Kritik an BGHSt 31, 102 ff = BGH JR 1983, 249/50 m. E. am eigentlichen Sinn der Entscheidungsgründe vorbeigeht.

161 Vgl. statt aller BGHSt 31, 102 (103) mit insoweit abl. Anm. Loos NStZ 1983, 260/1.

liche Ermessen ist zwar den Regeln rationaler Strafzumessung unterworfen. Es handelt sich deshalb auch nicht um „freies" Ermessen im verwaltungsrechtlichen Sinne, sondern um (strafzumessungs-)rechtlich gebundenes Ermessen, das auf eine **einzige**, allein zutreffende Entscheidung ausgerichtet ist. Dem Tatrichter steht bei seiner Sanktionsentscheidung jedoch ein (Beurteilungs-)Spielraum zur Verfügung, innerhalb dessen er Art, Umfang und Methode des Härteausgleichs „frei" bestimmen kann[162]. Erforderlich ist freilich, daß der Härteausgleich i. S. d. § 46 StGB angemessen[163] ist. Regelmäßig wird das Tatgericht den Umstand, daß eine nachträgliche Gesamtstrafenbildung mit einer „früheren", inzwischen vollständig vollstreckten Strafe nicht möglich ist, unmittelbar bei der Festsetzung der „nunmehr" auszuurteilenden Strafe berücksichtigen können[163]. Für den Tatrichter besteht jedoch keine zwingende Notwendigkeit, den Härteausgleich stets unmittelbar durch die „neu" verhängte Strafe zu verwirklichen. Unter strafzumessungsrechtlichem Blickwinkel **kann** es im Einzelfall vielmehr auch angezeigt sein, den Härteausgleich so durchzuführen, daß zunächst die bereits vollständig vollstreckte Strafe in eine **fiktive** nachträgliche Gesamtstrafenbildung einbezogen, sodann die hypothetische Gesamtstrafe um die bereits vollstreckte „frühere" Strafe gekürzt und schließlich auf die so ermittelte (Einzel- oder Gesamt-)Strafe im „späteren" Urteil erkannt wird[164].

Demgegenüber geht eine hiervon abweichende Auffassung im Schrifttum[165] davon aus, daß Art und Ausmaß des Härteausgleichs **nicht** im Ermessen des Tatrichters stehen. Die im „jetzigen" Verfahren zu verhängende „neue" Strafe soll danach **stets** unter entsprechender Anwendung der §§ 53, 54 StGB gebildet werden mit der Folge, daß die „spätere" Strafe nicht höher sein darf als die Differenz zwischen einer nachträglichen Gesamtstrafe, wie sie bei der Anwendung des § 55 StGB zu bilden gewesen wäre, und der „früheren" (jetzt erledigten) Strafe. Bei der Strafzumessung im „neuen" Verfahren müsse daher **zwingend** zunächst für die „jetzt" abzuurteilende Tat eine Einzelstrafe festgesetzt, sodann aus dieser Einzelstrafe und der „früheren" (erledigten) Einzelstrafe unter Anwendung des § 55 StGB i. V. m. §§ 53, 54 StGB eine 253

---

[162] Vgl. dazu statt aller Bruns, Strafzumessungsrecht, S. 62ff, 65 mit weiteren Nachweisen; ferner BGHSt 29, 319 (320).

[163] So BGHSt 31, 102 (103); 33, 131 (132).

[164] Sachlich übereinstimmend mit BGHSt 31, 102 (103); 33, 131 (132). Anders dagegen Vogt JR 1983, 250, der allein den unmittelbar durch die Festsetzung einer entsprechend geminderten „neuen" Strafe bewirkten Härteausgleich für zulässig erachtet; vgl. auch OLG Zweibrücken NJW 1980, 2265 (L).

[165] Schönke/Schröder (Stree), § 55 Rdn. 28, 29; SK-Samson, § 55 Rdn. 8; Loos NStZ 1983, 260/1.

(fiktive) Gesamtstrafe gebildet und anschließend von dieser Gesamtstrafe die „frühere" Strafe voll oder nach einem bestimmten Verhältnis gekürzt abgezogen werden. Die verbleibende Differenz sei die im späteren Urteil auszuwerfende Strafe[166].

254 Gegen diese Auffassung sind grundsätzliche Bedenken geltend zu machen. Sie ist deshalb abzulehnen. Was als **zwingend vorgegebene** Methode des Härteausgleichs beschrieben wird, stellt in Wirklichkeit eine **entsprechende** Anwendung der §§ 53, 54 StGB dar, und zwar eine analoge Anwendung der §§ 53, 54 StGB **außerhalb** der im Rahmen des „neuen" Verfahrens vorzunehmenden Einzel- oder Gesamtstrafzumessung. Eine solche sinngemäße Anwendung der §§ 53, 54 StGB verstößt aber gegen die gesetzliche Regelung der Gesamtstrafenbildung und der nachträglichen Gesamtstrafenbildung. Der Sache nach suspendiert sie unzulässig die gesetzlich fixierten Grenzen der nachträglichen Gesamtstrafenbildung gem. § 55 Abs. I, S. 1 StGB und dehnt den Anwendungsbereich des § 55 Abs. I StGB auf Fallgestaltungen aus, die der nachträglichen Gesamtstrafenbildung nach dem Wortsinn und der strafzumessungsrechtlichen Funktion des § 55 Abs. I StGB entzogen sind. Mit der Gesetzeslage ist die sinnentsprechende Anwendung der §§ 53, 54 StGB im Rahmen einer fiktiven Gesamtstrafenbildung gem. § 55 StGB daher nicht vereinbar[167]. Darüber hinaus verstößt die entsprechende Anwendung der §§ 53, 54 StGB zwecks nachträglicher Bildung einer fiktiven Gesamtstrafe auch gegen das methodologische Analogieerfordernis eines nicht geregelten, aber **rechtsähnlichen** Sachverhalts. Abgesehen davon, daß im gesetzlichen Konzept der nachträglichen Bildung einer Gesamtstrafe der in Frage stehende Fall einer wegen Vollstreckung (Erledigung) nicht mehr zu berücksichtigenden Strafe **ausdrücklich** geregelt ist, unterscheidet sich der Sachverhalt einer bereits vollstreckten (nicht mehr einzubeziehenden) Strafe von dem der noch nicht vollstreckten (und daher zu berücksichtigenden) Strafe so erheblich, daß unter keinem normativen Aspekt des Asperations- und Gesamtstrafenprinzips von etwaiger Rechtsähnlichkeit die Rede sein kann[168]. Diese Bedenken sind auch nicht dadurch auszuräumen, daß die voraussetzungswidrige nach-

---

[166] Vgl. Schönke/Schröder (Stree), § 55 Rdn. 28 ff.

[167] In diesem Sinne auch LK-Vogler, § 55 Rdn. 19; vgl. ferner Vogt JR 1983, 250.

[168] Vgl. dazu auch Vogt JR 1983, 250 sowie die Auffassung des GBA in BGHSt 31, 102 (103/4); entgegen Loos NStZ 1983, 260/1 steht die Rechtsprechung des BGH durchaus mit der Gesetzeslage (Einschränkung der nachträglichen Gesamtstrafenbildung durch die Grenzformel in § 55 Abs. I, S. 1 StGB, vgl. dazu auch BGHSt 2, 230 (232) und LK-Vogler, § 55 Rdn. 19 a. E.) in Einklang.

trägliche Bildung einer fiktiven Gesamtstrafe als allein „systemgerechte" Methode[169] des Härteausgleichs in den Bereich der Strafzumessung verwiesen wird. Dies ruft im Gegenteil nur weitere Zweifel hervor, weil auf diese Weise eine ausschließlich zu den Anwendungsvoraussetzungen der nachträglichen Gesamtstrafenbildung gehörende und beispielsweise uneingeschränkter Revisionskontrolle unterliegende Rechtsanalogie sachwidrig als (revisionsrichterlicher Richtigkeitsprüfung nur begrenzt zugängliche) Strafzumessungsentscheidung umqualifiziert wird[170].

Schließlich ergeben sich unter strafzumessungsrechtlichen Gesichtspunkten unlösbare Probleme, wenn der Härteausgleich **stets** über den Weg einer fiktiven nachträglichen Gesamtstrafenbildung erfolgen müßte. Abgesehen von der damit verbundenen (unzulässigen) Vorstrukturierung und Einengung des strafzumessungsrichterlichen Entscheidungsspielraums sind im Einzelfall auch schuldunangemessene Sanktionsentscheidungen denkbar. Diese Unverträglichkeit mit § 46 StGB zeigt sich im nachfolgenden Vergleich zweier Sanktionsentscheidungen bei **gleichem** (!) Ausgangssachverhalt: Die „jetzt" auszuurteilende Strafe möge eine bereits vollstreckte Einzelstrafe von sieben Monaten sowie zwei weitere zur (nachträglichen) Gesamtstrafenbildung geeignete Einzelstrafen von acht und neun Monaten Freiheitsstrafe betreffen. Die nachträglich gebildete fiktive Gesamtstrafe soll mit 14 Monaten Freiheitsstrafe bemessen sein. Der Härteausgleich führt dann zu der „neu" zu verhängenden Gesamtstrafe von (14 Monate — 7 Monate) nurmehr sieben Monaten Freiheitsstrafe. Würde der Härteausgleich dagegen im Rahmen der Gesamtstrafzumessung bei der (nachträglichen) Bildung einer Gesamtstrafe aus den Einzelstrafen von acht und neun Monaten Freiheitsstrafe **unmittelbar** vorgenommen, so hätte die „neue" Sanktionsentscheidung gem. § 46 StGB u. a. als Tatnachverhalten auch das Vollzugsverhalten zu berücksichtigen. Wirkte dieses Vollzugsverhalten straferhöhend, dann wäre eine Gesamtstrafzumessung mit dem Ergebnis von 15 Monaten Gesamtfreiheitsstrafe denkbar. Die volle Berücksichtigung der verbüßten Freiheitsstrafe hätte dann eine „neu" zu verhängende Gesamtfreiheitsstrafe von acht Monaten zur Folge. Beiden Sanktionsentscheidungen liegt zwar derselbe Sachverhalt zu Grunde. Anders als im Fall des unmittelbar bei der „neu" verhängten Gesamtstrafe vorgenommenen Härteausgleichs hat der schuld- und zumessungsrelevante Umstand des Vollzugsverhaltens beim Härteausgleich über den Weg der fiktiven Gesamtstrafenbildung jedoch außer Betracht zu bleiben, weil bei der fiktiven nachträglichen Bildung einer hypothetischen Gesamtstrafe die bereits 255

[169] So ausdrücklich, in der Sache jedoch unzutreffend Loos NStZ 1983, 260/1.
[170] Das übersieht Loos NStZ 1983, 260/1.

vollstreckte Einzelstrafe so zu berücksichtigen ist, als ob sie noch nicht erledigt wäre. Genau diese im Modell der fiktiven Gesamtstrafenbildung angelegte Konsequenz des gem. § 55 StGB i. V. m. einer analogen Anwendung der §§ 53, 54 StGB vorgenommenen Härteausgleichs kann indessen wie gezeigt[171] im Einzelfall zu vollstreckungs- und zumessungsrechtlich nicht behebbaren Friktionen mit dem Schuldprinzip und damit, bezogen auf die „neu“ zu verhängende (Einzel- oder Gesamt-)Strafe, zu deren Verstoß gegen § 46 StGB führen.

256 Mit der Rechtsprechung des BGH und einem Teil der Lehre kommt es deshalb beim sog. Härteausgleich allein darauf an, daß etwaige Sanktionsnachteile aus der infolge vollständiger Strafvollstreckung gem. § 55 Abs. I, S. 1 StGB nicht mehr möglichen Gesamtstrafenbildung im Rahmen des dem Tatrichter eingeräumten Entscheidungsspielraums und der danach im laufenden Verfahren vorzunehmenden konkreten Strafzumessung **angemessen** ausgeglichen wird. Nach BGHSt 33, 131 (132) setzt der angemessene Härteausgleich voraus, daß die auf der getrennten Aburteilung beruhenden Nachteile **tatsächlich** ausgeglichen werden, der Täter bei der Strafzumessung also so gestellt wird, wie er gestanden hätte, wenn bei der früheren Verurteilung auch die den Gegenstand des späteren Verfahrens bildende Tat mit abgeurteilt worden wäre. Dieses Verständnis des „angemessenen Härteausgleichs“ ist freilich nicht zwingend. Es ist sachgerecht immer dann, wenn sich der Tatrichter zur Festsetzung der „neuen“ Strafe im Vorgang seiner Strafzumessung des „Denkmodells“ der „fiktiven Gesamtstrafenbildung“ bedient. In allen anderen Fällen, in denen der Härteausgleich unmittelbar durch die Zumessung einer entsprechend gemilderten Strafe für die „jetzt“ abzuurteilenden Taten erfolgt, versteht sich die Angemessenheit des Härteausgleichs nicht als „linear“ abzusetzender Minderungsbetrag in Höhe der tatsächlich vollstreckten Strafe, sondern um eine in einem bestimmten Verhältnis gekürzte Strafmilderung, die eine eigene zumessungsrechtliche Beurteilung erfordert. Auch insoweit wird der Tatrichter allerdings zur Ermittlung des ausgleichsfähigen Anteils der vollstreckten Strafe auf die Methode der „fiktiven Gesamtstrafenbildung“ zurückgreifen **können** und um der Rationalität der eigenen Strafzumessung willen in der Regel zurückgreifen müssen[172].

---

171 Aus der tatrichterlichen Zumessungs- und Entscheidungspraxis ließen sich beliebig viele Fallbeispiele mit entsprechender Problematik dem zuvor beschriebenen Sachverhalt hinzufügen.

172 Im praktischen Ergebnis tritt der Gegensatz der Auffassungen zum sog. Härteausgleich deshalb, jedenfalls in der großen Mehrzahl aller Fälle, nicht in Erscheinung.

Der angemessene Härteausgleich ist bei der konkreten Strafzumessung **257**
der „neu“ auszuurteilenden Strafe in vollem Umfange zu berücksichtigen. Soweit nach angemessenem Härteausgleich die „jetzt“ zu verhängende Strafe etwaige gesetzliche Mindeststrafen unterschreitet, ergibt sich daraus keine nachträgliche Reduzierung des Härteausgleichs bis zur Grenze der gesetzlichen Mindeststrafe. Vielmehr ist ein Unterschreiten etwaiger gesetzlicher Mindeststrafen zum Zwecke des angemessenen Härteausgleichs uneingeschränkt zulässig und erforderlich[173]. Entsprechendes gilt für das Unterschreiten der Untergrenze des Gesamtstrafrahmens gem. § 54 Abs. I, S. 2 StGB[174]. Hat der Verurteilte eine Freiheitsstrafe von zehn Monaten verbüßt, so führt der angemessene Härteausgleich für den Fall, daß aus weiteren Einzelstrafen von acht und sechs Monaten Freiheitsstrafe eine (nachträgliche) Gesamtstrafe zu bilden und zu verhängen ist, zu einer deutlichen Unterschreitung der Untergrenze des Gesamtstrafrahmens gem. § 54 Abs. I, S. 2 StGB, wenn die zu verhängende Gesamtstrafe beispielsweise mit elf Monaten Freiheitsstrafe bemessen und ein direkter Härteausgleich von „anteiligen“ sechs Monaten Freiheitsstrafe vorgenommen oder im Wege der der „fiktiven (nachträglichen) Gesamtstrafenbildung“ von der hypothetischen Gesamtstrafe in Höhe von z. B. fünfzehn Monaten Freiheitsstrafe die verbüßte Strafe voll abgesetzt wird. Dies ist ohne weiteres möglich und — weil erforderlich — auch zulässig[174].

Umgekehrt ist beim Härteausgleich jedoch die Höchstgrenze des § 54 **258**
Abs. II, S. 2 StGB sowie das gesetzliche Höchstmaß der Freiheits- und/oder Geldstrafe gem. §§ 38 Abs. II, 40 Abs. I StGB zu beachten. Bedient sich der Tatrichter zur Ermittlung des angemessenen Härteausgleichs des Modells der „fiktiven (nachträglichen) Gesamtstrafenbildung“, so soll nach BGHSt 33, 131 ff auch bei der (nachträglichen) Bildung dieser „hypothetischen“ Gesamtstrafe die Höchstgrenzenregel des § 54 Abs. II, S. 2 StGB strikt einzuhalten sein mit der Folge, daß ein voller Härteausgleich auch dann vorzunehmen ist, wenn die allein noch zu verhängende Einzelstrafe als „fiktive“ Einsatzstrafe unter der für ihre Strafart maßgeblichen Höchstgrenze bleibt. Der in BGHSt 33, 131 ff entschiedene Sachverhalt betraf einen Verurteilten, der vor Verkündung des Urteils im laufenden Verfahren eine Gesamtfreiheitsstrafe in Höhe von zwei Jahren und vier Monaten wegen anderer Taten voll verbüßt hatte. Diese Gesamtfreiheitsstrafe war gegen ihn verhängt worden, nachdem er den konkret

---

[173] Vgl. BGH Beschl. v. 10. 1. 1980 — 4 StR 691/79 entsprechend BGH MDR (Holtz) 1980, 454; ferner Dreher/Tröndle, § 55 Rdn. 7; Lackner, § 55, 1 b; BGHSt 31, 102 (104).

[174] So BGHSt 31, 102 (104) zu § 54 a. F. StGB.

zur Aburteilung stehenden Mord begangen hatte. Das LG erkannte unter Berücksichtigung, jedoch nicht unter vollständigem Abzug der verbüßten Gesamtfreiheitsstrafe für den Mord (gem. § 106 JGG) auf eine Einzelstrafe von vierzehn Jahren Freiheitsstrafe. Der BGH korrigierte diese Sanktionsentscheidung auf (höchstens) zwölf Jahre und acht Monate Freiheitsstrafe, weil die „hypothetische" (fiktiv nachträglich gebildete) Gesamtfreiheitsstrafe gem. § 54 Abs. II, S. 2 StGB nicht höher als mit fünfzehn Jahren hätte bemessen werden dürfen und die verbüßte (Gesamt-)Freiheitsstrafe im Wege des angemessenen Härteausgleichs von **diesem** Höchstbetrag vollständig hätte abgesetzt werden müssen[175].

b) Ein angemessener Härteausgleich im zuvor beschriebenen Sinne
259 ist auch vorzunehmen, wenn die vollständige Vollstreckung einer „früheren" Einzelfreiheitsstrafe nicht im Wege der tatsächlichen Verbüßung, sondern aufgrund der gesetzlich vorgesehenen **Anrechnung** einer anderen Form **der Freiheitsentziehung** auf den Vollzug der Freiheitsstrafe erfolgt. Übersteigt die anrechenbare andere Form der Freiheitsentziehung das Maß der früher ausgeurteilten (Einzel- oder Gesamt-)Freiheitsstrafe kommt als angemessener Härteausgleich indessen **nur** eine Anrechnung **bis zur Höhe** der „früheren" Strafe in Betracht. Nach anderer Ansicht[176] soll dagegen die anrechenbare Freiheitsentziehung in vollem Umfange von der „neu" zu verhängenden Strafe abgesetzt werden, wenn die gesetzlich vorgesehene Anrechnung sich auch auf den die frühere Strafe überschreitenden Teil der (hypothetischen) Gesamtstrafe, die sonst hätte gebildet werden müssen, ausgewirkt hätte. Ist die anrechenbare Zeit kürzer als die „hypothetische" Gesamtstrafe, soll danach die Anrechnung entsprechend nur auf einen Teil der „nunmehr" zu verhängenden Strafe beschränkt sein[176]. Diese Auffassung überzeugt nicht. Sie gründet sich in Wirklichkeit nicht auf eine nur als rationale Strafzumessungserwägung zulässige „fiktive" nachträgliche Gesamtstrafenbildung, sondern auf eine (voraussetzungswidrige) hinsichtlich der Rechtsfolgen an sich unmittelbare Anwendung des § 55 StGB. Im Widerspruch zur Gesetzeslage kann dies im Einzelfall dazu führen, daß die Verhängung einer „neuen" Strafe für die nunmehr abzuurteilenden Taten ausgeschlossen ist, weil die Dauer der anrechenbaren sonstigen Freiheitsentziehung das Maß der „hypothetischen" Gesamtfreiheitsstrafe übersteigt. Das aber ist mit dem Sinn und Zweck der gesetzlich gezogenen Grenzen nachträglicher Gesamtstrafenbildung auf der einen und den Bezugsstrafen der gesetzlichen Anrechnungsregeln auf der anderen Seite nicht vereinbar.

---

[175] Vgl. BGHSt 33, 131 (133) = BGH NJW 1985, 1231 = BGH MDR 1985, 421.

[176] So Schönke/Schröder (Stree), § 55 Rdn. 30a.

c) Ist die „frühere" Strafe gem. § 79 StGB **verjährt** oder z. B. gem. § 56g Abs. I, S. 1 StGB **erlassen**, so ist stets zu prüfen, ob die wegen eingetretener Straferledigung nun nicht mehr mögliche nachträgliche Bildung einer Gesamtstrafe überhaupt einen ausgleichsfähigen Sanktionsnachteil darstellt[177]. Eine infolge Verjährung oder Erlaß der „früheren" Strafe nicht mehr mögliche Gesamtstrafenbildung gem. § 55 Abs. I StGB versteht sich unter strafzumessungsrechtlichen Aspekten nicht per se als strafmildernd zu berücksichtigender Nachteil. Deshalb kommt ein angemessener Härteausgleich in Fällen der Straferledigung durch Verjährung oder Erlaß erst dann in Betracht, wenn die Unmöglichkeit der (nachträglichen) Gesamtstrafenbildung effektiv einen Zumessungsnachteil bewirkt[177]. Erst wenn geprüft und **festgestellt** ist, daß Verjährung oder Erlaß der früheren Strafe zu einem **ausgleichsbedürftigen** Sanktionsnachteil geführt haben, ist bei der „jetzt" zu verhängenden Strafe ein nach Art und Umfang der tatrichterlichen Strafzumessung unterliegender angemessener Härtausgleich vorzunehmen[178]. Soweit danach ein angemessener Härteausgleich zu gewähren ist, besteht dieser Ausgleich anders als bei bereits vollstreckten Strafen in einer dem Strafmaß nach lediglich **teilweisen** Berücksichtigung der früheren Strafe. In welchem Umfang die „jetzt" zu verhängende (Einzel- oder Gesamt-)Strafe zu mildern ist, bleibt als **Akt der Strafzumessung** dem letztentscheidenden Tatrichter überlassen. Ihm steht es innerhalb des ihm eingeräumten Entscheidungsspielraums frei, die erlassene oder verjährte Strafe im Verhältnis zu einer hypothetischen (fiktiv nachträglich gebildeten) Gesamtstrafe **anteilig** zu berücksichtigen (Betragen beispielsweise die frühere erlassene Strafe und die nunmehr verwirkte Einzelstrafe je ein Jahr Freiheitsstrafe, wäre im Verhältnis zu einer etwaigen hypothetischen Gesamtstrafe von einem Jahr und sechs Monaten der anteilige Härteausgleich mit neun Monaten Freiheitsstrafe (= hypothetische Gesamtfreiheitsstrafe : 2 = neun Monate Freiheitsstrafe) vorzunehmen, so daß im Ergebnis (ein Jahr und sechs Monate abzüglich neun Monate Freiheitsstrafe) als „neue" Strafe eine Freiheitsstrafe von neun Monaten auszusprechen wäre[179]). **260**

Entgegen einer bislang vereinzelt gebliebenen Auffassung in der Lehre ist diese (mathematisierte) Berechnungsmethode auch im Sinne einer nachprüfbaren Strafzumessungserwägung nicht ausnahmslos anzuwenden[180]. Sie führt insbesondere bei komplexen „hypothetischen" Gesamtstrafenbildungen zu kaum nachvollziehbaren Ergebnissen. Betragen etwa **261**

---

177 In diesem Sinne zu Recht BGH NStZ 1983, 261 = BGH MDR (Holtz) 1983, 448.

178 Anders Schönke/Schröder (Stree), § 55 Rdn. 28, 30.

179 Beispiel nach Schönke/Schröder (Stree), § 55 Rdn. 30.

180 Anders Schönke/Schröder (Stree), § 55 Rdn. 28, 30.

die erlassene frühere Strafe sieben Monate, die jetzt verwirkten Einzelstrafen acht und neun Monate und die fiktiv nachträglich gebildete Gesamtstrafe vierzehn Monate Freiheitsstrafe, so beliefe sich der anteilige Härteausgleich auf 4 1/12 Monate (= 4 Monate und 2,5 Tage) Freiheitsstrafe. Im Ergebnis wäre dann eine „neue", anteilig gekürzte Gesamtfreiheitsstrafe von 9 11/12 Monate zu verhängen. Diese Strafhöhe stände freilich nicht im Einklang mit § 39 StGB, so daß entweder das Maß des anteiligen Härteausgleichs oder die im Ergebnis mit Monatsbruchteilen berechnete Gesamtfreiheitsstrafe an die Bemessungsregeln des § 39 StGB angepaßt werden müßte. Damit aber würde entweder das methodische Prinzip der Anteiligkeit beim Härteausgleich aufgegeben oder in die allein dem Tatrichter obliegende – mit § 39 StGB ursprünglich übereinstimmende – Einzel- und Gesamtstrafzumessung eingegriffen. Nicht zuletzt aus diesen Gründen muß es dabei verbleiben, daß die „anteilige" Berücksichtigung der verjährten oder erlassenen „früheren" Strafe nur eine im Einzelfall sinnvolle tatrichterliche Strafzumessungserwägung zur Angemessenheit des vorzunehmenden Härteausgleichs sein **kann**.

4. Die Teilerledigung der „früheren" Strafe

262 Anders als im Falle der vollständigen Straferledigung gem. § 55 Abs. I, S. 1 StGB bleibt die Möglichkeit zur nachträglichen Bildung einer Gesamtstrafe unter Einbeziehung der Strafe aus dem „früheren" Urteil uneingeschränkt erhalten, wenn sich die „frühere" Strafe während des laufenden Verfahrens oder zuvor **lediglich teilweise** erledigt hat. Aus dem Grundgedanken des § 55 StGB ergibt sich aber, daß bei der nachträglichen Bildung einer Gesamtstrafe mit der „früheren" Strafe deren Teilerledigung **angemessen** zu berücksichtigen ist. Sanktionsnachteile dürfen dem Verurteilten durch die Einbeziehung der schon teilerledigten „früheren" Strafe in die nachträgliche Gesamtstrafenbildung nicht erwachsen.

263 Soweit die Teilerledigung der „früheren" Strafe durch **teilweise Vollstreckung** eintritt, ist dennoch die „frühere" Strafe insgesamt in die nachträgliche Gesamtstrafenbildung einzubeziehen[181]. Im Urteil des laufenden Verfahrens ist dementsprechend eine aus der „früheren" Strafe und der nunmehr verwirkten Strafe gem. § 54 StGB gebildete Gesamtstrafe zu verhängen. Einen Sanktionsnachteil hat der Verurteilte gleichwohl nicht zu befürchten, weil gem. § 51 Abs. II StGB die Teilverbüßung bzw. Teilzahlung unmittelbar auf die Gesamtfreiheits- bzw. Gesamtgeld-

---

[181] Vgl. BGHSt 21, 186 (187); Dreher/Tröndle, § 55 Rdn. 11; LK-Vogler, § 55 Rdn. 20; Schönke/Schröder (Stree), § 55 Rdn. 27.

strafe anzurechnen ist[182]. Im Urteilstenor ist die Anrechnung gem. § 51 Abs. II StGB **nicht** auszusprechen[183]. Die Anrechnung tritt vielmehr von Rechts wegen ein. Sie erfordert weder einen konstitutiven noch einen deklaratorischen Urteilsspruch. Dem Grundgedanken des § 55 StGB zufolge versteht sich die (nachträglich gebildete) Gesamtstrafe als **einheitliche** Strafe, deren Vollstreckung ebenfalls nur einheitlich erfolgt. Der Beginn der Vollstreckung der „früheren" Strafe ist deshalb rechtlich als Beginn der Vollstreckung der nunmehr verhängten Gesamtstrafe anzusehen[184]. Die Anrechnung der teilerledigten Freiheitsstrafe gehört der Sache nach somit zur Strafzeitberechnung, die ausschließlich in den Aufgabenbereich der zuständigen Strafvollstreckungsbehörde fällt[184].

Hat sich die „frühere" Strafe auf andere Weise, insbesondere durch **264**
Teilerlaß[185], zum Teil erledigt, ist die frühere Strafe wie im Falle der teilweisen Strafvollstreckung **zunächst insgesamt** in die nachträgliche Bildung der Gesamtstrafe einzubeziehen[186]. Der Teilerledigung ist sodann dadurch Rechnung zu tragen, daß die im laufenden Verfahren auszuurteilende (nachträglich gebildete) Gesamtstrafe **angemessen** gekürzt wird. Regelmäßig wird die Angemessenheit der Strafminderung durch das Verhältnis des erledigten Teils zur späteren Gesamtstrafe, also anteilig bestimmt sein. Die aus der Teilerledigung resultierende angemessene Kürzung der zu verhängenden Gesamtstrafe ist jedoch Bestandteil der tatrichterlichen Gesamtstrafzumessung. Es bleibt daher grundsätzlich dem letztentscheidenden Tatrichter überlassen, wie und in welchem Umfang die teilweise Straferledigung in der konkreten Strafzumessung ihren Niederschlag findet[187]. Notwendig ist allerdings, daß sich aus dem Zusammenhang der Urteilsgründe die zur angemessenen Strafminderung führenden Strafzumessungserwägungen entnehmen lassen. Nach den Grundregeln der (nachträglichen) Gesamtstrafenbildung **ausgeschlossen** ist dagegen eine Berücksichtigung des erledigten Teils der „früheren" Strafe dergestalt, daß nur noch der nach Abzug des erledigten Teils verbleibende Rest der früheren Strafe in die (nachträgliche) Gesamtstrafenbildung einbezogen wird[188].

---

182 BGHSt 21, 186 (187).

183 LK-Vogler, § 55 Rdn. 20.

184 BGHSt 21, 186 (187/8); Dreher/Tröndle, § 55 Rdn. 11; LK-Vogler, § 55 Rdn. 20.

185 Vgl. dazu Schönke/Schröder (Stree), § 55 Rdn. 27.

186 Anders LK-Vogler, § 55 Rdn. 20 unter Berufung auf Schönke/Schröder (Stree), § 55 Rdn. 27.

187 Vgl. unten Rdn. 268 f.

188 So aber LK-Vogler, § 55 Rdn. 20 unter Berufung auf Schönke/Schröder (Stree), § 55 Rdn. 27.

265 Diese Grundsätze zur angemessenen Berücksichtigung eines durch Vollstreckung, Verjährung oder Erlaß i. S. d. § 55 Abs. I, S. 1 StGB **erledigten Teils** der „früheren" Strafe im Strafmaß der nachträglich gebildeten „neu" erkannten Gesamtstrafe gelten sowohl für den Fall, daß es sich bei der „früheren" Strafe um eine Einzelstrafe, als auch für den Fall, daß es sich dabei um eine Gesamtstrafe handelte. Betrifft die Teilerledigung eine „frühere" Gesamtstrafe, folgt deren Berücksichtigung denselben Regeln wie im Falle einer „früheren" Einzelstrafe. Bezieht sich die Teilerledigung bei einer „früheren" Gesamtstrafe dagegen auf die zur Bildung dieser früheren Gesamtstrafe herangezogenen Einzelstrafen, so ist zwischen den verschiedenen Erledigungsformen zu differenzieren. Soweit die teilweise Straferledigung durch Teilverbüßung oder Teilzahlung eintritt, bewirkt die Teilerledigung wegen der Einheitlichkeit der Gesamtstrafe und ihrer Anrechnung gem. § 51 Abs. II StGB auf sie eine Teilerledigung der „früheren" Gesamtstrafe selbst. Auch insoweit besteht daher zwischen einer „früheren" Gesamt- und einer „früheren" Einzelstrafe hinsichtlich der angemessenen Berücksichtigung des erledigten Teils der Strafe kein wesentlicher Unterschied. Besteht die Teilerledigung aber in einem Teilerlaß einer zur „früheren" (Gesamt-)Strafe herangezogenen Einzelstrafe, setzt eine angemessene Kürzung der „späteren" (nachträglich gebildeten) Gesamtstrafe nach Auflösung der „früheren" Gesamtstrafe in deren Einzelstrafen[187] eine strafzumessungsrechtliche Orientierung an der „neu" festzusetzenden Gesamtstrafe voraus. Dabei bleibt es wie auch sonst dem Tatrichter überlassen, im Rahmen seiner Gesamtstrafzumessung die Angemessenheit der Strafminderung (etwa nach dem Anteil des erledigten Teils der Einzelstrafe an der nunmehr zu verhängenden Gesamtstrafe oder auf andere Weise) darzulegen und zu begründen.

III. Die Bildung der nachträglich ermittelten Gesamtstrafe

266 Liegen die Voraussetzungen der nachträglichen Gesamtstrafenbildung (vgl. Rdn. 195 ff) vor und sind deren Grenzen gem. § 55 Abs. I, S. 1 StGB (vgl. Rdn. 242 ff) eingehalten, dann **muß** auf eine (nachträglich gebildete) Gesamtstrafe erkannt werden. Dieses gesetzliche „Muß" der (nachträglichen) Gesamtstrafenbildung ergibt sich unmittelbar aus der Verweisung auf § 53 StGB. Dieser Verweisung entsprechend ist in bezug auf die „früher" ausgeurteilte Strafe und die „jetzt" verwirkte Strafe zunächst zu prüfen, ob eine Gesamtstrafe zu bilden ist[189]. Dabei sind die

---

[189] So auch SCHÖNKE/SCHRÖDER (STREE), § 55 Rdn. 36.

„frühere“ und die „nunmehr“ verwirkte(n) Strafe(n) als Einzelstrafen festzustellen und in die (nachträgliche) Gesamtstrafenbildung so einzubeziehen, als ob über die jeweils zugrunde liegenden tatmehrheitlich begangenen Straftaten nunmehr (im laufenden Verfahren) gleichzeitig entschieden wird[190]. Mit der Verweisung auf § 53 StGB sind des weiteren auch die Vorschriften über die verschiedenen Arten von Gesamtstrafen (vgl. Rdn. 107 ff) für unmittelbar anwendbar erklärt, so daß auch im Rahmen einer nachträglichen Gesamtstrafenbildung die aus § 53 Abs. I und II StGB resultierenden Grundsätze zur obligatorischen Gesamtfreiheits- und Gesamtgeldstrafe (Rdn. 108 ff, 113 ff) sowie zur fakultativen Gesamtfreiheitsstrafe (Rdn. 115 ff) zu beachten sind. In den Vorgang der nachträglichen Gesamtstrafenbildung sind demnach „frühere“ Strafen auch dann einzubeziehen, wenn sie sich ihrer Art nach von den „jetzt“ verwirkten Strafen unterscheiden. Dies gilt sowohl für eine „frühere“ Einzelstrafe als auch für eine „frühere“ Gesamtstrafe (bzw. nach ihrer erforderlichen Auflösung für deren zugrunde liegenden Einzelstrafen) und ebenso für einen „früheren“ Strafausspruch, der selbst gem. § 53 Abs. II StGB neben einer (Einzel- oder Gesamt-)Freiheitsstrafe noch eine weitere (Einzel- oder Gesamt-)Geldstrafe oder eine davon getrennte Ersatzfreiheitsstrafe enthält. Soweit nach Prüfung der Regeln über die gesonderte Verhängung von Freiheits- und Geldstrafe(n) gem. § 53 Abs. II, S. 2 StGB im Ergebnis **nicht** auf eine (nachträglich gebildete, fakultative) Gesamtfreiheitsstrafe zu erkennen ist, gehört auch die „frühere“ Strafe zur Sanktionsentscheidung im „neuen“, laufenden Verfahren. Der Tenor des i. S. d. § 55 Abs. I StGB „späteren“ Urteils enthält deshalb die Festsetzung der „früheren“ Strafe **und** die der „neuen“ Strafe als einen in der Sache getrennten, in der Form jedoch einheitlichen Strafausspruch[191]. Eine lediglich deklaratorische Wiederholung der „früheren“ Strafe im Tenor des „neuen“ Urteils ist dagegen entbehrlich[192].

Die nachträgliche Bildung einer Gesamtstrafe mit einer „früheren“ **267**
Jugendstrafe ist trotz Vorliegens der Voraussetzungen des § 55 StGB **unzulässig**, weil Jugendstrafe und Freiheitsstrafe gem. § 38 StGB ihrem Wesen nach verschiedene freiheitsentziehende Strafen sind[193]. Weder das JGG noch das StGB lassen für den Fall ihres Zusammentreffens im Rahmen einer (nachträglichen) Gesamtstrafenbildung eine Umwandlung der einen in die andere Strafart zu. Dies gilt auch dann, wenn gem. § 92 Abs. II JGG die Jugendstrafe nicht nach den Vorschriften des

190 Vgl. LK-Vogler, § 55 Rdn. 22; Schönke/Schröder (Stree), § 55 Rdn. 36.
191 So auch Schönke/Schröder (Stree), § 55 Rdn. 36.
192 Vgl. Schönke/Schröder (Stree), § 55 Rdn. 51.
193 So BGHSt 14, 287 (288); vgl. auch LK-Vogler, § 55 Rdn. 33; Schönke/Schröder (Stree), § 55 Rdn. 34; ferner BGHSt 10, 100 (103).

Jugendstrafvollzugs, sondern im Erwachsenenstrafvollzug zu vollziehen ist[194]. Die besonderen Voraussetzungen des § 92 Abs. II JGG sind im Gegenteil ein weiteres Argument dafür, daß eine „frühere" Jugendstrafe nicht in eine nachträgliche Gesamtstrafenbildung gem. § 55 StGB einbezogen werden kann[195]. Auch eine angesichts der im übrigen verwirklichten Voraussetzungen des § 55 StGB möglicherweise in Betracht zu ziehende analoge Anwendung des § 32 JGG scheidet aus. Der aus Gründen der Verfahrensgestaltung und des Prozeßablaufs eingetretene Umstand, daß die Jugendverfehlung erst nach Volljährigkeit und nach Begehung der Erwachsenenstraftat abgeurteilt worden ist, kann nach Sinn und Zweck des § 32 JGG nicht dazu führen, als Quasi-Gesamtstrafe unter Einbeziehung der Freiheitsstrafe nach allgemeinem Strafrecht nunmehr einheitlich (eine nachträglich gebildete) Jugendstrafe zu verhängen[196]. Im Sinne eines **angemessenen Härteausgleichs** muß jedoch bei der tatrichterlichen Strafzumessung für die Erwachsenenstraftat mildernd berücksichtigt werden, daß die unverkürzte Vollziehung der beiden ihrem Wesen nach zwar verschiedenen, in ihrer freiheitsentziehenden Wirkung aber vergleichbaren Strafen einen durch die Schwere der Erwachsenentat nicht begründbaren Sanktionsnachteil bedeutet[196]. Die auszusprechende (Einzel- oder Gesamt-)Freiheitsstrafe gem. § 38 StGB ist deshalb im Strafmaß entsprechend herabzusetzen[197].

268 Die nachträglich ermittelte Gesamtstrafe kann stets nur aus Einzelstrafen gebildet werden[198]. Die nachträgliche Bildung einer Gesamtstrafe mit einer „früheren" Gesamtstrafe oder aus „früheren" Gesamtstrafen ist unzulässig[199]. Handelt es sich bei der i. S. d. § 55 Abs. I StGB „früheren" Strafe um eine Gesamtstrafe, so ist diese im Rahmen der nachträglichen Gesamtstrafenbildung in die ihr zugrunde liegenden Einzelstrafen aufzulösen[200]. Die so aufgelöste „frühere" Gesamtstrafe hat für die Bildung der „späteren", nachträglich ermittelten Gesamtstrafe keine strafzumessungsrechtliche Bedeutung: sie fällt trotz ursprünglich einge-

---

194 Anders LG Braunschweig MDR 1965, 594.

195 So BGHSt 14, 287 (288).

196 In diesem Sinne zutreffend BGHSt 14, 287 (290); vgl. auch BGH NStZ 1987, 24.

197 Ebenso LK-Vogler, § 55 Rdn. 33; Schönke/Schröder (Stree), § 55 Rdn. 34; vgl. ferner BGH MDR (Holtz) 1979, 106.

198 Vgl. BGHSt 9, 5 (8); 15, 164 (166); 12, 99 (100); Dreher/Tröndle, § 55 Rdn. 7, 10; LK-Vogler, § 55 Rdn. 10, 23; Schönke/Schröder (Stree), § 55 Rdn. 36, 38; SK-Samson, § 55 Rdn. 12.

199 So deutlich Schönke/Schröder (Stree), § 53 Rdn. 7 ff.

200 BGHSt 9, 5 (8); 15, 164 (166); ferner BGHSt 12, 99 (100).

tretener materieller Rechtskraft[201] ersatzlos weg[202]. Die der aufgelösten „früheren" (Gesamt-)Strafe zugrunde liegenden Einzelstrafen bestehen dagegen in der nachträglich gebildeten und „später" ausgeurteilten Gesamtstrafe fort[203]. Zu erinnern ist im Blick auf die in der „neuen" Gesamtstrafe fortbestehenden, in sie einbezogenen Einzelstrafen der „früheren" Verurteilung freilich daran, daß in die „spätere", jetzt auszuurteilende Gesamtstrafe nur solche Einzelstrafen einbezogen werden können, deren zugrunde liegenden Straftaten entsprechend den etwaigen Zäsurwirkungen von Vorverurteilungen **vor** der frühesten Vorverurteilung begangen sind[204]. Nicht notwendig ist, daß in die „neue" Gesamtstrafe alle Einzelstrafen der „früheren" Gesamtstrafe einbezogen werden können. Ist die Einbeziehung einer oder mehrerer Einzelstrafen der „früheren" Gesamtstrafe z. B. aus Rechtsgründen nicht möglich, hindert dies nicht die Anwendung des § 55 StGB. Entsprechendes gilt, wenn das „frühere" Gesamtstrafenurteil versehentlich keine oder nicht jede Einzelstrafe enthält und eine im Einklang mit der gebildeten Gesamtstrafe stehende Einzelstrafzumessung nachzuholen ist[205]. Ähnlich ist eine nachträgliche Gesamtstrafenbildung auch dann nicht ausgeschlossen, wenn in die „frühere" Gesamt**freiheitsstrafe** Einzelgeldstrafen einbezogen sind, bei denen die Festsetzung der Tagessatzhöhen im Urteil rechtsfehlerhaft unterblieben ist.

Beides, die Auflösung der „früheren" Gesamtstrafe und das Fortbeste- **269**
hen der dieser Gesamtstrafe zugrunde liegenden Einzelstrafen (bzw. deren Einbeziehung in die nachträglich ermittelte Gesamtstrafe) muß im Tenor des „neuen", i. S. d. § 55 Abs. I StGB „späteren" Urteils, mit dem die nachträglich gebildete „neue" Gesamtstrafe verhängt wird, zum Ausdruck kommen[206]. So könnte die Urteilsformel im Falle einer solchen, die Auflösung einer „früheren" Gesamtstrafe betreffenden nachträglichen Gesamtstrafenbildung beispielsweise lauten:

---

[201] Vgl. BGHSt 7, 180 (181); auch LACKNER, § 55, 2b.

[202] BGHSt 12, 99 (100); h. M. — vgl. statt aller SCHÖNKE/SCHRÖDER (STREE), § 55 Rdn. 38.

[203] So die h. M., vgl. BGHSt 12, 99 (100); LK-VOGLER, § 55 Rdn. 23, 10.

[204] Ebenso ist daran zu erinnern, daß zur Vermeidung unzulässiger Doppelbestrafungen nach BGHSt 20, 292 (293) solche Einzelstrafen (auch einer zugleich anderweit aufgelösten „früheren" Gesamtstrafe) nicht mehr in eine Gesamtstrafenbildung gem. § 55 StGB einbezogen werden dürfen, die bereits zur nachträglichen Bildung einer weiteren noch nicht rechtskräftigen Gesamtstrafe gedient haben.

[205] Vgl. dazu OLG Stuttgart NJW 1968, 1731; LK-VOGLER, § 55 Rdn. 23, 10; SCHÖNKE/SCHRÖDER (STREE), § 55 Rdn. 38; vgl. auch DREHER/TRÖNDLE, § 55 Rdn. 5.

[206] Vgl. BGHSt 12, 99 (100).

„Der Angeklagte wird wegen ... unter Auflösung der Gesamtstrafe im Urteil des Amtsgerichts (bzw. Landgerichts) ... vom ... und unter Einbeziehung der dort verhängten Einzelstrafen zu einer Gesamtstrafe (Gesamtfreiheitsstrafe, Gesamtgeldstrafe) von ... verurteilt"[207].

270 Das Fortbestehen einer „früheren" **Einzelstrafe** in der nachträglich gebildeten und nunmehr ausgeurteilten Gesamtstrafe ist ebenfalls in die Urteilsformel aufzunehmen. Der entsprechende Urteilstenor wäre danach etwa so zu fassen:

„Der Angeklafte wird wegen ... unter Einbeziehung der Strafe aus dem Urteil des Amtsgerichts (Landgerichts) ... vom ... zu der Gesamtstrafe (Gesamtfreiheitsstrafe, Gesamtgeldstrafe) von ... verurteilt"[207].

Denkbar ist auch folgende Tenorierung:

„Der Angeklagte wird wegen ... zu einer Gesamtstrafe (Gesamtfreiheitsstrafe, Gesamtgeldstrafe) von ... verurteilt. In diese Gesamtstrafe (Gesamtfreiheitsstrafe, Gesamtgeldstrafe) ist die Strafe (Freiheitsstrafe, Geldstrafe) aus dem Urteil des Amtsgerichts (Landgerichts) ... vom ... einbezogen"[208].

Wie aus den beispielhaft dargestellten Urteilsformeln ersichtlich, ist (sind) denn auch immer nur die in einem amts- bzw. landgerichtlichen Urteil ausgesprochene(n) Strafe(n) in die nachträglich gebildete Gesamtstrafe einzubeziehen und nicht das (die) betreffende(n) Urteil(e)[209].

271 Gem. § 55 Abs. I, S. 1 StGB findet nicht nur § 53 StGB, sondern auch § 54 StGB unmittelbar Anwendung auf die nachträgliche Bildung der Gesamtstrafe. Mit dieser Verweisung auf § 54 StGB ist klargestellt, daß die gesetzlichen Vorschriften über die Art und Weise der Gesamtstrafenbildung **uneingeschränkt** auch für die nachträgliche Bildung einer Gesamtstrafe gelten. Die nachträgliche Bildung einer Gesamtstrafe gem. § 55 StGB versteht sich daher wie der Regelfall einer Gesamtstrafenbildung als ein **komplexer Vorgang rationaler Strafzumessung**, der sich gedanklich in die vier Abschnitte der Festsetzung verwirkter Einzelstrafen, Bestimmung der Einsatzstrafe, Bildung des Gesamtstrafrahmens, Zumessung und Festsetzung der (nachträglich) ermittelten Gesamtstrafe zergliedert (vgl. insoweit Rdn. 147ff). § 55 StGB setzt wie §§ 53, 54 StGB im Vorgang der nachträglichen Gesamtstrafenbildung strukturtypisch neben der Einzelstrafzumessung eine unter Berücksichtigung des § 54 Abs. I, S. 2 StGB und des § 54 Abs. II StGB vorzunehmende

207 Vgl. Schäfer, Strafverfahren, § 88 I 2b, cc.

208 So etwa Dreher/Tröndle, § 55 Rdn. 10.

209 Vgl. zu diesem nicht seltenen Tenorierungsfehler Dreher/Tröndle, § 55 Rdn. 10 unter Hinweis auf BGH MDR (Holtz) 1979, 280; BGH Urt. v. 9. 9. 1983 — 2 StR 502/83.

originäre Gesamtstrafzumessung gem. § 54 Abs. I, S. 3 StGB voraus. Auch die nachträgliche Gesamtstrafenbildung unterliegt demnach einem materiellrechtlichen und formellrechtlichen **Begründungszwang**. Im „neuen" Urteil sind deshalb zur Einzelstrafzumessung ebenso wie zur gesonderten Gesamtstrafzumessung die i. S. d. § 267 Abs. III, S. 1 StPO „bestimmenden" Erwägungen (auch dazu Rdn. 147 ff) darzulegen[210].

Ergibt sich im Rahmen der Einzelstrafzumessung, daß eine „frühere" **272**
Einzelstrafe, eine der einer aufgelösten „früheren" (lebenslangen, vgl. § 54 Abs. I, S. 1 StGB) Gesamtfreiheitsstrafe zugrunde liegenden Einzelstrafen oder **zumindest eine** der nunmehr (im laufenden Verfahren) verwirkten Einzelstrafen **keine zeitige**, sondern **lebenslange** Freiheitsstrafe ist, **muß** gem. § 54 Abs. I, S. StGB im „neuen" Urteil auf lebenslange Freiheitsstrafe als die nachträglich gebildete Gesamtstrafe erkannt werden. Soweit in allen anderen Fällen im Vorgang der nachträglichen Gesamtstrafenbildung eine „frühere" (zeitige) Gesamtfreiheits- bzw. Gesamtgeldstrafe in ihre zugrunde liegenden Einzelstrafen aufgelöst ist oder im „früheren" Urteil lediglich auf eine (zeitige) Einzelfreiheitsstrafe bzw. Einzelgeldstrafe erkannt war, ist der „jetzt" entscheidende Tatrichter an die Strafzumessungserwägungen und Feststellungen zu den „früheren" Einzelstrafen sowie an deren im „früheren" Urteil festgesetztes Strafmaß **gebunden**[211]. Dagegen ist der i. S. d. § 55 Abs. I StGB „später" verurteilende Tatrichter **frei** bei der allein ihm obliegenden Einzelstrafzumessung für die „nunmehr" abzuurteilenden Straftaten und der ausschließlich in seine Kompetenz fallenden Gesamtstrafzumessung. Auf die Gesamtstrafzumessung des „früheren" Gerichts braucht der „jetzige" Tatrichter somit nicht zurückzugreifen, er ist insbesondere an keine strafzumessungsrechtliche Erwägung zur „früheren" Gesamtstrafe gebunden[212]. Allerdings bleibt ihm bei seiner eigenen Gesamtstrafzumessung ein Rückgriff auf sie unbenommen. Darüber hinaus kann er auch **nach** dem „früheren" Urteil eingetretene i. S. d. §§ 46; 54 Abs. I, S. 3 StGB strafzumessungsrelevante Umstände bei seiner die „neue" Gesamtstrafe betreffenden Gesamtstrafzumessung verwerten[211].

1. Die Sperrwirkung der „früheren" Gesamtstrafe

Einer in Rechtsprechung und Lehre vorherrschenden Auffassung[213] **273**
zufolge soll aber für den Fall, daß das „frühere" Urteil eine Gesamtstrafe

---

210 BGHSt 24, 268 (269); Bruns, Strafzumessungsrecht, S. 274 ff mit weiteren Nachweisen.

211 Vgl. statt aller LK-Vogler, § 55 Rdn. 24 mit Nachweisen in Anm. 17; Schönke/Schröder (Stree), § 55 Rdn. 39.

212 Vgl. BGHSt 7, 180 (182); BGH NJW 1953, 1360/1.

213 Vgl. zunächst LK-Vogler, § 55 Rdn. 25 mit Nachweisen in Anm. 18, 19; SK-Samson, § 55 Rdn. 12.

enthielt, das Strafmaß dieser „früheren" Gesamtstrafe das Maß der „neuen", nachträglich gebildeten Gesamtstrafe in zweifacher Hinsicht **limitieren**: Das Maß der „neu" ausgeurteilten Gesamtstrafe darf danach zum einen das Strafmaß der „früheren" Gesamtstrafe **nicht unterschreiten**[214], zum anderen das Maß der „früheren" Gesamtstrafe – vermehrt um das Maß der „nunmehr" verwirkten Einzelstrafe – **nicht übersteigen**[215]. Ohne weiteres möglich und zulässig ist dementsprechend die nachträgliche Bildung einer Gesamtstrafe, die im Ergebnis dasselbe Strafmaß wie die „frühere" Gesamtstrafe aufweist[216]. Zur Begründung für diese Sperrwirkung der „früheren" Gesamtstrafe wird seit jeher darauf verwiesen, daß dem im Rahmen der nachträglichen Bildung einer Gesamtstrafe später erkennenden Gericht eine Korrektur des „früheren" Urteils nicht zustehe und die Festsetzung einer das aus der Summe der „früheren" Gesamtstrafe und der „jetzt" verwirkten Einzelstrafe resultierende Strafmaß übersteigenden „neuen" Gesamtstrafe wegen der damit verbundenen „Schlechterstellung" des Verurteilten dem begünstigenden Charakter und Grundgedanken des § 55 StGB widerspreche[217].

274 Eine derart strafmaßbegrenzende Funktion der „früheren" Gesamtstrafe läßt sich indessen weder aus dem Grundgedanken des § 55 StGB noch aus der gesetzlichen Ausgestaltung der nachträglichen Gesamtstrafenbildung und schon gar nicht aus der **strafzumessungsrechtlichen Eigenständigkeit** der auch bei der nachträglichen Bildung einer Gesamtstrafe erforderlichen und vorgeschriebenen **Gesamtstrafzumes-**

---

214 Vgl. etwa RGSt 6, 283 (285/6); 44, 302 (303/4); BGHSt 7, 180 (183); einschränkend BGHSt 15, 164 (166); LACKNER, § 55, 2b; LK-VOGLER, § 55 Rdn. 25, 26; SCHORN, Gesamtstrafe, JR 1964, 45 ff (46); SK-SAMSON, § 55 Rdn. 12; anders DREHER/TRÖNDLE, § 55 Rdn. 5; SCHÖNKE/SCHRÖDER (STREE), § 55 Rdn. 40; SCHULZ, Frühere Gesamtstrafe, MDR 1964, 559 ff (560).

215 Vgl. dazu RGSt 46, 179 (183); 48, 277 (278); RG DR 1940, 1417 (Nr. 1); BGHSt 8, 203 (204/5); 9, 370 (384); 15, 164 (165); OLG Stuttgart NJW 1968, 1731; BayObLG NJW 1971, 1193/4; LACKNER, § 55, 2b; LK-VOGLER, § 55 Rdn. 25; SK-SAMSON, § 55 Rdn. 12, der aber darauf abstellt, daß die „neue" Gesamtstrafe die Summe aus „alter" Gesamtstrafe und „neuer" Einzelstrafe nicht **erreichen** darf; anders OLG Dresden HRR 1937, Nr. 606; DREHER/TRÖNDLE, § 55 Rdn. 5; SCHÖNKE/SCHRÖDER (STREE), § 55 Rdn. 40; SCHULZ, Frühere Gesamtstrafe, MDR 1964, 559 ff (560/1); vgl. auch GOLLWITZER JR 1983, 165 ff (167).

216 So RGSt 6, 283 (285); 44, 302 (303/4); BGH NJW 1973, 63; LACKNER, § 55, 2b; LK-VOGLER, § 55 Rdn. 25; insoweit zustimmend DREHER/TRÖNDLE, § 55 Rdn. 5; SCHÖNKE/SCHRÖDER (STREE), § 55 Rdn. 40; SCHULZ, Frühere Gesamtstrafe, MDR 1964, 559 ff (560/1).

217 Vgl. RGSt 6, 283 (285); BGHSt 7, 180 (183); vgl. auch GOLLWITZER JR 1983, 165 ff (166); SCHULZ, Frühere Gesamtstrafe, MDR 1964, 559 (560).

sung gem. § 54 Abs. I, S. 3 StGB herleiten und begründen. Eine limitierende Fortwirkung der „früheren" Gesamtstrafe in der „neuen" Gesamtstrafe ist deshalb nicht anzuerkennen, die h. M. dementsprechend abzulehnen. Soweit seit RGSt 6, 283 (284/5) im wesentlichen unverändert darauf abgestellt wird, daß mit der Festsetzung der „neuen" Gesamtstrafe durch das später erkennende Gericht keine Korrektur des „früheren" Urteils verbunden sein dürfe, wird die Tragweite der mit einer nachträglichen Gesamtstrafenbildung sachnotwendig einhergehenden und in ihrer unmittelbar aus § 55 StGB resultierenden Zulässigkeit auch unbestrittenen begrenzten Rechtskraftdurchbrechung verkannt[218]. Der Eingriff in die Rechtskraft des „früheren" Urteils betrifft die „früher" ausgeurteilte Gesamtstrafe nicht nur in ihrem konkurrenzrechtlichen Bestand, sondern ebenso in ihrer durch das Strafmaß zum Ausdruck gebrachten strafzumessungsrechtlichen Bedeutung als konkrete Rechtsfolge: Sie fällt – wie schon erwähnt – durch Auflösung in ihre zugrunde liegenden Einzelstrafen **ersatzlos** weg. Auch die weitere, aus der nur beschränkten Rechtskraftdurchbrechung gem. § 55 StGB begründete Erwägung, die „alte" Gesamtstrafe entfalte eine **Sperrwirkung**, weil der Täter nach Sinn und Zweck der nachträglichen Gesamtstrafenbildung so gestellt werden soll, als ob seine Taten in dem **früheren** Verfahren einheitlich abgeurteilt worden wären, und sich die Strafbemessung bei einheitlicher Aburteilung aller Straftaten in den Grenzen der Summe aus „neuer" Einzel- und „alter" Gesamtstrafe gehalten hätte[219], überzeugt nicht. Mit der gesetzlich eingeräumten Möglichkeit zur nachträglichen Bildung einer Gesamtstrafe soll gewährleistet werden, daß Taten, die bei gemeinsamer Aburteilung nach §§ 53, 54 StGB behandelt worden wären, auch bei getrennter Aburteilung dieselbe Behandlung erfahren, damit der Täter im Endergebnis weder besser noch schlechter gestellt ist[220]. Im Sinne dieses Grundgedankens der nachträglichen Gesamtstrafenbildung kann zwar davon gesprochen werden, der Täter sei so zu stellen, als ob seine Taten insgesamt in dem früheren Verfahren abgeurteilt worden wären. Das Urteil im früheren Verfahren ist als maßgeblicher Zeitpunkt jedoch allein für die Frage des „Ob" und nicht für das „Wie" einer nachträglichen Gesamtstrafenbildung relevant[221].

Die auch im Zusammenhang mit anderen Fragestellungen der nach- **275**
träglichen Gesamtstrafenbildung immer wieder hervorgehobene täterbe-

---

[218] Vgl. dazu etwa Lackner, § 55, 2 b; LK-Vogler, § 55 Rdn. 26; Schulz, Frühere Gesamtstrafe, MDR 1964, 559 ff (560).

[219] So insbesondere LK-Vogler, § 55 Rdn. 26.

[220] Vgl. oben Rdn. 194 mit Nachweisen in Anm. 2.

[221] Vgl. auch Schönke/Schröder (Stree), § 55 Rdn. 40, 41; Schulz, Frühere Gesamtstrafe, MDR 1964, 559 ff (560).

günstigende Wirkung des § 55 StGB erschöpft sich im übrigen darin, daß der Täter im Wege der nachträglichen Bildung einer Gesamtstrafe so gestellt ist, wie er bei einheitlicher Aburteilung aller Straftaten stände. Nachteile sollen ihm aus der prozessualen Zufälligkeit einer getrennten Aburteilung nicht erwachsen. Eine Besserstellung des Täters bezweckt § 55 StGB allerdings ebenfalls nicht. Insbesondere darf der Grundgedanke des § 55 StGB nicht in eine Art „Meistbegünstigungsregel" verfälscht werden[222]. Nach diesem Verständnis ist dem Grundgedanken des § 55 StGB bereits durch die nachgeholte Einheitlichkeit der Aburteilung aller in Betracht kommenden Straftaten genügt. Auf das Ergebnis der originären, „neuen" Gesamtstrafzumessung kommt es dabei nicht an. Folgerichtig handelt es sich nicht um eine Besserstellung des Täters, wenn die „neue" Gesamtstrafe im Strafmaß hinter der „früheren" Gesamtstrafe zurückbleibt, und nicht um eine Schlechterstellung, wenn die „neue" Gesamtstrafe im Strafmaß die um die „nunmehr" verwirkte Strafe erhöhte „frühere" Gesamtstrafe übersteigt.

276 Auch mit der gesetzlichen Ausgestaltung der nachträglichen Gesamtstrafenbildung läßt sich die Annahme einer strafmaßbegrenzenden Sperrwirkung der „früheren" Gesamtstrafe nicht vereinbaren. Die in § 55 StGB enthaltene Verweisung auf § 54 StGB steht unter keinem Vorbehalt, auch nicht unter dem Vorbehalt einer nur sinnentsprechenden Anwendung des § 54 StGB. Diese **uneingeschränkte** Verweisung auf § 54 StGB legt das methodische Vorgehen bei der nachträglichen Bildung einer Gesamtstrafe fest und schreibt damit zugleich die Unter- und Obergrenzen des nachträglich zu bildenden Gesamtstrafrahmens verbindlich vor. Das Strafmaß der (geringstmöglich erhöhten) Einsatzstrafe bestimmt daher die untere, das Strafmaß der (geringstmöglich unterschrittenen) Einzelstrafensumme die obere Grenze des Gesamtstrafrahmens. Jede andere Begrenzung des Gesamtstrafrahmens verändert unzulässig den zur Ermittlung einer i. S. d. §§ 46; 54 Abs. I, S. 3 StGB **schuldangemessenen** Gesamtstrafe erforderlichen Zumessungsspielraum. Die angebliche Sperrwirkung der „früheren" Gesamtstrafe widerspricht in ihrem strafrahmen- und strafmaßbegrenzenden Effekt deshalb allen strafzumessungsrechtlichen Grundvoraussetzungen einer tatschuldorientierten nachträglichen Gesamtstrafzumessung[223].

277 Die Konfliktproblematik der h. M. in bezug auf die gem. §§ 46; 54 Abs. I, S. 3 StGB vorzunehmende Gesamtstrafzumessung zeigt sich stets

---

222 So auch SCHÖNKE/SCHRÖDER (STREE), § 55 Rdn. 40 mit Nachweisen; vgl. auch LACKNER, § 55, 2 d.

223 Ähnlich auch SCHÖNKE/SCHRÖDER (STREE), § 55 Rdn. 41; SCHULZ, Frühere Gesamtstrafe, MDR 1964, 559 ff (560).

und vor allem dann, wenn in die nachträgliche Gesamtstrafzumessung Bewertungs- und Beurteilungskriterien einbezogen sind, die erst „später", und zwar **nach** der Sanktionsentscheidung im „früheren" Urteil eingetreten oder bekannt geworden sind[224]. War beispielsweise die im „früheren" Urteil verhängte Gesamtfreiheitsstrafe von zehn Monaten aus zwei Einzelfreiheitsstrafen von acht bzw. sieben Monaten gebildet worden, und soll nunmehr auf eine nachträglich aus diesen Einzelfreiheitsstrafen sowie einer weiteren, „jetzt" verwirkten Einzelfreiheitsstrafe von sechs Monaten gebildeten Gesamtfreiheitsstrafe erkannt werden, so könnte ein zwischenzeitlich eingetretener, erheblich strafschärfender Umstand nach h. M. nur dazu führen, als Höchststrafe eine Gesamtfreiheitsstrafe von sechzehn Monaten zu verhängen. Die Festsetzung einer den strafschärfenden Zumessungsgesichtspunkten zutreffend, d. h. gem. §§ 46; 54 Abs. I, S. 3 StGB angemessen Rechnung tragenden Gesamtfreiheitsstrafe von z. B. achtzehn Monaten wäre dagegen nach h. M. verboten — ein mit der Forderung nach rationaler Strafzumessung unverträgliches Ergebnis. Dasselbe gilt für den umgekehrten Fall eines nach h. M. nur unzureichend zu berücksichtigenden strafmildernden Gesichtspunkts, wenn etwa die „frühere" Gesamtfreiheitsstrafe von 26 Monaten aus Einzelfreiheitsstrafen von neunzehn und elf Monaten gebildet war, die „jetzt" verwirkte Einzelfreiheitsstrafe sechs Monate beträgt und nunmehr unter Einbeziehung eines „später" eingetretenen erheblich strafmildernden Umstandes gem. §§ 46; 54 Abs. I, S. 3 StGB an sich eine nachträglich ermittelte Gesamtfreiheitsstrafe von 24 Monaten (mit der Möglichkeit der Aussetzung der Strafvollstreckung zur Bewährung) festzusetzen wäre. Die Verhängung einer solchen schuldangemessenen Gesamtfreiheitsstrafe ist nach h. M. nicht möglich[225], da ja die „neue" Gesamtstrafe die im „früheren" Verfahren ausgeurteilte Gesamtstrafe im Strafmaß jedenfalls nicht unterschreiten darf.

Schließlich spricht noch eine Reihe weiterer Bedenken, die sich unmit- **278**
telbar aus der eigenen Begründung der h. M. ergeben, gegen die Annahme einer Sperrwirkung der „früheren" Gesamtstrafe. Da ist zunächst die Unschlüssigkeit der Argumentation zum sog. Korrekturverbot. Nach h. M. zulässig ist nämlich eine „neue" Gesamtstrafe, die im Strafmaß der „früheren" Gesamtstrafe entspricht. Eine derart ermittelte „neue" Gesamtstrafe kann aber ebenfalls nur auf einer „neuen" Gesamtstrafzumessung beruhen, die eine Korrektur der „alten" Gesamtstrafzumessung

---

224 Vgl. auch SCHÖNKE/SCHRÖDER (STREE), § 55 Rdn. 41; SCHWELING, Gesamtstrafe, GA 1955, 289 ff (297).

225 Vgl. aber BGHSt 15, 164 (166), wo es für möglich gehalten wird, daß die „neue" Gesamtstrafe das Strafmaß der „früheren" Gesamtstrafe unterschreitet.

beinhaltet[226]. Weiter widerspricht es jeder (Gesamt-)Strafzumessung, auf reine Rechenoperationen verwiesen zu sein. Im Konzept der h. M. ist die Verkürzung des sonst für die „neue" Gesamtstrafzumessung zur Verfügung stehenden Zumessungsspielraums aber gerade „rein rechnerisch" begründet. Überdies stimmt die aus der Berechnung der oberen Grenze des „neuen" Gesamtstrafrahmens resultierende Möglichkeit, die nunmehr verwirkte Einzelstrafe im Strafmaß der „alten" Gesamtstrafe **voll** hinzuzurechnen, nicht mit den Grundregeln der Gesamtstrafenbildung überein, wonach keine der in eine Gesamtstrafenbildung einbezogenen Einzelstrafen **in voller Höhe** zu berücksichtigen ist[227]. Insoweit unbedenklich wäre die h. M. daher nur dann, wenn sie zur Bestimmung des Höchstmaßes der „neuen" Gesamtfreiheitsstrafe darauf abstellte, daß das Strafmaß der „neuen" Gesamtstrafe das der Summe aus „alter" Gesamtstrafe und nunmehr verwirkter Einzelstrafe nicht **erreichen**[228] darf. Als wesentliche Bausteine der vorherrschenden Auffassung sind die im Anschluß an RGSt 6, 283 ff zur selben Fragestellung zahlreich ergangenen Entscheidungen des RG, BGH und der Obergerichte anzusehen. Zumeist ist in diesen Erkenntnissen das Problem einer (strafzumessungsrechtlichen!) Sperrwirkung der „früheren" Gesamtstrafe thematisch mit der Reichweite des Verschlechterungsverbots bei der nachträglichen Bildung einer Gesamtstrafe verquickt[229]. Die Vermengung zweier in der Sache grundverschiedener Fragestellungen verstellt aber den Blick dafür, daß die im Rechtsmittelverfahren gebotene Beachtung des **formellrechtlichen** Verschlechterungsverbots mit der **materiellrechtlichen** Entscheidungssituation gem. § 55 StGB nichts zu tun hat[230]. Aus dem gem. §§ 331 Abs. I, 358 Abs. II StPO festzusetzenden Strafmaß einer „neu" verhängten Gesamtstrafe lassen sich deshalb keine Argumente für eine Sperrwirkung der „früheren" Gesamtstrafe gewinnen.

279 Die im Vorgang der nachträglichen Bildung einer Gesamtstrafe erforderliche (nachträgliche) Gesamtstrafzumessung ist nach alledem **frei** und entgegen der h. M. nicht durch eine strafmaß- und/oder strafrahmenbegrenzende Sperrwirkung der „früheren" Gesamtstrafe gebunden. Sie unterliegt allein den Regeln einer Gesamtstrafenbildung, wie sie sich unmittelbar aus § 54 StGB ergeben.

---

226 So überzeugend SCHULZ, Frühere Gesamtstrafe, MDR 1964, 559 ff (559); ferner auch SCHÖNKE/SCHRÖDER (STREE), § 55 Rdn. 40.

227 Vgl. auch SCHULZ, Frühere Gesamtstrafe, MDR 1964, 559 ff (560).

228 So z. B. SK-SAMSON, § 55 Rdn. 12 allerdings mit diese Art der Begrenzung gerade **nicht** belegenden Nachweisen.

229 Vgl. statt aller nur BGHSt 8, 203 (L, 204/5); 15, 164 (166).

230 So auch SCHÖNKE/SCHRÖDER (STREE), § 55 Rdn. 40 mit Rechtsprechungsnachweisen.

2. Das prozessuale Verschlechterungsverbot und § 55 StGB

Weder aus dem Regelungszweck des § 55 StGB noch aus sonstigen **280** materiell- oder verfahrensrechtlichen Gründen ergibt sich, daß den Vorschriften über die nachträgliche Bildung einer Gesamtstrafe ein ungeschriebenes, allgemeines Verschlechterungsverbot zugrunde liegt. Nach dem Grundgedanken des § 55 StGB soll die nachträgliche Bildung einer Gesamtstrafe zwar gewährleisten, daß der Täter (durch die getrennte Aburteilung von Taten, die gemeinsam hätten abgeurteilt werden können) „nicht schlechter" gestellt ist. Diese Schlechterstellung betrifft jedoch nur die mit der getrennten Aburteilung von eigentlich gleichzeitig abzuurteilenden Straftaten verbundene Verletzung des für die Sanktionierung verschiedener tatmehrheitlich begangener Delikte maßgeblichen Prinzips der Asperation. Nur in diesem Sinne eines gesetzlich vorgesehenen **Ausgleichs** der sonst eintretenden Sanktionsnachteile versteht sich § 55 StGB als eine den Täter begünstigende Vorschrift. Stets realisiert sich der täterbegünstigende Effekt des § 55 StGB — wie bereits erwähnt — allein dadurch, daß die prozessuale Situation der gleichzeitigen Aburteilung aller gesamtstrafenfähigen Straftaten nachgeholt und dem letztentscheidenden Tatrichter die ganze Palette der in § 53 StGB enthaltenen Sanktionsentscheidungen (nachträglich) zur Verfügung gestellt wird. Eine weitergehende Begünstigung des Täters ist dagegen mit der vorgesehenen Möglichkeit zur nachträglichen Bildung einer Gesamtstrafe nicht bezweckt[231].

Deshalb ist der i. S. von § 55 StGB „spätere" Tatrichter nicht daran **281** gehindert, gem. §§ 55 Abs. I; 53 Abs. II, S. 1; 54 Abs. III StGB auf eine nachträglich gebildete Gesamt**freiheitsstrafe** zu erkennen, wenn der „frühere" Tatrichter lediglich zu **Geldstrafe** verurteilt hat und die „nunmehr" verwirkte(n) Strafe(n) als Freiheitsstrafe(n) festzusetzen ist (sind), obwohl Freiheitsstrafe im Verhältnis zur Geldstrafe die der Art nach schwerere kriminalstrafrechtliche Sanktion darstellt[232]. Entsprechendes gilt, wenn der Erstrichter Freiheitsstrafe verhängt hat und im „späteren" Verfahren für die dann abzuurteilende(n) Straftat(en) nur Geldstrafe(n) festgesetzt werden. Die Verhängung einer Gesamtfreiheitsstrafe durch den „späteren" Tatrichter stellt in beiden Fallkonstellationen **keine** den Täter benachteiligende Entscheidung dar. Sie ist vielmehr die gesetzlich bezweckte Sanktion, wenn und soweit bei der nachträglichen Bildung der Gesamtfreiheitsstrafe die strafzumessungsrechtlichen Besonderheiten der fakultativen Gesamtfreiheitsstrafe gem. § 53 Abs. II, S. 1 StGB (vgl.

---

[231] Vgl. oben Rdn. 275.

[232] So die einhellige Auffassung, vgl. statt aller SK-Samson, § 54 Rdn. 3.

Rdn. 115ff) strikt beachtet sind. Und so paradox es auch erscheinen mag: Die Verhängung von Gesamtfreiheitsstrafe im „späteren" Urteil ist in diesen Fällen konsequenter Ausdruck einer dem Täter **günstigen** Wirkung der nachträglichen Gesamtstrafenbildung, weil durch die Anwendung des § 55 StGB die Benachteiligung der **ungerechtfertigt getrennten** Aburteilung in der Weise beseitigt ist, daß im „späteren" Verfahren nach Prüfung der Entscheidungsmöglichkeiten gem. § 53 Abs. II StGB eine gesonderte Verhängung von Geld- und Freiheitsstrafe(n) als (im strafzumessungsrechtlichen Sinne) sachwidrig ausschied.

282 Zur nachträglichen Bildung einer fakultativen Gesamtfreiheitsstrafe gem. §§ 55 Abs. I; 53 Abs. II, S. 1; 54 Abs. III StGB berechtigt und — soweit nach Prüfung auch des § 53 Abs. II, S. 2 StGB die entsprechenden strafzumessungsrechtlichen Voraussetzungen festgestellt sind — verpflichtet, ist nicht nur der „spätere" erstinstanzliche Tatrichter. Vielmehr stellt sich dieselbe Sachfrage auch in der Berufungsinstanz. Grundsätzlich ist daher auch das Berufungsgericht in seiner Funktion als letztentscheidendes Tatgericht im „späteren" Verfahren gehalten, die strafzumessungsrechtlichen Voraussetzungen einer fakultativen Gesamtfreiheitsstrafe oder einer getrennten Festsetzung von Geld- und Freiheitsstrafe zu prüfen und festzustellen. Kommt es im Rahmen der ihm obliegenden Strafzumessung zu dem Schluß, angesichts der festgestellten Zumessungsgrundlagen gem. § 53 Abs. II, S. 1 StGB auf eine aus der erstinstanzlich verhängten Strafe und der gem. § 55 StGB einzubeziehenden Strafe nachträglich gebildete Gesamtfreiheitsstrafe erkennen zu müssen, so bewirkt dieser Strafausspruch **keine Schlechterstellung** des Täters, sondern gleicht den schon eingetretenen Nachteil der getrennten Aburteilung ganz im Sinne des Grundgedankens der nachträglichen Gesamtstrafenbildung aus. Dabei ist es unerheblich, ob die gem. § 55 StGB einzubeziehende Strafe als Einzelfreiheits- oder Einzelgeldstrafe und die Strafe aus dem „späteren" erstinstanzlichen Urteil, gegen das Berufung eingelegt wurde, spiegelbildlich entsprechend als Einzelfreiheits- oder Einzelgeldstrafe ausgeurteilt worden ist. **Allein** entscheidend ist auch für die Berufungsinstanz, daß **materiellrechtlich** (strafzumessungsrechtlich) die durch §§ 55 Abs. I, 53 Abs. II, 54 Abs. III StGB bestimmten Voraussetzungen einer nachträglichen Gesamtstrafenbildung bzw. die einer nachträglich gesonderten Verhängung von Freiheits- und Geldstrafe vorliegen[233].

283 Von der Frage, ob die Verhängung einer Gesamtfreiheitsstrafe gem. §§ 55 Abs. I; 53 Abs. II, S. 1; 54 Abs. III StGB in der Berufungsinstanz

---

233 In diesem Sinne auch Russ NStZ 1983, 137 (138); vgl. aber Maiwald, Nachträgliche Gesamtstrafenbildung, JR 1980, 353ff (356/7).

überhaupt eine dem Grundgedanken des § 55 StGB widersprechende materiellrechtliche Schlechterstellung des Täters bewirken kann, ist die ganz andere **verfahrensrechtliche** Fragestellung zu trennen, ob der Festsetzung einer Gesamtfreiheitsstrafe in derartigen Fällen das Verbot der reformatio in peius gem. § 331 Abs. I StPO entgegensteht, wenn nur der Verurteilte oder die Staatsanwaltschaft zu seinen Gunsten das Rechtsmittel der Berufung eingelegt hat. Erhebliche Bedeutung kommt insoweit dem Grundgedanken des **prozessualen Verschlechterungsverbots** zu. Es bezweckt eine **verfahrensrechtliche** Gewährleistung der zur Einlegung eines Rechtsmittels erforderlichen Entschließungsfreiheit des Verurteilten. Er soll bei seinem Entschluß, ob er von einem ihm zustehenden Rechtsmittel Gebrauch machen will, nicht durch die Sorge beeinträchtigt werden, es könne ihm durch die Einlegung des Rechtsmittels ein Nachteil in Gestalt **härterer Bestrafung** entstehen. Dem entspricht es, daß nach dem Sinn und Zweck des Verbots der reformatio in peius dem Verurteilten alle, auch die ihm rechtlich an sich nicht zustehenden, erstinstanzlich erlangten Vorteile belassen werden sollen. Das prozessuale Verschlechterungsverbot betrifft im übrigen nur **Art und Höhe der Rechtsfolgen** einer Straftat, nicht dagegen den Schuldspruch[234].

Auf die Entscheidungssituation einer fakultativen Gesamtfreiheits- **284**
strafe gem. §§ 55 Abs. I; 53 Abs. II, S. 1; 54 Abs. III StGB bezogen ist aus der Sicht des prozessualen Verschlechterungsverbots zwischen zwei insbesondere unter Berücksichtigung der erstinstanzlichen Entscheidungsgrundlagen verschiedenen Fallkonstellationen zu differenzieren. Hat der Erstrichter bei seiner Entscheidung **keine Kenntnis** von der Existenz einer an sich gem. § 55 StGB einzubeziehenden Einzelstrafe, dann verstößt die Verhängung einer in der Berufungsinstanz nachträglich gem. §§ 55 Abs. I; 53 Abs. II, S. 1; 54 Abs. III StGB gebildeten Gesamtfreiheitsstrafe **nicht** gegen das Verbot der reformatio in peius gem. § 331 Abs. I StPO[235]. Hierbei ist unerheblich, ob das mit der Berufung angegangene, i. S. d. § 55 StGB eigentlich „spätere" Urteil des Erstrichters eine Einzelfreiheits- oder eine Einzelgeldstrafe auswirft[236]. Demge-

---

[234] Vgl. zum Grundgedanken des Schlechterstellungsverbots statt aller KK-Russ, § 331 Rdn. 2, 3; Kleinknecht/Meyer, § 331 Rdn. 1, 2; KMR (Paulus), § 331 Rdn. 2, 3; Löwe/Rosenberg (Gollwitzer), § 331 Rdn. 1, 6.

[235] Vgl. etwa OLG Hamm MDR 1977, 861; BayObLG JZ 1979, 652/3 = JR 1980, 378 ff (379) mit abl. Besprechungsaufsatz Maiwald, Nachträgliche Gesamtstrafenbildung, JR 1980, 353 ff; Schönke/Schröder (Stree), § 55 Rdn. 42; ferner KK-Russ, § 331 Rdn. 4; KMR (Paulus), § 331 Rdn. 33; vgl. auch Lackner, § 55, 2 d.

[236] Ebenso Gollwitzer JR 1983, 165 ff (165); Kleinkecht/Meyer, § 331 Rdn. 9; Russ NStZ 1983, 137 (138); Schönke/Schröder (Stree), § 55 Rdn. 42.

genüber vertritt die obergerichtliche Rechtsprechung zum Teil die Ansicht, es komme für die Frage der prozessual verbotenen Verschlechterung auf die Strafart der durch den Erstrichter verhängten Einzelstrafe an; es liege jedenfalls dann ein Verstoß gegen das Verschlechterungsverbot gem. § 331 Abs. I StPO vor, wenn das Berufungsgericht auf die alleinige Berufung des Verurteilten aus der vom erstinstanzlichen Gericht verhängten Geldstrafe und einer bereits vor dem Urteil erster Instanz rechtskräftigen Vorverurteilung zu Freiheitsstrafe eine Gesamtfreiheitsstrafe bildet, deren Bildung in erster Instanz unterblieben war[237]. Dieser Auffassung ist indessen nicht zu folgen. Sie verkennt, daß die Rechtsfrage in beiden Sachverhaltsvarianten stets dieselbe ist[236], und zwar die nach Zulässigkeit und Möglichkeit der nachträglichen Bildung einer Gesamtfreiheitsstrafe. Sie verkennt weiter, daß die vom Erstrichter verhängte Einzelgeld- oder Einzelfreiheitsstrafe weder in ihrer Art noch der Höhe nach vom Berufungsgericht verschärft wird, wenn es eine gem. §§ 55 Abs. I; 53 Abs. II, S. 1; 54 Abs. III StGB nachträglich gebildete Gesamtfreiheitsstrafe festsetzt[238]. Dies ergibt sich nicht zuletzt aus den Grundregeln der Gesamtstrafenbildung gem. § 54 StGB, nach denen Einzelstrafen bei der Bildung einer Gesamtstrafe ihrem Strafmaß nach immer nur anteilig und niemals in vollem Umfange berücksichtigt werden können. Aus eben demselben Grunde spielt es für die Frage einer etwaigen Verschlechterung durch die Festsetzung einer nachträglich gebildeten Gesamtfreiheitsstrafe auch keine Rolle, ob die angefochtene oder die einzubeziehende Einzelstrafe als Einsatzstrafe in Betracht kommt[238]. Daß die Verhängung einer Gesamtfreiheitsstrafe durch das Berufungsgericht in allen Fällen, in denen dem Erstgericht das Vorliegen sämtlicher Voraussetzungen gem. § 55 StGB unbekannt ist, **keinen** Verstoß gegen § 331 Abs. I StPO beinhaltet, findet Bestätigung in einer Hilfserwägung. Wäre nämlich die Entscheidung des Erstrichters in Rechtskraft erwachsen, so hätte ohne weiteres gem. § 460 StPO im Nachtragsverfahren auf eine nachträglich gebildete Gesamtfreiheitsstrafe erkannt werden können. Ein Verstoß des Gesamtstrafenbeschlusses gegen § 331 Abs. I StPO wäre dann ausgeschlossen. Was im Nachtragsverfahren möglich und zulässig ist, muß aber auch für das strafzumessungsrechtlich „bessere" Berufungsverfahren (erst recht) unbedenklich sein[239].

---

237 OLG Karlsruhe NStZ 1983, 137 = JR 1983, 164/5 mit abl. Anm. GOLLWITZER JR 1983, 165 ff; RUSS NStZ 1983, 137/8.

238 So insbesondere auch RUSS NStZ 1983, 137 f (138).

239 Ebenso RUSS NStZ 1983, 137 f (138); SCHÖNKE/SCHRÖDER (STREE), § 55 Rdn. 42; ferner die Erwägungen bei GOLLWITZER JR 1983, 165 ff (167); vgl. teilweise anders aber auch MAIWALD, Nachträgliche Gesamtstrafenbildung, JR 1980, 353 ff (355/6).

Anders zu beurteilen sind Fallgestaltungen, in denen der Erstrichter 285
vom Vorliegen der Voraussetzungen des § 55 StGB Kenntnis erlangt, gleichwohl aber keine Gesamtfreiheitsstrafe, sondern lediglich Geldstrafe oder Freiheitsstrafe verhängt bzw. unter erkennbarer (z. B. in der Fassung der Urteilsformel) Anwendung der §§ 55 Abs. I; 53 Abs. II, S. 2 StGB die „nunmehr" verwirkte Einzelstrafe gesondert neben der einzubeziehenden Einzelstrafe verhängt. In allen diesen Verfahrensgestaltungen ist es dem allein vom Verurteilten (bzw. den entsprechenden Rechtsmittelführern) angerufenen Berufungsgericht wegen des prozessualen Verschlechterungsverbots verwehrt, gem. §§ 55 Abs. I; 53 Abs. II, S. 1; 54 Abs. III StGB auf eine nachträglich ermittelte Gesamtfreiheitsstrafe zu erkennen[240]. Dies ergibt sich zunächst für den Fall, daß der Erstrichter trotz seiner aus dem Urteil ersichtlichen Kenntnis von einer einzubeziehenden Strafe und unter Anwendung der §§ 55, 53 StGB von der nachträglichen Bildung einer Gesamtfreiheitsstrafe absieht und nur auf Einzelfreiheitsstrafe (gesondert neben Einzelgeldstrafe) erkennt, ohne weiteres aus der Erwägung, daß der Verurteilte durch die zwingend mit einer Erhöhung der Freiheitsstrafe verbundene Einbeziehung einer Geldstrafe erst im Berufungsurteil im Vergleich zum Strafausspruch des erstinstanzlichen Urteils eine gem. § 331 Abs. I StPO verbotene Verschlechterung erfährt[241]. An diesem Ergebnis ändert sich auch dann nichts, wenn im Einzelfall die im Berufungsverfahren nachgeholte, gem. §§ 55 Abs. I; 53 Abs. II, S. 1; 54 Abs. III StGB nachträgliche Bildung der Gesamtfreiheitsstrafe aus Gründen einer gem. §§ 46; 54 Abs. I, S. 3 StGB schuldbezogenen Gesamtstrafzumessung oder einfach aus Gründen einer abweichenden Strafzumessung zu einem Strafmaß führt, das sogar hinter dem der erstinstanzlich ausgeurteilten Einzelfreiheitsstrafe zurückbleibt[242]. Das Berufungsgericht ist dagegen nicht gehindert, neben der erstinstanzlich ausgeurteilten Freiheitsstrafe auf eine nachträglich gebildete Gesamtgeldstrafe zu erkennen, sofern **mehrere** rechtskräftig erkannte Einzelgeldstrafen zum Zeitpunkt des erstinstanzlichen Urteils hätten einbezogen werden können[242]. Entsprechendes gilt für den Fall, daß der Erstrichter statt auf Freiheitsstrafe auf Einzelgeldstrafe erkennt und bewußt von der nachträglichen Bildung einer Gesamtfreiheitsstrafe gem. §§ 55 Abs. I; 53 Abs. II, S. 1; 54 Abs. III StGB mit einer oder mehreren anderweit verhängten rechtskräftigen Einzelfreiheitsstrafen absieht.

---

240 Vgl. statt aller KK-Russ, § 331 Rdn. 4; Kleinkecht/Meyer, § 331 Rdn. 9; Schönke/Schröder (Stree), § 55 Rdn. 42.

241 Vgl. BGH Beschl. v. 4. 8. 1976 – 2 StR 420/76 = BGH MDR (Holtz) 1977, 109; vgl. ferner BayObLGSt 1974, 102; OLG Hamm MDR 1972, 162.

242 Vgl. dazu BGH Beschl. v. 4. 8. 1976 – 2 StR 470/76 = BGH MDR (Holtz) 1977, 109.

Auch bei dieser Verfahrensgestaltung verstößt eine etwaige Nachholung der im erstinstanzlichen Verfahren unterbliebenen Entscheidung gem. §§ 55 Abs. I; 53 Abs. II, S. 1; 54 Abs. III StGB durch das Berufungsgericht wie zuvor wegen der Verhängung einer zwingend **erhöhten**, der Art nach schwereren (Gesamt-)Freiheitsstrafe gegen § 331 Abs. I StPO.

286 Verhält sich das erstinstanzliche Urteil weder in den Entscheidungsgründen noch in der Urteilsformel über eine Anwendung der §§ 55, 53 StGB, obwohl aus ihm hervorgeht, daß das Gericht die gem. § 55 StGB möglicherweise einzubeziehende(n) Strafe(n) kannte, so ist für den Fall, daß das erstinstanzliche Urteil dennoch auf Einzelgeldstrafe lautete, in der Berufungsinstanz ebenfalls § 331 Abs. I StPO zu beachten. Ein die unterbliebene nachträgliche Bildung einer Gesamtfreiheitsstrafe gem. §§ 55 Abs. I; 53 Abs. II, S. 1; 54 Abs. III StGB „nachholendes" Berufungsurteil stellte einen Verstoß gegen § 331 Abs. I StPO dar, weil davon auszugehen ist, daß die Verhängung der Einzelgeldstrafe durch das Erstgericht auf einer tatsächlich erfolgten Anwendung der §§ 55; 53 Abs. II, S. 2 StGB beruht[243]. Dementsprechend verstieße die in der Berufungsinstanz „nachgeholte" Verhängung einer Gesamtfreiheitsstrafe auch dann gegen das prozessuale Verschlechterungsverbot, wenn bei sonst gleicher Verfahrensgestaltung der Erstrichter trotz einzubeziehender Einzelgeldstrafe(n) auf eine Einzelfreiheitsstrafe erkannt hat.

287 Über den besonderen Problemzusammenhang einer in der Berufungsinstanz gem. §§ 55 Abs. I; 53 Abs. II, S. 1; 54 Abs. III StGB nachträglich ermittelten und verhängten, fakultativen Gesamtfreiheitsstrafe hinaus hat das prozessuale Verschlechterungsverbot der §§ 331 Abs. I, 358 Abs. II StPO auch im übrigen weitreichende Bedeutung im Vorgang der nachträglichen Bildung einer Gesamtstrafe[244]. Ist beispielsweise ein allein vom Angeklagten angefochtenes, bereits auf eine Gesamtstrafe erkennendes Urteil erster Instanz aufgehoben worden und stellt sich heraus, daß in der neuen Hauptverhandlung unter Auflösung einer weiteren Gesamtstrafe deren Einzelstrafen in die nunmehr nachträglich zu bildende „spätere" Gesamtstrafe einzubeziehen sind, dann darf die „jetzt" verhängte, „neue" Gesamtstrafe gem. §§ 331 Abs. I, 358 Abs. II StPO im Strafmaß die Summe aus dem Strafmaß der aufgehobenen und dem der aufgelösten Gesamtstrafe nicht übersteigen[245]. Sind bei sonst gleicher Verfahrensgestaltung nicht die Einzelstrafen einer im jetzigen Rechtsmittelverfahren aufgelösten, anderen Gesamtstrafe in die nachträglich zu bildende Gesamtstrafe, sondern ist **eine** in erster Instanz nicht berück-

---

[243] Ähnlich auch RUSS NStZ 1983, 137 (138).

[244] Vgl. zu den nachfolgenden Beispielen aber auch die Ausführungen zur Sperrwirkung der „früheren" Gesamtstrafe, oben Rdn. 273 ff.

[245] BGHSt 15, 164 (166); LK-VOGLER, § 55 Rdn. 34; SCHÖNKE/SCHRÖDER (STREE), § 55 Rdn. 42; vgl. auch BGHSt 8, 203 (205).

sichtigte **Einzelstrafe** einzubeziehen, darf entsprechend das Strafmaß der „neuen" Gesamtstrafe nicht höher sein als die Summe aus dem Strafmaß der aufgehobenen Gesamtstrafe und dem der Einzelstrafe des „früheren" Urteils[246]. Diese Strafmaßbegrenzungen der „neu" auszuurteilenden Gesamtstrafe gründen sich auf die Erwägung, daß dem Rechtsmittelführer, der durch einen rechtskräftigen oder/und durch einen nur von ihm angefochtenen Strafausspruch über den in § 55 i. V. m. §§ 53, 54 StGB vorgesehenen Umfang hinausgehende Vorteile erlangt, diese Vorteile zu belassen sind[247]. Die gem. §§ 331 Abs. I, 358 Abs. II StPO im Rechtsmittelverfahren gebotene Erhaltung der dem Rechtsmittelführer rechtsfehlerhaft zugewachsenen Vorteile kann im Einzelfall auch zu einer „neuen" Gesamtstrafe führen, die das durch §§ 55; 54 Abs. I, S. 2 StGB festgelegte Strafmaß der Untergrenze des Gesamtstrafrahmens **unterschreitet**[248]. Ist eine im erstinstanzlichen Urteil gem. § 55 StGB festgesetzte Gesamtstrafe auf alleiniges Rechtsmittel des Verteilten aufgehoben worden, und sind zum Zeitpunkt der neuen Verhandlung die Voraussetzungen des § 55 StGB entfallen, weil die ursprünglich einbezogene Strafe vollständig vollstreckt ist, darf die „neu" festzusetzende (Einzel-)Strafe gem. §§ 358 Abs. II, 331 Abs. I StPO nur so bemessen werden, daß das Strafmaß aus der Summe des Strafmaßes der „früheren", verbüßten Strafe und des der „neuen" Strafe das Strafmaß der aufgehobenen Gesamtstrafe nicht übersteigt[249]. Entsprechendes gilt, wenn die nach Zurückverweisung „neu" festzusetzende Strafe keine Einzel- sondern eine aus noch weiteren anderen Einzelstrafen gebildete Gesamtstrafe ist: Die „neue" Gesamtstrafe darf dann nur so bemessen werden, daß ihr Strafmaß die Summe aus dem Strafmaß der aufgehobenen und dem der erledigten, ursprünglich gem. § 55 StGB einbezogenen Einzelstrafe nicht übersteigt[250]. Die Durchführung eines angemessenen Härteausgleichs[251]

---

246 Vgl. Schönke/Schröder (Stree), § 55 Rdn. 42.

247 Hierzu statt aller KK-Russ, § 331 Rdn. 2; BGHSt 8, 203 (205); vgl. auch Lackner, § 55, 2d.

248 So etwa BGHSt 8, 203 (205); vgl. auch BGHSt 15, 164 (166); OLG Hamm GA 1976, 58 (59); LK-Vogler, § 55 Rdn. 34 mit weiteren Nachweisen in Anm. 24; Schönke/Schröder (Stree), § 55 Rdn. 42 mit weiteren Nachweisen.

249 BGH Beschl. v. 5. 1. 1977 – 2 StR 746/76; vgl. dazu BGHSt 12, 94/5; BayObLG NJW 1958, 1406; LK-Vogler, § 55 Rdn. 34; Schönke/Schröder (Stree), § 55 Rdn. 26; vgl. aber auch OLG Braunschweig NJW 1957, 1644; vgl. ferner Sarstedt, LM § 358 StPO, Anm. zu Nr. 24.

250 Vgl. etwa BGH Beschl. v. 5. 1. 1977 – 2 StR 746/76; BayObLGSt 1959, 80; ferner KMR (Paulus), § 331 Rdn. 31; zu weiteren Anwendungsbeispielen des prozessualen Verschlechterungsverbots im Vorgang der nachträglichen Bildung einer Gesamtstrafe vgl. etwa KK-Russ, § 331 Rdn. 3, 4; Kleinkecht/Meyer, § 331 Rdn. 9.

251 Dazu oben Rdn. 250ff.

unterliegt im Rechtsmittelverfahren somit ebenfalls dem prozessualen Verschlechterungsverbot.

3. Die nachträglich gebildete Gesamtgeldstrafe

288 Um die Unzulässigkeit einer etwaigen Schlechterstellung des Täters geht es auch im Zusammenhang mit der Streitfrage, wie eine Gesamtgeldstrafe nachträglich zu bilden ist, wenn sich die wirtschaftlichen Verhältnisse des Täters seit seiner „früheren" Verurteilung gebessert haben. Allerdings ergibt sich diese Problematik **nicht** aus dem Verbot der reformatio in peius, sondern aus einer vom Gesetzgeber nicht bedachten[252] Kollision zwischen den Vorschriften über die Bemessung der Geldstrafe gem. § 40 Abs. I, II StGB und den Regeln der Gesamtstrafenbildung gem. § 54 Abs. I, II StGB. Sie betrifft im übrigen nur den einen Aspekt der weitergehenden Grundfrage, auf welche Weise eine Gesamtgeldstrafe nachträglich zu bilden ist, wenn sich das Nettoeinkommen des Täters im Zeitraum zwischen dem i. S. d. § 55 StGB „früheren" und jetzigen („späteren") Urteil **verändert**, also erhöht **oder** verringert hat mit der Konsequenz, daß die Tagessatzhöhen der in die nachträgliche Bildung einer Gesamtgeldstrafe einzubeziehenden Einzelgeldstrafen differieren[253].

289 Zur Verdeutlichung der Bemessungsprobleme sei auf zwei Fallbeispiele verwiesen. Im ersten Falle mögen die „früher" ausgeurteilte Einzelgeldstrafe zehn Tagessätze zu je 15,– DM, die nummehr verwirkte Einzelgeldstrafe infolge günstigerer wirtschaftlicher Verhältnisse des Täters zwanzig Tagessätze zu je 45,– DM, die Geldstrafenendsumme also 150,– DM bzw. 900,– DM betragen[254]. Nimmt man einmal an, daß auch für die nachträglich gebildete Gesamtgeldstrafe auf eine **einheitliche** Tagessatzhöhe[255] zu erkennen ist, dann ergäbe sich bei einer für die Gesamtgeldstrafe ermittelten Anzahl von 25 Tagessätzen eine Gesamtgeldstrafenendsumme von 1.125,– DM, wenn zur Berechnung der Tagessatzhöhe das Nettoeinkommen des Täters zur Zeit der gem. § 55 StGB „späteren" Verurteilung zugrunde gelegt würde. Eine Gesamtgeld-

---

[252] Es gibt noch nicht einmal Anhaltspunkte dafür, daß die Entscheidungsbedürftigkeit dieser Frage im Gesetzgebungsverfahren überhaupt erkannt worden wäre, vgl. BGHSt 27, 359 (360/1).

[253] Vgl. hierzu die Problemerörterung bei LK-Tröndle, § 40 Rdn. 71 ff; LK-Vogler, § 55 Rdn. 27 ff; ferner Regel, Gesamtstrafe, MDR 1977, 446 ff; Roos, Tagessatzhöhe, NJW 1976, 1483 ff; Vogt, Gesamtgeldstrafe, NJW 1981, 899 ff.

[254] Fall nach BGHSt 28, 360 ff.

[255] Vgl. aber statt aller LK-Vogler, § 55 Rdn. 30 ff; dazu LK-Tröndle, § 40 Rdn. 72 ff.

strafenendsumme von 375,— DM ergäbe sich, wenn der Berechnung der Tagessatzhöhe das Nettoeinkommen des Täters zur Zeit des „früheren" Urteils zugrunde gelegt würde. Die Gesamtgeldstrafenendsumme von 375,— DM bliebe unter der Geldstrafenendsumme der Einsatzstrafe. Die Gesamtgeldstrafenendsumme von 1.125,— DM überstiege dagegen die Summe aus den Geldstrafenendsummen der beiden Einzelgeldstrafen.

Auch das zweite Fallbeispiel enthält ähnliche Unverträglichkeiten mit **290**
den §§ 54 Abs. I, II; 40 Abs. I, II StGB. Betragen die „früher" erkannte Einzelgeldstrafe 50 Tagessätze zu je 40,— DM, die nunmehr verwirkte Einzelgeldstrafe 30 Tagessätze zu je 20,— DM und die entsprechenden Geldstrafenendsummen 2.000,— DM bzw. 600,— DM, dann überstiege eine Gesamtgeldstrafe von 70 Tagessätzen in ihrer Endsumme trotz eingetretener Vermögensverschlechterung des Täters die Summe aus den Geldstrafenendsummen beider Einzelgeldstrafen, sofern der Berechnung der Tagessatzhöhe das Nettoeinkommen des Täters zum Zeitpunkt der „früheren" Verurteilung zugrunde gelegt würde[256]. Die Gesamtgeldstrafenendsumme bliebe dagegen hinter der Endsumme der Einsatzstrafe zurück, wenn die Berechnung der Tagessatzhöhe auf das Nettoeinkommen des Täters zum Zeitpunkt der „jetzigen" (i. S. d. § 55 StGB „späteren") Verurteilung abstellte, wobei freilich wie zuvor eine einheitliche Tagessatzhöhe für die Bemessung der Gesamtgeldstrafe als erforderlich vorausgesetzt ist[255].

Die aufgezeigten Zumessungsprobleme im Bereich der nachträglichen **291**
Bildung einer Gesamtgeldstrafe aus Einzelgeldstrafen mit unterschiedlichen Tagessatzhöhen lassen sich sachgerecht lösen, wenn man mit der Rechtsprechung des BGH und einem Teil der Lehre anerkennt[257], daß die Bemessungsvorschriften der §§ 40 Abs. I, II; 54 Abs. I, II StGB im Vorgang der nachträglichen Bildung einer Gesamtgeldstrafe aus Einzelgeldstrafen mit unterschiedlicher Tagessatzhöhe zwar in ein **normatives Spannungsverhältnis**, jedoch **nicht** in einen echten und mangels eines übergeordneten Regelsatzes unlösbaren **Normenkonflikt**[258] geraten. In diesem Spannungsverhältnis sind weder die Bemessungsregeln des § 40 Abs. I, II StGB noch die des § 54 Abs. I, II StGB **vorrangig** zu berücksichtigen[259]. Vielmehr stecken die Vorschriften über die nachträgliche Gesamtstrafenbildung sachlich unverändert auch im

---

[256] Abgewandeltes Fallbeispiel nach BGHSt 27, 359 ff.

[257] Vgl. BGHSt 27, 359 (362/3); 28, 360 (363/4); Dreher/Tröndle, § 55 Rdn. 7 a ff; LK-Tröndle, § 40 Rdn. 72 ff; Vogt, Gesamtgeldstrafe, NJW 1981, 899 ff (901/2) jeweils mit weiteren Nachweisen.

[258] Vgl. in diesem Sinne aber LK-Vogler, § 55 Rdn. 27; SK-Samson, § 55 Rdn. 12 a, b.

[259] Vgl. aber Dreher/Tröndle, § 55 Rdn. 7 a.

Vorgang der nachträglichen Bildung einer Gesamtgeldstrafe bei differierenden Tagessatzhöhen den **strafzumessungsrechtlichen** Rahmen ab, **innerhalb** dessen den Bemessungsregeln des § 40 Abs. I, II StGB in vollem Umfang Rechnung zu tragen ist.

292 a) Dementsprechend ist bei der eigentlichen Problemlösung gem. §§ 55 Abs. I, S. 1; 54 Abs. I, II StGB von den Grundregeln der Gesamtstrafenbildung auszugehen[260]: Aus dem Kreis der festgesetzten bzw. verwirkten Einzelgeldstrafen ist die Einsatzstrafe, mit Hilfe der Einsatzstrafe und der Strafmaßsumme aller Einzelgeldstrafen ist der Gesamtstrafrahmen und im Wege einer sich in diesem Gesamtstrafrahmen haltenden, eigenständigen Gesamtstrafzumessung ist die Gesamtgeldstrafe zu bestimmen. Auch bei der nachträglichen Bildung einer Gesamtgeldstrafe aus Einzelgeldstrafen mit unterschiedlicher Tagessatzhöhe darf deren Strafmaß daher die Strafmaßsumme der Einzelgeldstrafen nicht erreichen und ebenso muß ihr Strafmaß das der Einsatzstrafe übersteigen. Als Einsatzstrafe kommt bei der nachträglichen Bildung einer Gesamtgeldstrafe wie auch sonst bei der Bildung einer Gesamtgeldstrafe gem. §§ 53, 54 StGB stets nur die Einzelgeldstrafe mit der höchsten Anzahl von Tagessätzen in Betracht[261]. Die Tagessatzhöhe und mit ihr die Geldstrafenendbeträge der verschiedenen in die Gesamtstrafenbildung einzubeziehenden Einzelgeldstrafen haben für die Bestimmung der Einsatzstrafe dagegen grundsätzlich keine Bedeutung[262]. Aus dem insoweit stimmigen Zusammenwirken der §§ 54 Abs. I, S. 2; 40 Abs. I, II StGB ergibt sich, daß als **höchste** verwirkte Einzelstrafe i. S. d. § 54 Abs. I, S. 2 StGB allein die Einzelgeldstrafe mit der höchsten Tagessatzanzahl zu bestimmen ist, weil nach der methodischen Struktur des gem. § 40 StGB festgeschriebenen zweiaktigen Strafzumessungsvorgangs bei der Geldstrafe die festgesetzte Anzahl der Tagessätze das **Strafmaß** ist, in dem sich Tatschwere, Schuldgehalt und — soweit möglich — präventive Strafzwecke, insgesamt also die gem. § 46 StGB bei der Strafzumessung maßgeblichen Kriterien ausdrücken[263]. Die Ermittlung der Tagessatzhöhe gem. § 40 Abs. II, S. 1 StGB als zweiter Akt der Geldstrafenzumessung soll nach dem Grundsatz der Opfergleichheit[264] eine an den konkreten, persönlichen und wirtschaftlichen Verhältnissen des jeweiligen Täters orientierte

---

260 Insoweit (methodisch) anders BGHSt 28, 360 (362); vgl. aber BGHSt 27, 359 (361) mit weiteren Nachweisen aus der obergerichtlichen Rechtsprechung.

261 So auch BGHSt 27, 359 (362); BGHSt 28, 360 (363).

262 Anders aber DREHER/TRÖNDLE, § 55 Rdn. 7 a, 7 d; dazu LK-VOGLER, § 55 Rdn. 32 und DERS., Tagesatzsystem, JR 1978, 353 ff (357); zu einem Ausnahmefall vgl. oben Rdn. 169 f.

263 Dazu statt aller LK-TRÖNDLE, Vor § 40 Rdn. 59 ff; § 40 Rdn. 2 ff.

264 LK-TRÖNDLE, Vor § 40 Rdn. 61; SCHÖNKE/SCHRÖDER (STREE), § 40 Rdn. 1.

gleichmäßige Spürbarkeit bei „arm und reich"[265] gewährleisten. Sie sagt dagegen über die gem. § 54 Abs. I, S. 2 StGB „höchste" — sprich: schwerste[266] — Einzelgeldstrafe nichts aus.

b) Ist als Einsatzstrafe die Einzelgeldstrafe mit der höchsten Tages- **293**
satzanzahl festgestellt, dann könnte die nachträgliche Bildung einer Gesamtgeldstrafe bei zwischenzeitlich verändertem Nettoeinkommen des Täters freilich dazu führen, daß die erkannte Gesamtgeldstrafe in ihrem Geldstrafenendbetrag hinter dem Geldstrafenendbetrag einer anderen Einzelgeldstrafe zurückbleibt. So läge die Geldstrafenendsumme der ausgeurteilten Gesamtgeldstrafe im zweiten Fallbeispiel (Rdn. 290) zwar höher als die Geldstrafenendsumme der Einsatzstrafe, aber niedriger als die der „früheren" Einzelgeldstrafe, wenn die wirtschaftlichen Verhältnisse des Täters zur Zeit des „späteren" Urteils zugrunde gelegt würden. Eine allein auf die Tagessatzanzahl bezogene Erhöhung der Einsatzstrafe gem. §§ 54 Abs. I, S. 2; 55 StGB verschafft also dem Täter, der außer der „früher" abgeurteilten Tat noch eine weitere „jetzt" abzuurteilende Tat begangen hat, vom Geldstrafenendbetrag her gesehen in derartigen Fällen eine vergleichsweise günstigere Position. Damit aber stellt sich die Frage, ob eine auf die Tagessatzanzahl beschränkte Erhöhung der Einsatzstrafe dem Erhöhungsgebot des § 54 Abs. I, S. 2 StGB im Vorgang der nachträglichen Bildung einer Gesamtgeldstrafe überhaupt gerecht zu werden vermag.

Das Erhöhungsgebot des § 54 Abs. I, S. 2 StGB versteht sich im **294**
Sachzusammenhang einer nachträglichen Gesamtstrafenbildung wie im Regelfalle einer Gesamtstrafenbildung gem. §§ 53, 54 StGB als grundlegende Strafzumessungsregel. Im Vorgang der **nachträglichen** Bildung einer Gesamtstrafe gewinnt das Erhöhungsgebot des § 54 Abs. I, S. 2 StGB indessen zusätzliche Bedeutung als Erklärungsgrund dafür, daß in die Rechtskraft einer „früheren" Entscheidung eingegriffen wird. Die im Konzept der nachträglichen Gesamtstrafenbildung gem. § 55 StGB vorausgesetzte, zweckgebunden begrenzte Durchbrechung der Rechtskraft des „früheren" Urteils ist nur gerechtfertigt, wenn und weil die „frühere" Strafe in einer **schwereren** (höheren) Strafe aufgeht[267]. Es entspricht der konkurrenz- und strafzumessungsrechtlichen Funktion des Asperations- und Gesamtstrafenprinzips sowie dem daraus resultierenden Sinn und Zweck des Erhöhungsgebots in § 54 Abs. I, S. 2 StGB, daß

---

[265] BGHSt 27, 70 (72/3); BGHSt 28, 360 (363).

[266] Daß sich „höchste" Strafe i. S. d. § 54 Abs. I, S. 2 StGB als „schwerste" Strafe versteht, ergibt sich im übrigen unmittelbar aus § 54 Abs. I, S. 2 StGB und seiner weiteren Formulierung: „der ihrer Art nach **schwersten** Strafe".

[267] So die h. M., vgl. statt aller LK-Vogler, § 55 Rdn. 32; LK-Tröndle, § 40 Rdn. 74, 74 a; BGHSt 27, 359 (363).

zur Beurteilung der Schwere einer Strafe eine Orientierung an deren Auswirkungen auf den Täter erforderlich ist. Strafschwere im Kontext des Erhöhungsgebots bemißt sich demzufolge nach der Intensität, mit der die verhängte Strafe in die persönliche Lebensgestaltung des Verurteilten eingreift, nach der Spürbarkeit der Sanktion, nach dem Ausmaß existenzieller Belastungen und — gem. § 46 Abs. I, S. 2 StGB in einem umfassenden Sinne — nach den Wirkungen, die von der Strafe für das künftige Leben des Täters in der Gesellschaft zu erwarten sind[268]. Ob und inwieweit eine Strafe vergleichsweise schwerer ist, beantwortet sich im Vorgang auch der nachträglichen Bildung einer Gesamtstrafe regelmäßig lediglich nach Strafart und Strafmaß. Sie bilden die Vergleichsbasis, weil alle sonstigen, die Schwere einer Strafe durchaus mitbestimmenden Gesichtspunkte — und dazu gehört im Falle der (nachträglichen) Bildung einer Gesamtgeldstrafe auch die (gleiche) Tagessatzhöhe der einzubeziehenden Einzelgeldstrafen — nach Art und Ausmaß völlig übereinstimmen. Im Rahmen der nachträglichen Bildung einer Gesamtgeldstrafe aus Einzelgeldstrafen mit unterschiedlichen Tagessatzhöhen fehlt es dagegen an einer solchen Vergleichsbasis[269]. Der gem. §§ 55; 54 Abs. I, S. 2 StGB notwendige Schwerevergleich zwischen verschiedenen Einzelgeldstrafen mit unterschiedlicher Tagessatzhöhe ist erst möglich, wenn außer der Tagessatzanzahl und der jeweiligen Tagessatzhöhe auch das Produkt aus Tagessatzanzahl und je zugehöriger Tagessatzhöhe als Schwerekriterium berücksichtigt wird[270]. So gesehen übernimmt die Geldstrafenendsumme beim Schwerevergleich zwischen Einzelgeldstrafen mit unterschiedlicher Tagessatzhöhe die Aufgabe des **tertium comparationis**.

295 Freilich wächst der Geldstrafenendsumme diese Aufgabe **ausschließlich** im Normzusammenhang der §§ 55; 54 Abs. I, S. 2 StGB zu. Ihre Bedeutung für den Vorgang der nachträglichen Bildung einer Gesamtgeldstrafe aus Einzelgeldstrafen mit verschiedenen Tagessatzhöhen erschöpft sich denn auch in dieser logisch-methodologischen Funktion. Insofern verstößt die Berücksichtigung von Geldstrafenendbeträgen im Anwendungsbereich des § 54 Abs. I, S. 2 StGB **nicht** gegen die Strukturprinzipien der Strafzumessung bei der Festsetzung von Geldstrafen und

---

268 Zur Konkretisierung des § 46 Abs. I, S. 2 StGB vgl. statt aller BRUNS, Strafzumessungsrecht, S. 94 ff; LK-HIRSCH, § 46 Rdn. 13 ff.

269 Anders aber HORN JR 1977, 336 ff (337/8); vgl. auch VOGLER, Tagessatzsystem, JR 1978, 353 ff (358 f).

270 Vgl. dazu auch BayObLG JR 1977, 335/6 = MDR 1977, 244 = NJW 1977, 1697 mit Anm. HORN JR 1977, 336 ff; D. MEYER NJW 1977, 2322/3; vgl. ferner OLG Hamburg MDR 1976, 419.

nicht gegen das Tagessatzsystem als solches[271]. Der Geldstrafenendbetrag tritt im Schwerevergleich nicht an die Stelle der jeweiligen Tagessatzanzahl, sondern repräsentiert die Strafschwere der jeweiligen Geldstrafe im Verhältnis zur wirtschaftlichen Leistungsfähigkeit des Verurteilten[272]. Daß diese Relation des Geldstrafenendbetrags zu den persönlichen und wirtschaftlichen Verhältnisse des Täters trotz prinzipieller Trennung zwischen der Festsetzung der Tagessatzanzahl und der Bestimmung der Tagessatzhöhe im Rahmen der Geldstrafzumessung gem. § 46 StGB auch sonst zu beachten ist, zeigt die Notwendigkeit der Höhenanpassung eines Tagessatzes bei sehr hoher Tagessatzanzahl[273]. Auch hierbei kommt der Geldstrafenendsumme die Bedeutung eines Bemessungskriteriums für die (noch) schuldangemessene Geldstrafe zu. Für die gem. § 54 Abs. I, S. 2 StGB **gebotene Erhöhung** der Einsatzgeldstrafe bei der nachträglichen Bildung einer Gesamtgeldstrafe aus Einzelgeldstrafen mit unterschiedlichen Tagessatzhöhen ist danach nicht allein auf die Tagessatzanzahl der einzubeziehenden Einzelgeldstrafen, sondern ebenso auf deren Geldstrafenendbeträge abzustellen. Eine dem Erhöhungsgebot des § 54 Abs. I, S. 2 StGB genügende Erhöhung der Einsatzgeldstrafe setzt ferner voraus, daß die Geldstrafenendsumme der erhöhten Einsatzgeldstrafe die Geldstrafenendsumme **jeder** einbezogenen Einzelgeldstrafe übersteigt[274], weil sonst der mit der nachträglichen Bildung einer Gesamtstrafe gem. § 55 StGB sachnotwendig verbundene Eingriff in die Rechtskraft einer „früheren" Verurteilung seine Legitimation verlöre. Eine Bestätigung dieser im Ergebnis auch von der Rechtsprechung des BGH und einem Teil der Lehre vertretenen Auffassung ergibt sich im übrigen unmittelbar aus dem Wortsinn des § 55 Abs. I, S. 1 StGB, der sich ausdrücklich auf den rechtskräftig Verurteilten und damit auf eine vollstreckungsfähige (Geld-)Strafe bezieht[275]. Unabhängig von den Strukturprinzipien der Strafzumessung bei der Festsetzung einer Geldstrafe ist weder die Tagessatzanzahl noch die Tagessatzhöhe, sondern vielmehr der Geldstrafenendbetrag die Grundlage der Geldstrafenvoll-

---

[271] Anders aber GREBING, Die Geldstrafe, S. 95; HORN JR 1977, 336 ff (337/8); ROOS, Tagessatzhöhe, NJW 1976, 1483 ff (1484); vgl. ferner SK-HORN, § 40 Rdn. 1; VOGLER, Tagessatzsystem, JR 1978, 353 ff (358); vgl. demgegenüber aber auch NAUCKE, Tenor, NJW 1978, 407 ff (409).

[272] In diesem Sinne auch BGHSt 28, 360 ff (363); vgl. weiter LK-TRÖNDLE, Vor § 40 Rdn. 60, 61; § 40 Rdn. 2 ff, 16 ff.

[273] Dazu statt aller LK-TRÖNDLE, Vor § 40 Rdn. 61; § 40 Rdn. 19.

[274] So auch BGHSt 27, 359 (362); vgl. auch BayObLG NJW 1977, 1697.

[275] So auch BGHSt 28, 360 (363) mit Nachweisen aus der Rechtsprechung; LK-TRÖNDLE, § 40 Rdn. 75, 75 a; VOGT, Gesamtgeldstrafe, NJW 1981, 899 ff (902/3).

streckung. Im Bereich der **nachträglichen** Bildung einer Gesamtgeldstrafe aus Einzelgeldstrafen mit unterschiedlichen Tagessatzhöhen ist deshalb unter „Strafe“ im Sinnzusammenhang zwischen § 55 StGB und dem Erhöhungsgebot des § 54 Abs. I, S. 2 StGB der Strafausspruch in seiner Gesamtheit zu verstehen[275]. Das Ganze der vollstreckungsfähigen Strafe besteht im Falle einer Geldstrafe aber aus Tagessatzanzahl, Tagessatzhöhe **und** Geldstrafenendbetrag, in dem die unselbständigen Erkenntnisse der Tagessatzanzahl und der Tagessatzhöhe aufgehen.

296 c) Die im Vorgang der nachträglichen Bildung einer Gesamtgeldstrafe aus Einzelgeldstrafen mit unterschiedlicher Tagessatzhöhe gem. §§ 55; 54 Abs. I, S. 2 StGB (zumindest) erforderliche und schuldangemessene Erhöhung der Einsatzgeldstrafe, die Ermittlung der festzusetzenden Gesamtgeldstrafe also, hängt wesentlich davon ab, wie die Tagessatzhöhe der auszuurteilenden Gesamtgeldstrafe zu bestimmen ist. Insbesondere fragt es sich, welcher Zeitpunkt — der des „früheren“ oder der des „jetzigen“ Urteils — maßgeblich, und ob die Tagessatzhöhe einheitlich oder „gebrochen“ („gespalten“, gesplittet, differenziert) festzusetzen ist[276]. In der Sache lassen sich beide Einzelfragen nicht voneinander trennen. Sie betreffen gleichermaßen die **Gesamtstrafzumessung** als einen selbständigen Akt der Strafzumessung bei der Bildung einer Gesamtstrafe. Aus eben dieser strafzumessungsrechtlichen Originalität der Gesamtstrafzumessung folgt zunächst, daß die Tagessatzhöhe der nachträglich gebildeten Gesamtgeldstrafe ohne Rücksicht auf die Unterschiedlichkeit der Tagessatzhöhen aller einbezogenen Einzelgeldstrafen **einheitlich** zu bestimmen[277] und gem. § 40 Abs. II, S. 2 StGB nach dem Nettoeinkommensprinzip zu ermitteln ist. Unerheblich ist dabei, ob die Unterschiedlichkeit der Tagessatzhöhen der einbezogenen Einzelgeldstrafen auf einer Verschlechterung oder Verbesserung der wirtschaftlichen Verhältnisse des Täters beruht[278]. Die Gesamtstrafzumessung als in sich abgeschlossenes, einheitliches strafzumessungsrechtliches Entscheidungsverfahren bezieht sich bei der nachträglichen Bildung einer Gesamt**geldstrafe** in ihrer zweiten Phase gem. § 40 Abs. II StGB nicht auf

---

[276] Vgl. hierzu den Überblick bei LK-Vogler, § 55 Rdn. 28 ff.

[277] So BGHSt 27, 359 (363/4) für den Fall der Vermögensverschlechterung; BGHSt 28, 360 (L, 362) für den Fall der Vermögensverbesserung; Dreher/Tröndle, § 55 Rdn. 7 a ff; Lackner, § 55, 2 e; LK-Tröndle, § 40 Rdn. 72 ff; anders aber OLG Oldenburg MDR 1978, 70; OLG Hamburg MDR 1978, 505/6; OLG Karlsruhe, Die Justiz 1978, 144; Regel, Gesamtstrafe, MDR 1977, 446 ff (447/8); Schönke/Schröder (Stree), § 55 Rdn. 37 a; Vogler, Tagessatzsystem, JR 1978, 353 ff (358); vgl. ferner LK-Vogler, § 55 Rdn. 30 ff.

[278] Vgl. BGHSt 27, 359 (363/4) einerseits; BGHSt 28, 360 (L, 362) andererseits.

verschiedene, sondern immer nur auf ein und dasselbe Nettoeinkommen des Täters zu einem **bestimmten** Zeitpunkt. Wie im Falle der gleichzeitigen Aburteilung mehrerer Straftaten und einer entsprechenden Gesamtstrafenbildung nach den §§ 53, 54 StGB ist dies auch im Falle der nachträglichen Bildung einer Gesamtstrafe der Zeitpunkt der eigentlichen Sanktionsentscheidung, d. h. der Verhängung der im Wege einer Gesamtstrafzumessung ermittelten Gesamt(geld)strafe durch das i. S. d. § 55 StGB „spätere" (jetzige) Urteil[279]. Was den maßgeblichen Zeitpunkt zur Berechnung der Tagessatzhöhe im Rahmen der nachträglichen Bildung einer Gesamtgeldstrafe anbelangt, besteht somit zwischen § 40 Abs. II, S. 1 StGB und §§ 55; 54 Abs. I, S. 3 StGB **kein** Gegensatz[280]. Als Grundlage zur Bemessung und Berechnung der Tagessatzhöhe einer nachträglich gebildeten Gesamtgeldstrafe kommt daher gem. § 40 Abs. II, S. 1 StGB ebenso wie nach den §§ 55; 54 Abs. I, S. 3 StGB das Nettoeinkommen des Täters zur Zeit der „späteren" Verurteilung in Betracht. Soweit nach anderer Auffassung statt dessen auf die Einkommensverhältnisse des Täters zur Zeit des „früheren" Urteils abgestellt und zur Begründung hierfür auf den Grundgedanken des § 55 StGB rekurriert wird[281], ist die strafzumessungsrechtliche Eigenständigkeit der Gesamtstrafzumessung im Rahmen auch der nachträglichen Gesamtstrafenbildung verkannt. Der Grundgedanke des § 55 StGB verlangt lediglich, die zufällig unterbliebene Gleichzeitigkeit der Aburteilung i. S. d. § 53 Abs. I StGB nachzuholen und den Täter so zu stellen, wie er bei gemeinsamer Aburteilung aller tatmehrheitlich begangenen Straftaten stehen würde. Mit dieser konkurrenzrechtlichen Funktion des § 55 StGB — die nachgeholte Gleichzeitigkeit der Aburteilung aller Straftaten kann insofern auch durchaus auf den Zeitpunkt des „früheren" Urteils zurückbezogen werden — nicht zu verwechseln ist die **strafzumessungsrechtliche** Funktion des § 55 StGB, entsprechend der Verweisung auf § 54 StGB die eigentliche Sanktionsentscheidung von einer eigenen **nachträglichen** Gesamtstrafzumessung abhängig zu machen.

d) Haben sich die wirtschaftlichen Verhältnisse des Täters zwischen **297**
der i. S. d. § 55 StGB „früheren" Verurteilung zu (Einzel- oder Gesamt-) Geldstrafe und dem Zeitpunkt der „nunmehr" verwirkten Geldstrafe(n) **verändert**, vollzieht sich die nachträgliche Bildung der Gesamtgeldstrafe nach alledem wie folgt: Aus dem Kreis der einzubeziehenden Einzelgeldstrafen[282] ist zunächst diejenige mit der höchsten Tagessatzanzahl als

---

[279] So deutlich BGHSt 28, 360 (362).

[280] Ähnlich BGHSt 28, 360 (362).

[281] Vgl. etwa LACKNER, § 55, 2e; vgl. D. MEYER NJW 1977, 2322/3.

[282] Dazu zählen auch die einer aufgelösten Gesamtgeldstrafe zugrunde liegenden Einzelgeldstrafen.

Einsatzgeldstrafe zu bestimmen. In der **ersten Phase** der Gesamtstrafzumessung gem. §§ 55; 54 Abs. I, II; 40 Abs. I StGB ist diese Einsatzstrafe der Tagessatzanzahl nach i. S. d. §§ 54 Abs. I, S. 3; 46 StGB angemessen zu erhöhen. Auf der Basis der im laufenden (i. S. d. § 55 Abs. I StGB „späteren") Strafverfahren gem. § 40 Abs. II, S. 2 StGB festgestellten Nettoeinkommensverhältnisse des Täters ist sodann **einheitlich** die Höhe eines Tagessatzes zu ermitteln. Haben sich die Nettoeinkommensverhältnisse des Täters seit der „früheren" Verurteilung zu (Einzel- oder Gesamt-)Geldstrafe **verschlechtert**, ist dem Erhöhungsgebot des § 54 Abs. I, S. 2 StGB in der **zweiten Phase** der Gesamtstrafzumessung dadurch Rechnung zu tragen, daß die Geldstrafenendsumme **jeder** einbezogenen Einzelgeldstrafe hinter dem Produkt aus erhöhter Tagessatzanzahl der Einsatzstrafe und Tagessatzhöhe zurückbleibt. Soweit das Erhöhungsgebot des § 54 Abs. I S. 2 StGB entsprechend dieser Berechnung für die auszuurteilende Gesamtgeldstrafe eine von der zuvor ermittelten Tagessatzhöhe abweichende Bestimmung der Tagessatzhöhe erfordert, ist die Tagessatzhöhe so zu ermitteln, daß das Produkt aus erhöhter Tagessatzanzahl der Einsatzstrafe und Tagessatzhöhe (= die Geldstrafenendsumme der im Urteil festzusetzenden Gesamtgeldstrafe) die höchste Geldstrafenendsumme aus dem Kreis der einbezogenen Einzelgeldstrafen im geringstmöglichen Umfang übersteigt[283].

298 Auf das vorangestellte zweite Fallbeispiel (vgl. oben Rdn. 290) übertragen ist auf der Basis des dort genannten Nettoeinkommens zur Zeit des i. S. d. § 55 StGB „späteren" Urteils eine Tagessatzhöhe von 20,– DM ermittelt. Das Produkt aus der auf 70 erhöhten Tagessatzanzahl der Einsatzstrafe und der Tagessatzhöhe von 20,– DM ergibt eine Geldstrafenendsumme von 1.400,– DM. Diese Geldstrafenendsumme bleibt hinter der Geldstrafenendsumme der Einsatzstrafe (= 2.000,– DM) zurück. Gem. § 54 Abs. I, S. 2 StGB ist deshalb eine Tagessatzhöhe zu ermitteln, die – mit der auf 70 erhöhten Tagessatzanzahl der Einsatzstrafe multipliziert – einen Geldstrafenendbetrag ergibt, der die Geldstrafenendsumme von 2.000,– DM im geringstmöglichen Umfang übersteigt. Da die Tagessatzhöhe in vollen DM zu bestimmen ist[284], ergibt sich eine dem Erhöhungsgebot des § 54 Abs. I, S. 2 StGB genügende Tagessatzhöhe von 29,– DM (Geldstrafenendsumme: 2.030,– DM). Entsprechend ist zu verfahren, wenn nicht die Geldstrafenendsumme der Einsatzstrafe, sondern die einer anderen einbezogenen Einzelgeldstrafe

---

283 Vgl. BGHSt 27, 359 (364/5); DREHER/TRÖNDLE, § 55 Rdn. 7 b; LACKNER, § 55, 2 e, aa; LK-TRÖNDLE, § 40 Rdn. 72 ff; VOGT, Gesamtgeldstrafe, NJW 1981, 899 ff (902/3).

284 Vgl. statt aller SCHÖNKE/SCHRÖDER (STREE), § 40 Rdn. 7 unter Berufung auf OLG Köln MDR 1976, 597; zweifelnd LACKNER, § 40, 6.

überschritten werden muß (z. B.: „Frühere" Einzelgeldstrafe = 30 Tagessätze zu je 60,– DM = 1.800,– DM Geldstrafenendbetrag; „jetzige" Einzelgeldstrafe = 40 Tagessätze zu je 20,– DM = 800,– DM Geldstrafenendbetrag; Einsatzstrafe = 40 Tagessätze zu je 20,– DM; erhöhte Einsatzstrafe = 60 Tagessätze; das Produkt aus 60 Tagessätzen und einer „jetzt" festgestellten Tagessatzhöhe von 20,– DM bleibt um 600,– DM hinter der höchsten Geldstrafenendsumme (= die der „früheren" Einzelgeldstrafe) zurück; um die Geldstrafenendsumme von 1.800,– DM bei einer auf 60 erhöhten Tagessatzanzahl der Einsatzstrafe im geringstmöglichen Umfang zu überschreiben, ist die Tagessatzhöhe mit 31,– DM (Geldstrafenendsumme = 1.860,– DM) zu bestimmen).

Eine ähnlich abweichende Bestimmung der Tagessatzhöhe für die zu **299**
verhängende Gesamtgeldstrafe ist auch erforderlich, wenn sich seit der „früheren" Verurteilung zu (Einzel- oder Gesamt-)Geldstrafe die Nettoeinkommensverhältnisse des Täters **verbessert** haben. Allerdings ergibt sich die Notwendigkeit der Höhenveränderung in dieser Fallgestaltung aus der Höchstgrenzenregelung des § 54 Abs. II, S. 1 StGB. Wie im Problemzusammenhang zwischen der nachträglichen Bildung einer Gesamtgeldstrafe aus Einzelgeldstrafen mit unterschiedlichen Tagessatzhöhen und dem Erhöhungsgebot des § 54 Abs. I, S. 2 StGB erfüllen auch im Anwendungsbereich des § 54 Abs. II, S. 1 StGB die Geldstrafenendbeträge der einbezogenen Einzelgeldstrafen eine strafzumessungsrechtliche, die Gesamtstrafzumessung gestaltende Funktion. Ausgehend von der Höchstgrenzenregelung des § 54 Abs. II, S. 1 StGB ist entsprechend der Strukturtypizität der Geldstrafzumessung in der **ersten Phase** der Gesamtstrafzumessung das Ausmaß der gem. § 54 Abs. I, S. 2 StGB vorzunehmenden Erhöhung der Einsatzgeldstrafe zunächst durch die Summe der Tagessatzanzahl aller einbezogenen Einzelgeldstrafen begrenzt: Die Tagessatzzahl der erhöhten Einsatzstrafe **darf** die Summe der Tagessatzanzahl aller einbezogenen Einzelgeldstrafen (einschließlich der Einsatzgeldstrafe) **nicht erreichen**. Die Höchstgrenzenregelung des § 54 Abs. II, S. 1 StGB begrenzt darüber hinaus das Maß der Einsatzstrafenerhöhung im Rahmen der nachträglichen Bildung einer Gesamtgeldstrafe aus Einzelgeldstrafen mit differierenden Tagessatzhöhen aber auch durch die Summe der Geldstrafenendbeträge aller einbezogenen Einzelgeldstrafen: Das Produkt aus erhöhter Tagessatzanzahl der Einsatzstrafe und Tagessatzhöhe darf die Summe der Geldstrafenendbeträge aller einbezogenen Einzelgeldstrafen nicht erreichen. Gem. § 40 Abs. II StGB ist daher in der **zweiten Phase** der Gesamtstrafzumessung die auf der Basis der veränderten (verbesserten) Nettoeinkommensverhältnisse ermittelte Tagessatzhöhe so abzuändern, daß das Produkt aus erhöhter Tagessatzanzahl der Einsatzstrafe und abgeänderter Tagessatzhöhe **im**

geringstmöglichen Ausmaß hinter der Summe der Geldstrafenendbeträge aller einbezogenen Einzelgeldstrafen **zurückbleibt**[285].

300 Diese Fallkonstellation liegt dem vorangestellten ersten Fallbeispiel (vgl. Rdn. 289) zugrunde. Die gem. §§ 54 Abs. I, S. 3; 40 Abs. II StGB einheitliche Tagessatzhöhe der zu verhängenden Gesamtgeldstrafe beträgt angesichts der verbesserten Nettoeinkommensverhältnisse des Täters 45,— DM. Die erhöhte Tagessatzanzahl der Einsatzstrafe ist mit 25 bestimmt. Das Produkt aus erhöhter Tagessatzanzahl der Einsatzstrafe und im laufenden Strafverfahren ermittelter Tagessatzhöhe beläuft sich auf 1.125,— DM. Die Summe der Geldstrafenendbeträge aller einbezogenen Einzelgeldstrafen bleibt mit 1.050,— DM um 75,— DM hinter dem Produkt aus erhöhter Tagessatzanzahl der Einsatzstrafe und auf der Basis des verbesserten Nettoeinkommens berechneter Tagessatzhöhe zurück. Gem. §§ 55; 54 Abs. II, S. 1 StGB ist deshalb die Tagessatzhöhe so zu verändern, daß die Summe der Geldstrafenendbeträge aller einbezogenen Einzelgeldstrafen in Höhe von 1.050,— DM im geringsmöglichen Ausmaß unterschritten wird. Die Tagessatzhöhe (der nachträglich ermittelten Gesamtgeldstrafe) ist somit auf 41,— DM festzusetzen[286].

301 e) Zu sachgerechten Ergebnissen führt die an §§ 54 Abs. I, S. 2, 3; 40 Abs. II StGB und an §§ 54 Abs. II, S. 1; 40 Abs. II StGB ausgerichtete **Anpassungsmethodik** bei der Festsetzung einer einheitlichen Tagessatzhöhe auch dann, wenn der Täter zum Zeitpunkt der i. S. d. § 55 Abs. I StGB „späteren" Verurteilung auf die „frühere" Geldstrafe bereits Teilleistungen erbracht hat. Diese Teilleistungen sind gem. § 51 Abs. II StGB auf die nachträglich ermittelte Gesamtgeldstrafe anzurechnen. Nach der zutreffenden Rechtsprechung des BGH[287] sind diese straftilgenden Teilleistungen nach dem Maßstab der „früher" ausgeurteilten Geldstrafe auf die nachträglich gebildete Gesamtgeldstrafe anzurechnen[288]. Für die Anrechnung entscheidend ist daher die Tagessatzhöhe der „früheren" (Einzel- oder Gesamt-)Geldstrafe[289]. Nur dieser Anrechnungsmaßstab vermeidet etwaige Benachteiligungen des Verurteilten, dessen Nettoein-

---

285 Vgl. BGHSt 28, 360 (363/4); DREHER/TRÖNDLE, § 55 Rdn. 7 c; LACKNER, § 55, 2 e, bb begründet dieses Ergebnis allerdings mit einer entsprechenden Anwendung der §§ 331 Abs. I, 358 Abs. II StPO; LK-TRÖNDLE, § 40 Rdn. 75, 75 a; VOGT, Gesamtgeldstrafe, NJW 1981, 899 ff (902/3); vgl. auch LK-VOGLER, § 55 Rdn. 32; SCHÖNKE/SCHRÖDER (STREE), § 55 Rdn. 37 a.

286 Vgl. BayObLG NJW 1978, 2320/1; BGHSt 28, 360 (364).

287 BGHSt 28, 360 (364/5).

288 Vgl. dazu auch FABIAN, Berechnung, Rpfleger 1980, 374 ff (374) und POHLMANN, Berechnung, Rpfleger 1980, 376 ff (376/7).

289 So auch DREHER/TRÖNDLE, § 55 Rdn. 7 e; anders (Maßstab der neuen Gesamtstrafe) dagegen LACKNER, § 55, 2 e, bb.

kommensverhältnisse sich nach erbrachten Teilleistungen auf die „frühere" Geldstrafe (erheblich) verbessert haben[290]. Hätte der Täter in dem BGHSt 28, 360 ff nachgebildeten Fallbeispiel (vgl. Rdn. 289) auf die „frühere" Geldstrafe bereits neun Tagessätze zu je 15,– DM (insgesamt also 135,– DM) gezahlt, so wären gem. § 51 Abs. II StGB neun Tagessätze der nachträglich ermittelten Gesamtgeldstrafe zu je 41,– DM getilgt. Zu erbringen wären dementsprechend noch 16 Tagessätze zu je 41,– DM, insgesamt also 656,– DM. Die wirtschaftliche Gesamtbelastung des Täters (Gezahlte 135,– DM + noch zu zahlende 656,– DM = 791,– DM) bliebe bei Teilleistungen auf die „frühere" Geldstrafe somit hinter der Geldstrafenendsumme sogar der Einsatzgeldstrafe (900,– DM) zurück. Darin liegt jedoch keine sachwidrige Übervorteilung des auf die „frühere" Geldstrafe zahlenden Verurteilten[291]. Die Geldstrafenendbeträge der nachträglich ermittelten Gesamtgeldstrafe und der Einsatzgeldstrafe lassen sich mit der Summe aus erbrachten Teilleistungen auf die „frühere" Geldstrafe und dem noch offenen Reststrafenendbetrag der nachträglichen Gesamtgeldstrafe **nicht vergleichen**. Jedenfalls gibt dieser Vergleich mangels übergeordneten Vergleichsgesichtspunkts für die Frage einer (unzulässigen) Besser- oder Schlechterstellung des auf eine „frühere" Geldstrafe teilleistenden Täters nichts her, weil in ihm die von der „früheren" Strafe ausgehende Belastung und Strafbedrückung **zur Zeit der erbrachten Teilleistungen** außer Betracht bleiben[291]. Im Ergebnis[292] ist daher mit der Rechtsprechung des BGH und einem Teil der Lehre ohne Rücksicht auf die Art der seit der „früheren" Verurteilung eingetretenen Veränderung der

---

290 Vgl. auch Anm. PELCHEN, LM Nr. 7 zu § 40 StGB 1975.

291 Vgl. BGHSt 28, 360 (364/5); DREHER/TRÖNDLE, § 55 Rdn. 7 e; Anm. PELCHEN, LM Nr. 7 zu § 40 StGB 1975; vgl. aber auch SCHÖNKE/SCHRÖDER (STREE), § 55 Rdn. 37 a; ferner LK-VOGLER, § 55 Rdn. 31, 32.

292 Soweit der BGH – vgl. BGHSt 28, 360 (365) – zur Begründung seiner Auffassung auch darauf abstellt, daß der Umstand der tatsächlichen (Teil-) Verbüßung sonst nicht berücksichtigt wäre, und weiter ausführt, es sei nicht einzusehen, warum ein zahlungswilliger Täter nicht im Einzelfall begünstigt werden solle, sind erhebliche Bedenken an der Sachrichtigkeit dieser Erwägung geltend zu machen: Die tatsächliche Teilverbüßung gehört als Strafzumessungsfaktor in die erste Phase der Gesamtstrafzumessung und die Zahlungs**willigkeit** eines zu Geldstrafe Verurteilten kommt als Argument für eine einheitliche Bestimmung der Tagessatzhöhe im Rahmen der zweiten Phase der Gesamtstrafzumessung von vornherein nicht in Betracht. Die angeratene Empfehlung von PELCHEN in seiner Anm. LM Nr. 7 zu § 40 StGB 1975, nur nicht alles zu zahlen, geht eben deshalb an der Sache vorbei. Vgl. auch FABIAN, Berechnung, Rpfleger 1980, 374 ff (374/5); POHLMANN, Berechnung, Rpfleger 1980, 376 ff (376/7).

Nettoeinkommensverhältnisse für jeden Fall der nachträglichen Bildung einer Gesamtgeldstrafe aus Einzelgeldstrafen mit unterschiedlicher Tagessatzhöhe eine auf den Zeitpunkt des i. S. d. § 55 Abs. I StGB „späteren" Gesamtstrafenurteils bezogene, lediglich durch das Erhöhungsgebot des § 54 Abs. I, S. 2 StGB und die Höchstgrenzenregel des § 54 Abs. II, S. 1 StGB modifizierte, einheitliche Tagessatzhöhe festzusetzen.

IV. Nachträglich ermittelte Gesamtstrafe und Nebenfolgen

302 Wie im Regelfalle der Gesamtstrafenbildung bei gleichzeitiger Aburteilung aller tatmehrheitlich begangenen Straftaten gilt auch im Rahmen der nachträglichen Gesamtstrafenbildung der allgemeine Grundsatz, daß Nebenstrafen, Nebenfolgen und Maßnahmen i. S. d. § 11 Abs. I, Nr. 8 StGB **einheitlich neben** der (nachträglich gebildeten) Gesamtstrafe zu verhängen bzw. anzuordnen sind. Die Aufhebung des Gesamtstrafenausspruchs nach Einlegung eines Rechtsmittels erfaßt deshalb auch die Entscheidung über etwaige Nebenstrafen, Nebenfolgen und Maßnahmen. Soweit nach Durchführung des Rechtsmittelverfahrens wiederum und sachlich unverändert auf sie zu erkennen wäre, ist ihre Verhängung erneut neben der dann ermittelten Gesamtstrafe auszusprechen. In der Sache handelt es sich dabei allerdings lediglich um die Übernahme der ursprünglich verhängten bzw. angeordneten Nebenstrafe, Nebenfolge oder Maßnahme, es sei denn, das Rechtsmittel erstreckte sich inhaltlich insbesondere (auch) auf sie. Soweit gem. § 55 Abs. I, S. 1 StGB i. V. m. § 53 Abs. II, S. 2 StGB nicht auf eine nachträglich gebildete Gesamtstrafe, sondern unter Anwendung der Regeln über die nachträgliche Bildung einer Gesamtstrafe **gesondert** auf (Einzel- oder Gesamt-)Freiheitsstrafe und (Einzel- oder Gesamt-)Geldstrafe erkannt wird, scheidet eine einheitliche Entscheidung über Nebenstrafen etc. aus. Nebenstrafen, Nebenfolgen und/oder Maßnahmen sind bei gesonderter Verhängung von Freiheitsstrafe und Geldstrafe vielmehr entsprechend getrennt neben der jeweils zugehörigen Hauptstrafe zu verhängen[293], weil der innere Grund für eine Einheitlichkeit der Entscheidung über etwaige Nebenstrafen etc. fehlt, wenn unter strafzumessungsrechtlichem Blickwinkel die Verhängung einer (nachträglich gebildeten) Gesamtstrafe ausgeschlossen ist[294].

---

[293] Anders SCHÖNKE/SCHRÖDER (STREE), § 55 Rdn. 53; wie hier DREHER/TRÖNDLE, § 55 Rdn. 8.

[294] Vgl. dazu auch oben Rdn. 142 ff, 145.

Eine **einheitliche** Entscheidung über Nebenstrafen, Nebenfolgen und/oder Maßnahmen kommt des weiteren **nicht** in Betracht, wenn die nachträgliche Bildung einer Gesamtstrafe daran scheitert, daß die „frühere" Strafe i. S. d. § 55 Abs. I, S. 1 StGB vollständig erledigt und nur noch die Nebenstrafe, Nebenfolge und/oder Maßnahme unerledigt ist[295]. Lautete beispielsweise[296] das „frühere" Urteil auf Geldstrafe und war daneben ein Fahrverbot verhängt worden, so ist das Gericht im „späteren" Verfahren nicht gehindert, neben der nunmehr verwirkten Freiheits- oder Geldstrafe erneut auf ein Fahrverbot zu erkennen, wenn die erste Geldstrafe bereits bezahlt ist, das „früher" ausgesprochene Fahrverbot sich jedoch noch nicht erledigt hat. Der Umstand, daß die Festsetzung eines einheitlichen Fahrverbots nur deshalb ausgeschlossen ist, weil die vollständige Erledigung der „früheren" Strafe die nachträgliche Bildung einer Gesamtstrafe hindert, wirkt sich indessen bei der Bemessung (Befristung) des „später" verhängten Fahrverbots aus. Unter Berücksichtigung der Höchstgrenzen gem. § 44 StGB ist das „spätere" Fahrverbot so zu bemessen (befristen), daß die Fristensumme beider Fahrverbote drei Monate nicht übersteigt. Im Sinne eines angemessenen Härteausgleichs ist demnach der Fristablauf des zuerst verhängten Fahrverbots bei der Befristung des „späteren" Fahrverbots in Rechnung zu stellen. Zumindest bei der Neben**strafe** des Fahrverbots läuft die „Verrechnung" der bereits verstrichenen Frist des „früheren" Fahrverbots im Ergebnis auf eine Anrechnung dieses Fristablaufs auf das „spätere" Fahrverbot hinaus. Entsprechend ist zu verfahren, wenn aufgrund vollständiger Erledigung der „früheren" Strafe die nachträgliche Bildung einer Gesamtstrafe und damit eine einheitliche Entscheidung über Nebenfolgen und/oder Maßnahmen nicht mehr möglich ist, die verhängten Nebenfolgen und/oder Maßnahmen selbst aber noch keine Erledigung gefunden haben. **303**

Die Entscheidung über etwaige Nebenstrafen, Nebenfolgen und/oder Maßnahmen stellt auch im Rahmen der nachträglichen Bildung einer Gesamtstrafe stets eine **eigene** Rechtsfolgenentscheidung („neben" der Gesamtstrafe) des auf die nachträglich gebildete Gesamtstrafe erkennenden Gerichts dar. Der mit der nachträglichen Bildung einer Gesamtstrafe notwendig verbundene Eingriff in die Rechtskraft des „früheren" Urteils erfaßt daher grundsätzlich auch die etwaige Verhängung oder Anordnung von Nebenstrafen, Nebenfolgen und/oder Maßnahmen neben der **304**

---

295 So auch LK-Vogler, § 55 Rdn. 42; Pohlmann, Vollstreckung, Rpfleger 1970, 233 ff (234 f); anders aber Schönke/Schröder (Stree), § 55 Rdn. 54.

296 Beispiel nach Schönke/Schröder (Stree), § 55 Rdn. 54 mit unzutreffender sinngemäßer Anwendung des § 55 i. V. m. §§ 53 Abs. III, 52 Abs. IV StGB.

„früheren" (Einzel- oder Gesamt-)Strafe. Die prinzipielle Eigenständigkeit der Entscheidung über Nebenstrafen, Nebenfolgen und/oder Maßnahmen wird durch § 55 Abs. III StGB allerdings dahingehend modifiziert, daß Nebenstrafen etc. auf die im „früheren" Urteil erkannt war, **aufrechtzuerhalten** sind, soweit sie nicht durch das „spätere" Urteil **gegenstandslos** werden. Im Anwendungsbereich des § 55 StGB kommt es somit nach Art und Inhalt der Entscheidung über Nebenstrafen, Nebenfolgen und/oder Maßnahmen sowie nach ihrer Verlautbarung im „späteren" Urteil darauf an, ob bereits das „frühere" Urteil eine Entscheidung über Nebenstrafen etc. enthielt, oder ob aufgrund der im „späteren" Verfahren abzuurteilenden Straftat(en) erstmals die Verhängung bzw. Anordnung von Nebenstrafen, Nebenfolgen und/oder Maßnahmen in Frage steht.

305 War im „früheren" Urteil neben einer Einzel- oder Gesamtstrafe weder auf eine Nebenstrafe noch auf Nebenfolgen und/oder Maßnahmen erkannt, bildet(n) die im anhängigen Verfahren (nunmehr) abzuurteilende(n) Straftat(en) entweder allein oder in Verbindung mit der(n) Einzeltat(en) des „früheren" Verfahrens die Grundlage für eine **erstmalige** Verhängung von Nebenstrafen etc. neben der „jetzt" auszuurteilenden (nachträglich gebildeten) Gesamtstrafe. In diesen Fällen entscheidet das auf die (nachträglich gebildete) Gesamtstrafe erkennende Gericht selbständig im Rahmen des ihm eingeräumten eigenen Entscheidungsspielraums über die Verhängung von Nebenstrafen etc. neben der (nachträglich ermittelten) Gesamtstrafe[297]. Soweit es sich nicht um zwingend vorgeschriebene Nebenfolgen etc. handelt, ist das Gericht in seiner Entscheidung frei und insbesondere nicht durch den Rechtsfolgenausspruch im „früheren" Urteil gebunden. Entsprechend der von § 55 Abs. I StGB vorausgesetzten, nur eingeschränkten Rechtskraftdurchbrechung der nachträglichen Gesamtstrafenbildung wird der Entscheidungsspielraum des im anhängigen Verfahren erkennenden Gerichts aber begrenzt durch die Feststellungen zum Schuldspruch und zu den Einzelstrafen im „früheren" Urteil[297]. Über diese Feststellungen darf sich das „später" entscheidende Gericht nach dem Sinn und Zweck der nachträglichen Gesamtstrafenbildung nicht hinwegsetzen. Es muß sich bei der nachträglichen Bildung einer Gesamtstrafe auf den Standpunkt des „zuerst" entscheidenden Gerichts stellen[298]. Dies gilt freilich — wie bereits in anderem Zusammenhang betont (vgl. Rdn. 273 ff) — nur für die Feststellungen zu den im „früheren" Verfahren abgeurteilten Einzeltaten. Für

---

[297] Vgl. statt aller LK-VOGLER, § 55 Rdn. 43; SCHÖNKE/SCHRÖDER (STREE), § 55 Rdn. 55, 56.

[298] Vgl. BGHSt 7, 180 (182).

die im anhängigen Verfahren „neu" abzuurteilende(n) Straftat(en) besteht eine solche Bindung an die Feststellungen des „früheren" Urteils nicht. Das „später" erkennende Gericht ist vor allem nicht daran gehindert, entscheidungserhebliche Strafzumessungskriterien, die sich erst nach dem „früheren" Urteil ergeben, im Rahmen der Einzelstrafzumessung für die „neu" abzuurteilende(n) Straftat(en) und unter Berücksichtigung der Erwägungen (Feststellungen) des „früheren" Urteils im Rahmen der nachträglichen Gesamtstrafzumesssung zu verwerten. Nicht anders verhält es sich in bezug auf die etwaige Verhängung oder Anordnung von Nebenstrafen, Nebenfolgen und/oder Maßnahmen[299]. Bildet(n) beispielsweise erst die im anhängigen Verfahren abzuurteilende(n) Straftat(en) entweder allein oder in Verbindung mit der(n) „früher" abgeurteilten Einzeltat(en) die Grundlage zur Anordnung von Sicherungsverwahrung, steht der erstmaligen Anordnung dieser Maßregel neben der verhängten Gesamtstrafe durch das „später" erkennende Gericht nichts im Wege[300].

Scheidet(n) die im anhängigen Strafverfahren abzuurteilende(n) Einzelstraftat(en) entweder allein oder in Verbindung mit der(n) Einzelstraftat(en) des „früheren" Urteils als Grundlage für die (erstmalige) Verhängung von Nebenstrafen, Nebenfolgen und/oder Maßnahmen aus, dann sind gem. § 55 Abs. II StGB diejenigen Nebenstrafen, Nebenfolgen und/oder Maßnahmen, auf die im „früheren" Urteil erkannt war, im „neuen" Urteil **aufrechtzuerhalten**. Die „früher" neben einer Einzel- oder Gesamtstrafe festgesetzte Nebenstrafe, Nebenfolge und/oder Maßnahme versteht sich demnach als fortgeltender Bestandteil des Rechtsfolgenausspruchs für die Einzeltat(en), die Anlaß für ihre Verhängung bzw. Anordnung war(en)[301]. Soweit im laufenden (anhängigen) Strafverfahren gem. § 55 Abs. I StGB neben der nachträglich ermittelten Gesamtstrafe im Wege der Aufrechterhaltung wiederum auf die im „früheren" Urteil festgesetzten Nebenstrafen etc. erkannt wird, handelt es sich zwar um eine eigenständige Entscheidung des „später" urteilenden Gerichts. Dem auf die nachträglich gebildete Gesamtstrafe erkennenden Gericht ist jedoch ein Eingriff in die Rechtskraft des „früheren" Urteils im Umfang der aufrechtzuerhaltenden Nebenstrafe, Nebenfolge und/oder Maßnahme verwehrt[302]. Ihm steht bei seiner Entscheidung lediglich die Prüfung zu, 306

---

299 In diesem Sinne auch DREHER/TRÖNDLE, § 55 Rdn. 8.

300 So SCHÖNKE/SCHRÖDER (STREE), § 55 Rdn. 56; vgl. auch LK-VOGLER, § 55 Rdn. 43.

301 So BGH NJW 1979, 2113/4; LK-VOGLER, § 55 Rdn. 40 jeweils unter Hinweis auf LÖWE/ROSENBERG (SCHÄFER), § 460 Rdn. 21; ebenso LACKNER, § 55, 5a; LÖWE/ROSENBERG (WENDISCH), § 460 Rdn. 30.

302 So BGH NJW 1979, 2113/4.

ob die Verhängung bzw. Anordnung der Nebenstrafe, Nebenfolge und/oder Maßnahme gesetzmäßig war. Ist dies der Fall, hat das „später" erkennende Gericht die „früher" festgesetzte Nebenstrafe, Nebenfolge und/oder Maßnahme inhaltlich unverändert zu übernehmen[303]. Eine Neufestsetzung der „früher" erkannten Nebenstrafe, Nebenfolge und/oder Maßnahme ist mit der Aufrechterhaltung der „früheren" Nebenfolgenentscheidung somit nicht verbunden. Die **Aufrechterhaltung** der „früher" erkannten Nebenstrafe etc. ist im **Tenor** des die nachträglich gebildete Gesamtstrafe festsetzenden Urteils **ausdrücklich** auszusprechen[304]. Bleibt die „früher" neben einer Einzel- oder Gesamtstrafe ausgesprochene Nebenstrafe, Nebenfolge und/oder Maßnahme durch Aufrechterhaltung neben der „neu" ausgeurteilten, nachträglich ermittelten Gesamtstrafe bestehen, verfällt eine etwaige (Teil-)Erledigung der Nebenstrafe etc. nicht, sondern wirkt zu Gunsten des Verurteilten weiter[305]. Dies muß nicht unbedingt, kann aber und sollte zur Klarstellung in den Urteilsgründen mit den entsprechenden Angaben über den bisherigen Fristablauf etc. hervorgehoben werden[306]. Die im Urteilstenor ausdrücklich ausgesprochene Aufrechterhaltung der „früher" erkannten Nebenfolgen etc. ist auch dann nicht entbehrlich, wenn es sich dabei um zwingend vorgeschriebene Nebenfolgen etc. handelt und deren Aufrechterhaltung im „neuen" Urteil lediglich eine Wiederholung darstellt[307].

307 Das auf die nachträglich gebildete Gesamtstrafe erkennende Gericht kann unter Berücksichtigung der im anhängigen Strafverfahren „neu" abgeurteilten Straftat(en) die bereits im „früheren" Urteil ausgesprochene Nebenstrafe, Nebenfolge und/oder Maßnahme im Sinne einer eigenen Rechtsfolgenentscheidung auch **verschärfen**[308]. Zulässig ist weiter, aufgrund der im Rahmen einer nachträglichen Gesamtstrafenbildung erforderlichen Gesamtwürdigung des Täters und aller in die Gesamtstrafenbildung einbezogenen Einzeltaten die im „früheren" Urteil verhängte Nebenstrafe, Nebenfolge und/oder Maßnahme durch eine **schwerere** Rechtsfolge zu ersetzen[308]. So bleibt es dem „später" erkennenden Ge-

---

[303] Vgl. LK-Vogler, § 55 Rdn. 51; ferner Lackner, § 55, 2b; BGH NJW 1979, 2113/4.

[304] BGH NJW 1979, 2113/4; ferner Dreher/Tröndle, § 55 Rdn. 8; LK-Vogler, § 55 Rdn. 41; Schönke/Schröder (Stree), § 55 Rdn. 59.

[305] Vgl. Dreher/Tröndle, § 55 Rdn. 8; LK-Vogler, § 55 Rdn. 41.

[306] Vgl. auch Lackner, § 55, 2b; LK-Vogler, § 55 Rdn. 41; für eine ausdrückliche Klarstellung im Urteilstenor dagegen Geppert, Auswirkungen, MDR 1972, 280ff (285) bei und in Anm. 63.

[307] So Schönke/Schröder (Stree), § 55 Rdn. 59.

[308] Vgl. statt aller Lackner, § 55, 2b; LK-Vogler, § 55 Rdn. 43ff; Schönke/Schröder (Stree), § 55 Rdn. 56.

richt unbenommen, mit Rücksicht auf eine allein ihm mögliche Gesamtschau aller in die nachträgliche Gesamtstrafenbildung einbezogenen Einzeltaten die im „früheren" Urteil bestimmte Sperrfrist gem. § 69a StGB zu erhöhen, statt des „früher" ausgesprochenen Fahrverbots gem. § 44 StGB nunmehr die Entziehung der Fahrerlaubnis gem. § 69 StGB anzuordnen oder anstelle der im „früheren" Urteil festgesetzten Führungsaufsicht im laufenden (anhängigen) Strafverfahren auf Sicherungsverwahrung zu erkennen[308]. Denkbar ist auch, daß zu den „früher" ausgeurteilten Nebenstrafen, Nebenfolgen und/oder Maßnahmen im „neuen" Urteil auf der Beurteilungsgrundlage der „nunmehr" abzuurteilenden Einzeltaten andere Nebenstrafen etc. hinzutreten, so daß verschiedene, nebeneinander bestehende Nebenstrafen, Nebenfolgen und/oder Maßnahmen zusammen neben der nachträglich ermittelten Gesamtstrafe auszusprechen sind. Ausgeschlossen ist dagegen, im Verfahren gem. § 55 Abs. I StGB eine im „früheren" Urteil verhängte bzw. angeordnete Nebenstrafe, Nebenfolge und/oder Maßnahme durch eine mildere Nebenfolge etc. zu ersetzen[309].

Für die Verschärfung einer im „früheren" Urteil ausgesprochenen **308** Nebenstrafe etc. ist ähnlich wie für die Ersetzung einer „früher" erkannten Nebenstrafe, Nebenfolge und/oder Maßnahme durch eine schwerere Nebenfolge etc. charakteristisch, daß bereits im „früheren" Urteil auf eine Nebenstrafe, Nebenfolge und/oder Maßnahme erkannt war und die im anhängigen Strafverfahren „neu" abzuurteilende(n) Straftat(en) ebenfalls eine Grundlage zur Verhängung bzw. Anordnung von Nebenfolgen etc. bildet(n). In allen diesen Fällen fragt es sich, ob die im „früheren" Urteil erkannten Nebenstrafen, Nebenfolgen und/oder Maßnahmen durch die „neue" Entscheidung über etwaige Nebenstrafen etc. gem. § 55 Abs. II StGB „gegenstandslos" werden. Zutreffend heben der BGH[310] und ein Teil der Lehre[311] darauf ab, daß i. S. d. § 55 Abs. I StGB „früher" ausgeurteilte Nebenstrafen, Nebenfolgen und/oder Maßnahmen durch die „neue" Nebenfolgenentscheidung nur dann gegenstandslos werden, wenn sie in dieser „neuen" Entscheidung über die Verhängung von Nebenstrafen etc. **nach ihrer Wirkung ohnehin enthalten** sind. Die neben der nachträglich gebildeten Gesamtstrafe zu treffende Entscheidung über etwaige Nebenstrafen, Nebenfolgen und/oder Maßnahmen muß also nach dem **Wirkungsgrad** der „neu" erkannten Nebenfolgen etc. über die „früher" ausgesprochenen Nebenstrafen, Nebenfolgen

---

[309] Vgl. aber Schönke/Schröder (Stree), § 55 Rdn. 57, 58.
[310] Vgl. BGHSt 30, 305 (306/7).
[311] Dreher/Tröndle, § 55 Rdn. 8; Geppert, Auswirkungen, MDR 1972, 280ff (285/6); Lackner, § 55, 5b; LK-Vogler, § 55 Rdn. 44, 45; Schmitt, ZStW 75 (1963), 43ff, 178ff (191).

und/oder Maßnahmen hinausreichen[312]. Das ist etwa der Fall, wenn im „früheren" Urteil gem. § 45 Abs. II StGB auf einen zwei Jahre dauernden Verlust der Fähigkeit, öffentliche Ämter zu bekleiden, erkannt war und im „neuen" Verfahren die Einbeziehung einer Freiheitsstrafe von mindestens einem Jahr für ein begangenes Verbrechen in die nachträglich gebildete Gesamtstrafe gem. § 45 Abs. I StGB zwingend den Verlust der Amtsfähigkeit von fünf Jahren zur Folge hat[313]. Des weiteren ist ein Fahrverbot gem. § 44 StGB seiner Wirkung nach in der Entziehung der Fahrerlaubnis mit Festsetzung einer Sperrfrist gem. §§ 69, 69a StGB enthalten und ebenso reicht die Anordnung der Unterbringung in einer psychiatrischen Klinik oder die Anordnung von Sicherungsverwahrung der Wirkung nach über die Anordnung der Unterbringung in einer Entziehungsanstalt (§ 64 StGB) hinaus[314]. Stets macht insoweit die „neue" Entscheidung über Nebenstrafen etc. die Nebenfolgenentscheidung im „früheren" Urteil i. S. d. § 55 Abs. II StGB gegenstandslos mit der Folge, daß im Tenor des „späteren" (Gesamtstrafen-)Urteils **allein**[315] die „neue" Entscheidung über Nebenstrafen, Nebenfolgen und/oder Maßnahmen zu verlautbaren ist.

309 Diesem Verständnis der **Gegenstandslosigkeit** i. S. d. § 55 Abs. II StGB folgend ist die „frühere" Verhängung oder Anordnung von Nebenstrafen, Nebenfolgen und/oder Maßnahmen im „neuen" Urteil **aufrechtzuerhalten**, wenn die im Verfahren gem. § 55 Abs. I StGB „nunmehr" zur Aburteilung stehende(n) Straftat(en) zwar ebenfalls die Verhängung bzw. Anordnung von Nebenstrafen etc. erforderlich macht(en), die festzusetzende Nebenfolge ihrem Wirkungsgrad nach die „frühere" Nebenfolge jedoch nicht übersteigt, sondern ihr in jeder Hinsicht entspricht[316]. Eine „neue" Verhängung oder Anordnung von Nebenstrafen, Nebenfolgen und/oder Maßnahmen kommt mit anderen Worten immer dann

---

312 So besonders deutlich LACKNER, § 55, 5b.

313 Vgl. E 1962, amtliche Begründung, S. 194; ferner DREHER/TRÖNDLE, § 55 Rdn. 8; GEPPERT, Auswirkungen, MDR 1972, 280 ff (283/4); LK-VOGLER, § 55 Rdn. 44.

314 Vgl. BGHSt 30, 305 (307).

315 Der Wegfall der „gegenstandslos" gewordenen Nebenstrafen etc. aus dem „früheren" Urteil ist im Tenor des „neuen" Urteils **nicht** auszusprechen; vgl. statt aller LK-VOGLER, § 55 Rdn. 42. Auch wenn nicht aus Gründen der in der Wirkung weitreichenden „neuen" Nebenfolgenentscheidung, sondern aus Gründen sachlicher Erledigung die früher erkannten Nebenstrafen etc. gegenstandslos geworden sind, braucht dies im Tenor des „neuen" Urteils nicht eigens ausgesprochen zu werden, vgl. insoweit auch SCHÖNKE/SCHRÖDER (STREE), § 55 Rdn. 59.

316 Vgl. dazu BGHSt 30, 305 (307/8); DREHER/TRÖNDLE, § 55 Rdn. 8; LACKNER, § 55, 2b.

nicht in Betracht, wenn sie auch bei gleichzeitiger Aburteilung aller Straftaten nicht anders als im „früheren“ Urteil hätten verhängt oder angeordnet werden können[317]. Neben dem Ausspruch der nachträglich gebildeten Gesamtstrafe aufrechtzuerhalten ist deshalb eine „frühere“ Anordnung der Unterbringung in einer Entziehungsanstalt gem. § 64 StGB[318]. Auch wenn die „neu“ abzuurteilenden Straftaten gleichfalls eine Grundlage zur Anwendung der Maßregel nach § 64 StGB bilden, kann die Anordnung der Unterbringung nach Inhalt und Wirkung stets nur mit der Anordnung im „früheren“ Urteil übereinstimmen. Angeordnet werden kann ohne eigene Fristbestimmung die Unterbringung in einer Entziehungsanstalt immer nur schlechthin[318]. Die Höchstfrist der Unterbringung ergibt sich aus § 67d Abs. I StGB, wonach für den Regelvollzug (§ 67 Abs. I, IV StGB) der „Zweidrittel“-Zeitpunkt und damit — mit dieser Modifikation wie nach früherem Recht auch — die Höhe der Strafe, neben der die Unterbringung angeordnet wurde, maßgebend ist. Wird die „früher“ angeordnete Unterbringung gem. § 64 StGB im „neuen“ Urteil aufrechterhalten, bestimmt sich die Höchstfrist der Unterbringung gem. § 67d Abs. I StGB beim Regelvollzug nicht mehr nach der Höhe bzw. dem „Zweidrittel“-Zeitpunkt der „früher“ ausgeurteilten Strafe, sondern nach der Höhe bzw. dem „Zweidrittel“-Zeitpunkt der nachträglich ermittelten Gesamtstrafe[318]; denn neben ihr ist die (frühere) Anordnung der Unterbringung im Wege der Aufrechterhaltung augesprochen worden. Dem Verurteilten entstehen daraus auch dann keine Nachteile, wenn der Vollzug der „früher“ angeordneten Unterbringung bereits begonnen hat, weil es sich nach Rechtskraft des „späteren“ Gesamtstrafenurteils beim bereits begonnenen Maßregelvollzug um den Vollzug der neben der Gesamtstrafe angeordneten Maßregel handelt.

Ohne Rücksicht auf medizinische, pädagogische und sonstige gut **310**
nachvollziehbare Gründe unmöglich ist dementsprechend eine „erneute“ Anordnung der Unterbringung gem. § 64 StGB im Verfahren nach § 55 StGB, um so nach bereits begonnenem Vollzug der im „früheren“ Urteil angeordneten Maßregel zu erreichen, daß mit Rechtskraft des Gesamtstrafenurteils und Vollzug von Strafe und Maßregel die Höchstfrist der Unterbringung ohne Beachtung des bereits durchgeführten Maßregelvollzugs unverkürzt von neuem zu laufen beginnt[319]. Dies gilt nicht nur für die Unterbringung in einer Entziehungsanstalt. Auch

317 Vgl. auch Pohlmann, Vollstreckung, Rpfleger 1970, 233ff (234).
318 Vgl. zu diesem Beispiel BGHSt 30, 305 (307/8).
319 So BGHSt 30, 305 (308); vgl. auch Dreher/Tröndle, § 55 Rdn. 8; Lackner, § 55, 2b; Schönke/Schröder (Stree), § 55 Rdn. 63 i. V. m. § 67f Rdn. 5.

eine „frühere" Anordnung von Sicherungsverwahrung und ebenso eine „frühere" Anordnung der Unterbringung in einem psychiatrischen Krankenhaus gem. § 63 StGB ist im „späteren" Gesamtstrafenurteil aufrechtzuerhalten, wenn die „neu" abzuurteilende(n) Straftat(en) ebenfalls Anlaß und Grundlage für eine weitere Anordnung derselben Maßregel darstellt(en)[320].

311 Im **praktischen Ergebnis** ähnlich verhält es sich bei Nebenfolgen und/oder Maßnahmen, deren Wirkung von Fristbestimmungen abhängt, und deren Anordnung im „früheren" Urteil bereits die Höchstfrist enthielt. Der Wirkungsumfang einer aufgrund der im Verfahren gem. § 55 StGB erstmals abzuurteilenden Straftat(en) „neu" festgesetzten, artgleichen Nebenfolge etc. geht — das zeigt sich bei unterschiedlichen Befristungen der mehreren Anordnungen von Nebenfolgen etc. — „an sich" über den der „früher" ausgesprochenen Nebenfolge etc. hinaus, so daß deren Anordnung i. S. d. § 55 Abs. II StGB eigentlich gegenstandslos wird. Die Höchstfristbestimmung in Verbindung mit dem Umstand, daß die Nebenfolgenentscheidung neben der „später" ausgeurteilten, nachträglich gebildeten Gesamtstrafe **einheitlich** erfolgt, müßte konstruktiv dazu führen, daß zwar die artgleiche Nebenfolge erneut festzusetzen, eine Frist wegen der schon im „früheren" Urteil ausgesprochenen Höchstfrist jedoch nicht (bzw. mit Null) zu bestimmen wäre. Aus dem Zusammenwirken des Grundgedankens der nachträglichen Gesamtstrafenbildung mit gesetzlichen Höchstfristenregelungen bei Nebenstrafen, Nebenfolgen und/oder Maßnahmen ergibt sich daher, daß im Ergebnis eine „neu" angeordnete fristenabhängige Nebenstrafe, Nebenfolge und/ oder Maßnahme der Wirkung nach nicht weiter reicht als die höchstbefristete „früher" ausgeurteilte Nebenfolge etc. gleicher Art. Die „frühere" Anordnung einer höchstmöglich befristeten Nebenfolge ist deshalb in diesen Fällen neben der nachträglich gebildeten Gesamtstrafe im Tenor des „neuen" Urteils aufrechtzuerhalten. Dies trifft etwa für die „frühere" Anordnung von Führungsaufsicht, des Verlustes der Fähigkeit, öffentliche Ämter zu bekleiden gem. § 45 Abs. II StGB sowie für die Aberkennung des Wahl- und Stimmrechts gem. § 45 Abs. V StGB zu[321]. Soweit die „früher" ausgesprochene, mit Höchstfrist bemessene Nebenfolge und/oder Maßnahme zum Zeitpunkt des „späteren" Gesamtstrafenurteils bereits teilweise oder vollständig erledigt ist, stellt dieser teilweise oder vollständige Fristablauf eine teilweise oder vollständige Erledigung der

---

[320] Offen gelassen in BGHSt 30, 305 (309); wie hier SCHÖNKE/SCHRÖDER (STREE), § 55 Rdn. 62, 66; vgl. in bezug auf die Sicherungsverwahrung aber LK-VOGLER, § 55 Rdn. 47.

[321] Ähnlich SCHÖNKE/SCHRÖDER (STREE), § 55 Rdn. 64.

neben der nachträglich gebildeten Gesamtstrafe (durch Aufrechterhaltung) ausgesprochenen Nebenfolge etc. dar. Diese Teil- oder Vollerledigung der (aufrechterhaltenen) Nebenfolgen gehört der Sache nach zum Vollstreckungsverfahren und ist deshalb in den Tenor des „neuen" Gesamtstrafenurteils nicht aufzunehmen.

Anders zu beurteilen sind Verfahrensgestaltungen nach § 55 Abs. I **312**
StGB, in denen aufgrund der „jetzt" abzuurteilenden Straftat(en) eine (befristete) Nebenfolge zu verhängen wäre, eine artgleiche oder ähnliche Nebenfolge jedoch schon im „früheren" Urteil angeordnet war und nunmehr **einheitlich** auf Nebenfolgen etc. neben der nachträglich gebildeten Gesamtstrafe zu erkennen ist. Eine Aufrechterhaltung der „früheren" Anordnung gem. § 55 Abs. II StGB als einheitliche Nebenfolgenentscheidung neben der nachträglich ermittelten Gesamtstrafe scheidet aus, wenn die neben der (nachträglich) ermittelten Gesamtstrafe auszuurteilende Nebenfolge ihrer Wirkung nach die „frühere" Anordnung übersteigt, also etwa die ursprüngliche Fristbestimmung überschreitet. Diese Entscheidungslage entsteht, wenn und weil das auf die (nachträglich gebildete) Gesamtstrafe erkennende Gericht in bezug auf die Anordnung etwaiger Nebenstrafen, Nebenfolgen und/oder Maßnahmen neben der Gesamtstrafe dem Grundgedanken des § 55 StGB folgend zwar den Standpunkt des „früher" erkennenden Gerichts einzunehmen hat, zumessungserhebliche Gesichtspunkte aber, die dem „früher" entscheidenden Gericht verborgen geblieben waren oder die erst zwischenzeitlich eingetreten sind, in der eigenen, auf einer Gesamtwürdigung aller Taten und der Persönlichkeit des Täters beruhenden Entscheidung berücksichtigt und verwertet. War beispielsweise im „früheren" Urteil gem. § 45 Abs. II StGB ein Verlust der Amtsfähigkeit von zwei Jahren angeordnet, kann das „später" entscheidende Gericht neben der nachträglich gebildeten Gesamtstrafe gem. § 45 Abs. II StGB auf einen höher befristeten Verlust der Amtsfähigkeit erkennen, wenn die „neu" abgeurteilte(n) Straftat(en) ebenfalls Anlaß und Grundlage für eine Aberkennung der Amtsfähigkeit von zwei Jahren war(en). Insoweit fragt sich aber, ob und wie die Befristung der „früher" ausgesprochenen Nebenfolge etc. bei der Fristbestimmung der neben der (nachträglich gebildeten) Gesamtstrafe auszusprechenden artgleichen Nebenfolge in Rechnung zu stellen ist. Da es sich bei der „späteren" Anordnung von Nebenfolgen mit Befristung um eine **eigenständige** Entscheidung des „Gesamtstrafengerichts" handelt, kommt eine unmittelbare und zudem förmliche Anrechnung der „früheren" Fristbestimmung auf die „neue" Befristung nicht in Betracht. Das die nachträglich gebildete Gesamtstrafe verhängende Gericht hat vielmehr unter sinnentsprechender Anwendung der Regeln über die (nachträgliche) Bildung und Bemessung der Gesamtstrafe die „neu" anzuordnende Nebenfolge so zu gestalten, daß einerseits die Fristbestimmung

der „früher" ausgeurteilten Nebenfolge nicht unter-, die gesetzlich festgelegten Höchstfristen der Nebenfolgen dagegen nicht überschritten werden. Im angegebenen Beispiel wäre es danach denkbar, daß das „später" erkennende Gericht gem. § 45 Abs. II StGB **einheitlich** eine auf drei Jahre befristete Aberkennung der Amtsfähigkeit neben der nachträglich gebildeten Gesamtstrafe ausspräche. Entsprechend ist bei anderen fristbestimmten Nebenfolgen etc. zu verfahren. Soweit es um artverschiedene Nebenfolgen geht, sind die Wirkungen der „früher" angeordneten Nebenfolge bei der einheitlichen Entscheidung über weitere Nebenfolgen etc. und deren Bemessung oder Befristung angemessen zu berücksichtigen[322].

313 Von der Art der Fristbestimmung im Rahmen einer „neuen" Anordnung von fristabhängigen Nebenfolgen etc. zu trennen ist die weitere Frage, ob und inwieweit sich die durch Fristablauf ergebende vollständige oder teilweise Erledigung der „früheren" Anordnung von Nebenfolgen auf die Fristbestimmung in der „neuen" Anordnung artgleicher Nebenfolgen etc. im Verfahren gem. § 55 Abs. I StGB auswirkt[323]. Der Grundgedanke des § 55 StGB und die sanktionsrechtliche Eigenständigkeit der „neuen" Entscheidung über die Anordnung von Nebenfolgen führt freilich auch in dieser Fragestellung **nicht** dazu, daß die „früher" ausgesprochene Anordnung von Nebenfolgen im Umfang ihrer Erledigung **automatisch und förmlich** auf die in der „neuen" Nebenfolgenentscheidung „an sich" anzuordnende Nebenfolge **anzurechnen** ist[324]. Mangels gesetzlicher „Verrechnungsregeln" sind vielmehr die Bemessungsgrundsätze zum sog. angemessenen Härteausgleich heranzuziehen und auf die Teil- oder Vollerledigung „früher" ausgeurteilter Nebenfolgen etc. sinnentsprechend anzuwenden. Vor allem bei Nebenfolgen, deren Wirkung sich in einer Befristung erschöpft, setzt die **Angemessenheit** des „Erledigungsausgleichs" voraus, daß von der „neu" zu bestimmenden Befristung der nunmehr neben der (nachträglich gebildeten) Gesamtstrafe anzuordnenden Nebenfolge der teil- bzw. vollerledigende Fristablauf der „früher" angeordneten Nebenfolge **unverkürzt** abgesetzt wird. **Im Ergebnis** läuft — wie schon bei der Verhängung von Nebenstrafen gezeigt (Rdn. 303) — diese Art der grundsätzlich der Zumessungsentscheidung des „später" erkennenden Gerichts unterliegenden angemessenen Berücksichtigung der teil- oder vollerledigten „früheren"

---

322 Nur insoweit ähnlich SCHÖNKE/SCHRÖDER (STREE), § 55 Rdn. 60.

323 Weder in der Literatur noch in der Rechtsprechung ist bislang der eine vom anderen Fragenkreis deutlich getrennt worden, vgl. aber (andeutungsweise) DREHER/TRÖNDLE, § 55 Rdn. 8.

324 Anders SCHÖNKE/SCHRÖDER (STREE), § 55 Rdn. 60 ff; vgl. aber LK-VOGLER, § 55 Rdn. 44 ff.

Nebenfolgen etc. auf eine ungeschmälerte Anrechnung hinaus. Im Tenor des „späteren" Gesamtstrafenurteils darf dementsprechend die Befristung einer „neu" angeordneten Nebenfolge die noch offene Frist der „früher" ausgeurteilten Nebenfolge nicht unterschreiten und die gesetzliche Höchstfrist abzüglich des auf die „früher" ausgesprochene Nebenfolge bezogenen Fristablaufs nicht überschreiten[325]. Der Fristenlauf einer auf diese Weise befristeten Nebenfolge etc., die gem. § 55 Abs. II StGB neben der nachträglich gebildeten Gesamtstrafe aufgrund einer „neuen" Nebenfolgenentscheidung angeordnet wird, beginnt mit der Rechtskraft des die (nachträglich gebildete) Gesamtstrafe verhängenden Urteils[326].

1. Insbesondere: Entziehung der Fahrerlaubnis

Erhebliche praktische Bedeutung haben diese Zumessungs- und Befristungsgrundsätze im Anwendungsbereich der Vorschriften über die Entziehung der Fahrerlaubnis mit Erteilung einer Sperrfrist gem. §§ 69, 69a StGB. Naturgemäß interessiert den von einer Fahrerlaubnisentziehung mit Sperrfristbestimmung betroffenen Verurteilten im Verfahren gem. § 55 StGB vor allem, ob und wie die im „früheren" Urteil angeordnete Fahrerlaubnisentziehung mit Sperrfristbestimmung — zumal bei bereits (teilweise oder vollständig) abgelaufener Sperrfrist — im „späteren" Gesamtstrafenurteil zu berücksichtigen ist. War im „früheren" Urteil auf Fahrerlaubnisentzug mit Sperrfristbestimmung gem. §§ 69, 69a StGB erkannt, steht eine etwaige Berücksichtigung dieser Nebenfolgenentscheidung im „späteren" Gesamtstrafenurteil sowohl für den Fall zur Diskussion, daß die im anhängigen Strafverfahren „neu" abzuurteilende(n) Straftat(en) eine Entziehung der Fahrerlaubnis mit Sperrfristbestimmung **ebenfalls** erfordert(n), als auch für den Fall, daß die „neu" abzuurteilende(n) Straftat(en) **keine** Grundlage zur Entziehung der Fahrerlaubnis gem. § 69 StGB bildet(n). 314

In **beiden** Fallgestaltungen ist gem. § 55 Abs. II StGB die im „früheren" Urteil ausgesprochene Entziehung der Fahrerlaubnis gem. § 69 StGB aufrechtzuerhalten[327]. Soweit in der vornehmlich obergerichtlichen Rechtsprechung und einem Teil der Lehre ohne weiteres davon ausgegan- 315

---

325 Teilweise ähnlich DREHER/TRÖNDLE, § 55 Rdn. 8; anders aber LACKNER, § 55, 2b; SCHÖNKE/SCHRÖDER (STREE), § 55 Rdn. 60ff, 69f.

326 Hinsichtlich des Fristablaufs einer Sperrfrist gem. § 69a StGB anders BGHSt 24, 205 (207); DREHER/TRÖNDLE, § 55 Rdn. 8; LACKNER, § 55, 2b; SCHÖNKE/SCHRÖDER (STREE), § 55 Rdn. 69; vgl. aber auch LK-VOGLER, § 55 Rdn. 45, 46.

327 Anders OLG Köln VRS 61, 348/9; HENTSCHEL, Führerscheinsperre, Rpfleger 1977, 279ff (280); vgl. ferner HENTSCHEL, Fahrerlaubnisentziehung, DAR 1976, 289ff (291); wie hier aber SCHÖNKE/SCHRÖDER (STREE), § 55 Rdn. 69.

gen wird, daß im Falle der nachträglichen Bildung einer Gesamtstrafe die „früher“ angeordnete Fahrerlaubnisentziehung i. S. d. § 55 Abs. II StGB gegenstandslos wird, wenn und weil die „neu“ abzuurteilende(n) Straftat(en) ebenfalls die Voraussetzungen einer Maßregelanordnung gem. §§ 69, 69 a StGB erfüllt(en)[328], wird nicht genügend zwischen der Fahrerlaubnisentziehung und der gem. § 69 a StGB zu bestimmenden Sperrfrist differenziert. Nur die Entziehung der Fahrerlaubnis gem. § 69 StGB ist eine Nebenfolge i. S. d. § 55 Abs. II StGB. Nur sie stellt eine Maßnahme i. S. d. § 11 Abs. I, Nr. 8 StGB, nämlich eine Maßregel der Besserung und Sicherung dar. Die Sperrfrist als solche ist lediglich ein neben der Maßregel der Fahrerlaubnisentziehung zwingend eintretender gesetzlicher Effekt der §§ 69, 69 a StGB. Dieses Ergänzungsverhältnis zwischen eigentlicher Maßregel gem. § 69 StGB und „automatisch“ hinzukommender Sperrfrist gem. § 69 a StGB zeigt sich etwa darin, daß auch bei abgelaufener „früher“ angeordneter Sperrfrist die ursprüngliche Entziehung der Fahrerlaubnis im späteren „Gesamtstrafenurteil“ aufrechterhalten werden kann, ohne daß eine neue Sperrfrist bestimmt werden müßte[329]. Es dokumentiert sich weiter darin, daß die Verwaltungsbehörde nach Sperrfristablauf nicht von sich aus eine neue Fahrerlaubnis erteilen muß, sondern vielmehr frei ist, den erforderlichen Antrag des Betroffenen auf Wiederherstellung einer Fahrerlaubnis zu behandeln wie andere Anträge auf Ersterteilungen einer Fahrerlaubnis[330]. Daß auch eine (isolierte) Sperrfrist gem. § 69 a Abs. I, S. 3 StGB im „späteren“ Gesamtstrafenurteil i. S. d. § 55 Abs. II StGB aufrechterhalten werden kann[331], widerspricht dem nicht. Die i. S. d. § 69 a Abs. I, S. 3 StGB **isolierte** Sperrfrist versteht sich anders als die neben einer Fahrerlaubnisentziehung erteilte Sperrfrist als alternative Maßregel[332] und damit wie die Entziehung der Fahrerlaubnis als Maßnahme gem. § 55 Abs. II StGB. War im „früheren“ Urteil gem. § 69 StGB die Fahrerlaubnis entzogen worden, so ist diese Nebenfolgenentscheidung gem. § 55 Abs. II StGB im „späteren“ Gesamtstrafenurteil danach auch für den Fall, daß die „neu“ auszuurteilende(n) Straftat(en) die Voraussetzungen des § 69 StGB erfüllt(en), **aufrechtzuerhalten**, weil auch bei gleichzeitiger Aburteilung

---

[328] Vgl. OLG Köln VRS 61, 348/9; HENTSCHEL, Führerscheinsperre, Rpfleger 1977, 279 ff (280); vgl. ferner OLG Frankfurt VRS 55, 195 ff (197); OLG Zweibrücken NJW 1968, 310 (312); vgl. aber GEPPERT, Auswirkungen, MDR 1972, 280 ff (285 f) bei und in Anm. 65.

[329] Vgl. etwa BGH DAR (SPIEGEL) 1978, 146 ff (152); BGH StrVert 1983, 14.

[330] Vgl. statt aller SCHÖNKE/SCHRÖDER (STREE), § 69 a Rdn. 2.

[331] Vgl. etwa OLG Karlsruhe VRS 57, 111; OLG Karlsruhe VRS 57, 111/2.

[332] Vgl. DREHER/TRÖNDLE, § 69 a Rdn. 2; LACKNER, § 69 a, 1 a; OLG Zweibrücken MDR 1983, 1046; ferner OLG Karlsruhe VRS 59, 111.

aller Taten die Nebenfolgenentscheidung nicht anders hätte lauten können als im „früheren" Urteil, die etwaige „neue" Anordnung der Maßregel gem. § 69 StGB also in der „früheren" Anordnung ihrer Wirkung nach ohnehin enthalten ist.

Stets handelt es sich bei einer i. S. d. § 55 Abs. II StGB ausgesproche- **316**
nen Aufrechterhaltung der im „früheren" Urteil angeordneten Entziehung der Fahrerlaubnis um eine „neue" eigenständige und einheitliche Nebenfolgenentscheidung des „später" auf die nachträglich gebildete Gesamtstrafe erkennenden Gerichts. Die im Wege der Aufrechterhaltung gem. § 55 Abs. II StGB durch das „später" urteilende Gericht (prozessual „neu") angeordnete Fahrerlaubnisentziehung tritt den Grundregeln der Gesamtstrafenbildung entsprechend **neben** die festgesetzte, nachträglich ermittelte **Gesamtstrafe**. Aus dieser (ausschließlichen) Zugehörigkeit der Nebenfolgenentscheidung über die aufrechtzuerhaltende Fahrerlaubnisentziehung zum Gesamtstrafenausspruch ergibt sich, daß im Verfahren gem. § 55 StGB anders als im Falle der Aufrechterhaltung einer isolierten Sperrfrist neben der ausgeurteilten Gesamtstrafe und Fahrerlaubnisentziehung immer auch eine **neue** Sperrfrist gem. § 69 a StGB zu bestimmen ist. Eine Aufrechterhaltung der im „früheren" Urteil bestimmten Sperrfrist ist dagegen aus konstruktiven, sachlogischen Gründen ausgeschlossen[333]. Der Fristenlauf dieser „neu" festgesetzten Sperrfrist beginnt unabhängig von der im „früheren" Urteil bestimmten Sperrfrist gem. § 69 a Abs. V StGB mit der Rechtskraft des die nachträglich gebildete Gesamtstrafe aussprechenden Urteils[334]. Damit aber fragt sich, ob und wie sich die „früher" angeordnete Sperrfrist bzw. deren Teil- oder Vollerledigung auf die „neu" festzusetzende Sperrfrist auswirkt.

a) Genügt(en) im Verfahren gem. § 55 StGB die nunmehr abzuurtei- **317**
lende(n) Straftat(en) den Voraussetzungen des § 69 StGB **nicht**, darf die „neu" festzusetzende Sperrfrist das Fristmaß der im „früheren" Urteil bestimmten Sperrfrist weder über- noch unterschreiten, da sich die Befristungsgrundlagen der „früher" ausgesprochenen Sperrfrist durch

---

333 Vgl. demgegenüber aber GEPPERT, Auswirkungen, MDR 1972, 280 ff (285); HENTSCHEL, Führerscheinsperre, Rpfleger 1977, 279 ff (280); auch OLG Frankfurt VRS 55, 195 (197); vgl. ferner SCHÖNKE/SCHRÖDER (STREE), § 55 Rdn. 69.

334 In diesem Sinne auch GEPPERT, Sperrfrist, S. 142; DERS., Auswirkungen, MDR 1972, 280 ff (285); HENTSCHEL, Aussetzung, ZRP 1975, 209 ff (211); DERS., Führerscheinsperre, Rpfleger 1977, 279 ff (280, 282); HIMMELREICH/HENTSCHEL, Fahrverbot, Rdn. 147 ff; anders wohl DREHER/TRÖNDLE, § 55 Rdn. 8; LACKNER, § 55, 5 b; vgl. auch SCHÖNKE/SCHRÖDER (STREE), § 55 Rdn. 69; ferner BGHSt 24, 205 (207) und dazu die Ausführungen von HENTSCHEL, Führerscheinsperre, Rpfleger 1977, 279 ff (282).

die Einbeziehung der „neu" abgeurteilten Straftat(en) nicht geändert haben. War die „frühere" Sperrfrist zum Zeitpunkt des Gesamtstrafenurteils bereits abgelaufen, ist gem. § 55 Abs. II StGB insoweit allein die Entziehung der Fahrerlaubnis aufrechtzuerhalten, eine Sperrfrist dagegen nicht auszusprechen[335]. Hat sich die im „früheren" Urteil angeordnete Sperrfrist zum Zeitpunkt des „späteren" Gesamtstrafenurteils durch Fristablauf dagegen nur teilweise erledigt, darf die „neu" festzusetzende Sperrfrist das Fristmaß der „früheren" Sperrfrist abzüglich des durch Fristablauf erledigten Teils weder übersteigen noch unterschreiten. War also etwa im „früheren" Urteil die Fahrerlaubnis entzogen und eine Sperrfrist von einem Jahr bestimmt, so könnte die neben der nachträglich gebildeten Gesamtstrafe ausgeurteilte Nebenfolgenentscheidung bei zwischenzeitlichem Fristablauf von fünf Monaten etwa lauten: „Die Entziehung der Fahrerlaubnis aus dem Urteil des (Amts- oder Land-)Gerichts vom ... bleibt aufrechterhalten. Der Führerschein bleibt eingezogen. Vor Ablauf von sieben Monaten darf die Verwaltungsbehörde dem Angeklagten keine neue Fahrerlaubnis erteilen"[336]. Soweit das „spätere" Gesamtstrafenurteil noch nicht rechtskräftig ist, wird der weitere Fristablauf **entsprechend** den Anrechnungsregeln des § 69a Abs. IV–VI StGB auf die im Gesamtstrafenurteil „neu" festgesetzte Sperrfrist angerechnet[337].

318 b) **Nicht** grundsätzlich anders ist die „neu" festzusetzende Sperrfrist für den Fall zu bestimmen, daß die nunmehr abzuurteilende(n) Straftat(en) wie die „früher" abgeurteilte(n) Straftat(en) ebenfalls die Entziehung der Fahrerlaubnis und die Anordnung einer Sperrfrist erfordert(n) bzw. rechtfertigt(en). Die neben dem Gesamtstrafenausspruch gem. § 55 Abs. I StGB und der aufrechterhaltenen Fahrerlaubnisentziehung „neu" festzusetzende Sperrfrist darf das Fristmaß der „früher" ausgeurteilten Sperrfrist nicht unterschreiten. Andererseits darf die Befristung der „neu" festzusetzenden Sperrfrist die gesetzlich festgelegten Höchst- und Mindestfristen etwa gem. § 69a Abs. I, S. 2 StGB nicht über- bzw. unterschreiten. Diese Begrenzung des bei der Neufestsetzung der Sperrfrist dem „später" entscheidenden Gesamtstrafengericht zur Verfügung stehenden **Befristungsspielraums** beruht einerseits auf dem Grundgedanken der (nachträglichen) Gesamtstrafenbildung. Sie trägt andererseits aber dem Umstand Rechnung, daß die Befristung der „neu" festzusetzenden Sperrfrist eine prognostische, in die Zukunft gerichtete Beurteilung

---

335 Vgl. etwa BGH StrVert 1983, 14 mit BGH DAR (Spiegel) 1978, 152.

336 Vgl. dazu auch Dreher/Tröndle, § 69a Rdn. 2.

337 Vgl. dazu statt aller Dreher/Tröndle, § 69a Rdn. 12ff; Schönke/Schröder (Stree), § 69a Rdn. 11 ff.

der Eignungsmängel des Verurteilten voraussetzt. Das auf die (nachträglich gebildete) Gesamtstrafe erkennende Gericht hat sich bei der Neufestsetzung der Sperrfrist danach zwar auf den Standpunkt des erstentscheidenden Gerichts zu stellen. Es kann und muß jedoch innerhalb des beschriebenen Befristungsspielraums die nach dem „früheren" Urteil eingetretenen oder erstmals erkennbar gewordenen weiteren Befristungskriterien mit berücksichtigen und bei der Bemessung der Fristdauer verwerten[338]. Entsprechend ist zu verfahren, wenn — wie regelmäßig — die „früher" ausgesprochene Sperrfrist durch **Fristablauf** ganz oder teilweise erledigt ist. Der in diesem Falle dem Gesamtstrafengericht zur Verfügung stehende **Befristungsspielraum** wird unter sinngemäßer Anwendung der Grundsätze des angemessenen Härteausgleichs bei der Gesamtstrafenbildung dadurch begrenzt, daß die „neu" festzusetzende Sperrfrist die gesetzlich festgelegten Höchstfristen abzüglich des bereits erledigten Teils der „früher" ausgesprochenen Sperrfrist nicht übersteigen[339], den noch nicht verstrichenen Rest der „früheren" Sperrfrist hingegen im festzusetzenden Fristmaß nicht unterschreiten darf[340]. Nicht gebunden ist das „später" entscheidende Gesamtstrafengericht an die gesetzlichen Mindestfristen des § 69a StGB. Diese können vielmehr unterschritten werden[341].

Im Ergebnis führt demnach die sinngemäße Anwendung der Zumessungsregeln über den sog. angemessenen Härteausgleich zu einer Anrechnung des durch Fristablauf erledigten Teils einer „früher" angeordneten Sperrfrist auf die „an sich" begründete Dauer der „neu" festzusetzenden Sperrfrist. Eine solche angemessene Berücksichtigung des bereits erledigten Teils einer im „früheren" Urteil ausgesprochenen Sperrfrist widerspricht im übrigen nicht dem Wesen und der Rechtsnatur einer Maßregel. Aufrechterhaltene Fahrerlaubnisentziehung und zugehörige Sperrfrist stellen zwar einen einheitlichen Sachzusammenhang dar, so daß die Bemessung der Sperrfrist der Sache nach die wesentliche Wirkung der Fahrerlaubnisentziehung ausmacht. Es trifft weiter auch zu, daß sich die (förmliche) Anrechnung erledigter Teile einer „früher" ausgesprochenen **319**

---

338 In diesem Sinne auch DREHER/TRÖNDLE, § 55 Rdn. 8; vgl. früher HENTSCHEL, Führerscheinsperre, Rpfleger 1977, 279 ff (280/2).

339 Anders etwa GEPPERT, Auswirkungen, MDR 1972, 280 ff (285 f); HENTSCHEL, Führerscheinsperre, Rpfleger 1977, 279 ff (280/2); HIMMELREICH/HENTSCHEL, Fahrverbot, Rdn. 147; vgl. auch LK-VOGLER, § 55 Rdn. 45 ff; im Ergebnis wie hier BGHSt 24, 205 (207); DREHER/TRÖNDLE, § 55 Rdn. 8; LACKNER, § 55, 5 b; SCHÖNKE/SCHRÖDER (STREE), § 55 Rdn. 69.

340 So auch DREHER/TRÖNDLE, § 55 Rdn. 8.

341 Ähnlich SCHÖNKE/SCHRÖDER (STREE), § 55 Rdn. 70.

Sperrfrist mit dem Wesen und der Rechtsnatur einer Maßregel (der Fahrerlaubnisentziehung) grundsätzlich nicht verträgt[342]. Dem prognostischen Charakter der Sperrfristbestimmung und damit dem Wesen der Fahrerlaubnisentziehung ist jedoch trotz der angemessenen Berücksichtigung bereits erledigter Teile „früherer“ Sperrfristanordnungen bei der Befristung der „neu“ festzusetzenden Sperrfrist ausreichend Rechnung getragen, weil dem „später“ entscheidenden Gesamtstrafengericht ein Befristungs**spielraum** zur Verfügung steht. Dem Grundgedanken des § 55 StGB wird die angemessene Berücksichtigung der verstrichenen Teile einer „früher“ ausgesprochenen Sperrfrist gerecht, weil sich die Grenzmarken des Befristungsspielraums unter Berücksichtigung der gesetzlich festgelegten Höchstfristen aus einer **faktischen** Anrechnung der voll- bzw. teilerledigten „früheren“ Sperrfristanordnung ergeben.

320 Im Tenor des die nachträglich gebildete Gesamtstrafe aussprechenden Urteils ist dementsprechend neben der aufrechterhaltenen Fahrerlaubnisentziehung eine gem. §§ 69, 69a StGB i. V. m. § 55 StGB befristete Sperre „neu“ festzusetzen. Soweit das Gesamtstrafenurteil nicht sogleich rechtskräftig wird, ist auch hier der weitere Fristablauf entsprechend den Anrechnungsregeln des § 69a Abs. IV—VI StGB auf die „neu“ festgesetzte Sperrfrist anzurechnen. War beispielsweise im „früheren“ Urteil eine seit fünf Monaten laufende Sperrfrist von einem Jahr festgesetzt, und wäre(n) die nunmehr abzuurteilende(n) Straftat(en) — selber die Voraussetzungen der §§ 69, 69a StGB erfüllend — im Rahmen einer die „früher“ abgeurteilte(n) Straftat(en) einbeziehenden Gesamtwürdigung Anlaß, (an sich) eine „neue“ Sperrfrist von zwei Jahren festzusetzen, dann könnte der Tenor des „späteren“ Gesamtstrafenurteils in seiner Nebenfolgenentscheidung etwa lauten: „Die Entziehung der Fahrerlaubnis aus dem Urteil des (Amts- oder Land-)Gerichts vom ... bleibt aufrechterhalten. Der Führerschein bleibt eingezogen. Die Verwaltungsbehörde wird angewiesen, dem Angeklagten nicht vor Ablauf von neunzehn Monaten eine neue Fahrerlaubnis zu erteilen“[343].

---

[342] Vgl. hierzu OLG Stuttgart NJW 1967, 2071 (2072); ferner HENTSCHEL, Fahrerlaubnisentziehung, DAR 1976, 289ff (291); DERS., Führerscheinsperre, Rpfleger 1977, 279ff (280/2); auch LACKNER, § 55, 5b; SCHÖNKE/SCHRÖDER (STREE), § 55 Rdn. 69.

[343] Für den Fall einer vollerledigten „früheren“ Sperrfrist ebenso, für den einer nur teilerledigten „früheren“ Sperrfrist dagegen anders SCHÖNKE/SCHRÖDER (STREE), § 55 Rdn. 70. Für den Fall einer nur teilerledigten „früheren“ Sperrfrist bedarf es nach der hier vertretenen Ansicht keiner besonderen Klarstellung im Urteil, daß die „neue“ Sperrfrist ab Rechtskraft des „früheren“ Urteils läuft.

2. Exkurs: Vollstreckungsaussetzung zur Bewährung

Auf eine gem. § 55 Abs. I StGB nachträglich ermittelte Gesamtstrafe **ist** 321
dem Gebot der Asperation entsprechend auch dann **zu erkennen**, wenn die Vollstreckung einer im „früheren" Urteil verhängten (Einzel- oder Gesamt-)Freiheitsstrafe gem. §§ 56 ff StGB zur Bewährung ausgesetzt war. Daß die Vollstreckungsaussetzung einer im „früheren" Urteil erkannten Freiheitsstrafe zur Bewährung eine nachträgliche Gesamtstrafenbildung nicht hindert, ergibt sich aus dem Verweisungszusammenhang der §§ 58 Abs. II, 55 Abs. I StGB[344]. Für die Frage der nachträglichen Bildung einer Gesamtstrafe unerheblich ist danach ferner, worauf die Vollstreckungsaussetzung beruht. Auf eine nachträglich ermittelte Gesamtstrafe ist deshalb sowohl in dem Fall, daß die Vollstreckungsaussetzung zur Bewährung gem. § 56 Abs. I, II StGB im „früheren" Urteil angeordnet war, als auch im Falle einer Reststrafenaussetzung gem. §§ 57 ff StGB zu erkennen. Ob nach der Einbeziehung einer „früher" ausgeurteilten und gem. §§ 56, 57 ff StGB zur Bewährung ausgesetzten Freiheitsstrafe in die nachträgliche Bildung einer Gesamtstrafe **erneut** eine Vollstreckungsaussetzung zur Bewährung in Betracht kommt, richtet sich gem. § 58 Abs. I StGB nach der Höhe der (nachträglich ermittelten) Gesamtstrafe[345]. Anders als bei Nebenstrafen, Nebenfolgen und Maßnahmen i. S. d. § 11 Abs. I, Nr. 8 StGB ist die Aufrechterhaltung einer im „früheren" Urteil gem. § 56 StGB oder später gem. §§ 57 ff StGB ausgesprochenen Vollstreckungsaussetzung zur Bewährung prinzipiell ausgeschlossen. Über eine etwaige (erneute) Aussetzung der Strafvollstreckung gem. §§ 56, 57 ff StGB ist im Rahmen der nachträglichen Gesamtstrafenbildung stets **neu** und nur in bezug auf die nachträglich ermittelte Gesamtstrafe zu entscheiden. Die Aussetzung der Vollstreckung einer im „früheren" Urteil erkannten (Einzel- oder Gesamt-)Freiheitsstrafe wird somit in jedem Falle **gegenstandslos**, ohne daß ein Widerruf der Strafaussetzung erforderlich wäre[346]. Die eingetretene Gegenstandslosigkeit der „früheren" Vollstreckungsaussetzung braucht im Urteilstenor auch nicht klargestellt zu werden[347]. Das gilt unabhängig davon, ob in bezug auf die „neu" erkannte, nachträglich ermittelte

---

[344] Vgl. statt aller LK-VOGLER, § 55 Rdn. 48; SCHÖNKE/SCHRÖDER (STREE), § 55 Rdn. 44 ff.

[345] Vgl. DREHER/TRÖNDLE, § 58 Rdn. 2; LK-RUSS, § 58 Rdn. 2; SCHÖNKE/SCHRÖDER (STREE), § 58 Rdn. 4; SK-HORN, § 58 Rdn. 2; BGHSt 25, 142 (143).

[346] Dazu BGHSt 7, 180 (182/3); 19, 362 (363/4); 33, 326 (327).

[347] Vgl. aber die Klarstellungsempfehlung bei SCHÖNKE/SCHRÖDER (STREE), § 55 Rdn. 45, obwohl es sich um eine „von Gesetzes wegen" eintretende Folge der nachträglichen Gesamtstrafenbildung handelt.

Gesamtstrafe eine Strafaussetzung zur Bewährung erneut ausgesprochen wird oder nach den Regeln des § 56 StGB die Vollstreckungsaussetzung der „neu" erkannten Gesamtstrafe auszuscheiden hat.

322 Das auf die nachträglich ermittelte Gesamtstrafe erkennende Gericht ist bei seiner eigenen Entscheidung über eine etwaige Aussetzung der „neuen" Gesamtstrafe zur Bewährung an die strafzumessungsrechtlichen Erwägungen zur Vollstreckungsaussetzung einer (Einzel- oder Gesamt-) Freiheitsstrafe im „früheren" Urteil **nicht gebunden**. Trotz „früher" angeordneter Vollstreckungsaussetzung kann daher das „später" entscheidende Gericht von einer Vollstreckungsaussetzung der nachträglich ermittelten Gesamtfreiheitsstrafe absehen, wenn in bezug auf sie die Voraussetzungen des § 56 Abs. I oder II StGB nach den (zusätzlich) getroffenen Feststellungen nicht erfüllt sind. Daß das „früher" entscheidende Gericht zum Zeitpunkt **seiner** Entscheidung eine sog. günstige Sozialprognose erstellt hat, ist für die „neue" Entscheidung über eine etwaige Vollstreckungsaussetzung zur Bewährung ohne Belang. Waren dem „früher" erkennenden Gericht strafzumessungserhebliche Gesichtspunkte verborgen geblieben, oder sind zwischenzeitlich solche Umstände eingetreten, können und müssen sie in der „neuen" Entscheidung über die Vollstreckungsaussetzung verwertet werden. Eine „früher" günstige Sozialprognose kann sich daher bis zur Festsetzung der nachträglich ermittelten Gesamtstrafe zur Schlechtprognose verändert haben, so daß eine Bewährungsaussetzung unbegründet wäre. In diesem Falle darf das „später" entscheidende Gesamtstrafengericht nicht auf eine Vollstrekkungsaussetzung der nachträglich ermittelten Gesamtfreiheitsstrafe erkennen[348].

323 Entsprechendes gilt für die umgekehrte Entscheidungssituation[348]. Das „später" auf die nachträglich gebildete Gesamtstrafe erkennende Gericht kann bei Vorliegen der Voraussetzungen des § 56 StGB die Vollstreckungsaussetzung der Gesamtstrafe aussprechen, auch wenn zuvor im „früheren" Urteil eine in bezug auf die dort verhängte (Einzel- oder Gesamt-)Freiheitsstrafe erwogene Vollstreckungsaussetzung ausdrücklich abgelehnt worden ist. Einer Vollstreckungsaussetzung der nachträglich gebildeten Gesamtstrafe steht ebenso nicht entgegen, daß die Vollstreckungsaussetzung einer im „früheren" Urteil erkannten (Einzel- oder Gesamt-)Freiheitsstrafe zwischenzeitlich rechtskräftig **widerrufen** war[349]. In der Frage einer etwaigen Vollstreckungsaussetzung zur

---

[348] Vgl. dazu Dreher/Tröndle, § 58 Rdn. 3; Lackner, § 58, 1 b; LK-Russ, § 58 Rdn. 5; Schönke/Schröder (Stree), § 58 Rdn. 8, 9; SK-Horn, § 58 Rdn. 3, teilweise mit Nachweisen aus der obergerichtlichen Rechtsprechung.

[349] Vgl. dazu Dreher/Tröndle, § 58 Rdn. 3; ferner statt aller Schönke/Schröder (Stree), § 58 Rdn. 9.

Bewährung kommt es bei der nachträglichen Bildung einer Gesamtstrafe immer nur auf die strafzumessungsrechtliche Gesamtlage zur Zeit der „späteren“ Gesamtstrafenentscheidung an. Hiervon ist auch dann keine Ausnahme zu machen, wenn eine im „früheren“ Urteil erkannte Gesamtfreiheitsstrafe, deren Vollstreckung zur Bewährung ausgesetzt war, in ihre Einzelstrafen aufgelöst wird und bei der sich daran anschließenden nachträglichen Gesamtstrafenbildung zwei Gesamtstrafen gebildet werden, von denen eine gem. §§ 53, 54 StGB wiederum nur aus Einzelstrafen der „früheren“ Gesamtstrafe gebildet wird[350]. Die „frühere“ Strafaussetzung ist kein neben der nach Auflösung der alten Gesamtstrafe zeitlich später gebildeten „neuen“ Gesamtstrafe fortgeltender Bestandteil der in eine „frühere“ Gesamtstrafenbildung einbezogenen Einzelstrafen oder eines Teils dieser Einzelstrafen. Das „später“ entscheidende Gesamtstrafengericht ist vielmehr verpflichtet, „neue“ Strafzumessungskriterien bei der Bildung der an die Stelle der „alten“ Gesamtstrafe tretenden Gesamtstrafe zu berücksichtigen. Es kann daher im Einzelfall trotz „früherer“ Strafaussetzung im Verfahren gem. § 55 StGB durchaus das Vorliegen der Voraussetzungen des § 56 StGB (nunmehr) verneinen[350]. Dieselbe Fragestellung **kann** im Blick auf das strafprozessuale Verschlechterungsverbot eine andere Beurteilung erfordern, wenn im Berufungsverfahren gem. § 55 Abs. I StGB unter Auflösung der „früheren“ Gesamtstrafe mit Vollstreckungsaussetzung auf eine „neue“ Gesamtstrafe gem. §§ 53, 54 StGB und eine weitere „neue“, nachträglich gebildete Gesamtstrafe zu erkennen ist.

War gem. § 57 StGB die Vollstreckung eines Strafrestes der „früher“ **324**
verhängten (Einzel- oder Gesamt-)Freiheitsstrafe zur Bewährung ausgesetzt, führt die Einbeziehung dieser Strafe in eine nachträgliche Gesamtstrafenbildung dem Kontext der §§ 58 Abs. II, 55 Abs. I, 58 Abs. I StGB zufolge auch dann zur Gegenstandslosigkeit der Aussetzungsentscheidung, wenn in bezug auf die nachträglich ermittelte Gesamtstrafe die Voraussetzungen einer Strafrestaussetzung gem. § 57 StGB ebenfalls erfüllt sind[351]. Das „später“ entscheidende Gesamtstrafengericht ist deshalb frei in seiner Entscheidung, die Vollstreckung der nachträglich ermittelten Gesamtstrafe „nunmehr“ gem. § 56 StGB zur Bewährung auszusetzen oder von einer Vollstreckungsaussetzung abzusehen. Beläuft sich die Teilverbüßung der „früher“ ausgeurteilten Freiheitsstrafe auf mindestens zwei Drittel (§ 57 Abs. I StGB) oder die Hälfte (§ 57 Abs. II StGB) der nachträglich ermittelten Gesamtstrafe, und setzt das Gericht

---

350 Anders OLG Hamm MDR 1975, 948; ihm folgend SCHÖNKE/SCHRÖDER (STREE), § 58 Rdn. 9.

351 So auch SCHÖNKE/SCHRÖDER (STREE), § 55 Rdn. 46.

trotz vorheriger Strafrestaussetzung die Vollstreckung der ausgeurteilten nachträglich gebildeten Gesamtstrafe **nicht** zur Bewährung aus, **kann** gleichwohl das für die Entscheidung nach § 57 StGB zuständige Gericht (vgl. § 462a StPO) den sich aus der Anrechnung gem. § 51 Abs. II StGB ergebenden **Strafrest der** nachträglich ermittelten **Gesamtstrafe** gem. § 57 StGB zur Bewährung aussetzen. Die Strafrestaussetzung der verhängten Gesamtstrafe gem. § 57 StGB erfolgt danach nicht im Urteil des erkennenden Gesamtstrafengerichts, sondern nach § 454 StPO durch Beschluß der gem. § 462a StPO zuständigen Strafvollstreckungskammer.

325 In der Entscheidung des „später" erkennenden Gesamtstrafengerichts über eine etwaige Vollstreckungsaussetzung der nachträglich ermittelten Gesamtstrafe zur Bewährung sind gem. § 58 Abs. II StGB bereits erbrachte „Bewährungsleistungen" zu berücksichtigen. Vorausgesetzt ist dabei allerdings, daß zum Zeitpunkt des „späteren" Gesamtstrafenurteils die Vollstreckung der in die nachträglich gebildete Gesamtstrafe einbezogenen Freiheitsstrafe aus dem „früheren" Urteil gem. §§ 56, 57 StGB noch zur Bewährung ausgesetzt ist, die Bewährungsaussetzung sich also noch nicht völlig — etwa durch Fristablauf — erledigt hat[352]. Setzt das „später" entscheidende Gericht bei dieser Sachlage die Vollstreckung der nachträglich ermittelten Gesamtstrafe **nicht** zur Bewährung aus, sind gem. § 58 Abs. II, S. 2 StGB die Anrechnungsregeln des § 56f Abs. III StGB **entsprechend** anzuwenden. Bei der Anrechnung von Leistungen, die der Verurteilte zur Erfüllung von Auflagen nach § 56b Abs. II, Ziff. 2, 3 StGB oder entsprechenden Anerbieten nach § 56b Abs. III StGB erbracht hat, handelt es sich gem. § 56f Abs. III, S. 2 StGB zwar um eine Entscheidung, die in den Grenzen des zur Verfügung stehenden Beurteilungsspielraums in das „pflichtgemäße Ermessen" des Gerichts gestellt ist („kann")[353]. Soweit eine Anrechnung von „Bewährungsleistungen" i. S. d. § 56f Abs. III, S. 2 StGB auf die nachträglich gebildete Gesamtstrafe in Frage steht, verengt jedoch die im Vergleich zu einem Bewährungswiderruf ganz andere (positiv zu bewertende) Situation der noch ausgesetzten Vollstreckung ganz im Sinne der von § 58 Abs. II, S. 2 StGB bestimmten **sinngemäßen** Anwendung des § 56f Abs. III, S. 2 StGB den Entscheidungsspielraum so erheblich, daß nur **ausnahmsweise** die in § 56f Abs. III, S. 2 StGB beschriebenen „Bewährungsleistungen" auf die nachträglich ermittelte Gesamtstrafe **nicht** anzurechnen

---

[352] Soweit nach Ablauf einer Bewährungszeit bereits ein Straferlaß erfolgt ist, kommt u. U. eine Berücksichtigung der durchgestandenen Bewährung nach den Regeln des sog. angemessenen Härteausgleichs in Betracht, vgl. auch Schönke/Schröder (Stree), § 58 Rdn. 7.

[353] Vgl. auch LK-Russ, § 58 Rdn. 7 unter Hinweis auf OLG Bamberg MDR 1973, 154.

sind[354]. Die Urteilsgründe müssen folglich im Falle einer Nichtanrechnung erkennen lassen, daß die Anrechnungsfrage geprüft, eine Entscheidung nach §§ 58 Abs. II, S. 2; 56 f Abs. III, S. 2 StGB also nicht versäumt worden ist[355].

Setzt das „später“ erkennende Gericht die Vollstreckung der nachträglich gebildeten Gesamtstrafe dagegen gem. § 56 StGB zur Bewährung aus, kommt eine Anrechnung von „Bewährungsleistungen“ i. S. d. §§ 58 Abs. II, S. 2; 56 f Abs. III StGB nicht in Betracht. Zwar ist bei der Ausgestaltung der neuen Bewährungsaussetzung zu berücksichtigen, daß der Verurteilte im Rahmen der „früheren“ Vollstreckungsaussetzung möglicherweise Auflagen erfüllt oder sonstige Leistungen erbracht hat. Mit Rücksicht auf solche „früheren“ Bewährungsleistungen kann sich deshalb im Einzelfall die Erteilung neuer Auflagen oder Weisungen erübrigen[356]. Um eine **Anrechnung** im eigentlichen Sinne handelt es sich dabei jedoch nicht. Vielmehr unterliegen Art und Umfang der Berücksichtigung bereits erbrachter „Bewährungsleistungen“ der Beurteilung und Wertung des die Vollstreckung der nachträglich ermittelten Gesamtstrafe aussetzenden Gerichts. Auch in der neu vorzunehmenden Bemessung der Bewährungszeit ist das aussetzende Gericht grundsätzlich „frei“. Allerdings modifiziert § 58 Abs. II, S. 1 StGB das in § 56a Abs. I StGB vorgeschriebene **Mindestmaß** der Bewährungszeit von zwei Jahren. Danach verkürzt sich das **Mindestmaß** der neu zu bestimmenden Bewährungszeit um das Maß der in bezug auf die „frühere“ Vollstreckungsaussetzung abgelaufenen Bewährungszeit. Das so herabgesetzte Mindestmaß der „neuen“ Bewährungszeit darf gem. § 58 Abs. II, S. 1 StGB freilich in keinem Falle ein Jahr unterschreiten. Abgelaufene Bewährungszeiten „früherer“ Vollstreckungsaussetzungen sind bei erneuter Vollstreckungsaussetzung der Gesamtstrafe somit nur bis zum absoluten, nicht mehr zu verringernden Mindestmaß von einem Jahr anrechenbar. Das Höchstmaß der „neu“ zu bestimmenden Bewährungszeit ist in § 56a Abs. I StGB mit fünf Jahren festgeschrieben. Eine Herabsetzung dieser Obergrenze um das Maß einer bereits durchgehaltenen Bewährungszeit der „früheren“ Vollstreckungsaussetzung scheidet gem. § 58 Abs. II, S. 1 StGB aus[357]. Trotz beanstandungsfrei abgelaufener „früherer“ Bewährungszeit und deren gebotener Berücksichtigung ist 326

---

[354] In diesem Sinne auch BGHSt 33, 326 (327); Dreher/Tröndle, § 58 Rdn. 4; vgl. ferner BayObLG MDR 1981, 599 = VRS 60, 371 mit Anm. Bloy JR 1981, 515; anders wohl Schönke/Schröder (Stree), § 58 Rdn. 13; vgl. weiter Stree NStZ 1986, 163.

[355] So BayObLG MDR 1985, 70.

[356] So auch Schönke/Schröder (Stree), § 58 Rdn. 12.

[357] Vgl. auch Dreher/Tröndle, § 58 Rdn. 4.

daher das aussetzende Gesamtstrafengericht nicht daran gehindert, den gem. § 56a Abs. I StGB nach oben mit fünf Jahren begrenzten Bemessungsspielraum bei der Bestimmung der „neuen“ Bewährungszeit auszuschöpfen, wenn und weil nach seiner Prognose zur Zeit der Gesamtstrafenentscheidung eine derart lange Bewährungszeit erforderlich ist[358].

---

[358] Innerhalb der durch die §§ 56a Abs. I; 58 Abs. II, S. 1 StGB gezogenen zeitlichen Bemessungsgrenzen verbleibt es ja dabei, daß das aussetzende Gericht die Dauer der „neuen“ Bewährungszeit nach pflichtgemäßem Ermessen und allein nach seinem eigenen Beurteilungsvermögen zu bestimmen hat, vgl. noch LK-Russ, § 58 Rdn. 6.

D

Das Nachtragsverfahren

Die unübersehbare Vielfalt prozeßgestaltender Zufälligkeiten kann im Einzelfall bewirken, daß handlungsmehrheitlich begangene, realkonkurrierende Straftaten in getrennten Verfahren (rechtskräftig) abgeurteilt werden, obwohl die Voraussetzungen des § 55 StGB (objektiv) vorliegen. Trotz der gesetzlich vorgesehenen Möglichkeit, im Wege der nachträglichen Gesamtstrafenbildung gem. § 55 StGB zufallsbedingte, aus der Ungleichzeitigkeit der Aburteilung herrührende Sanktionsnachteile zu vermeiden, ist aus den verschiedensten Gründen nicht sichergestellt, daß die konkurrenz- und zumessungsrechtlichen Vorschriften über die Bildung einer Gesamtstrafe in vollem Umfange der tatsächlichen Reichweite des Asperationsprinzips sachgetreu Anwendung finden. Um den Zufälligkeiten der tatsächlichen und/oder rechtlichen Verfahrensgestaltung in ihren sanktionsrechtlich nachteiligen Folgen wirksam begegnen zu können, steht neben dem materiellrechtlichen Konzept der nachträglichen Bildung einer Gesamtstrafe gem. § 55 StGB als zusätzliches prozessuales Instrument zur **Nachholung** einer unterbliebenen Gesamtstrafenbildung das Beschlußverfahren gem. §§ 460, 462 StPO – das sog. Nachtragsverfahren – zur Verfügung. Auch das Nachtragsverfahren gem. §§ 460, 462 StPO will gewährleisten, daß Taten, die bei gemeinsamer Aburteilung nach den §§ 53, 54 StGB behandelt worden wären, bei getrennter Aburteilung dieselbe Behandlung erfahren, damit der Täter im sanktionsrechtlichen Endergebnis weder besser noch schlechter gestellt ist[1]. Die nachträgliche Bildung einer Gesamtstrafe gem. § 460 StPO beruht danach zwar auf demselben Grundgedanken wie die nachträgliche Gesamtstrafenbildung gem. § 55 StGB. Das Beschlußverfahren versteht sich jedoch lediglich als „flankierende“ prozessuale Regelung zur nachträglichen Bildung einer Gesamtstrafe aufgrund einer Hauptverhandlung und durch Urteil gem. § 55 Abs. I StGB. Eine **Wahlmöglichkeit** zwischen dem Verfahren nach § 55 StGB und dem gem. §§ 460, 462 StPO **besteht nicht**. Insbesondere darf die nachträgliche Bildung einer Gesamtstrafe nicht willkürlich dem Nachtragsverfahren überlassen oder gar vorbehalten bleiben. Liegen die Voraussetzungen zur nachträglichen Bildung einer Gesamtstrafe gem. § 55 StGB vor, dann **muß** aufgrund 327

[1] BGHSt 32, 190 (193); 17, 173 (174/5); 15, 66 (69); 8, 203 (204/5); 7, 180 (181); vgl. auch Löwe/Rosenberg (Wendisch), § 460 Rdn. 1 mit weiteren Nachweisen.

einer Hauptverhandlung und durch Urteil auf eine (nachträglich gem. §§ 55, 54, 53 StGB ermittelte) Gesamtstrafe erkannt werden[2].

328 Dieser rechtsanwendungsrechtliche Zwang zur nachträglichen Bildung einer Gesamtstrafe gem. § 55 StGB entspricht dem verfahrenstypischen Ergänzungsverhältnis zwischen § 55 StGB und §§ 460, 462 StPO mit seinem chronologischen Nacheinander von nachträglicher Gesamtstrafenbildung gem. § 55 StGB und nachträglicher Gesamtstrafenbildung im Beschlußverfahren. Er beruht darauf, daß dem Nachtragsverfahren gem. §§460, 462 StPO in bezug auf die strafprozessualen Ziele der Wahrheitsermittlung und Gerechtigkeitsverwirklichung im Vergleich zur nachträglichen Gesamtstrafenbildung gem. § 55 StGB nur „mindere" Qualität zukommt. Das Verfahren gem. §§ 460, 462 StPO ist mit geringeren verfahrensmäßigen Garantien ausgestattet als das Erkenntnisverfahren gem. § 55 StGB. Die Entscheidung gem. §§ 460, 462 StPO ergeht ohne mündliche Verhandlung durch Beschluß, der lediglich mit der sofortigen Beschwerde anfechtbar ist. Demgegenüber ist die gem. § 55 StGB ausgeurteilte Gesamtstrafe mit dem Rechtsmittel der Berufung oder dem der Revision angreifbar. Im Erkenntnisverfahren nach § 55 StGB erfolgt die nachträgliche Bildung einer Gesamtstrafe und deren Festsetzung im Urteil aufgrund einer mündlichen Verhandlung und etwaigen Beweisaufnahme. Allein das Erkenntnisverfahren gem. § 55 StGB gewährleistet die strafzumessungsrechtlich gebotene vollständige Berücksichtigung aller Strafzumessungstatsachen im Vorgang der Gesamtstrafzumessung. Das Nachtragsverfahren gem. §§ 460, 462 StPO kommt deshalb nur als ultima ratio der (nachträglichen) Gesamtstrafenbildung in Betracht[3].

I. Voraussetzungen des Nachtragsverfahrens

329 Die nachträgliche Bildung einer Gesamtstrafe (= das Zurückführen der erkannten Strafen durch eine nachträgliche gerichtliche Entscheidung auf eine Gesamtstrafe) im Verfahren nach den §§ 460, 462 StPO setzt verschiedene, auf Freiheits- und/oder Geldstrafe lautende, rechtskräftige Urteile und des weiteren voraus, daß bei den Verurteilungen zu (Einzel- oder Gesamt-)Strafe die Regeln über die nachträgliche Bildung einer Gesamtstrafe gem. § 55 StGB „außer Betracht" geblieben sind.

---

[2] So die einhellige Auffassung in Rechtsprechung und Lehre, vgl. BGHSt 12, 1 (5–7); ferner statt aller Schönke/Schröder (Stree), § 55 Rdn. 72 und oben Rdn. 210 mit Nachweisen in Anm. 49.

[3] Vgl. zum Vorstehenden die grundlegenden Ausführungen des GSSt in BGHSt 12, 1 (6/7).

1. Verschiedene rechtskräftige Urteile

Die Rückführung verschiedener Strafen auf eine (nachträglich ermittelte) Gesamtstrafe im Wege des Nachtragsverfahrens ist **ausgeschlossen**, wenn auch nur eines der Urteile, deren ausgesprochene Strafen in die Gesamtstrafenbildung einzubeziehen wären, noch nicht rechtskräftig ist[4]. Solange die Möglichkeit besteht, im Erkenntnisverfahren eine Gesamtstrafe gem. §§ 53, 54 StGB oder gem. § 55 StGB zu bilden und auszuurteilen, darf nicht gem. §§ 460, 462 StPO „auf eine Gesamtstrafe zurückgeführt“ werden. Die Nichtanwendung oder unzutreffende Anwendung der Regeln über die Gesamtstrafenbildung gem. §§ 53 ff StGB ist stets mit dem Rechtsmittel der Berufung oder Revision zu rügen. Wird das eingelegte Rechtsmittel auf die sachwidrig unterbliebene oder sonstwie fehlerhafte Gesamtstrafenbildung gestützt, muß das angerufene, zuständige Rechtsmittelgericht entscheiden. Es darf den Rechtsmittelführer nicht auf das Verfahren gem. §§ 460, 462 StPO verweisen[5]. **330**

Zu den Urteilen i. S. d. § 460 StPO zählen auch die in Rechtskraft erwachsenen Strafbefehle[6]. Dagegen stellt ein schon ergangener, rechtskräftiger Beschluß nach §§ 460, 462 StPO **keine** i. S. d. § 460 StPO **urteilsgleiche** gerichtliche Entscheidung dar, weil im Nachtragsverfahren keine weiteren, neuen tatsächlichen Feststellungen zu den einzubeziehenden Strafen getroffen werden (dürfen). Für die Rückführung der einbezogenen Strafen auf eine Gesamtstrafe i. S. d. § 460 StPO sind vielmehr die in den jeweils zugehörigen Urteilen rechtskräftig festgestellten Strafzumessungstatsachen etc. maßgebend[7]. Allerdings stellt der Beschluß gem. §§ 453 StPO, 59 b StGB, der die Verurteilung zu der vorbehaltenen Strafe ausspricht[8], nach dessen eingetretener Rechtskraft zusammen mit dem auf Verwarnung mit Strafvorbehalt lautenden Urteil ein rechtskräftiges Urteil i. S. d. § 460 StPO dar. Dabei ist gem. § 59 c Abs. II StGB die Verurteilung durch Beschluß zeitlich auf das auf Verwarnung mit Strafvorbehalt lautende Urteil zurückzubeziehen[9]. **331**

---

[4] Vgl. statt aller KK-Chlosta, § 460 Rdn. 3.

[5] Zum Ganzen BGHSt 12, 1 (3 ff); ferner KK-Chlosta, § 460 Rdn. 5 mit weiteren Nachweisen aus der Rechtsprechung.

[6] So Kleinknecht/Meyer, § 460 Rdn. 1; KK–Chlosta, § 460 Rdn. 3; KMR (Müller), § 460 Rdn. 1; Löwe/Rosenberg (Wendisch), § 460 Rdn. 5.

[7] Vgl. statt aller KK-Chlosta, § 460 Rdn. 3 mit Nachweisen.

[8] Dazu statt aller Dreher/Tröndle, § 59 b Rdn. 1.

[9] So Löwe/Rosenberg (Wendisch), § 460 Rdn. 6; vgl. aber die Bedenken bei Dreher/Tröndle, § 59 c Rdn. 2, der die Fiktion des § 59 c Abs. II StGB nur im Rahmen des § 55 StGB, dagegen nicht im Verfahren nach § 460 StPO für anwendbar hält.

2. Nichtbeachtung des § 55 StGB

332 Als weitere Voraussetzung des Nachtragsverfahrens bestimmt § 460 StPO negativ, daß die Vorschriften über die Zuerkennung einer Gesamtstrafe gem. § 55 StGB bei der (letzten) Verurteilung zu Strafe „außer Betracht" geblieben sind. Mit dieser Formulierung umschreibt das Gesetz ein **tatsächliches** Geschehen[10]. Die Regeln der Gesamtstrafenbildung gem. § 55 StGB sind danach insbesondere dann „außer Betracht" geblieben, wenn dem i. S. d. § 55 StGB „später" entscheidenden Tatgericht die an sich einzubeziehende Strafe aus dem „früheren" Urteil **nicht bekannt** war[11]. Ebenso sind die Vorschriften über die nachträgliche Gesamtstrafenbildung gem. § 460 StPO „außer Betracht geblieben", wenn das „später" erkennende Gericht die „frühere Verurteilung" zwar gekannt hat oder doch kennen konnte, § 55 StGB aber **versehentlich** nicht angewandt wurde[11].

333 a) Dieser Nichtbeachtung des § 55 StGB aus **tatsächlichen Gründen** gleichgestellt ist eine Reihe von Prozeßlagen, in denen regelmäßig der Vorrang eines oder mehrerer Verfahrensgrundsätze und/oder Prozeßmaximen — etwa des Beschleunigungsgebots — die (bewußte) Nichtberücksichtigung des § 55 StGB und damit die Nachholung einer unterbliebenen Gesamtstrafenbildung im Nachtragsverfahren (ausnahmsweise) zuläßt. Nach den §§ 460, 462 StPO muß beispielsweise verfahren werden, wenn das (die) auf Strafe erkennende(n) Urteil(e) im „früheren" Verfahren zum Zeitpunkt des letzten tatrichterlichen Sachurteils i. S. d. § 55 StGB **noch nicht rechtskräftig** war(en). Die Kenntnis des gem. § 55 StGB „später" entscheidenden Gerichts von der (den) noch nicht rechtskräftigen Vorverurteilung(en) ändert daran nichts[12]. Eine Aussetzung oder Unterbrechung des „späteren" Verfahrens allein zu dem Zweck, die Rechtskraft der bekannten Vorverurteilungen abzuwarten, um sodann gem. § 55 StGB auf eine nachträglich gebildete Gesamtstrafe erkennen zu können, ist weder geboten noch zulässig. Vielmehr ist dem Grundgedanken des Asperationsprinzips in solchen Fällen der Unanwendbarkeit des § 55 StGB allein dadurch Rechnung zu tragen, daß eine nachträglich ermittelte Gesamtstrafe gem. §§ 460, 462 StPO festgesetzt wird.

334 Ganz ähnlich scheidet die nachträgliche Bildung einer Gesamtstrafe im Rahmen eines Erkenntnisverfahrens gem. § 55 StGB aus, wenn der

---

[10] Vgl. BGHSt 12, 1 ff (3); KMR (Müller), § 460 Rdn. 4.

[11] Vgl. statt aller Löwe/Rosenberg (Wendisch), § 460 Rdn. 4 mit weiteren Nachweisen.

[12] Vgl. BGH LM Nr. 2, 7, 20 zu § 79 StGB; BGHSt 20, 292 (294); KK-Chlosta, § 460 Rdn. 6; Kleinknecht/Meyer, § 460 Rdn. 1; KMR (Müller), § 460 Rdn. 3; Löwe/Rosenberg (Wendisch), § 460 Rdn. 3.

Angeklagte gegen die Versäumung von Rechtsmittelfristen um Wiedereinsetzung in den vorigen Stand nachgesucht hat und das Wiedereinsetzungsgesuch **aussichtsreich** erscheint. Mit der konkreten Erfolgsaussicht des Wiedereinsetzungsgesuchs ist die begründete Erwartung verbunden, daß die wegen der Versäumung von Rechtsmittelfristen bereits eingetretene Rechtskraft der Vorverurteilung(en) alsbald wieder beseitigt wird[13]. In dieser Verfahrenssituation liegen zwar die Anwendungsvoraussetzungen des § 55 StGB vor. Von der nachträglichen Bildung einer Gesamtstrafe gem. § 55 StGB ist jedoch abzusehen, weil die in die nachträgliche Gesamtstrafenbildung an sich einzubeziehende(n), „früher" ausgeurteilte(n) Strafe(n) trotz der formellen Rechtskraft der Vorverurteilung(en) in ihrem Bestand nicht gesichert ist (sind). Soweit dennoch gem. § 55 StGB auf eine (nachträglich ermittelte) Gesamtstrafe erkannt würde, liefe diese Sanktionsentscheidung Gefahr, sich mit dem Grundgedanken des § 55 StGB in Widerspruch zu setzen. Fällt nämlich die einbezogene Strafe nach Wiedereinsetzung in den vorigen Stand und erfolgreich durchgeführtem Rechtsmittel weg, verliert die ausgeurteilte Gesamtstrafe ihre (strafzumessungsrechtliche) Grundlage. Ist die nach Grund und Maß unzutreffende Gesamtstrafe zwischenzeitlich zudem noch in Rechtskraft erwachsen, droht eine aus prozessualen Zufälligkeiten resultierende Schlechterstellung des Verurteilten, die durch ein etwaiges Wiederaufnahmeverfahren zu dessen Gunsten kaum zu verhindern wäre. Im Ergebnis ist daher die nachträgliche Bildung einer Gesamtstrafe dem Nachtragsverfahren zu überlassen, wenn aufgrund eines **aussichtsreichen** Wiedereinsetzungsgesuchs damit zu rechnen ist, daß die Rechtskraft der Vorverurteilung(en) i. S. d. § 55 StGB beseitigt und der Bestand der darin ausgesprochenen Strafe(n) in Frage gestellt wird[14].

Das erkennende Gericht darf darüber hinaus von der „an sich" gebotenen nachträglichen Bildung einer Gesamtstrafe trotz Vorliegens der Voraussetzungen des § 55 StGB **absehen**, wenn es aufgrund der ihm zur Verfügung stehenden Unterlagen **keine sichere Entscheidung** treffen kann, ohne hierzu notwendig noch weitere, mit **erheblichem Zeitaufwand** verbundene Ermittlungen vorzunehmen[15]. Es stellt deshalb keinen Rechtsfehler zum Nachteil des Verurteilten dar, wenn das Gericht die nachträgliche Bildung einer Gesamtstrafe dem Beschlußverfahren nach den §§ 460, 462 StPO überläßt, weil zum Zeitpunkt der letzten tatrichter- **335**

---

[13] Vgl. oben Rdn. 211; BGHSt 23, 98 (100/1); vgl. auch Küper, Nachträgliche Gesamtstrafenbildung, MDR 1970, 885 ff (890).

[14] So auch BGHSt 23, 98 (100/1); ferner KK-Chlosta, § 460 Rdn. 6; KMR (Müller), § 460 Rdn. 3; Löwe/Rosenberg (Wendisch), § 460 Rdn. 3; vgl. noch BGH MDR (Herlan) 1955, 527.

[15] So BGHSt 12, 1 (10); 23, 98 (99).

lichen Sachentscheidung i. S. d. § 55 StGB die Vorstrafakten fehlen, und sie ohne Aussetzung oder Unterbrechung der Hauptverhandlung nicht zu beschaffen wären. Erforderlich ist insoweit allerdings stets, daß die Unvollständigkeit der Unterlagen **nicht auf ungenügender Terminsvorbereitung** bzw. Vorbereitung der Hauptverhandlung beruht. Erfährt das Gericht etwa erst im Verlaufe der Hauptverhandlung, daß gem. § 55 StGB die nachträgliche Bildung einer Gesamtstrafe in Betracht kommt, braucht es die Hauptverhandlung nicht allein zu dem Zwecke zu unterbrechen oder auszusetzen, die für die Gesamtstrafenbildung notwendigen Unterlagen zu beschaffen[16].

336 Vorrang vor dem Gebot der nachträglichen Gesamtstrafenbildung gem. § 55 StGB durch Urteil kommt schließlich auch dem verfassungsrechtlich verankerten Verbot von Doppelbestrafungen zu. Zur Vermeidung von sonst möglichen Doppelbestrafungen dürfen danach in die nachträgliche Bildung einer Gesamtstrafe gem. § 55 StGB solche Einzelstrafen **nicht** einbezogen werden, die bereits zur Bildung einer anderen, aber noch nicht rechtskräftigen Gesamtstrafe herangezogen worden sind[17]. Die in diesen Fällen nicht nur zulässige, sondern gebotene Nichtanwendung des § 55 StGB hat zur Folge, daß die unterbliebene nachträgliche Bildung einer Gesamtstrafe im Beschlußverfahren gem. §§ 460, 462 StPO nachzuholen ist, wenn und soweit nach Eintritt der Rechtskraft der anderweit gebildeten Gesamtstrafe die Voraussetzungen einer nachträglichen Gesamtstrafenbildung noch immer vorliegen[17].

337 b) **Ausgeschlossen** ist die nachträgliche Bildung einer Gesamtstrafe gem. §§ 460, 462 StPO, wenn das erkennende Gericht die Anwendbarkeit des § 55 StGB (ausdrücklich) geprüft, jedoch infolge **Rechtsirrtums** über die materiellen Voraussetzungen und Grenzen der nachträglichen Gesamtstrafenbildung gem. § 55 StGB dessen Anwendbarkeit verneint hat[18]. Dies ergibt sich aus der dem Nachtragsverfahren im Verhältnis zu § 55 StGB zugewiesenen Ergänzungsfunktion, eine sachwidrig unterbliebene nachträgliche Gesamtstrafenbildung **nachzuholen**. Die Unzulässigkeit einer nachträglichen Gesamtstrafenbildung gem. §§ 460, 462 StPO resultiert in diesen Fällen überdies auch unmittelbar aus dem Wortsinn des § 460 StPO. Verneint das Gericht **nach Prüfung** der materiellen Voraussetzungen und Grenzen des § 55 StGB rechtsirrtümlich dessen Anwendbarkeit, dann sind die Vorschriften über die Zuerkennung einer

---

[16] So BGHSt 12, 1 (10); 23, 98 (99); vgl. auch KK-Chlosta, § 460 Rdn. 6; KMR (Müller), § 460 Rdn. 4; Löwe/Rosenberg (Wendisch), § 460 Rdn. 3.

[17] Vgl. BGHSt 20, 292 (294); ferner statt aller Löwe/Rosenberg (Wendisch), § 460 Rdn. 3; auch oben Rdn. 209.

[18] BGHSt 12, 1 (3/4); BayObLG MDR 1975, 161; OLG Koblenz MDR 1975, 73; ferner KK-Chlosta, § 460 Rdn. 4.

Gesamtstrafe gem. § 55 StGB gerade **nicht** „außer Betracht" geblieben. Sie sind vielmehr rechtsfehlerhaft nicht angewandt worden. Diese Verletzung materiellen Rechts kann **nur** mit der Berufung oder Revision gerügt, jedoch nicht im Nachtragsverfahren korrigiert werden[19].

Nicht „außer Betracht" geblieben sind die Vorschriften über die Zuerkennung einer Gesamtstrafe gem. § 55 StGB des weiteren, wenn **338**
das i. S. d. § 55 StGB „später" entscheidende Gericht im Falle des Zusammentreffens von Freiheits- und Geldstrafe(n) nach den Regeln der §§ 55; 53 Abs. II, S. 2, HS. 1 StGB keine Gesamtfreiheitsstrafe bildet, sondern gesondert auf (Einzel- oder Gesamt-)Freiheits- und (Einzel- oder Gesamt-)Geldstrafe erkennt[20]. Soweit das „später" entscheidende Gericht unter Anwendung der §§ 55, 53 StGB gesondert auf (Einzel- oder Gesamt-)Freiheitsstrafe und auf (Einzel- oder Gesamt-)Geldstrafe erkannt hat, kommt deshalb die nachträgliche Bildung einer Gesamtfreiheitsstrafe aus der „früher" ausgeurteilten Freiheits- oder Geldstrafe und der „später" verhängten Geld- oder Freiheitsstrafe auch gem. §§ 460, 462 StPO nicht in Betracht[21]. Setzt das gem. § 462a StPO zuständige Gericht voraussetzungswidrig gleichwohl im Nachtragsverfahren eine nach den §§ 55; 53 Abs. II, S. 1 StGB nachträglich gebildete Gesamtfreiheitsstrafe durch Beschluß gem. § 460 StPO fest, ist die fehlerhafte Anwendung des § 460 StPO mit der sofortigen Beschwerde (§ 462 Abs. III, S. 1 StPO) anfechtbar. Mit der in der tatsächlichen Anwendung der §§ 55, 53 StGB durch das i. S. d. § 55 StGB letztentscheidende Tatgericht begründeten Unzulässigkeit der nachträglichen Bildung einer Gesamtfreiheitsstrafe im Verfahren gem. §§ 460, 462 StPO nicht zu verwechseln ist die fehlerfreie Festsetzung einer aus Freiheits- und Geldstrafe nachträglich gebildeten Gesamtfreiheitsstrafe durch Beschluß im Nachtragsverfahren, wenn das i. S. d. § 55 StGB „später" entscheidende Gericht in bezug auf eine „frühere" Verurteilung zu (Freiheits- oder Geld-) Strafe die Regeln der §§ 55, 53 StGB nicht angewandt hat, etwa weil es die Vorverurteilung nicht oder versehentlich nicht kannte[22]. Wie das erkennende Gericht im Verfahren nach § 55 StGB hat auch das gem. § 462a StPO zuständige Beschlußgericht im Nachtragsverfahren gem. §§ 460, 462 StPO – dessen Zulässigkeit gem. § 460 StPO vorausge-

---

[19] Vgl. auch KK-Chlosta, § 460 Rdn. 4.

[20] Vgl. KMR (Müller), § 460 Rdn. 20; Löwe/Rosenberg (Wendisch), § 460 Rdn. 7.

[21] Vgl. noch KK-Chlosta, § 460 Rdn. 23.

[22] Vgl. etwa BayObLG JR 1980, 378 (379); OLG Hamm MDR 1977, 861; ähnlich KK-Chlosta, § 460 Rdn. 23; anders Kleinknecht/Meyer, § 460 Rdn. 5; Löwe/Rosenberg (Wendisch), § 460 Rdn. 7; Maiwald, Nachträgliche Gesamtstrafenbildung, JR 1980, 353 ff (355/6).

setzt – die Möglichkeit, unter Anwendung der §§ 55, 53 StGB entweder gem. §§ 460 StPO; 55; 53 Abs. II, S. 1 StGB eine Gesamtfreiheitsstrafe oder gem. §§ 460 StPO; 55; 53 Abs. II, S. 2, HS. 1 StGB gesondert eine Freiheits- oder Geldstrafe festzusetzen, wenn das „frühere" und das „spätere" rechtskräftige Urteil auf entsprechend artverschiedene Strafen lauten[23].

II. Zurückführung auf eine Gesamtstrafe

339 Im Verfahren nach den §§ 460, 462 StPO **sind** zuvor ausgeurteilte, rechtskräftige Strafen durch eine nachträgliche gerichtliche Entscheidung auf eine Gesamtstrafe zurückzuführen. Wie bereits erwähnt zielt das Nachtragsverfahren als zusätzliches **prozessuales** Instrument zur Realisierung und strafzumessungsrechtlichen Umsetzung das Asperations- und Gesamtstrafenprinzips **allein** darauf ab, eine im Erkenntnisverfahren unterbliebene nachträgliche Bildung einer Gesamtstrafe nach § 55 StGB **nachzuholen**. Über eigene, etwa von § 55 StGB abweichende Regeln zur nachträglichen Bildung einer Gesamtstrafe verhält sich § 460 StPO nicht. Der Sache nach verweist § 460 StPO vielmehr auf § 55 StGB, und zwar in einem doppelten Sinne: Zum einen sind die materiellrechtlichen Voraussetzungen und Grenzen der nachträglichen Gesamtstrafenbildung gem. § 55 StGB auch für die nachzuholende Gesamtstrafenbildung im Nachtragsverfahren maßgeblich. Zum anderen bestimmt sich die **Bildung** der im Beschlußverfahren gem. §§ 460, 462 StPO nachträglich zu ermittelnden Gesamtstrafe wie im Falle einer Gesamtstrafenbildung gem. § 55 StGB entsprechend der dortigen Gesetzesverweisung nach den Regeln der §§ 53, 54 StGB[24].

1. Die einzubeziehenden Strafen

340 Für die Frage, aus welchen Strafen im Nachtragsverfahren nachträglich eine Gesamtstrafe zu bilden ist, kommt es ganz im Sinne der prozessualen Funktion des § 460 StPO, eine unterbliebene Gesamtstrafenbildung gem. § 55 StGB **nachzuholen**, auf das zeitliche Verhältnis der verschiedenen rechtskräftigen Verurteilungen zu Strafe und deren zugrunde liegenden Straftaten an. Das Beschlußgericht prüft dementsprechend, ob die dem i. S. d. § 55 „späteren" Urteil zugrunde liegende Straftat **vor** dem „frühe-

---

[23] Vgl. auch KMR (Müller), § 460 Rdn. 20; jedenfalls grundsätzlich ebenso Löwe/Rosenberg (Wendisch), § 460 Rdn. 7.

[24] In diesem Sinne auch KK-Chlosta, § 460 Rdn. 20 ff; KMR (Müller), § 460 Rdn. 6 ff; Löwe/Rosenberg (Wendisch), § 460 Rdn. 9 ff.

ren" Urteil begangen war, und weiter, ob die „früher" ausgeurteilte Strafe bereits (vollständig) erledigt ist (vgl. Rdn. 195 ff, 242 ff). Erst wenn unter Berücksichtigung der Zäsurwirkung einer oder mehrerer Vorverurteilungen festgestellt ist, daß die „später" abgeurteilte Tat „vor" dem Urteil im „früheren" Verfahren begangen und die ausgeurteilte Strafe noch nicht vollständig erledigt ist, kann gem. §§ 460, 462 StPO eine (nachträglich ermittelte) Gesamtstrafe festgesetzt werden. Je nach Anzahl der rechtskräftigen Verurteilungen zu (Einzel- oder Gesamt-) Strafen und dem zeitlichen Zusammenhang zwischen ihnen und den jeweils abgeurteilten Einzeltaten kommt danach auch die Bildung mehrerer, verschiedener Gesamtstrafen im Nachtragsverfahren in Betracht. Grundsätzlich hat sich das Beschlußgericht in der Frage, welche Strafen in die nachträgliche Gesamtstrafenbildung einzubeziehen sind, an der **frühesten**, noch nicht (vollständig) erledigten Verurteilung zu orientieren. Soweit sich unter den rechtskräftigen Urteilen i. S. d. § 460 StPO auch Verurteilungen zu Gesamtstrafe(n) befinden, ist für die nachträgliche Bildung einer Gesamtstrafe in Nachtragsverfahren allein die zeitliche Abfolge der den verwirkten Einzelstrafen zugrunde liegenden Straftaten und deren (zeitliches) Verhältnis zu der „frühesten" Verurteilung maßgebend. Sind beispielsweise „später" abgeurteilte Straftaten teils vor, teils nach einer „früheren" Verurteilung zu Gesamtstrafe begangen, ist die Gesamtstrafe in die verwirkten Einzelstrafen aufzulösen. Aus diesen Einzelstrafen und den Einzelstrafen für die übrigen, „später" abgeurteilten, aber „früher" begangenen Straftaten, ist dann eine neue Gesamtstrafe zu bilden. Etwa noch verbleibende Einzelstrafen sind entsprechend (Zäsurwirkung mehrerer Vorverurteilungen!) auf weitere Gesamtstrafen zurückzuführen. Soll gem. §§ 460, 462 StPO nachträglich eine Gesamtstrafe mit rechtskräftigen Einzelstrafen gebildet werden, die selbst bereits gem. § 460 StPO durch Beschluß auf eine Gesamtstrafe zurückgeführt waren, so bestimmt sich der für die nunmehr anstehende nachträgliche Gesamtstrafenbildung gem. §§ 460, 462 StPO entscheidende Zeitpunkt der „früheren" Verurteilung nach dem im ursprünglichen Gesamtstrafenbeschluß erfaßten „frühesten" Urteil[25].

Nach der in § 460 StPO enthaltenen Verweisung auf § 55 StGB setzt **341**
die nachträgliche Bildung einer Gesamtstrafe im Nachtragsverfahren voraus, daß zum Zeitpunkt der letzten tatrichterlichen Sachentscheidung im „späteren" Verfahren einer Anwendung des § 55 StGB materiellrechtlich nichts im Wege stand. Gleichwohl ist die Nachholung einer nachträg-

[25] Vgl. dazu OLG Karlsruhe, Die Justiz 1974, 190/1; zum Ganzen ferner KK-Chlosta, § 460 Rdn. 7 ff; Löwe/Rosenberg (Wendisch), § 460 Rdn. 9 ff; oben Rdn. 195 ff.

lichen Gesamtstrafenbildung **nicht ausgeschlossen, sondern** im Gegenteil zur Verwirklichung des Asperationsgedankens sogar **geboten**, wenn das erkennende Gericht von der nachträglichen Bildung einer Gesamtstrafe gem. § 55 StGB absehen mußte, weil das „frühere" Urteil i. S. d. § 55 Abs. I StGB zum Zeitpunkt der letzten tatrichterlichen Sachentscheidung im „späteren" Verfahren noch nicht rechtskräftig war (vgl. Rdn. 333). Soweit die fehlende Rechtskraft des „früheren" Urteils einer nachträglichen Gesamtstrafenbildung im Erkenntnisverfahren entgegensteht, erleidet der Grundsatz, wonach die Zulässigkeit einer gem. §§ 460, 462 StPO nachgeholten (nachträglichen) Gesamtstrafenbildung stets davon abhängt, daß — rückschauend betrachtet — zur Zeit der letzten tatrichterlichen Sachentscheidung im „späteren" Verfahren sämtliche Voraussetzungen des § 55 StGB erfüllt waren, eine aus der prozessualen Ergänzungsfunktion der §§ 460, 462 StPO begründete Ausnahme[26]. Wie im Falle des § 55 StGB dürfen allerdings auch im Falle der §§ 460, 462 StPO in die nachträgliche Bildung einer Gesamtstrafe **nur rechtskräftige** Strafen einbezogen werden. Wann genau die Rechtskraft der einbezogenen Strafen eintritt, ist unerheblich. Allein erforderlich ist, daß sie bis zum Zeitpunkt der richterlichen Beschlußfassung eintritt.

342 Sind noch nicht alle für eine nachträgliche Gesamtstrafenbildung gem. §§ 460, 462 StPO in Betracht kommenden Strafen rechtskräftig, ist das Beschlußgericht nicht gehindert, bisweilen mit Rücksicht auf die schon begonnene Vollstreckung von Einzelstrafen sogar gehalten, zunächst aus den rechtskräftigen Einzelstrafen nachträglich eine oder mehrere Gesamtstrafen zu bilden und festzusetzen. Diese Gesamtstrafe(n) kann (können) dann entweder in einem die noch nicht rechtskräftige(n) Einzelstrafe(n) betreffenden Erkenntnisverfahren im Rahmen einer nachträglichen Gesamtstrafenbildung gem. § 55 StGB oder — nach eingetretener Rechtskraft der verbliebenen Einzelstrafe(n) — in einem weiteren Nachtragsverfahren wieder aufgelöst werden[27].

343 Bis zum Zeitpunkt der richterlichen Beschlußfassung gem. §§ 460, 462 StPO eingetreten ist die Rechtskraft der in die nachträgliche Gesamtstrafenbildung einzubeziehenden Einzelstrafen auch dann, wenn die Einzelstrafen zwar erst **nach** der (ersten) gerichtlichen Entscheidung des gem. § 462a StPO zuständigen Gerichts, aber noch **vor** Ablauf der einwöchigen (§ 311 StPO) Rechtsmittelfrist rechtskräftig werden, und mit der sofortigen Beschwerde (§ 462 Abs. III, S. 1 StPO) die nunmehr eingetretene Rechtskraft der gesamtstrafenfähigen Einzelstrafe(n) geltend gemacht wird. In derartigen Fällen kann das nach § 462a StPO zuständige

[26] Vgl. statt aller Löwe/Rosenberg (Wendisch), § 460 Rdn. 20.
[27] Vgl. etwa KMR (Müller), § 460 Rdn. 6.

Beschlußgericht entgegen § 311 Abs. III, S. 1 StPO seine erste Entscheidung abändern, weil das Beschwerdevorbringen neue Tatsachenbehauptungen enthält und dem Rechtsmittelführer bei abhelfender Entscheidung ausschließlich durch das Beschwerdegericht eine Instanz verloren ginge. Dementsprechend hat das Beschwerdegericht im Falle einer auf den zwischenzeitlichen Eintritt der Rechtskraft „an sich einzubeziehender" Einzelstrafen gestützten sofortigen Beschwerde die Sache an das Erstgericht zur erneuten Entscheidung zurückzuverweisen. Dies gilt unabhängig davon, daß grundsätzlich das Beschwerdegericht etwa im Anschluß an eigene Ermittlungen und tatsächliche Feststellungen die **in der Sache** erforderliche Entscheidung zu treffen hat.

Eine nachträgliche Gesamtstrafenbildung gem. §§ 460, 462 StPO ist **344**
nur in den Grenzen des § 55 StGB möglich und zulässig. In die nachträgliche Bildung einer Gesamtstrafe gem. §§ 460, 462 StPO **nicht einzubeziehen** sind deshalb Strafen, die zum Zeitpunkt der letzten tatrichterlichen Sachentscheidung im „späteren" Verfahren bereits vollständig vollstreckt, verjährt oder erlassen sind[28]. Finden die in Betracht kommenden Einzelstrafen ihre Erledigung **nach** der letzten tatrichterlichen Sachentscheidung im gem. § 55 StGB „späteren" Verfahren, ist ohne Rücksicht auf die Art der Straferledigung im Nachtragsverfahren eine nachträglich ermittelte Gesamtstrafe festzusetzen[29]. Für die Straferledigung durch Vollstreckung führt die Anrechnungsregel des § 51 Abs. II StGB im Ergebnis zu keinem sanktionsrechtlichen Nachteil, wenn eine zwischen Beschlußfassung gem. §§ 460, 462 StPO und letzter tatrichterlicher Sachentscheidung gem. § 55 StGB (teilweise oder vollständig) vollstreckte Einzelstrafe in die nachträgliche Gesamtstrafenbildung gem. § 460 StPO einbezogen wird. Entsprechendes gilt für den Straferlaß gem. § 56 g StGB[30], den vollständigen oder teilweisen Straferlaß durch ein Straffreiheitsgesetz oder durch eine Gnadenentscheidung. Auch die Straferledigung durch Vollstreckungsverjährung unterliegt keiner davon abweichenden Behandlung[30].

Ungerechtfertigte Vorteile ergeben sich aus der Einbeziehung teilerle- **345**
digter oder vollständig erlassener oder verjährter Einzelstrafen in die nachträgliche Bildung einer Gesamtstrafe gem. §§ 460, 462 StPO ebenso-

---

[28] So auch KK-Chlosta, § 460 Rdn. 9; KMR (Müller), § 460 Rdn. 7; Löwe/Rosenberg (Wendisch), § 460 Rdn. 10; vgl. aber Schrader, Bildung einer Gesamtstrafe, MDR 1974, 718 ff.

[29] Anders KMR (Müller), § 460 Rdn. 8, 9; differenzierend auch KK-Chlosta, § 460 Rdn. 12 ff; weitgehend wie hier Löwe/Rosenberg (Wendisch), § 460 Rdn. 13 ff.

[30] Insoweit anders KK-Chlosta, § 460 Rdn. 14, 15; KMR (Müller), § 460 Rdn. 9.

wenig wie unbegründete Sanktionsnachteile. Die teilweise oder vollständige Erledigung der jeweils in die nachträgliche Gesamtstrafenbildung einbezogenen Einzelstrafen ist ein Umstand, der bei der auch im Nachtragsverfahren notwendigen **Gesamtstrafzumessung** im Sinne eines angemessenen Härteausgleichs zu berücksichtigen ist. Soweit sich eine Einzelstrafe durch Erlaß (teil-)erledigt, indem sie durch einen **Gnadenerweis** erlassen wird, ist grundsätzlich davon auszugehen, daß dem auf die Einzelstrafe bezogenen Gnadenerweis keine die Gesamtstrafe unmittelbar betreffende Wirkung zukommt. Vielmehr hebt § 460 StPO auf die in den rechtskräftigen Urteilen erkannten Strafen ab, so daß bei der nachträglichen Gesamtstrafenbildung die gnadenweise erlassene Strafe (Strafenteile) nicht von vornherein als eine vom „an sich" sachgerechten Strafmaß der ermittelten Gesamtstrafe eo ipso in vollem Umfang abzusetzende Größe anzusehen ist[31]. Umgekehrt erfordert eine an den Grundsätzen der §§ 54 Abs. I, S. 3; 46 StGB orientierte, sachgerechte (Gesamt-)Strafzumessung eine sich auf das Strafmaß der zu bildenden Gesamtstrafe auswirkende Berücksichtigung des gnadenweisen Einzelstraferlasses. Nicht anders verhält es sich, wenn in die nachträgliche Gesamtstrafenbildung gem. § 460 StPO rechtskräftig ausgeurteilte Einzelstrafen einzubeziehen sind, die nach der letzten tatrichterlichen Sachentscheidung i. S. d. § 55 StGB teilweise oder gänzlich durch Gnadenentscheid in eine der Art nach mildere Strafe umgewandelt wurden. Auch insoweit sind für die nachträgliche Bildung einer Gesamtstrafe im Verfahren nach den §§ 460, 462 StPO **allein** die erkannten Einzelstrafen maßgebend[32].

346 Die nachträgliche Bildung einer Gesamtstrafe im Nachtragsverfahren ist ausgeschlossen, wenn sich **alle** Einzelstrafen, die nach den sonstigen Voraussetzungen „gesamtstrafenfähig" wären, **vor** der Beschlußfassung gem. §§ 460, 462 StPO vollständig erledigt haben[33]. In diesen Fällen ist die nachträgliche Bildung einer Gesamtstrafe wie unter den gleichen Voraussetzungen im Verfahren nach § 55 StGB gegenstands- und sinnlos[34].

2. Die Bildung der nachträglich ermittelten Gesamtstrafe

347 Der in § 460 StPO enthaltenen Verweisung auf § 55 StGB entsprechend sind für die Bildung der im Nachtragsverfahren zu ermittelnden Gesamt-

---

[31] In diesem Sinne auch LÖWE/ROSENBERG (WENDISCH), § 460 Rdn. 14ff.

[32] Für die im Gnadenwege erlassene oder umgewandelte Einzelstrafe ebenso KK-CHLOSTA, § 460 Rdn. 13; anders KMR (MÜLLER), § 460 Rdn. 9.

[33] Vgl. KK-CHLOSTA, § 460 Rdn. 11; LÖWE/ROSENBERG (WENDISCH), § 460 Rdn. 16.

[34] So LÖWE/ROSENBERG (WENDISCH), § 460 Rdn. 16.

strafe dieselben Regeln wie für die nachträgliche Gesamtstrafenbildung im Verfahren nach § 55 StGB maßgebend (vgl. im einzelnen Rdn. 266 ff). Das strafzumessungsrechtliche Programm des § 460 StPO ist deshalb wie in § 55 StGB durch die §§ 53, 54 StGB festgeschrieben. Der Grundstruktur nach gliedert sich der Vorgang der nachträglichen Gesamtstrafenbildung im Nachtragsverfahren wie im Falle der nachträglichen Gesamtstrafenbildung durch Urteil in die Erfassung der einzubeziehenden **Einzelstrafen**, die Bestimmung der sog. **Einsatzstrafe**, die Bildung des **Gesamtstrafrahmens** und die Festsetzung einer **Gesamtstrafe** aufgrund einer eigenständigen **Gesamtstrafzumessung** i. S. d. §§ 46; 54 Abs. I, S. 3 StGB. Aus der prozessualen Ergänzungsfunktion des § 460 StPO ergibt sich allerdings, daß eine über die rechtskräftigen Urteilsfeststellungen hinausgehende Sachaufklärung und Feststellung weiterer Strafzumessungstatsachen durch das gem. § 462 a StPO zuständige Gericht unzulässig ist. Das Beschlußgericht ist danach an die tatsächlichen, den rechtskräftig ausgeurteilten Einzelstrafen zugrunde liegenden Feststellungen gebunden. Darüber hinaus darf es nicht verändernd in die auf die erkannten oder (bei früheren Gesamtstrafenerkenntnissen) auf die als verwirkt festgesetzten Einzelstrafen bezogenen Strafzumessungserwägungen der Tatrichter eingreifen und diese durch eigene Zumessungserwägungen bzw. Einzelstrafzumessungen ersetzen[35]. Im Nachtragsverfahren ist das entscheidende Gericht vielmehr allein darauf verwiesen, unter Verwendung und Verwertung der in den rechtskräftigen Urteilen festgestellten Strafzumessungstatsachen die besonderen, primär die Gesamtstrafzumessung betreffenden Zumessungskriterien zu erarbeiten und durch sie i. S. d. §§ 46; 54 Abs. I, S. 3 StGB das Strafmaß der im Beschluß festzusetzenden Gesamtstrafe zu ermitteln und zu bestimmen.

Die nachträgliche Ermittlung und Festsetzung einer Gesamtstrafe **348**
beruht auch im Nachtragsverfahren auf einer **originären Gesamtstrafzumessung**. Aus dieser Eigenständigkeit der gem. §§ 460, 462 StPO erforderlichen Gesamtstrafzumessung ergibt sich zwingend, daß eine Orientierung an „Faustformeln" bei der eigentlichen Festsetzung der Gesamtstrafe zu sachwidrigen Ergebnissen führt. Soweit in der Zumessungspraxis im Rahmen des Beschlußverfahrens von der Gleichung „Gesamtstrafe = Einsatzstrafe + Hälfte der Summe der übrigen Einzelstrafen" ausgegangen oder eine solche Formel gar empfohlen wird[36], steht außer Frage, daß diese Arithmetik die Bezeichnung „Gesamtstrafzumessung" nicht verdient und das so ermittelte Strafmaß der festzusetzen-

---

[35] Vgl. KK-Chlosta, § 460 Rdn. 30; KMR (Müller), § 460 Rdn. 12.

[36] Vgl. dazu auch KK-Chlosta, § 460 Rdn. 29 unter Berufung auf A. Mayer LM Anm. zu Nr. 4 zu § 76 StGB 1969.

den Gesamtstrafe gegen die Grundsätze einer schuldbezogenen Strafzumessung nach den Regeln der §§ 46; 54 Abs. I, S. 3 StGB verstößt[37].

349 Aus der **Originalität** der **gesonderten** Gesamtstrafzumessung[38] im Nachtragsverfahren resultiert weiter, daß entgegen der auch im Anwendungsbereich der §§ 460, 462 StPO vertretenen[39] vorherrschenden Auffassung in Rechtsprechung und Lehre[40] einer im Zuge der Gesamtstrafenbildung aufgelösten „früher" erkannten Gesamtstrafe **keine Sperrwirkung** zukommt. In den Grenzen der Bindung an die festgestellten Strafzumessungstatsachen der rechtskräftigen Urteile und die darin ausgesprochenen bzw. als verwirkt festgesetzten Einzelstrafen ist das nach den §§ 460, 462 StPO entscheidende Gericht bei seiner Gesamtstrafzumessung vielmehr frei und nur den Regeln der schuldgerechten Strafzumessung i. S. d. §§ 46; 54 Abs. I, S. 3 StGB unterworfen[40]. Eine das Strafmaß der nachträglich gem. §§ 460, 462 StPO ermittelten und festgesetzten Gesamtstrafe nach oben und unten limitierende „Sperrwirkung" läßt sich der aufgelösten, „früher" erkannten Gesamtstrafe auch nicht unter dem Gesichtspunkt des Verbots der reformatio in peius zuschreiben[41].

350 Der allgemeinen Ansicht, wonach im Nachtragsverfahren das prozessuale Verschlechterungsverbot (zumindest begrenzt) gilt[42], **ist nicht zu folgen**. Ebenso wie im Sachbereich der nachträglichen Gesamtstrafenbildung gem. § 55 StGB[43] kann weder dem Regelungszweck der §§ 460, 462 StPO noch sonstigen materiell- oder verfahrensrechtlichen Gründen entnommen werden, daß dem Nachtragsverfahren ein allgemeines (ungeschriebenes) Verschlechterungsverbot zugrunde liegt. Demgegenüber wird darauf verwiesen, daß es sich bei dem Verfahren nach den §§ 460, 462 StPO um einen **Rechtsbehelf** zu Gunsten des Verurteilten handelt **und deshalb** das prozessuale Verschlechterungsverbot in begrenztem Umfange gilt[44]. Indessen überzeugt diese Argumentation nicht. Zwar hat der BGH in seiner grundlegenden Entscheidung BGHSt 12, 1 ff das

---

[37] Vgl. dazu Rdn. 178 ff.

[38] Vgl. statt aller BGHSt 24, 268 (269).

[39] Vgl. etwa KK-Chlosta, § 460 Rdn. 24; KMR (Müller), § 460 Rdn. 13 ff; Löwe/Rosenberg (Wendisch), § 460 Rdn. 23 ff.

[40] Vgl. dazu oben Rdn. 273 ff mit dortigen Nachweisen.

[41] Anders die h. M., vgl. etwa KK-Chlosta, § 460 Rdn. 24; Kleinknecht/Meyer, § 460 Rdn. 2; KMR (Müller), § 460 Rdn. 14, 15; Löwe/Rosenberg (Wendisch), § 460 Rdn. 24.

[42] Vgl. statt aller KK-Chlosta, § 460 Rdn. 22; Kleinknecht/Meyer, § 460 Rdn. 2 mit weiteren Nachweisen.

[43] Dazu oben Rdn. 280 ff.

[44] Vgl. statt aller KK-Chlosta, § 460 Rdn. 22.

Beschlußverfahren nach § 460 StPO als zusätzlichen Rechtsbehelf zur Sicherung der mit § 79 StGB a. F. (= § 55 StGB) verfolgten Ziele charakterisiert[45]. Aus dem Zusammenhang der Entscheidungsgründe ergibt sich jedoch, daß dem Nachtragsverfahren weder die Wirkung eines Rechtsmittelverfahrens noch der Charakter eines Rechtsmitteläquivalents, sondern ausschließlich die Funktion eines (zusätzlichen) **prozessualen** (und eben nicht: materiellrechtlichen) Mittels zur Nachholung einer unterbliebenen nachträglichen Gesamtstrafenbildung gem. § 55 StGB zugewiesen ist. Damit aber fehlen einer etwaigen sinnentsprechenden Anwendung des **prozessualen** Verschlechterungsverbots gem. §§ 331 Abs. I, 358 Abs. II StPO im Nachtragsverfahren die prozeß**tatsächlichen** und verfahrens**rechtlichen** Voraussetzungen. Auf einem ganz anderen Blatt steht, daß nach dem Grundgedanken **aller** materiell- und prozeßrechtlichen Vorschriften über die nachträgliche Bildung einer Gesamtstrafe das Asperationsprinzip entsprechend seiner tatsächlichen Reichweite zu verwirklichen ist und insofern auch das Nachtragsverfahren eine sanktionsrechtliche Schlechterstellung des Verurteilten, die aus der zufallsbedingt getrennten Aburteilung verschiedener handlungsmehrheitlich begangener Straftaten resultiert oder doch resultieren kann, vermeiden soll. Dieses materiellrechtliche „Gleichbehandlungsgebot" hat mit dem prozessualen Verschlechterungsverbot nichts zu tun[46].

Dies gilt auch angesichts des Umstandes, daß dem Beschlußgericht **351**
im Nachtragsverfahren die strafzumessungsrechtliche und prozessuale Legitimation fehlt, etwaige Nebenstrafen, Nebenfolgen und/oder Maßnahmen i. S. d. § 11 Abs. I Nr. 8 StGB aufgrund eigener Gesamtstrafzumessung „neu" zu verhängen oder festzusetzen[47]. Anders als das **erkennende** Gericht im Verfahren nach § 55 StGB ist das nach § 462a StPO für die nachträgliche Entscheidung gem. § 460 StPO zuständige Gericht lediglich befugt, die in den rechtskräftigen Urteilen ausgesprochenen Nebenstrafen, Nebenfolgen und/oder Maßnahmen zu koordinieren und zusammenzufassen[48]. Dabei hat es sich in die Strafzumessungs- und Entscheidungssituation des i. S. d. § 55 StGB im „späteren" Verfahren erkennenden Gerichts zu versetzen. Diese strikte Bindung des Beschlußgerichts an Art und Umfang der bereits in den rechtskräftigen Urteilen festgesetzten Nebenstrafen etc. gründet sich jedoch ebenfalls nicht auf

---

[45] BGHSt 12, 1 (5).

[46] Vgl. dazu auch oben Rdn. 280 ff.

[47] So die h. M., vgl. statt aller KK-Chlosta, § 460 Rdn. 22; KMR (Müller), § 460 Rdn. 21; Löwe/Rosenberg (Wendisch), § 460 Rdn. 28 ff.

[48] Vgl. KK-Chlosta, § 460 Rdn. 22; Wetterich/Hamann, Strafvollstreckung, Rdn. 221; ferner LK-Vogler, § 55 Rdn. 50; Schönke/Schröder (Stree), § 55 Rdn. 75.

das prozessuale Verschlechterungsverbot[49]. Dem im Nachtragsverfahren entscheidenden Gericht ist die Verhängung bzw. Anordnung „neuer" (zusätzlicher) Nebenstrafen, Nebenfolgen und/oder Maßnahmen (und eine in diesem Sinne sanktionsrechtliche Verschlechterung für den Verurteilten) verwehrt, weil die Neuverhängung oder Verschärfung von Deliktsreaktionen dem Erkenntnisverfahren als dem qualitativ „höherwertigen" (Strafzumessungs-)Verfahren vorbehalten ist[50].

352 In die Entscheidungssituation des gem. § 55 StGB im „späteren" Strafverfahren zuletzt erkennenden Tatgerichts hat sich das im Nachtragsverfahren beschließende Gericht insbesondere auch dann zu versetzen, wenn es aus rechtskräftig erkannten Einzelgeldstrafen im Wege einer eigenen Gesamtstrafzumessung nachträglich eine Gesamtgeldstrafe zu bilden hat. Soweit die Nettoeinkommensverhältnisse (§ 40 Abs. II StGB) und damit die Bemessungsgrundlagen für die Tagessatzhöhen der rechtskräftig ausgeurteilten Einzelgeldstrafen sowie der festzusetzenden Gesamtgeldstrafe identisch sind, bereitet die nach den Regeln der §§ 53, 54 StGB vorzunehmende nachträgliche Bildung der Gesamtgeldstrafe im Nachtragsverfahren keine Probleme[51]. **Einsatzstrafe** ist die Einzelgeldstrafe mit der höchsten Tagessatzanzahl. Im Zumessungsbereich zwischen der um eine Strafeinheit erhöhten Einsatzstrafe und der um eine Strafeinheit geminderten Summe der Tagessatzanzahl aller einzubeziehenden Einzelgeldstrafen ist dann aufgrund einer originären Gesamtstrafzumessung des Beschlußgerichts die Gesamtgeldstrafe zu ermitteln und festzusetzen. Die für die einbezogenen Einzelgeldstrafen ebenso wie für die nachträglich ermittelte Gesamtgeldstrafe übereinstimmende Höhe des jeweils einzelnen Tagessatzes ergibt sich gem. § 40 Abs. II StGB aus dem Nettoeinkommen, das der Verurteilte durchschnittlich an einem Tag hat oder haben könnte. Nicht so einfach gestaltet sich die nachträgliche Bildung einer Gesamtgeldstrafe, wenn die einzubeziehenden rechtskräftigen Verurteilungen auf Einzelgeldstrafen lauten, deren Tagessatzhöhen differieren, weil sich die Nettoeinkommensverhältnisse des Verurteilten im Zeitraum zwischen den verschiedenen Verurteilungen verschlechtert oder verbessert haben. Die nachträgliche Bildung einer Gesamtgeldstrafe vollzieht sich in diesen Fällen freilich nicht anders als im Verfahren nach § 55 StGB. Die zur nachträglichen Bildung einer Gesamtgeldstrafe bei differierenden Tagessatzhöhen der einzubeziehenden Einzelgeldstrafen weitgehend auf der Grundlage der Rechtsprechung des BGH[52] erarbeite-

---

[49] So aber z. B. KK-Chlosta, § 460 Rdn. 22.

[50] So zutreffend Schönke/Schröder (Stree), § 55 Rdn. 75.

[51] Vgl. dazu oben Rdn. 147 ff.

[52] Vgl. insbesondere BGHSt 27, 359 ff; 28, 360 ff.

ten Regeln zur (nachträglichen) Gesamtstrafenbildung gem. § 55 StGB sind deshalb auch im Nachtragsverfahren inhaltsgleich anzuwenden[53].

Der für die Bemessung der Tagessatzhöhe einer nach den §§ 460, 353
462 StPO nachträglich festzusetzenden Gesamtgeldstrafe maßgebliche Zeitpunkt ist der **Zeitpunkt der** gem. § 55 StGB im „späteren" Strafverfahren **letzten tatrichterlichen Sachentscheidung**. Das strafzumessungsrechtliche Programm des § 55 StGB bestimmt dementsprechend die nachträgliche Bildung einer Gesamtgeldstrafe im Nachtragsverfahren auch dann, wenn sich über die Veränderung der Nettoeinkommensverhältnisse des Verurteilten im Zeitraum zwischen den rechtskräftigen Verurteilungen hinaus die Nettoeinkommensverhältnisse des Täters im Zeitraum zwischen der letzten rechtskräftigen Verurteilung i. S. d. § 460 StPO und dem Zeitpunkt des Beschlusses nach § 460 StPO verschlechtert oder verbessert haben sollten. Entgegen einer im Schrifttum vertretenen Auffassung[54] ist bei der Bemessung der Tagessatzhöhe einer gem. § 460 StPO nachträglich festgesetzten Gesamtgeldstrafe daher **nicht** von den persönlichen und wirtschaftlichen Verhältnissen des Verurteilten **zur Zeit der nachträglichen Entscheidung** nach § 460 StPO auszugehen. Soweit zur Begründung dieser Ansicht auf die Rechtsprechung des BGH abgehoben wird, verfehlt der Hinweis auf BGHSt 28, 360 ff das eigentliche Sachproblem. In BGHSt 28, 360 (362) hat der BGH zwar ausgeführt, daß bei der Bestimmung der Tagessatzhöhe einer nachträglich gebildeten Gesamtgeldstrafe die wirtschaftlichen Verhältnisse des Täters **im Zeitpunkt der Entscheidung** maßgebend sind. Der BGH bezog sich dabei jedoch **ausschließlich** auf den Zeitpunkt einer Entscheidung nach § 55 StGB. Auch im Nachtragsverfahren kann es — das ergibt sich deutlich aus dem Zusammenhang der weiteren Entscheidungsgründe in BGHSt 28, 360 (362) insbesondere zur Charakterisierung der Gesamtstrafzumessung — bei der Bemessung der Tagessatzhöhe einer nachträglich festzusetzenden Gesamtgeldstrafe **nur** auf den Zeitpunkt der letzten **tatrichterlichen Sachentscheidung** i. S. d. § 55 StGB ankommen, weil es dem Beschlußgericht im Verfahren nach den §§ 460, 462 StPO unmöglich ist, **eigene** Feststellungen über „neue" Strafzumessungstatsachen[55] zu treffen[56]. Die Berücksichtigung einer **nach** der letzten rechtskräftigen

---

53 Vgl. dazu im einzelnen oben Rdn. 288 ff.

54 KK-Chlosta, § 460 Rdn. 28.

55 Mit der Rechtsprechung des BGH (vgl. BGHSt 27, 359 ff; 28, 360 ff) und einem Teil der Lehre sind Feststellungen zu den Nettoeinkommensverhältnissen i. S. d. § 40 Abs. II StGB als Feststellungen über Strafzumessungstatsachen zu verstehen.

56 Von der dem **erkennenden** Gericht vorbehaltenen Tatsachenfeststellung zur erforderlichen Gesamtstrafzumessung zu unterscheiden ist die gem. § 462

Verurteilung i. S. d. § 460 StPO eingetretenen Veränderung der Nettoeinkommensverhältnisse des Verurteilten bei der endgültigen Festsetzung der Tagessatzhöhe einer gem. § 460 StPO nachträglich gebildeten Gesamtgeldstrafe widerspricht im übrigen der **prozessualen Ergänzungsfunktion** des § 460 StPO, eine im Erkenntnisverfahren nach § 55 StGB gebotene, aber unterbliebene nachträgliche Gesamtstrafenbildung zur Vermeidung von Sanktionsnachteilen „lediglich‘ **nachzuholen.**

III. Prozessuales

354 Der nach den §§ 460, 462 StPO ergehende Beschluß ist gem. § 462 Abs. III, S. 1 StPO mit dem Rechtsmittel der sofortigen Beschwerde anfechtbar[57]. Er ist deshalb mit Gründen zu versehen (§ 34 StPO). Aus den Beschlußgründen muß klar hervorgehen, welche Umstände für die Zumessung der im Nachtragsverfahren ermittelten Gesamtstrafe **bestimmend** sind. Zwar gilt § 267 Abs. III, S. 1 StPO für die nachträgliche gerichtliche Entscheidung gem. § 460 StPO nicht unmittelbar. Die nachträgliche Bildung einer Gesamtstrafe im Nachtragsverfahren ist jedoch so zu begründen, daß sie (beschwerde-)gerichtlicher Kontrolle zugänglich und damit rechtlich überprüfbar ist. In entsprechender Anwendung des § 267 Abs. III, S. 1 StPO unterliegt die nachträgliche Gesamtstrafenbildung im Verfahren nach den §§ 460, 462 StPO deshalb grundsätzlich wie die (nachträgliche) Gesamtstrafenbildung im Erkenntnisverfahren einem materiell- und formellrechtlichen Begründungszwang[58]. Anders als bei einer durch Urteil festgesetzten (nachträglich ermittelten) Gesamtstrafe betrifft der materiell- und formellrechtliche Begründungszwang im Falle einer durch Beschluß gem. § 460 StPO festgesetzten Gesamtstrafe jedoch **allein** die Zumessung der ermittelten **Gesamtstrafe**, der Sache nach also die im Vorgang der Gesamtstrafzu-

---

Abs. II StPO notwendige Anhörung der StA und des Verurteilten **vor** der gerichtlichen Entscheidung gem. § 460 StPO. Soweit im Rahmen dieser Anhörung etwa seitens des Verurteilten eigene tatsächliche und rechtliche Gesichtspunkte zur Höhe der Gesamtstrafe geltend gemacht werden, ist damit den Anforderungen des zu gewährenden rechtlichen Gehörs genügt. Das Beschlußgericht kann darauf indessen keine „neuen“, originären Strafzumessungserwägungen stützen.

[57] Wie im Falle einer Berufung gegen ein Gesamtstrafenurteil gem. § 55 StGB gilt auch im Beschwerdeverfahren gem. § 462 Abs. III, S. 1 StPO das prozessuale Verschlechterungsverbot, vgl. statt aller Löwe/Rosenberg (Wendisch), § 460 Rdn. 41.

[58] Vgl. dazu oben Rdn. 178 ff, 182 ff, 188; ferner KK-Chlosta, § 460 Rdn. 29; Löwe/Rosenberg (Wendisch), § 460 Rdn. 37 ff.

messung gem. §§ 55, 54 StGB verwerteten Zumessungskriterien. Eine Begründung der Einzelstrafzumessung, die sich wegen der Rechtskraft der einzubeziehenden Einzelstrafen und ihrer zugrunde liegenden Urteile in einer Wiederholung der darin enthaltenen Strafzumessungserwägungen erschöpfte, ist dagegen entbehrlich. Insoweit kann auf die in den rechtskräftigen Urteilen dargelegte Einzelstrafzumessung Bezug genommen werden. Stets zu prüfen ist dabei freilich, ob und inwieweit die für die Einzelstrafzumessung maßgebenden Zumessungskriterien zugleich Bedeutung für die (originäre) Gesamtstrafzumessung haben. Die gem. §§ 460, 462 StPO festgesetzte Gesamtstrafe ist ähnlich wie im Erkenntnisverfahren gem. §§ 53, 54 StGB bzw. §§ 55, 54 StGB desto eingehender zu begründen, je mehr sich das Strafmaß der Gesamtstrafe der oberen oder unteren Grenze des Gesamtstrafrahmens nähert[58].

Dem Wortsinn des § 460 StPO („auf eine Gesamtstrafe **zurückzuführen**") und seiner prozessualen Ergänzungsfunktion entsprechend ist es **355**
dem Beschlußgericht im Nachtragsverfahren nicht nur versagt, den rechtskräftig verhängten oder als verwirkt ausgeurteilten Einzelstrafen eine eigene Strafzumessung zugrunde zu legen. Vielmehr fehlt ihm in einem ganz allgemeinen Sinne jegliche Befugnis, etwaige Fehler der rechtskräftigen (!) Verurteilungen in der eigenen Entscheidung korrigierend zu berücksichtigen. Ist daher beispielsweise eine Verurteilung zu Einzelstrafe, die wegen eines Verfahrenshindernisses nicht hätte verhängt werden dürfen, in Rechtskraft erwachsen, muß bei Vorliegen aller sonstigen Voraussetzungen auch diese Einzelstrafe in eine nachträgliche Gesamtstrafenbildung gem. §§ 460, 462 StPO einbezogen werden[59]. Die Rechtskraft der nach § 460 StPO zu berücksichtigenden Urteile verbietet es, etwaige Fehler und Versäumnisse der erkennenden Gerichte im Gesamtstrafenbeschluß gem. §§ 460, 462 StPO zu berichtigen, ohne daß es auf Art, Bedeutung oder Offensichtlichkeit etc. der Fehler ankäme. Dieses Verbot der Nachprüfung und Korrektur früherer Entscheidungen erkennender Gerichte erstreckt sich grundsätzlich auch auf rechtskräftig erkannte bzw. angeordnete Nebenstrafen, Nebenfolgen und/oder Maßnahmen i. S. d. § 11 Abs. I Nr. 8 StGB. Auch bei fehlender Gesetzmäßigkeit ihrer Verhängung oder Anordnung scheidet daher eine **Korrektur** der Nebenstrafen etc. im Nachtragsverfahren aus[60].

---

59 So die h. M., vgl. statt aller KK-Chlosta, § 460 Rdn. 30; KMR (Müller), § 460 Rdn. 10; Löwe/Rosenberg (Wendisch), § 460 Rdn. 26 f, jeweils mit Nachweisen auch zur Gegenansicht; vgl. zur Frage des Korrekturverbots allgemein auch OLG Düsseldorf JMBl NRW 1958, 140; OLG Koblenz MDR 1975, 73 und OLG Karlsruhe MDR 1987, 165.

60 Anders wohl KK-Chlosta, § 460 Rdn. 30; vgl. aber Löwe/Rosenberg (Wendisch), § 460 Rdn. 26, 27, 30.

356 Allerdings behalten die in den Einzelurteilen verhängten bzw. angeordneten Nebenstrafen, Nebenfolgen und/oder Maßnahmen nur dann ihre Bedeutung, wenn sie unter Anwendung des § 55 Abs. II StGB[61] im Tenor des Beschlusses nach § 460 StPO **ausdrücklich aufrechterhalten** werden. Unterbleibt diese Aufrechterhaltung von Nebenstrafen etc. neben der im Beschluß gem. § 460 StPO festgesetzten Gesamtstrafe[61], kommt eine Vollstreckung dieser Nebenstrafen nicht in Betracht, wenn und weil der Gesamtstrafenbeschluß gem. §§ 460, 462 StPO nach Ablauf der Beschwerdefrist bzw. nach erfolgloser Durchführung des Beschwerdeverfahrens rechtskräftig ist. Nach Eintritt der Rechtskraft des Gesamtstrafenbeschlusses im Nachtragsverfahren ist nur **dieser** Beschluß **alleinige** Grundlage der (weiteren) Strafvollstreckung[62]. Die Wirkung der materiellen Rechtskraft des Gesamtstrafenbeschlusses entspricht der eines Urteils im Verfahren nach § 55 StGB[63]. Auch der Gesamtstrafenbeschluß gem. §§ 460, 462 StPO setzt die ermittelte Gesamtstrafe unabänderlich fest. Erweisen sich die tatsächlichen Grundlagen, auf denen der Gesamtstrafenbeschluß beruht, **nach** eingetretener Rechtskraft als unzutreffend, darf das Beschlußgericht seine eigene Entscheidung daher nicht zwecks Berichtigung wieder aufheben[64]. Zulässig ist indessen ein begrenzter Eingriff in die Rechtskraft des Gesamtstrafenbeschlusses, soweit aufgrund anderer (zusätzlicher) Verurteilungen entweder gem. § 55 StGB oder erneut im Nachtragsverfahren gem. §§ 460, 462 StPO eine (oder mehrere) weitere Gesamtstrafe(n) nachträglich zu ermitteln und festzusetzen ist (sind). Dies geschieht wie auch in den sonstigen vergleichbaren Fällen unter Auflösung der im (ursprünglichen) Gesamtstrafenbeschluß festgesetzten Gesamtstrafe in die ihr zugrunde liegenden rechtskräftig verhängten oder/und verwirkten Einzelstrafen[65].

357 Das Nachtragsverfahren ist **von Amts wegen** einzuleiten[66]. Ob die Voraussetzungen für die nachträgliche Bildung und Festsetzung einer Gesamtstrafe gem. §§ 460, 462 StPO vorliegen, prüft die Vollstreckungsbehörde (vgl. § 451 StPO) **in jeder Lage** des Vollstreckungsverfahrens.

---

61 Vgl. dazu oben Rdn. 302 ff.

62 So KK-Chlosta, § 460 Rdn. 21; KMR (Müller), § 460 Rdn. 29; Wetterich/Hamann, Strafvollstreckung, Rdn. 65, 1121.

63 Vgl. statt aller Löwe/Rosenberg (Wendisch), § 460 Rdn. 42 mit weiteren Nachweisen.

64 So aber LG Bochum Rpfleger 1962, 441 mit abl. Anm. Pohlmann; wie hier Löwe/Rosenberg (Wendisch), § 460 Rdn. 42.

65 Ebenso KK-Chlosta, § 460 Rdn. 33; KMR (Müller), § 460 Rdn. 22; Löwe/Rosenberg (Wendisch), § 460 Rdn. 42.

66 Allgemeine Auffassung, vgl. statt aller Löwe/Rosenberg (Wendisch), § 460 Rdn. 36 mit Nachweisen in Anm. 66.

Dabei ist es unerheblich, ob das Vollstreckungsverfahren eine oder mehrere Einzel- und/oder Gesamtstrafen betrifft. Um sich der Notwendigkeit eines Nachtragsverfahrens zu versichern, braucht die Vollstreckungsbehörde allerdings keine eigenen Ermittlungen anzustellen[67]. Ihrer Amtspflicht zur Prüfung, ob die Voraussetzungen der §§ 460, 462 StPO erfüllt sind, muß die Vollstreckungsbehörde freilich schon dann nachkommen, wenn sich **irgendein Anhaltspunkt** ergibt, daß bei rechtskräftiger Verurteilung zu Strafen die Vorschriften über die Zuerkennung einer Gesamtstrafe außer Betracht geblieben sind[67]. Das ist z. B. stets dann der Fall, wenn sich die Strafvollstreckung auf mehr als eine Strafe bezieht, wenn auf andere Weise weitere Vorverurteilungen bekannt werden, oder wenn der Verurteilte selbst unter Hinweis auf andere Verurteilungen einen Antrag auf Gesamtstrafenbildung an die Vollstreckungsbehörde richtet. Die erste Initiative, das Nachtragsverfahren dadurch einzuleiten, daß die Prüfungspflicht der Vollstreckungsbehörde ausgelöst wird, kann und wird in der Regel von derjenigen im Vollstreckungsverfahren und/oder am Strafvollzug beteiligten Justizstelle, Person oder sonstigen Institution ausgehen, die eine Gesamtstrafenbildung gem. §§ 460, 462 StPO für möglich hält und eine entsprechende Notwendigkeit der Prüfung erkennt[68]. Das Beschlußverfahren kann daher im Einzelfall auch durch einen Antrag des Verurteilten an das gem. § 462a StPO zuständige Gericht eingeleitet werden. Ein derartiger Antrag ist indessen **keine Verfahrensvoraussetzung** (im eigentlichen Sinne) zur Festsetzung einer nachträglich ermittelten Gesamtstrafe gem. §§ 460, 462 StPO. Im Zusammenhang mit der Vollstreckung von Freiheitsstrafen wird schon wegen der für den Strafvollzug erforderlichen Strafzeitberechnung häufig die Vollstreckungsbehörde selbst zuerst tätig. Sie veranlaßt dann die Staatsanwaltschaft **als Strafverfolgungsbehörde**, einen Antrag gem. §§ 460, 462 StPO an das zuständige Gericht zu stellen[69]. Den Verfahrensgegenstand kann freilich weder ein Antrag des Verurteilten noch ein Antrag der Staatsanwaltschaft auf Festsetzung einer Gesamtstrafe im Wege des Nachtragsverfahrens beeinflussen, geschweige denn bestimmen und/oder begrenzen[70].

Für die nachträgliche gerichtliche Entscheidung nach § 460 StPO **358**
zuständig ist gem. § 462a Abs. III, S. 1 StPO das Gericht des ersten Rechtszuges und nicht die Strafvollstreckungskammer. Soweit die verschiedenen rechtskräftigen Urteile i. S. d. § 460 StPO von verschiedenen

[67] Vgl. etwa Pohlmann/Jabel, Strafvollstreckungsordnung, § 43 Rdn. 1.
[68] Vgl. Kleinknecht/Meyer, § 460 Rdn. 6.
[69] KK-Chlosta, § 460 Rdn. 31.
[70] Vgl. auch OLG Hamm GA 1976, 58.

Gerichten erlassen sind, ist nach § 462a Abs. III, S. 2 StPO das Gericht zuständig, das die der Art nach schwerste Strafe, bei gleicher Strafart die der Höhe nach schwerste Strafe und bei gleicher Strafart und Strafhöhe die zeitlich letzte Strafe verhängt hat. Dabei ist in der Frage, welche Strafe sich als die der Art oder Höhe nach schwerste Strafe versteht, ausschließlich auf die schwerste bzw. höchste **Einzelstrafe** abzustellen. Im Falle bereits erkannter Gesamtstrafen, die zwecks nachträglicher Bildung einer Gesamtstrafe gem. §§ 460, 462 StPO in ihre zugrunde liegenden Einzelstrafen aufzulösen sind, kommt es allein auf diese verwirkten Einzelstrafen und nicht auf die erkannte(n) Gesamtstrafe(n) an. Ist in den verschiedenen rechtskräftigen Urteilen i. S. d. § 460 StPO neben Freiheitsstrafe auf Geldstrafe erkannt, richtet sich die Zuständigkeit gem. § 462a Abs. III, S. 2 StPO nach der Höhe der Freiheitsstrafe. Die daneben verhängte Geldstrafe wird nicht unter Umrechnung nach dem Maßstab des § 43 StGB der Freiheitsstrafe erhöhend hinzugerechnet. Nicht der gesamte Strafausspruch der verschiedenen rechtskräftigen Urteile ist maßgebend für die Entscheidungszuständigkeit nach § 460 StPO, sondern die im (differenzierten) Strafausspruch der Art oder Höhe nach schwerste Einzelstrafe. Entsprechendes gilt für etwaige gem. §§ 460 StPO, 55 Abs. II StGB aufrechterhaltene Nebenstrafen etc. Auch sie werden bei der Bestimmung der höchsten bzw. schwersten Einzelstrafe nicht berücksichtigt[71]. Bei Geldstrafen entscheidet über die Frage der höchsten Einzelgeldstrafe i. S. d. § 462a Abs. III, S. 2 StPO **allein die Anzahl** der Tagessätze der verschiedenen Strafen. Auf das Endprodukt aus Tagessatzanzahl und Tagessatzhöhe kommt es ebensowenig an wie auf die Tagessatzhöhe. Ist die Tagessatzanzahl in den verschiedenen rechtskräftigen Urteilen gleich, steht die Entscheidung dem Gericht zu, dessen Urteil zuletzt ergangen ist[72].

359 Das Gericht des ersten Rechtszuges bleibt für eine Entscheidung gem. § 460 StPO auch dann zuständig, wenn die für die Zuständigkeit i. S. d. § 462a Abs. III, S. 2 StPO maßgebliche Einzelstrafe von einem Berufungsgericht verhängt wurde. Das ergibt sich unmittelbar aus § 462a Abs. III, S. 3 StPO. Hat also etwa eine Strafkammer des LG als Berufungsgericht von den gem. § 460 StPO in die nachträgliche Gesamtstrafenbildung einzubeziehenden Einzelstrafen die der Art und Höhe nach schwerste Einzelstrafe (rechtskräftig) verhängt, ist gleichwohl das nachgeordnete **erstinstanzliche** Gericht für die Entscheidung nach § 460 StPO zuständig. Von der Regel des § 462a Abs. III, S. 1 StPO nimmt

---

71 Vgl. zum Ganzen BGH NJW 1976, 1512 = BGH MDR 1976, 680 in Verbindung mit BGHSt 11, 293 (294/5/6).

72 Vgl. BGH NJW 1986, 1117 = BGH MDR 1986, 69.

§ 462 a Abs. III, S. 4 StPO lediglich die Fälle aus, in denen das an sich zuständige Amtsgericht eine über seine Strafgewalt hinausgehende Gesamtstrafe gem. § 460 StPO festsetzen müßte. Dann ist die dem Amtsgericht übergeordnete Strafkammer des Landgerichts für die Entscheidung nach §§ 460, 462 StPO zuständig[73].

---

[73] Zu weiteren Einzelfragen im Zusammenhang mit der nachträglichen Bildung einer Gesamtstrafe gem. §§ 460, 462 StPO vgl. etwa LÖWE/ROSENBERG (WENDISCH), § 460 Rdn. 49 ff (Jugendgerichtliches Verfahren); Rdn. 45 ff (Strafzeitberechnung); ferner KK-CHLOSTA, § 460 Rdn. 32 (weitere Zuständigkeitsfragen); KMR (MÜLLER), § 460 Rdn. 28 ff (Vollstreckung der Gesamtstrafe nach § 460 StPO).

Sachregister

(Verwiesen ist auf Randnummern des Textes)

Bei Fragen zur Produktsicherheit wenden Sie sich bitte an:
If you have any questions regarding product safety,
please contact:

Walter de Gruyter GmbH
Genthiner Straße 13
10785 Berlin
productsafety@degruyterbrill.com